U0165954

思想的・睿智的・獨見的

經典名著文庫

學術評議

丘為君　吳惠林　宋鎮照　林玉体　邱燮友
洪漢鼎　孫效智　秦夢群　高明士　高宣揚
張光宇　張炳陽　陳秀蓉　陳思賢　陳清秀
陳鼓應　曾永義　黃光國　黃光雄　黃昆輝
黃政傑　楊維哲　葉海煙　葉國良　廖達琪
劉滄龍　黎建球　盧美貴　薛化元　謝宗林
簡成熙　顏厥安（以姓氏筆畫排序）

策劃　楊榮川

五南圖書出版公司 印行

經典名著文庫

學術評議者簡介（依姓氏筆畫排序）

- 丘為君　美國俄亥俄州立大學歷史研究所博士
- 吳惠林　美國芝加哥大學經濟系訪問研究、臺灣大學經濟系博士
- 宋鎮照　美國佛羅里達大學社會學博士
- 林玉体　美國愛荷華大學哲學博士
- 邱燮友　國立臺灣師範大學國文研究所文學碩士
- 洪漢鼎　德國杜塞爾多夫大學榮譽博士
- 孫效智　德國慕尼黑哲學院哲學博士
- 秦夢群　美國麥迪遜威斯康辛大學博士
- 高明士　日本東京大學歷史學博士
- 高宣揚　巴黎第一大學哲學系博士
- 張光宇　美國加州大學柏克萊校區語言學博士
- 張炳陽　國立臺灣大學哲學研究所博士
- 陳秀蓉　國立臺灣大學理學院心理學研究所臨床心理學組博士
- 陳思賢　美國約翰霍普金斯大學政治學博士
- 陳清秀　美國喬治城大學訪問研究、臺灣大學法學博士
- 陳鼓應　國立臺灣大學哲學研究所
- 曾永義　國家文學博士、中央研究院院士
- 黃光國　美國夏威夷大學社會心理學博士
- 黃光雄　國家教育學博士
- 黃昆輝　美國北科羅拉多州立大學博士
- 黃政傑　美國麥迪遜威斯康辛大學博士
- 楊維哲　美國普林斯頓大學數學博士
- 葉海煙　私立輔仁大學哲學研究所博士
- 葉國良　國立臺灣大學中文所博士
- 廖達琪　美國密西根大學政治學博士
- 劉滄龍　德國柏林洪堡大學哲學博士
- 黎建球　私立輔仁大學哲學研究所博士
- 盧美貴　國立臺灣師範大學教育學博士
- 薛化元　國立臺灣大學歷史學系博士
- 謝宗林　美國聖路易華盛頓大學經濟研究所博士候選人
- 簡成熙　國立高雄師範大學教育研究所博士
- 顏厥安　德國慕尼黑大學法學博士

經典名著文庫127

人類理智新論（下）

Nouveaux Essais sur L'entendement Humain

萊布尼茲 著
（Gottfried Wilhelm Leibniz）
陳修齋 譯

經典永恆・名著常在

五十週年的獻禮・「經典名著文庫」出版緣起

總策劃 楊榮川

五南，五十年了。半個世紀，人生旅程的一大半，我們走過來了。不敢說有多大成就，至少沒有凋零。

五南忝為學術出版的一員，在大專教材、學術專著、知識讀本出版已逾壹萬參仟種之後，面對著當今圖書界媚俗的追逐、淺碟化的內容以及碎片化的資訊圖景當中，我們思索著：邁向百年的未來歷程裡，我們能為知識界、文化學術界做些什麼？在速食文化的生態下，有什麼值得讓人雋永品味的？

歷代經典・當今名著，經過時間的洗禮，千錘百鍊，流傳至今，光芒耀人；不僅使我們能領悟前人的智慧，同時也增深加廣我們思考的深度與視野。十九世紀唯意志論開創者叔本華，在其〈論閱讀和書籍〉文中指出：「對任何時代所謂的暢銷書要持謹慎的態度。」他覺得讀書應該精挑細選，把時間用來閱讀那些「古今中外的偉大人物的著作」，閱讀那些「站在人類之巔的著作及享受不朽聲譽的人們的作品」。閱讀就要「讀原著」，是他的體悟。他甚至認爲，閱讀經典原著，勝過於親炙教誨。他說：

「一個人的著作是這個人的思想菁華。所以，儘管一個人具有偉大的思想能力，但閱讀這個人的著作總會比與這個人的交往獲得更多的內容。就最重要的方面而言，閱讀這些著作的確可以取代，甚至遠遠超過與這個人的近身交往。」

爲什麼？原因正在於這些著作正是他思想的完整呈現，是他所有的思考、研究和學習的結果；而與這個人的交往卻是片斷的、支離的、隨機的。何況，想與之交談，如今時空，只能徒呼負負，空留神往而已。

三十歲就當芝加哥大學校長、四十六歲榮任名譽校長的赫欽斯（Robert M. Hutchins, 1899-1977），是力倡人文教育的大師。「教育要教眞理」，是其名言，強調「經典就是人文教育最佳的方式」。他認爲：

「西方學術思想傳遞下來的永恆學識，即那些不因時代變遷而有所減損其價值的古代經典及現代名著，乃是眞正的文化菁華所在。」

這些經典在一定程度上代表西方文明發展的軌跡，故而他爲大學擬訂了從柏拉圖的《理想國》，以至愛因斯坦的《相對論》，構成著名的「大學百本經典名著課程」。成爲大學通識教育課程的典範。

歷代經典．當今名著，超越了時空，價值永恆。五南跟業界一樣，過去已偶有引進，但都未系統化的完整舖陳。我們決心投入巨資，有計畫的系統梳選，成立「經典名著文庫」，希望收入古今中外思想性的、充滿睿智與獨見的經典、名著，包括：

- 歷經千百年的時間洗禮，依然耀明的著作。遠溯二千三百年前，亞里斯多德的《尼各馬科倫理學》、柏拉圖的《理想國》，還有奧古斯丁的《懺悔錄》。
- 聲震寰宇、澤流遐裔的著作。西方哲學不用說，東方哲學中，我國的孔孟、老莊哲學，古印度毗耶娑（Vyāsa）的《薄伽梵歌》、日本鈴木大拙的《禪與心理分析》，都不缺漏。
- 成就一家之言，獨領風騷之名著。諸如伽森狄（Pierre Gassendi）與笛卡兒論戰的《對笛卡兒沉思錄的詰難》、達爾文（Darwin）的《物種起源》、米塞斯（Mises）的《人的行爲》，以至當今印度獲得諾貝爾經濟學獎阿馬蒂亞．

森（Amartya Sen）的《貧困與饑荒》，及法國當代的哲學家及漢學家余蓮（François Jullien）的《功效論》。

梳選的書目已超過七百種，初期計劃首爲三百種。先從思想性的經典開始，漸次及於專業性的論著。「江山代有才人出，各領風騷數百年」，這是一項理想性的、永續性的巨大出版工程。不在意讀者的眾寡，只考慮它的學術價值，力求完整展現先哲思想的軌跡。雖然不符合商業經營模式的考量，但只要能爲知識界開啓一片智慧之窗，營造一座百花綻放的世界文明公園，任君遨遊、取菁吸蜜、嘉惠學子，於願足矣！

最後，要感謝學界的支持與熱心參與。擔任「學術評議」的專家，義務的提供建言；各書「導讀」的撰寫者，不計代價地導引讀者進入堂奧；而著譯者日以繼夜，伏案疾書，更是辛苦，感謝你們。也期待熱心文化傳承的智者參與耕耘，共同經營這座「世界文明公園」。如能得到廣大讀者的共鳴與滋潤，那麼經典永恆，名著常在。就不是夢想了！

二〇一七年八月一日 於

五南圖書出版公司

導讀

國立清華大學通識教育中心副教授　吳俊業

> 萊布尼茲的《人類理智新論》……是認識其哲學的主要來源。……在這裡，萊布尼茲學說實際上奧祕的內容似乎首次自由而全面地展現在我們面前。萊布尼茲包羅萬象的精神努力中，沒有一個領域不被關注到；而且所有這些領域都服從於一個主導方面：我們知識的起源和有效性問題。……有若何處則必在這裡，可去裁決萊布尼茲哲學是否已達至其自始爲自身設定的本質目標，——它有否成熟爲緊密而完成的體系統一性。
>
> ——Ernst Cassirer①

《人類理智新論》是一部令人深感困惑和沮喪的作品。絮絮叨叨、重複性強，它也

① Ernst Cassirer, "Einleitung", in: Gottfried Wilhelm Leibniz, *Neue Abhandlungen über den menschlichen Verstand.* Trans. by Ernst Cassirer (Hamburg: Felix Meiner, 1996), p. xi.

帶著所有倉卒轉換成對話錄形式的標記；事實上，躋身在這個古老文體的諸多哲學論著當中，這部著作必須被排序爲技巧最差的例子之一。

——Nicholas Jolley②

《新論》……常常錯誤，卻又無盡地有趣和有指導性的。

——Joseph Bennett③

上述三段評價，分別出自德國新康德學派的著名哲學家、執當代英美萊布尼茲（Gottfried Wilhelm Leibniz, 1646-1716）研究牛耳的學者，以及《人類理智新論》（*Nouveaux Essais sur Ll'entendement Humain*）通行的劍橋版英譯本譯者，他們的評價雖非南轅北轍，也未必一定持平的當，但卻可以點明，這部經典論著的內容豐富、性格複雜，讓人不容易簡單對之加以評說或論斷。面前這部譯本，附有中譯者及著名萊布尼茲專家陳修齋的長篇〈譯者序言〉，詳細介紹了這部著作的歷史與理論背景，無論讀者是希望精讀這部鉅著，或只想概覽萊布尼茲哲學思

---

② Nicholas Jolley, *Leibniz* (London & New York: Rouledge, 2005), p. 25.

③ Joseph Bennett, "Leibniz's New Essays" in: *Philosophical Exchange*. Vol. 13, No.1 Summer 1982, p. 37.

想的基本觀念，它都非常值得參考。但〈譯者序言〉寫於上世紀八〇年代初，文風用語都帶有當時社會環境的氣氛和色彩，對當代讀者來說，也許會需要一道比較清爽的前菜，來引起邁進智性長征的想望，這篇〈導讀〉的主要目的，端在於此。它提供的既不會是完整的概念裝備，也並非清晰的思路地圖，而只會是一些速寫素描，希望這些浮光掠影，足以激發讀者的智性好奇，深入探究《新論》的思想世界。

我們先從萊布尼茲本身談起。萊布尼茲出生於一六四六年，即中國明朝滅亡後兩年，而三十年戰爭（Thirty Years' War）即將結束，邁向日耳曼四分五裂、神聖羅馬帝國名存實亡的結局之際。他的出生地是當時屬薩克森選侯國（Kurfürstentum Sachsen）及後來東德地區的第一大城萊比錫（Leipzig）。歐洲的十七世紀雖然戰亂頻繁，卻同時是號稱「天才的世代」，許多數學、自然科學、哲學、文學領域中劃時代的人物、革命性的奇才，都在這短短百多年間相繼湧現。在這個滿天繁星的年代，躋身其中的萊布尼茲非但同樣耀眼，更且可說特別讓人注目。天才往往專精特定或相關領域，而萊布尼茲卻是史上少見的通才，在學問與事功上都有所表現，他既是卓越的數學家、自然科學家、哲學家，與牛頓（Isaac Newton）並列爲微積分發明者，更提出相對時空觀以挑戰牛頓物理學預設，他也是美茵茲（Mainz）大主教與漢諾威（Hannover）公爵的謀士，曾出使巴黎擔任說客，密謀引導路易十四（Louis XIV）將其軍事野心從德意志和荷蘭，轉移至異教的埃及，也曾擔任銀礦採礦工程師、宮廷圖書館長、法律顧問和家族史撰寫員等公務，他甚至創建了聲名顯赫的普魯士科學院（Preußische Akademie der Wissenschaften）並出任首任院長。

但萊布尼茲的出眾之處不僅在於其成就的廣度，還在於他獨特的精神特質。在十六、十七世紀，破舊立新是主要的時代精神，革命與改革的訴求在不同領域響起。就哲學來說，這時期笛卡兒（René Descartes）掀起的浪潮方興未艾，學界咸信，固有傳統必須推翻，學問基礎必須重新奠定，哲學與科學才能取得肯定和持久的成果。在時代風氣的鼓動下，縱使是致力綜合笛卡兒與奧古斯丁（Augustine）的馬勒伯朗士（Nicolas Malebranche），也免不了猛烈批評亞里斯多德（Aristotle）及其遺下的思想傳統。相較之下，萊布尼茲卻於身處思潮的前沿之餘，又同時能從革命激情抽身而出，無論在宗教、政治還是在哲學，他都力求調和古今、綜合分歧，就如他針對宗教爭議的謹慎評說：「在其肯定主張的大體上，多數教派都是對的；但在其否定主張中，就沒有那麼多。」④

強力的綜合精神是萊布尼茲思想的魅力之一，但可說也是其弱點之所在。爭執是否都能調和、衝突是否都能化解？由此產生會否只是和稀泥般、讓人厭惡的和諧？抑或只要手段充足，

④ Leibniz to Remond, 10 January 1714, in: C. I. Gerhardt (ed.), *Die Philosophischen Schriften von G. W. Leibniz* (Berlin, 1875–90), vol. III, p. 607.

轉折靈巧，對立者便可統整在一個動態的平衡、一個張力的統一之中？在宗教上，萊布尼茲一直試圖調解天主教和基督新教的爭執；在哲學上，萊布尼茲則致力於調和新時代思想與基督宗教觀點，從亞里斯多德理論框架的斷壁殘垣之上，重建一套與新興科學和哲學整合起來、充滿時代活力的形上學。與笛卡兒僅爲塡補理論空隙才呼喚上帝的做法對比，萊布尼茲的理論雄心都顯然更爲恢宏，同時也更爲冒險，彷彿在履行一些不可能的任務、調和一些不可調和的東西。

在上述的精神性格的映照下，萊布尼茲獨特的文體與文風便不再顯得是隨意的選擇。調和、綜合的基礎在於理解、對話與交流，在近現代重要的哲學家中，萊布尼茲是少數極爲依賴學術交流的思想家，他的主要思想論著不少是書信錄及對時人思想的論評，似乎是必須透過與其他人的討論、辯證以及反對意見的刺激，他的思想才能確立自己與摸索到發展方向。實際上，萊布尼茲與詹森教派（Jansenism）領袖阿爾諾（Antoine Arnauld）的書信討論，以及他與英國牧師克拉克（Samuel Clarke）的書信集，都是理解他的思想發展的重要文獻，而當現實條件不許可時，萊布尼茲也會以評論代替討論，將自己想法寓於與作者的正反立場的論辯之中。例如代表著萊布尼茲思想成熟的首部重要著作《論形而上學》（*Discours de métaphysique*, 1686），便在很大程度上是對於笛卡兒主義的評論和駁斥，在一七〇四年寫成的《人類理智新論》則是萊布尼茲對於洛克（John Locke）的名著《人類理智論》（*An Essay Concerning*

Human Understanding）的逐章述評反駁，而成爲西方哲學史上少數論評體的思想經典。

萊布尼茲沒有寫出一部屬於他自己的《第一哲學沉思錄》（*Meditationes de Prima Philosophia*）或《倫理學》（*Ethica, ordine geometrico demonstrata*），他的書信、論評和短文變成理解他的思想的重要文獻依據。在這批數以萬計的書寫論著當中，《人類理智新論》是極少數具有專書規模，而且結構完整、內容豐富，故此特別具有參考的價值。萊布尼茲當然也有一些重要的短篇論文，但《人類理智新論》卻是他兩部完成的書稿之一——另一部是一七一〇年的《神義論》（*Théodicée*）——，故此，有些學者縱使對《新論》的文風和思想表述方式有所保留，亦難以否認該書的學術價值。它不但是萊布尼茲的思想全貌的罕有紀錄，也是理性主義與經驗主義論爭的重要文獻。

事實上，對於帶有一定哲學史背景知識的讀者來說，《新論》是一本饒有趣味的著作。在哲學史上人們慣常依據知識論立場的分歧，將近代早期的哲學劃分爲理性主義與經驗主義兩大陣營：理性主義哲學家是相信僅憑理性就可以先驗地知道關於世界的實質內容的眞理，而經驗主義者卻認爲，任何知識都必須依靠後天的感官經驗。在這個哲學史分類標籤下，洛克往往被視爲第一代英國經驗論者（Empiricist）的代表，萊布尼茲則是繼承笛卡兒、斯賓諾莎（Spinoza）以後，大陸理性主義陣營的殿軍人物，而《人類理智新論》則順理成章就是這兩個陣營新舊世代實際交鋒的思想史文獻。

讀者因此也許會期望，萊布尼茲在針對洛克作長篇論評之餘，必定會抓住機會，系統地闡釋理性主義的知識論，並爲笛卡兒傳承下來的思路辯護。然而，若帶著這期望閱讀《新論》的話，便會相當失望了。在一定程度上，萊布尼茲論評的首要目標根本不是知識論，而是形而上學及心靈哲學。人們通常以「知識論轉向」來概括現代哲學思潮，但萊布尼茲的哲學興趣顯然與笛卡兒和英國經驗主義者有所不同，他對於某些形上學問題的異常關注顯然大於一些被認定爲知識論的核心的問題（例如外在世界的存在證明）。事實上於書稿完成的同年，萊布尼茲在一封信函裡便表示，撰寫這部著作首要目的是捍衛靈魂的非物質性。⑤在這個目的下，萊布尼茲不但將靈魂非物質性的論旨貫徹到底，使靈魂概念精煉爲無部分、無進出窗戶的、純一的「單子」（monad）概念，同時也批判笛卡兒傳統的二元論（Dualism），對於萊布尼茲，事物不是與靈魂對立的物質存在；它們貌似是具有種種廣延特性（形狀、大小等等）的獨立實體，其實不過是單子及其內在規定累積的效應。在單子概念的基礎上，笛卡兒傳統的心物互動交流等問題，都得到了耳目一新的解方。

從知識論論爭——「我們能否及如何認知實在？」——逆轉回形上學及心靈哲學的思

⑤ Leibniz to Jaquelot, 28 April 1704, in: C. I. Gerhardt (ed.), *Die Philosophischen Schriften von G. W. Leibniz* (Berlin, 1875–90), vol. III, p. 473.

考——「實在是什麼？」、「心靈是什麼？」——，這是萊布尼茲的獨特而典型的思想傾向，但是經歷過現代哲學的洗禮，萊布尼茲的逆轉自然不會是傳統的素樸復辟。因此，就心靈非物質性的論旨來說，萊布尼茲的思路並不是逕行是思辨形上學和靈魂論式的，而是帶著知識論的迂迴曲折。在其中，扮演著中介的角色的是對於天賦觀念（innate ideas）論的討論。這個也是萊布尼茲認爲洛克和自己的立場的最重要差異所在，在《新論》的〈序言〉，他提綱挈領地說：

> 我們的差別是關於一些相當重要的主題的。問題就在於要知道：靈魂本身是否像亞里斯多德和《理智論》作者所說的那樣，是完完全全空白的，好像一塊還沒有寫上任何字跡的板（Tabula Rasa），是否在靈魂中留下痕跡的東西，都是僅僅從感覺和經驗而來；還是靈魂原來就包含著多種概念和學說的原則，外界的對象是靠機緣把這些原則喚醒了。⑥

⑥ 參 Gottfried Wilhelm Leibniz, *Nouveaux essais sur l'entendement humain*, in: *Gottfried Wilhelm Leibniz Sämliche Schriften und Breife*. Hrsg. von der Akademis der Wissenschaften der DDR. 6. Band (Berlin: Akademie-Verlag Berlin, 1990), p. 48；本中譯本上冊〈序言〉第87頁。以下引用本書時，會簡稱爲*NE*，先標示“Akademie-Verlag Berlin”版本，再標示對應中譯本頁碼。

這段表述大體符合一般人對兩個學派的分歧的理解相符：據之，核心問題在於究竟觀念是否皆爲後天？它們是否皆來自感覺和經驗？抑或人類心靈並非生如白紙，而是原來就擁有一些概念和原則，擁有一些「先天觀念」（innate ideas）？對此，理性主義者的答案是明確的，靈魂或心靈擁有先天觀念，它在種種感覺和經驗以前，「原來就包含著多種概念和學說的原則」，而萊布尼茲大體的思路與柏拉圖（Plato）《費多篇》（*Phaidon*）的靈魂不滅論證相若：既然靈魂擁有先天觀念，那就意味，靈魂有著超乎身體的存在，早已掌握到種種觀念作爲其內容。《新論》有趣之處在於，萊布尼茲對這組思路進行多方的辯證和仔細的補充闡釋，而透過這些細節，原來好像柏拉圖想法的重複，竟展現出一種新穎的形上學與心靈哲學的輪廓。

但是，對於粗淺的觀念先天主義，洛克在《人類理智論》中已提出了尖銳有力的批判。根據他的觀點，先天觀念的論旨若不是經驗上錯誤——因爲它蘊涵嬰兒會思考高度抽象的概念——，就便只是在談論一些瑣碎而無哲學重要性的觀點。⑦萊布尼茲的回應則是在於對於「觀念先天性」的更細緻的辯解，要理解他的論點及蘊涵的新意，我們須從其對觀念一般的分析入手。

促成萊布尼茲的觀念理論發展的是當時兩位笛卡兒學派思想家馬勒伯朗士和阿爾諾之間

---

⑦ 參 John Locke, *Essay Concerning Human Understanding*, Book I. Chapter II.

的著名爭論。它的觸發點是馬勒伯朗士於一六八〇年出版的《論自然與恩典》（*Traité de la nature et de la grâce*）及阿爾諾的相關批評。這場爭論延續了十多年，涉及的哲學議題眾多，其中之一是所謂「觀念之爭」（querelle des idées）。阿爾諾是正統的笛卡兒主義者，他認為，觀念或概念——例如圓形的概念——雖然實際存在，但卻是依賴於心靈而立，甚至直接不過是心靈本身的一些模態變化而已。與此相反，馬勒伯朗士承接奧古斯丁的神性光照說，認為觀念是外於人類心靈而在上帝之內，必須透過源自此外在而超越的觀念光照，人類心靈才能眞正認識世界。若剝去神學的外衣，則我們可以發現這場爭論的爭端其實是觀念的存在性格：馬勒伯朗士與阿爾諾代表的正統笛卡兒主義的分別在於，他認爲觀念（思想與概念）不是存在個別思想者中的心理學項目，而是抽象的、「客觀的」實體存在。

在這場論爭的大分野上，萊布尼茲是站在阿爾諾一方的。對於萊布尼茲來說，「觀念」毫無疑問是心理的元目，它是存在於心靈之中。但是，與阿爾諾不同，萊布尼茲並不是簡單地將觀念當作心靈內一時一刻的所謂「思想內容」，而是視之爲心靈的「傾向」（disposition），即一種讓心靈依特定方式思考的恆定的性向。在這種理解下，觀念先天主義不再蘊涵，有某些既定的心靈內容，打從人出生便長踞於心靈之中，而是指人有些天賦的心靈傾向，規範著他的思考方式。故此，縱使某人——例如說某個孩童——沒有正在思想到某個抽象的觀念，我們還是可以說他具有該抽象觀念。⑧

當萊布尼茲主張數學和形而上學概念的先天性時，他主要的堅持就是從天賦傾向立論的觀念先天主義。這種新穎的立場突破了洛克的批評所預設的框架：宣稱心靈具有先天觀念，既不是假設該觀念時時刻刻是心靈思考的對象，也不是空泛地說心靈先天帶有某些單純的能力（simple capacité）。萊布尼茲在《新論》中敏銳地批評說，經驗主義的靈魂白紙論會讓「靈魂」塌陷為好像「原初質料」（matiere premiere）那樣的單薄概念，而泛說的心智能力不會讓塌陷了的靈魂概念更加飽滿。⑨

但是，雖然在概念上，心靈傾向顯然不僅是泛指心靈有相應的能力，就好像某物易碎（fragile）不單是指它能夠破碎（breakable）（否則任何可以破碎的物體便都可以說是易碎），然而正面來說，什麼是心靈「傾向」？就物理事物而言，要說明何謂具有某種傾向或許相對清楚，例如我們可以訴諸汽油的一些物理屬性，以說明其易燃的特質，但什麼是心理傾向的依據，卻沒有那麼明晰。

在這裡，《新論》的思考面臨一個有趣的轉折點。萊布尼茲雖然指明，心靈傾向不是心靈

---

⑧ 參*NE*, 79 f.：上冊第一卷第一章第29頁。

⑨ 參*NE*, 110：上冊第二卷第一章第79-80頁。

意識到的內容，但同時他又認定，它們也不是完全外鑠於心靈的項目，傾向既出於心靈之中，卻又並非它直接可意識的事項，萊布尼茲在《新論》這樣敘述：

> 也就是像這樣，觀念和眞理就作爲傾向、稟賦、習性或自然的潛能天賦在我們心中，而不是作爲現實天賦在我們心中的，雖然這種潛能也永遠伴隨著與它相應的、常常感覺不到的某種現實。⑩

這種含混的、既潛能又現實的存在維度使得萊布尼茲的心靈概念比起笛卡兒的「我思」多了一點厚度，它指向萊布尼茲最獨特而具創意的「細微知覺」（petites perceptions）概念。所謂細微知覺，是指微小的、在可意識邊緣的知覺或感覺。據萊布尼茲在《新論》的闡釋，這些細微知覺即是先天心靈傾向的基礎，心靈不會意識這些個別細微知覺的內容，但卻會受其累積效應所影響，情況類似於許多單獨的水滴運動匯聚，便能產生波浪的噪音。⑪在「細微知覺」的概念引導下，萊布尼茲將睡眠和夢等概念納入《新論》討論的主題，並同時爲哲學開闢了關

---

⑩ *NE* 52：上冊〈序言〉第92頁。

⑪ *NE*, 53-55.：上冊〈序言〉第94-96頁。

於無意識的心靈行爲與心靈內容的有趣論域。

總體來說，萊布尼茲的《新論》無疑是一部異常雄心勃勃的論評著作，它所觸及的議題遠比萊布尼茲的其他哲學論著爲廣闊。雖然就對話錄文體的思想論著來說，《新論》或許不算成功，代表洛克的斐拉萊特（Philalèthe）和代表萊布尼茲的德奧斐勒（Théophile）都只是頗爲蒼白的角色，在他們之間的對話，不能稱得上是對等的思想交鋒，更遑論出現柏拉圖對話錄那樣引人入勝的戲劇情節，而就論評來說，萊布尼茲的行文不時過於雜亂，有時甚至曲解了洛克的意思，然而即使有著這種種缺憾，《新論》卻有系統地討論了近乎所有萊布尼茲思想上重要的議題，諸如「前定和諧」、「不可辨別者之同一性」、「充足理由律」、「單子說」、「細微知覺」等等，都在本書中得到相當詳細的闡述。這部著作也許不是萊布尼茲最嚴密精彩的著作，卻無損它是理解其思想全貌的重要經典。

譯者序言

萊布尼茲及其哲學簡介

《人類理智新論》是萊布尼茲的一部主要著作。在這部書中，萊布尼茲站在唯心主義（Idealism）唯理論（Rationalism）的立場，對洛克在《人類理智論》①一書中所發揮和詳細論證的唯物主義（Materialism）經驗論（Empiricism）的觀點，進行了系統的反駁。在西歐近代哲學史上，經驗論與唯理論的鬥爭，一直持續不斷。從哲學的基本問題來看，萊布尼茲的唯心觀點當然是錯誤的，但其中也還包含著積極的內容。萊布尼茲不僅僅是一位唯心主義的哲學家，而且更重要的是一位偉大的科學家和淵博的學者；他的哲學中也確實包含著相當豐富的辯證法因素。當他攻擊洛克的認識論（Epistemology）中的形上學（Metaphysics）觀點時，雖然是站在錯誤的唯心主義立場上，但往往也發揮了某些有辯證法意義的合理思想，不乏可供我們在批判形上學觀點時用作借鑒之處。因此，萊布尼茲的《人類理智新論》，作爲一部西方古典哲學名著，在哲學史上自有其確定的地位。

---

① 該書中譯本名爲《人類理解論》，關文運譯，一九五九年商務印書館版。

一

萊布尼茲的《人類理智新論》，雖然主要是關於認識論的著作，但因內容所涉極為廣泛，實無異萊布尼茲哲學的一部百科全書。因此要了解萊布尼茲這書的內容，必須對他的整個哲學體系先有一個概括的了解。他的哲學體系，是他所處的十七世紀後半期到十八世紀初的德國以及整個西歐的歷史條件的產物，是當時德國資產階級特殊的歷史地位和階級利益在意識形態上的集中反映，並與他的個人生活經歷有著密切聯繫。為此我們又有必要先簡略回顧一下他所處時代的西歐特別是德國的歷史狀況，以及他個人的主要經歷。

十七世紀的西歐，總的來看，正處在資本主義（Capitalism）新制度開始在若干國家代替封建主義（Feudalism）舊制度而開闢了人類歷史新紀元的重要時期。四〇年代至八〇年代的英國資產階級革命，標誌著世界歷史從此開始進入了資本主義時期。這是一個天翻地覆的時代，同時也是革命與反動、進步與落後的各種社會階級和集團、各種政治力量進行著錯綜複雜的尖銳鬥爭的時代。西歐的各個國家，一方面由於資本主義發展的不平衡而各自有其特殊的社會狀況，另一方面又並非各自孤立地發展而是彼此間有著密切聯繫和相互影響，這就更增加了這種鬥爭的複雜性。我們將可看到，正是當時西歐整個社會的階級鬥爭和各種矛盾的複雜性，造成了萊布尼茲的全部思想和活動中正確的東西和錯誤的東西、進步的東西和反動的東西、精華和糟粕紛然雜陳的狀況。

十七世紀西歐資本主義發展最先進的國家是英國和荷蘭。英國從四〇年代爆發了資產階級革命起，經過前進與倒退、復辟與反復辟的反覆鬥爭，終於以一六八八年的所謂「光榮革命」（Glorious Revolution），即以資產階級與貴族的階級妥協而結束了這個革命的全過程，資產階級成了統治階級的一部分，英國從此走上了資本主義得以迅速發展的道路。在這場劃時代的資產階級反封建大革命運動的前後，隨著資本主義經濟與政治的發展，英國的科學文化和哲學也得到了光輝燦爛的發展，爲人類歷史提供了一批有巨大貢獻的科學家和哲學家，其中特別重要的如：牛頓以及波以耳（Robert Boyle）、虎克（Robert Hooke）等在自然科學方面，和培根（Bacon）、霍布斯（Thomas Hobbes）、洛克等在唯物主義哲學方面，都做出了卓越的貢獻。

荷蘭的資產階級革命，甚至發生得比英國更早。遠在十六世紀六〇年代，荷蘭就已開始掀起了擺脫西班牙封建王室統治的民族解放鬥爭和資產階級革命風暴了，經過幾十年的戰爭，終於在十七世紀初葉爭得了獨立，同時建立起了歷史上第一個資產階級的共和國。雖然這場革命也遠沒有澈底剷除封建勢力，資產階級還有鞏固新建立的政權、防止封建復辟的任務，但畢竟使荷蘭成了「十七世紀標準的資本主義國家」②。由於資產階級革命的勝利，荷蘭不僅在經濟發展上居於前列，政治上是當時各國中相對說來最民主、最自由的國家，同時在文化上也達到了空前的繁榮，著名的科學家惠更斯（Huygens），最早進行了對微生物的觀察的斯瓦默丹（Jan Swammerdam）、雷文霍克（Antonie Philips van Leeuwenhoek），自然法學派（school of natural law）的著名代表、近代國際法的奠基人胡果．格老秀斯（Hugo Grotius），現實主義（Realism）畫派的大師倫勃朗（Rembrandt Harmenszoon van Rijn）等人都產生在這個時期的荷蘭，而在哲學上則有對唯物主義的發展做出巨大貢獻，並對萊布尼茲的思想有過直接影響的斯賓諾莎。

十七世紀的法國，由於某些特殊的歷史原因，資本主義的發展，比英國和荷蘭落後了一步，資產階級的力量雖有所發展，但還比較軟弱，不足以提出革命的要求，可以說和封建勢力處於勢均力敵、誰也不能戰勝誰的狀態。在這種條件下，專制王權就以表面上超乎封建貴族和資產階級的對立之上的姿態出現而大大發展起來。十七世紀上半期，路易十三（Louis XIII）的首相黎胥留（Armand Jean du Plessis de Richelieu）就已爲強化專制王權奠定了基礎，到了下半期路易十四統治的時代，王權達到了極盛，同時也取得歐洲大陸的霸主地位。當時的法國，

② 馬克思：《資本論》，《馬克思恩格斯全集》第二十三卷，第820頁。

雖然就其經濟和政治制度的發展來說不如英國和荷蘭先進，但由於其軍事和政治上的這種霸主地位，卻使其首都巴黎成了歐洲政治和文化的一個中心，同時也使法語成了歐洲政治、外交和文化界最通行的語言。在這種歷史條件下，巴黎不僅是各國科學、文化界著名人物薈萃之所，同時法國本身也出了許多有貢獻、有影響的科學家和哲學家，如最早製造了計算機、並爲概率論奠立基礎的帕斯卡爾（Blaise Pascal），代數學的奠基人韋達（Francis Viete）等等，而最值得注意的則是不僅在數學和物理學等自然科學方面做出過偉大貢獻，並且在哲學上成爲近代唯理論派的開創者和古典的二元論的創導者以及在「物理學」範圍內的機械唯物主義者的笛卡兒，和笛卡兒派的哲學家馬勒伯朗士與勒羅阿等人，以及以復興伊比鳩魯（Epicurus）的原子論（Atomism）著名的唯物主義哲學家伽森狄（Pierre Gassendi）。此外，在十七世紀末，有以懷疑爲武器批判了神學和爲之張目的形上學，成爲十八世紀法國啓蒙運動（Enlightenment）的先驅，並與萊布尼茲本人進行過反覆辯難的比埃爾・培爾（Pierre Bayle），也還有一批與萊布尼茲有過密切交往的神學家如博須埃（Bossuet）、阿爾諾等人。

義大利雖是資本主義關係最早形成的地方，也是「文藝復興」（Renaissance）的策源地，但後來由於新航路的發現，資本主義發展的中心向大西洋沿岸的英國、荷蘭等國轉移，義大利的經濟發展相對地落後了，政治上也遠未能成爲統一的獨立國家，許多地方長期爲歐洲其他國家的封建王室所分割、占領、統治。不過，義大利作爲早期資產階級文化的發祥地，不僅產生過一大批「人文主義者」（Humanist），而且在十六、十七世紀也還產生了像康帕內拉（Tommaso Campanella）、布魯諾（Giordano Bruno）這樣英勇地爲眞理而獻身的戰士和偉大的唯物主義哲學家，伽利略（Galileo Galilei）這樣爲近代自然科學的發展開闢道路和奠定基礎的偉大科學家。

德國雖然早在中世紀末期也和西歐其他國家一樣產生了資本主義萌芽和相當繁榮的工商業城市，而且正是在德國進行了資產階級和人民群衆反封建的第一次大起義，即以路德（Martin Luther）和閔採爾（Thomas Münzer）爲代表的宗教改革（Reformation）運動和農民戰爭。但其經濟發展，到了十六世紀後期，本來因新航路開闢後商路的轉移，也和義大利一樣日漸低落而比英國、荷蘭乃至法國都大大落後了。再加上這次宗教改革運動，由於以路德爲代表的市民階級的不堅決和背叛，最後轉過來和封建勢力一起鎮壓農民起義，實際上使這次轟轟烈烈的反封建鬥爭完全失敗了。運動的結果雖然產生了一個路德教的教派，但其實無非是使一部分封建諸侯利用這一新教教派的名義來擺脫天主教會的控制，沒收天主教會的部分財產而加強自己的勢力，反而強化了在各自領地內的封建統治而使廣大農民重新淪爲農奴。同時，由於宗教改革的結果又形成了信奉新教的諸侯和仍舊信奉天主教的諸侯之間的對立。在十七世紀初，就先後成立了「新教同盟」和「天主教同盟」這樣兩個對立的營壘，每個營壘內部，也還有不同派系的鬥爭。這種德國封建諸侯之間爭權奪利的鬥爭，又受到了外國的利用和干涉，終於在一六一八年釀成了歷史上有名的「三十年戰爭」，直到一六四八年訂立了「威斯特伐利亞和約」（the Peace Treaty of Westphalia）才告結束。這是歐洲近代史上第一次大規模的國際戰爭，瑞典、丹麥、英、法、荷蘭、西班牙等許多國家都參加進去了，又和德國內部各派諸侯之間以及諸侯與皇帝之間的混戰交織在一起，形成了錯綜複雜又曠日持久的混戰局面。這場戰爭主要都是在德國境內進行的，這就給德國的經濟造成了極大的破壞，使得原來已經落後的經濟更大大地落後了。恩格斯（Friedrich Engels）在談到當時德國的狀況時寫道：「在整整一代的時間裡，德意志到處都遭到歷史上最沒有紀律的暴兵的蹂躪。……到處是一片人去地荒的景象。當和平到來的時候，德意志已經無望地倒在地下，被踩得稀爛，撕成了碎片，流著鮮血。」③當時雖然名義上有一個「德意志神聖羅馬帝國」，但皇帝除了其直屬的奧國及捷克等部分地區外，對德國境內其他諸邦從來未能行使有效的統治權。「三十年戰爭」之後，皇帝建立統一帝國的希望完全破滅，威斯特伐利亞和約更承認帝國諸侯有獨立的外交權力，這就使這種分裂局面更進一步固定下來。當時的「德意志」實際上無非是個地理名詞，境內有三百多個邦，此外還有許多不屬任何邦國的城市以及近千個騎士領地。這些邦、城市和騎士領地都是各自獨立而不相統屬的。這種極端分散的封建割據局面嚴重地阻礙了資本主義的發展，也使得當

---

③《馬爾克》，《馬克思恩格斯全集》第十九卷，第366頁。

時德國實際上不可能形成一個統一的資產階級。所謂當時德國的資產階級，其實無非是分散在各邦爲諸侯宮廷、官府、貴族和軍隊的需要服務而經營一些小規模工商業的市民而已，充其量只是依附於封建王室或諸侯的一些分散的狹隘的地方小集團。這樣的資產階級，經濟力量既極端軟弱，政治上也只能仰承封建諸侯和貴族的鼻息，完全提不出什麼革命的要求，相反地只能向封建勢力奴顏婢膝地阿諛逢迎。可以想見，在這樣的歷史條件下，是不可能產生具有革命意義的唯物主義哲學的。這就是決定作爲這一時期德國資產階級思想代表的萊布尼茲，在哲學上仍只能是個唯心主義者（Idealist）的主要原因。

哥特佛萊德·威廉·萊布尼茲（一六四六至一七一六年）恰恰是在「三十年戰爭」結束前兩年，出生在萊比錫的一個知識分子家庭。他的父親是萊比錫大學的道德哲學教授，在他年僅六歲的時候就去世了；他幼年雖接受了虔信宗教的母親的教育，但在他未讀完大學以前母親也去世了。他父親留下了豐富的藏書，使萊布尼茲從小就接觸到了許多古典作家的作品，相當熟悉古希臘羅馬的思想文化。他十五歲時進入了萊比錫大學，雖然學的是法律，但同時又讀了許多近代哲學家和科學家如培根、康帕內拉、克卜勒（Johannes Kepler）、伽利略以及笛卡兒等人的著作。他在大學時第一個對他有影響的老師是一位精通古典和經院哲學（scholasticism）的教授雅可布·托馬修斯，因此他也接受了傳統的經院哲學的訓練。在他的第一篇公開發表的作品即他的畢業論文《論個體性原則》中，就可看出這種經院哲學教育對他思想的明顯影響。在這篇文章中他是維護唯名論（Nominalism）觀點的。雖然在這個時期他由於讀了許多近代科學家和哲學家的作品，一度爲機械唯物主義和原子論的觀點所吸引，但早在他十五歲時就本已考慮過是否應當把經院哲學中的「實體的形式」保留下來，果然不久他就感到那種機械唯物主義的觀點有許多缺點而加以拋棄，回到與經院哲學相通的唯心主義路線上去了。這誠然有他個人思想上的原因，但歸根到底是由於當時德國資產階級那種必須仰承封建勢力鼻息的軟弱地位，使他不能接受有革命意義的唯物主義而只能宣揚封建統治階級可以接受和需要的唯心主義。一六六六年，萊比錫大學顯然因萊布尼茲還過於年輕而拒絕給他法學博士的學位，但鄰近的另一個大學即阿爾特道夫大學卻接受了他的論文，給了他博士學位，並要聘他爲教授，而他卻另有打算，沒有接受這個職位，並從此離開了萊比錫。

離開萊比錫之後，萊布尼茲經人介紹到美茵茲大主教（Mainz Johann Philipp von Schonborn）手下工作，開始成爲一位外交官。這位大主教，也是一位選帝侯，深感教派之間的鬥爭引起了「三十年戰爭」，不僅弄得滿目瘡痍，國土殘破，而且也危及自己的統治。因此爲了免蹈覆轍，竭力想使新教與天主教之間取得和解，重新統一起來。這種新舊教之間和解的談判本來已在進行，萊布尼茲也就參加了這一活動，並且以後一生都以各種方式不斷地進行了這一徒勞的工作。爲此目的他特別研究了關於麵包和酒轉化爲耶穌的血肉這種基督教教義，這涉及所謂實體轉化的問題，而他認爲笛卡兒派關於物質實體的本性就在於純廣延的學說不論與天主教或路德教的教義都是不可調和的，因此竭力想來找出一種新的關於實體的理論，要使新舊教雙方都能接受，以便作爲調和新舊教的哲學理論基礎。這也是促使他拋棄了機械唯物主義的物質實體觀點而另創立那種唯心主義的實體學說即關於「單子」的理論的一個重要原因。但其實這種企圖使雙方都能接受的理論只能是使雙方都加以拒絕。萊布尼茲的這種努力也只能以失敗告終。

美茵茲的大主教除了怕教派紛爭危及自己的統治之外，還非常害怕當時成爲歐洲大陸霸主的法國國王路易十四的軍事威脅。萊布尼茲爲之出謀劃策，企圖去說服這位國王當向異教的埃及進軍而不要來進攻同樣信基督教的德意志。在這位大主教的贊同下萊布尼茲果然於一六七二年到了巴黎，想去遊說法國國王。他的計畫未被採納，當時也不爲人所知。據說後來拿破崙出征埃及失敗後，於一八〇三年占領漢諾威時，才發現了這一計畫。萊布尼茲去巴黎的本來目的雖未達到，但他因此在巴黎留居了四年，對他一生的思想和事業卻有極其重要的影響。如上所說，巴黎本是當時歐洲一個文化中心，尤其是在哲學和數學方面，可說居於當時世界的最前列。萊布尼茲在這裡遇到了一些著名的科學家和哲學家，例如惠更斯、馬勒伯朗士，以及阿爾諾等人。他本來主要想從事於法律和歷史的研究，正是和惠更斯的交往，使他又轉而研究高等數學，並促使他終於在一六七五至一六七六年間發明了微積分，當時他稱爲「無窮小算法」。牛頓早於萊布尼茲已對這問題作出了成績，但並未發表，萊布尼茲在發明微積分時並不知道牛頓的工作。萊布尼茲關於微積分的著作發表於一六八四年，而牛頓的則發表於一六八七年，或認爲還更遲到一六九三年。爲此引起的一場關於發明權的爭論是科學史上一樁著名的公案，但現在已可肯定微積分是萊布尼茲和牛頓各自獨立地發明的，沒有根據可以說是誰剽竊了誰。在巴黎期間，萊布尼茲還發明了一具能作加、減、乘、除和開方的計算機，比帕斯卡爾的僅能作加減的計算機前進了一大步。他這個時期和馬勒伯朗士的交往對於他進一步研究和討論笛卡兒及其學派的哲學，以及對於他自己的哲學體系的形成和發展都顯然有重大影響。他和阿爾諾的結識以及後來長期的通信，對他思想的影響更是不可低估。阿爾諾是一位詹森派的神學家，同時也是一位數學家和哲學家，是著名的《王港邏輯》一書的作者之一。羅素（Bertrand Russell）認爲萊布尼茲正是在與阿爾諾的通信中講了一套與他公開宣揚的哲學不同的「好」的哲學，而由於遭到阿爾諾的反對，就把他的這另一套哲學祕而不宣了。④且不管這看法對不對，阿爾諾對萊布尼茲思想的影響總是不能否認的。留居巴黎這段時期在萊布尼茲思想和學術事業的發展上的重要性，並不僅僅限於他和某些著名人士的交往，而在於他的思想和活動從此超出了當時處於極端落後狀態的「德意志」的狹隘界限，投身到整個歐洲乃至世界的學術文化

---

④ 參閱羅素：《萊布尼茲哲學述評》（*A Critical Exposition of the Philosophy of Leibniz*，倫敦，一九五八年版）第二版序言等處，以及他的《西方哲學史》下卷第十一章。

活動之中去了。例如：他雖被有些人看做「德國哲學之父」，但他用德文寫作的作品在他全部著作中卻只占很小的比例，他的大部分著作除了用拉丁文寫的之外，更多的部分，包括這部《人類理智新論》和他生前發表的唯一一部篇幅較大的著作《神正論》以及許多重要的短篇作品在內，都是用法文寫的。這正表明他要向國際學術界發言，因此要用當時國際上比較最通行的文字。

就在這留居巴黎期間，他於一六七三年初又曾短期訪問了英國。在倫敦他又結識了著名科學家波以耳，和英國皇家學會的祕書奧爾登堡。這對促進他的數學研究也起了重要作用。他本來早就曾寫信給霍布斯，表示對他的哲學的讚賞和欽佩，這時也曾想去訪問霍布斯，但因霍布斯當時已過於年邁而神志不清，故未得見面。

由於美茵茲的大主教已於一六七三年逝世，萊布尼茲想另謀一外交官職位未成，終於在一六七六年接受了漢諾威的布勞恩斯魏克（Brunswick-Luneburg）公爵的王家圖書館長的職位，並從此以它為終身的正式職務。在他離開巴黎去漢諾威就職途中，他又特地經過荷蘭去訪問了斯賓諾莎。據說他在海牙可能和斯賓諾莎相處了約一個月，經常在一起談論，並且在他的堅持要求下，斯賓諾莎給他看了自己未發表的《倫理學》一書的手稿。由於斯賓諾莎被看做大不敬的無神論者（Atheist）而受到教會當局和反動勢力的攻訐，萊布尼茲後來力圖掩飾他和斯賓諾莎的密切關係，說和他僅見過一面，聽他講了些政治軼聞，竭力縮小乃至否認自己所受斯賓諾莎思想的影響，甚至也參與對斯賓諾莎的攻擊。這也鮮明地表現了德國資產階級的軟弱性乃至向封建勢力妥協投降的反動性在萊布尼茲思想上打上的烙印。實際上斯賓諾莎對萊布尼茲哲學的重大影響是他自己所抹殺不了的。

到漢諾威定居以後，萊布尼茲又繼續和許多人通信，從事於重新使天主教與新教聯合起來的活動，結果都失敗了。就這個問題和他通信的人之中最重要的是法國的博須埃主教，和他的通信斷斷續續地進行了二十五年之久。博須埃一心想使萊布尼茲皈依天主教，但萊布尼茲畢竟是一位科學家，不願使教會的束縛影響他研究科學的自由而未使博須埃如願。擔任布勞恩斯魏克的圖書館長之後，他又受聘爲布勞恩斯魏克編修歷史，爲了弄清布勞恩斯魏克公爵與義大利的一個古老貴族家族艾思特家族的親緣關係，他又曾於一六八九年短期出遊義大利。在此期間又有人想勸他皈依天主教，並爲此要任命他爲梵蒂岡教廷的圖書館長，和許以其他可望更加飛黃騰達的高位。但萊布尼茲畢竟不想給自己套上天主教會的枷鎖而未答應。據說當他參觀羅馬曾成爲早期受迫害的基督教徒避難處的墓窖時，帶回了一小塊染有當初殉教者的血跡的玻璃，爲的是想來對它做一番化驗！這件軼事也很可以使我們看到，萊布尼茲作爲一位偉大的科學家，還是遠超過他作爲替宗教張目的衛道士。儘管他竭力想用他的哲學來爲重新統一基督教的事業服務，爲之提供一種哲學理論基礎，但他本人一生並不進教堂，甚至死時也並無一個教士在場，而教士和其他的人們甚至給了他一個綽號，稱之爲 Lövenix（下德意志方言，意即「什麼也不信的人」）。

經過多年的探索和觀點的反覆轉變，萊布尼茲終於在一六八六年前後確立了他自己的哲學體系的主要原則。從此以後他的基本思想就沒有什麼大的改變，只是以各種方式就各個方面對它作了闡述和發揮。他最終確定了的主要哲學觀點也許最早在一六八六至一六九〇年與阿爾諾的通信中已經提出來了，但這些通信是到一八四六年才由後人全部發表的，當時並不爲人所知。學術界最初知道萊布尼茲的哲學觀點，主要是通過他一六九五年在萊比錫的《學報》（*Acts Eruditorum*）上發表的一篇拉丁文的動力學論文（Specimen Dynamicum）和法文的《學者雜誌》（*Journal des Savants*）上發表的《新系統》一文。此後，萊布尼茲也並沒有寫一部系統的大部頭著作，把自己的哲學體系全面地加以闡述，而往往只是在與別人的通信中，對別人的著作或哲學觀點的評論中，對別人的反對意見的答覆或解釋中，來論述或發揮自己對某個問題或某一方面的問題的見解。例如：這部《人類理智新論》，就是通過對洛克的《人類理智論》的評論，來發揮他自己的觀點。洛克的《人類理智論》最早發表於一六九〇年，接著曾多次再版。萊布尼茲讀到這書以後，隨手就其中的某些問題寫了一些評論。這些評論的一部分曾通過一位朋友之手轉給了洛克。洛克在給另一位朋友的信中對萊布尼茲的意見表示了輕視，並不屑置答。一七〇〇年，出版了《人類理智論》的法譯本，這是科斯特（Pierre Coste）根據洛克作了增補的第四版翻譯的。萊布尼茲對英文不如法文精通，有了這法譯本後才對這書又做了更深入鑽研。他首先對洛克做了重要增補的兩章，即〈論觀念的聯合〉的第二卷第三十三章和〈論狂信〉的第四卷第十九章，做了一個摘要和簡評，發表在《每月文摘》（*Monatliche Auszug*）上。接著就著手來寫這部《新論》。爲了論辯的方便以及免使讀者不斷去翻閱洛克原書計，他採取了兩個朋友對話的方式，一個代表洛克，一個代表他自己。這樣斷斷續續地寫了好幾年，大約在一七〇四年才把初稿寫完。他先把稿子給一位法國朋友去做文字上的潤色，又由於在一七〇六年他和科斯特通了信，科斯特告訴他說洛克的原書譯本還要有重大的修改，勸他等知道了這些修改之處後再發表，這樣就把這書的發表拖延下來了。同時，洛克又已於一七〇四年去世了，萊布尼茲覺得很不願意發表一部反駁一位已去世的作者的作品，而想另寫一部獨立地發揮自己的思想的書。這樣，這部《新論》就被擱置下來，生前一直未發表。雖然內容基本上已是完整的，但形式上則是一部未經最後審訂潤色的手稿。直到萊布尼茲逝世後約五十年，即一七六五年，拉斯普（Raspe）在編纂出版萊布尼茲的拉丁文和法文哲學著作集時，才首次把這部書公開發表。拉斯普是根據經法國人潤色過的稿子發表的，以後埃德曼（Erdmann）編的萊布尼茲哲學著作集也是根據拉斯普的版本，而格爾哈特編的七卷本《萊布尼茲哲學著作集》則是重新根據萊布尼茲原來的手稿發表，而未考慮法國人的修改。這就是兩種版本有某些不同的原因。但這主要只涉及第一卷的前面部分，後面的絕大部分並無重要區別。

除了這部《人類理智新論》之外，萊布尼茲所寫的另一部篇幅較大的著作就是一七一〇年發表的《神正論》。這是他生前發表的唯一一部大部頭著作。《神正論》實際上也是與人論戰性質的作品，主要是針對著法國啓蒙運動的先驅培爾的論難來維護自己調和信仰與理性以及所謂「樂觀主義」（Optimism）的主張的，同時也藉此發揮了自己的哲學的主要原則。這書也是作爲萊布尼茲與普魯士的蘇菲・夏洛特（Sophie Charlotte）王后談話的結果，在這位王后的慫恿下寫成的。萊布尼茲生前已成爲一位學術界的名人，經常與歐洲許多國家的王公后妃及顯貴們交往，他的另一些哲學著作也是爲王公后妃們寫的。例如：一般認爲他的《單子論》一文，就是應薩瓦親王歐根（Eugene）之請而寫的自己哲學體系的綱要，但格爾哈特認爲他給歐根親王寫的是《自然與神恩的原則》一文而不是《單子論》。不管怎樣，兩者都是他逝世前不久於一七一四年寫的概括自己的主要哲學觀點的作品，內容基本相似，只是《單子論》較完備些。萊布尼茲的許多重要思想，又多在和別人的通信中表達。其中比較最重要的，如：和著名數學家讓・貝爾努依先後經二十餘年（一六九四至一七一六年）的通信，主要討論數學和物理學以及它們和形上學的聯繫問題；和德・鮑斯（Des Bosses）經十年（一七〇六至一七一六年）的通信，主要討論他的實體學說與基督教的聖體轉化的教義相結合的可能性問題；和布爾蓋（D. Bourguet）的通信（一六一四至一六一六年），討論他的主要哲學觀點和生物學的某些關係問題；以及和克拉克的通信（一七一四至一七一六年），主要討論關於空間和時間問題，也是他和牛頓物理學的主要分歧問題等等。

萊布尼茲的學術活動，範圍非常廣泛，除了哲學和數學之外，在其他許多學科上都曾做出重大貢獻。他在大學裡本來學法律，在法學上有許多論著；在史學上，他編纂了布勞恩斯魏克家族的歷史；在邏輯學上，是他首先提出了充足理由律，作爲傳統的同一律、矛盾律、排中律之外的另一條基本思想律；更重要的是他關於數理邏輯問題的研究，羅素認爲他這方面的研究成果如果當初就發表，「他就會成爲數理邏輯的始祖，而這門科學也就比實際上提早一個半世紀問世」[5]；在物理學上，他對牛頓派和笛卡兒派的物理學觀點都提出過有重要意義的批評或異議，例如：他既不同意牛頓派關於「絕對空間」的觀點，也批判了笛卡兒派關於物質的本性就在於廣延性的觀點，同時針對著笛卡兒關於運動量守恆的觀點，論證了在自然中保持不變的不是運動量而是力的量，以 $mv^2 = c$（質量與速度的平方的積是一個常數）的公式，補正了笛卡兒的 $mv = c$（質量與速度的積是一個常數）的公式；甚至在技術科學上，萊布尼茲也對哈茨山的開礦事業做出過貢獻，並爲此研究了地質學而寫了論著。此外，如對於醫學、比較語言學、圖書分類學或目錄學以及其他許多門科學，萊布尼茲都做過研究，有自己的見解和或多或少的貢獻。總之他是歷史上少數幾個最博學的人之一，普魯士的腓特烈「大王」（Frederick II）甚至曾說萊布尼茲「本人就是一所科學院」。萊布尼茲不僅自己研究了各門科學，而且非

⑤ 羅素：《西方哲學史》，商務印書館，一九七六年版，下卷，第119頁。

常熱心於推動科學事業的發展。正是在他的努力之下，在柏林建立起了科學院，他本人也在一七〇〇年被任命爲柏林科學院的第一任院長。他也爲了在全歐洲推廣和發展科學事業，曾先後向波蘭的國王、俄國的沙皇彼得一世（Peter I）、奧國的皇帝建議，在德累斯頓、聖彼得堡、維也納都建立起科學院。只是當時歐洲還充滿了戰爭動亂，這些封建帝王們忙於爭權奪利，並無心發展科學事業，萊布尼茲的這些努力也都失敗了。據說萊布尼茲也曾給中國清朝的康熙皇帝寫信，建議在北京也創設一所科學院，這願望當然也未能實現。萊布尼茲的這些努力雖大都只是徒勞，但他這種熱心科學事業的精神還是值得肯定的。

由於最初任命萊布尼茲爲王家圖書館長的布勞恩斯魏克公爵及其繼承者都先後去世，新接任的公爵就是後來成爲英國國王的喬治一世（George I），對萊布尼茲似乎素無好感，當他接任英王的時候，就未把萊布尼茲帶往英國而仍讓他留在漢諾威。據說這主要也是因爲萊布尼茲與牛頓爲微積分的發明權等問題的爭執，使英國人不喜歡萊布尼茲的緣故。不管怎樣，萊布尼茲的暮年似乎頗不得意，一七一六年九月十四日就在漢諾威冷落地去世了。

從上述西歐和德國當時的歷史條件以及萊布尼茲個人的一生經歷，我們可以看出萊布尼茲爲什麼會一方面宣揚落後乃至反動的唯心主義哲學，另一方面又在科學上有卓越成就，並在其總的唯心主義哲學體系中包含著某些合理的、進步的因素。這種複雜的、矛盾的狀況，並不是偶然的。他本來早在青少年時代就已接觸到反映當時西歐較先進國家資產階級利益的唯物主義哲學如霍布斯以及伽森狄、笛卡兒等人的思想，並表示曾爲它所吸引。但他終於放棄了唯物主義而轉向唯心主義，這絕不能以他個人的「一念之差」或僅用思想方法上的錯誤或片面性來解釋，而應看到正是他所代表的當時德國資產階級的軟弱地位和向封建勢力屈膝投降乃至討好獻媚的政治需要決定了他不得不如此。如前所述，他自己就曾明白表示他之所以不能接受例如：笛卡兒的關於物質實體的觀點，要另外提出一種關於實體的學說，是爲了給重新統一基督教提供一種哲學理論基礎。他的唯心主義哲學是一種爲宗教教義提供新的理論基礎的反動的僧侶主義，是爲資產階級迎合封建勢力的需要這一政治目的服務的，對於他的哲學的這一主導方面必須給予澈底的批判。但當時德國的資產階級畢竟還是一個新興的階級，雖然由於自身力量的軟弱而不得不向封建勢力妥協投降，但終究還是有求得自身的發展的願望，並且不能不對其他較先進國家資產階級的地位特別是其所創造的新的科學文化有所嚮往。這就是在萊布尼茲的反動唯心主義哲學體系中又包含有一些有進步意義的辯證法思想的合理因素，以及在科學上能做出積極貢獻的主要原因。我們從上述萊布尼茲的一生經歷中可以看出，他與當時整個西歐的幾乎所有最主要、最著名的科學家和哲學家都有直接間接的聯繫，而他不僅十分勤奮好學，又十分善於吸取別人的長處和成就，並加以綜合、提高，從而做出自己創造性的貢獻。他的科學成就，並不僅僅是德國一國的產物，而是當時整個歐洲在資本主義發展條件下所取得的科學成果的結集，是那一時代整個科學水準的反映。科學技術歷來是人類共同創造的財富，不應該也不可能受人爲的國界的限制。產生在經濟、政治狀況都十分落後的德國的萊布尼茲，在科學上卻可以達到當時國際最先進的水準，就是這個道理。我們在考察萊布尼茲思想產生的歷史背景時，之所以不能限於德國一國，而要看到當時西歐其他主要國家的社會狀況，以及在這些國家裡產生的主要哲學家和科學家對萊布尼茲的影響，道理也就在這裡。

應該指出，萊布尼茲因爲以他的勤奮和卓越的才能對人類科學文化事業做出了偉大的貢獻，也因爲他的哲學思想中還是包含有可貴的辯證法的合理因素，不僅得到歷來進步思想家的推崇，也得到馬克思主義（Marxism）創始人的高度評價。例如：狄德羅（Denis Diderot）在爲他自己主編的《百科全書》撰寫的「萊布尼茲主義」一條中就寫道：「當一個人考慮到自己並把自己的才能和萊布尼茲的才能來作比較時，就會弄到恨不得把書都丟了，去找個世界上極偏僻的角落躲藏起來以便安靜地死去。這個人的心靈是混亂的大敵：最錯綜複雜的事物一進入他的心靈就弄得秩序井然。他把兩種幾乎彼此不相容的品質結合在一起了，這就是探索發現的精神和講求條理方法的精神；而他藉以積累起最廣泛的各種不同種類知識的最堅毅又最五花八門的研究，既沒有削弱這一種品質，也沒有削弱另一種品質。就哲學家和數學家這兩個詞所能具有的最充分的意義來說，他是一位哲學家和一位數學家。」⑥而馬克思（Karl Marx）在

---

⑥ 見狄德羅主編《百科全書》「萊布尼茲主義」條；又見 Assézat 主編《狄德羅全集》第十五卷，第440頁。

一八七〇年五月十日致恩格斯的信中也曾說：「你知道，我是佩服萊布尼茲的。」[7]當然，這不是說對萊布尼茲該無批判地全盤肯定。對其哲學中反動的唯心主義和形上學方面，從他同時代的進步思想家如培爾等人，到伏爾泰（Voltaire）以及包括狄德羅本人在內的「百科全書派（Encyclopédiste）」唯物主義者，都是一再加以批判、否定，乃至嘲笑的；馬克思主義經典作家們對此更是做了澈底的揭露和批判。總之，不能因爲萊布尼茲是個唯心主義者就抹殺他哲學中的合理因素，特別不能抹殺他在科學上的偉大貢獻；同時也不能因爲他是一位偉大的科學家就忽視對他哲學上反動的唯心主義和形上學的批判。應該對他一分爲二地、實事求是地做出恰當的評價和階級的、歷史的分析。

二

萊布尼茲的哲學體系，通常被稱爲「單子論」（Monadology），他自己也常稱之爲「前定和諧系統」。這是一個客觀唯心主義的形上學體系，是在和當時西歐資本主義發展較先進國家新興資產階級的機械唯物主義作鬥爭中形成和發展起來的。在他最初發表他已趨成熟的哲學觀點的《新系統》一文中，他概述了自己思想發展的過程，表明他在少年時代本來接受了經院

⑦《馬克思恩格斯全集》第三十二卷，第489頁。

哲學中所講的亞里斯多德的觀點，後來讀了近代一些科學家和哲學家的著作，一度爲他們那種「機械地解釋自然的美妙方式」所吸引，就摒棄了經院哲學那種用「形式」或「功能」等實際上什麼也不能說明的東西來解釋自然的方法，而相信了「原子」和「虛空」，也就是爲伽森狄所復活了的伊比鳩魯的「原子論」觀點。可是當他做了進一步思考之後，發現這種觀點有許多缺點和困難，因此就又拋棄了這種觀點而想到要把當時已身價大落的「實體的形式」重新召回，不過要給以新的解釋。這無異於表明他又放棄了唯物主義而回到了經院哲學的唯心主義路線，不過不是簡單地回到原封不動的舊觀點，而是要給予舊觀點某種改造以適應新的需要。

萊布尼茲之所以要拋棄唯物主義而仍舊轉向唯心主義，誠然是當時十分軟弱的德國資產階級向封建勢力妥協投降的政治需要所決定的，但就理論上來說，也確實是由於他看到了當時那種唯物主義的機械論（Mechanism）的侷限性，看到了那種機械論的自然觀，特別是關於物質實體的觀點所陷入的矛盾困境和難以自圓其說。

照萊布尼茲看來，當時那種機械論的物質觀，首先就陷入了所謂「連續性」與「不可分的點」的矛盾。在他的《神正論》一書的序言中，他寫道：「我們的理性常常陷入兩個著名的迷宮：一個是關於自由和必然的大問題，特別是關於惡的產生和起源的問題；另一個問題在於有關連續性和看來是它的要素的不可分的點的爭論，而這問題牽涉到對於無限性的考慮。前一個問題煩擾著幾乎整個人類，而後一個問題則只是得到哲學家們的注意。」⑧前一個問題是他在《神正論》中企圖解決的，這裡擱開不談，後一個問題則正是他作爲哲學家所面臨的主要問題。萊布尼茲認爲，在當時的哲學家和科學家中，如伽森狄等原子論者和另一些科學家，肯定萬物是由不可再分的原子或微粒構成，就是只肯定了萬物都是一些「不可分的點」的堆集，而否定了眞正的「連續性」；反之如笛卡兒及其學派乃至斯賓諾莎，則只是肯定了「連續性」而否定了「不可分的點」，因爲如笛卡兒既肯定物質的唯一本質屬性就是廣延，有廣延就有物質，從而否定了「虛空」，也否定了爲「虛空」所隔開的「原子」即「不可分的點」。這樣，這些哲學家們在「連續性」和「不可分的點」這個問題上就各執片面而形成了不可調和的對立。這個問題，實質上和「全體」與「部分」或「一般」與「個別」的關係問題密切相連，甚至就是同一個問題。凡是肯定「連續性」而否定「不可分的點」的哲學家，也就肯定「全體」或「一般」，而否定了「部分」或「個別」的實在性；肯定「不可分的點」而否定「連續性」的哲學家則與此相反。可是，在萊布尼茲看來，「連續性」的規律是宇宙間的一條基本規律，

⑧ 見Die Philosophischen Schriften von G. W. Leibniz, herausgegeben von C. J. Gerhardt, Berlin,1875-1890（以下簡稱G本）第六卷，第29頁；God. Guil. Leibnitii opera philosophica quae extant latina, gallica, germanica omnia, ed. J. E. Erdmann, Berlin,1840（以下簡稱E本），第470頁a。

是不能否定的；同時，萬物既是複合的，就必須是由一些眞正的「單位」或「單元」構成，否則就不成其爲複合物，因此作爲眞正的「單元」的「不可分的點」也是不能否認的。必須把兩者結合起來。但是，當時的機械唯物主義者都只是就廣延性、就量的規定性著眼來看物質的本性，就始終無法把兩者眞正結合起來而陷入了不可解決的矛盾。

其次，照萊布尼茲看來，那種唯物主義的原子論的觀點，雖似乎肯定了「不可分的點」，但那種原子既是物質的，就必須有廣延，而凡是有廣延的東西，總是無限可分的；廣延就意謂著「重複」，「重複」的東西就不是「單純」的，不是不可再分的東西，不是事物的最後的「單元」。或認爲原子的不可分是在於它的堅硬，但堅硬性也總只能是相對的，不可能有絕對堅硬到永遠不可分割的東西。因此，如果說「原子」照希臘文的原意就是「不可分」的意思，則「物質的原子」在萊布尼茲看來就是個自相矛盾的概念。這也就是他雖一度認爲「原子」與「虛空」的學說最能滿足想像而加以接受，但經過深思熟慮後又覺得不能成立而加以拋棄的主要理由。

再次，萊布尼茲認爲，當時的唯物主義物質觀，不論是肯定「連續性」或肯定「不可分的點」的，既都只從廣延著眼，就無法說明事物的運動變化。因爲廣延本身不能成爲運動的原因，那種機械的物質觀就都只能把物質本身看作不能自己運動的東西，運動是從外加到物質中去的。而照萊布尼茲看來，完全只是被動而不能自己運動的東西，是和「實體」的觀念不合的。因爲「實體」意謂著自身獨立存在而不受他物決定的東西，它的運動變化也應該出於自身的原因而不受他物的決定。物質既是完全被動的，也就是受他物決定的，因此照萊布尼茲看來就不可能是眞正的實體，「物質實體」這個概念也是自相矛盾而不能成立的。就是針對著所看到的機械唯物主義觀點的這些缺陷和矛盾，萊布尼茲提出了他自己的一套觀點，企圖來彌補這些缺陷，克服這些矛盾。

首先，針對著「物質的原子」不可能是原則上不可分的這一缺陷，他提出了一種眞正不可分的「單元」即「單子」的學說來與之相對立。在他看來，既有複合物存在，就必須有組成複合物的「單純」實體。所謂「單純」，就是沒有部分的意思。只有不包含部分的單純實體，才能成爲構成複合物的眞正「單位」或「單元」。而物質的原子既具有廣延性，就必包含有部分。因此這種眞正的「單元」必須根本不具廣延性。但不具廣延性的東西也就不可能是物質，因此構成事物的最後單位只能是精神性的東西，這就是他所說的「單子」。萊布尼茲認爲，「數學的點」是眞正不可分的，但這種點只是抽象思維的產物而並不是實在存在的東西；而物質的原子作爲「物理學的點」雖是實在的，卻不是眞正不可分的；只有這種「單子」才是既眞正不可分又是實在存在的，他也稱之爲「形上學的點」。因此這種「單子」似乎既與數學上的點和物質的原子根本不同而又同時兼有兩者的某些特性。萊布尼茲最初也把他所設想的這種「單純」的實體叫做「實體的原子」，或者就用經院哲學的名詞稱之爲「實體的形式」等等，只是到後來才稱之爲「單子」。它在一定意義下也可以說就是精神化了的原子，這種「單子論」也可以說就是一種唯心主義的原子論。唯物的原子論者認爲萬物都是由物質的原子構成的，萊布尼茲的「單子論」則認爲萬物都是由精神性的單子構成的。單子既是精神性的東西，萊布尼茲也就把它比之於一種「靈魂」。因此列寧（Lenin）指出：「單子＝特種的靈魂。萊布尼茲＝唯心主義者。而物質是靈魂的異在或是一種用世俗的、肉體的聯繫把單子黏在一起的糨糊。」[9]物質，在萊布尼茲那裡，有「初級物質」和「次級物質」之分。所謂「初級物質」，是抽象地就赤裸裸的物質本身來看，就是具有某種廣延性即占據一定空間，同時具有某種抵抗他物進入其所占位置的不可入性的東西，在他看來只是一種純粹被動的東西，可以說只是一種赤裸裸的被動性。而所謂「次級物質」，則是指由單子所構成的事物對感覺或想像所呈現的某種現象，只是抽象地被看做一種暫時的堆集的某種單子之間的關係。總之，只有精神性的單子才是唯一眞實存在的東西，是眞正的「實體」，而「物質」則只是某種純粹的被動性或某種對混亂知覺所呈現的現象，而不是「實體」。雖然萊布尼茲有時也談到「物質實體」，這在他看來就好比哥白尼（Nicolaus Copernicus）也可以談到太陽的運轉或日出日落一樣，只是隨俗的說法，不是指嚴格意義而言的。誠然，他也說到「次級物質」作爲一種現象，和純粹的幻覺或

⑨ 列寧：《哲學筆記》，第430頁。

夢境之類不同而是「有良好根據的現象」，但它終究只是「現象」而不是眞正的「實體」。這樣，萊布尼茲就由於當時機械唯物主義者的物質實體觀念的某種侷限性而把物質實體本身否定掉，並轉向澈底唯心主義的實體觀了。

從這種精神性的實體「單子」是眞正不可分的，即沒有部分的這一點出發，萊布尼茲就演繹出了單子的一系列特性：

第一，由於單子是沒有部分的，它就不能以自然的方式通過各部分的合成而產生，也不能以自然方式通過各部分的分解而消滅，它的產生和消滅都只能是由於上帝的創造和毀滅，即由於「奇蹟」⑩。這實際上等於說自有世界以來，單子都是不生不滅，永恆存在的。萊布尼茲也從這裡很自然地引申出了「靈魂不死」的教義，甚至肯定一切生物都是並無眞正的生死的，而只有與靈魂相聯繫的機體的展開或縮小。⑪

第二，由於單子沒有部分，也就不能設想有什麼東西可以進入其內部來造成變化，「單子沒有可供事物出入的窗子」，「不論實體或偶性，都不能從外面進入一個單子」。⑫這樣，單

⑩ 參閱《單子論》§3-§6，見《十六—十八世紀西歐各國哲學》，商務印書館，一九七六年版，第483頁。

⑪ 參閱《新系統》，G本第四卷，第480頁以下等處。

⑫ 《單子論》§7。

子就是一個澈底孤立的東西，各單子之間不能有眞正的相互作用或相互影響。

第三，由於單子沒有部分，實際上不具有廣延性，沒有量的規定性，彼此之間也就沒有量的差別。這樣，每個單子就必須各自具有不同的質，否則事物之間就不能有任何區別了。由此也就引申出：世間任何一個事物都是與任何其他事物有某種不同的，甚至普天之下也找不出兩片完全相同的葉子。萊布尼茲明確肯定世上沒有兩個不可辨別的個體，他把這叫做「不可辨別者的同一性」，這也是他的一個著名論點。⑬

第四，由於單子沒有部分，「沒有可供事物出入的窗子」，就不能由外來的原因造成其變化發展；而萊布尼茲肯定「一切創造物都是有變化的，因而創造出來的單子也是有變化的」，既然變化的原因不能來自單子之外，就只能來自單子內部，因此「單子的自然變化是從一個內在的原則而來」。⑭

其次，針對著當時機械唯物主義者把物質實體的本性看做僅在於廣延，因而把物質與運動割裂開來，無法說明事物的自己運動變化，使物質成了完全依賴外力推動的東西而不成其爲

---

⑬《單子論》§8，§9；並參閱本書上冊第二卷第二十七章§3（第338-339頁），及「給克拉克的第四封信」（見G本第七卷，第372頁；E本第755頁b，第756頁a）。

⑭《單子論》§10，§11。

自身獨立的實體這種缺點，萊布尼茲提出了實體本身就具有能動的「力」，因而能夠自己運動變化的觀點來與之相對立。在《新系統》一文中，他講了當時的物質實體觀念的缺陷之後，接著就寫道：「因此，為了要找到這種實在的單元，我就不得不求援於一種可說是實在的及有生命的點，或求援於一種實體的原子，它當包含某種形式或能動的成分，以便成為一個完全的存在。……因此我發現這些形式的本性是在於力，由此跟著就有某種和知覺及欲望相類似的東西；因此我們應該拿它們和對於靈魂的概念相仿地來設想。」[15]這就是說，萊布尼茲後來稱之為「單子」的這種「實體的形式」，本身就具有一種「力」，在他看來，每一個單子也就是一個「力」的中心；同時它也是一種「有生命的點」，是和「靈魂」同類的東西。由於他把單子看做「特種的靈魂」，因此他認為每個單子也都像靈魂一樣具有「知覺」和「欲望」，所謂單子的能動的「力」，在他看來歸根到底無非也就是這種「欲望」的推動力。各個單子的特殊狀態或性質的不同，萊布尼茲把它歸結為這種「知覺」的模糊或清晰的程度的不同；事物的發展變化，也被萊布尼茲看做就是單子的這種「知覺」由模糊、混亂到明白、清楚或相反的變化發展；而推動這種變化發展的「內在原則」，也就是「欲望」或「欲求」。這樣，我們又再一次看到，萊布尼茲因為當時機械唯物主義者的物質實體觀念的侷限性就根本否定了物質實體本

⑮ G本第四卷，第478-479頁；E本第124頁。

身，把實體看成完全是精神性的東西了。

最後，針對著當時機械唯物主義者由於單從量的方面著眼無法解決「不可分的點」和「連續性」的矛盾這一困難，萊布尼茲企圖從質的方面著眼來解決「單子」作爲「不可分的點」與「連續性」的關係問題，並提出了所謂「前定和諧」的學說，來作爲解決這一問題的一個關鍵。

如上所說，照萊布尼茲看來，如果只從量的規定性著眼，把物質看成就是具有廣延性的東西，是無法找到眞正不可分的點的；而如果像原子論者那樣武斷地肯定有這種「不可分的原子」，則又必須同時承認有把這些原子彼此分開的「虛空」從而否定了「連續性」。從廣延或量的方面著眼既無法解決這個矛盾，萊布尼茲就企圖另闢蹊徑，根本撇開量而單從質的方面著眼來解決這個問題，把「不可分的點」和「連續性」結合起來。我們看到他的「單子」就是根本不具有廣延性，也無法說它有形狀或大小的量的差別而只是各自具有不同的質的精神實體。它在這個意義下是眞正「不可分的點」。而這種「不可分的點」既因沒有部分而沒有「窗子」可供事物出入，是不能互相作用而澈底孤立的，又如何構成一個連續體呢？

照萊布尼茲看來，每個單子既然都如靈魂一樣具有知覺，憑它的知覺就都能反映整個宇宙，這在一定意義下也就可以說宇宙間無限的單子的全體就包含在每一單子之中。而如以上所說，每個單子都在質的方面與其他任何單子不同，這不同就意謂著每個單子反映宇宙的「觀點」或角度的不同。也就是說，全部單子都各自從每一可能的「觀點」反映著宇宙。單子的數目是無限的，否則宇宙就將不能從每一可能的觀點被反映或表象，這樣宇宙就會是不完全的了。而單子的數目既是無限的，並且每一單子在質上都與別的單子不同，那麼就可以把全部單子設想成有如一個序列，其中每一項即每一單子都與其相鄰的單子既有不同，而在質上不同的程度又是無限地小，這樣就使相鄰的單子緊密相連，而使全部單子形成一個無限的連續的鏈條。他認為這樣就解決了「不可分的點」與「連續性」的矛盾了。在他看來，單子由於「知覺」的清晰程度的不同，大體上可分為三類：其中如通常認為無生命的東西即無機物以至植物，也是由同樣有知覺和欲望的單子構成，不過這類單子僅僅具有極不清晰的「微知覺」，他借用亞里斯多德的名詞稱之為原始的「隱德萊希」（entelechie）；比這高一級的單子則具有較清楚的知覺，也有了某種記憶，這就是動物的「靈魂」；更高一級的單子則不僅有了清楚的知覺和記憶，而且有了具有「自我意識」的「察覺」（或譯「統覺」）和「理性」，這就是人類的靈魂，可特稱之為「心靈」。在人類的「心靈」之上，他認為也還有無數更高級的「心靈」就是「天使」之類，直到最高的無所不知，也無所不能的唯一創造其他單子的單子，這就是「上帝」。在這由上帝直到最低級的物質這一無窮序列中，雖大體上可分為「心靈」、「靈魂」、「隱德萊希」這樣一些等級，或與之相應的人類、動物、植物和無機物等物種，但實際這些類別之間並不能劃出明顯的界限，往往有許多東西介乎兩者之間而難以歸入哪一類，如「植蟲」之類的有些生物就介乎植物與動物之間。因此，他認為人和動物連接著，動物和植物連接著，植物又和「化石」之類的東西連接著，如此類推，宇宙萬物就構成了一個「連續體」，中間並無空隙。他一再明確地肯定「自然是不作飛躍的」。這樣他認為就既肯定了單子這種眞正「不可分的點」，又肯定了由無限的單子構成的宇宙的「連續性」。

但是，如果僅僅停留在這一步，則充其量只是肯定了在抽象的靜態條件下的全部單子的連續性。而單子及其所構成的事物，是在欲望的推動下不斷地變化發展的，萊布尼茲也明確肯定宇宙間沒有什麼絕對靜止的事物，所謂靜止，在他看來也只是運動速度無窮小而不為人所覺察的一種狀態。既然如此，則在由無數單子構成的這個連續的序列中，一個單子有了某種變化，如果其餘的單子不隨之而作相應的變化，則整個序列的連續性就被破壞。可是每個單子又是澈底孤立而不能與其他單子互相影響的，那麼又怎樣來解釋每個單子都在不斷地變化發展而全部單子構成的序列又仍舊保持其連續性呢？萊布尼茲就用所謂「前定和諧」的學說來解決這個困難問題。照這種學說看來，當一個單子有了某種變化時，宇宙間的其他所有單子也就作相應的變化而保持了整個序列的連續性。但這種相應的變化並非由於某個單子的變化直接影響其他單子的結果，而是由於上帝在創造每個單子時，就已預見到一切單子的全部變化發展的情況，預先就安排好使每個單子都各自獨立地變化發展，同時又自然地與其餘一切單子的變化發展過程和諧一致，因此就仍然保持其為一個連續的整體。用他自己的比喻來說，整個宇宙好比一個無比龐大的交響樂隊，每一樂器的演奏者都按照上帝事先譜就的樂曲演奏出各自的旋律，而整個樂隊所奏出的卻自然地是一首完整的和諧的交響樂曲。

這個「前定和諧」的學說，本來萊布尼茲是用來解決笛卡兒所遺留下來的身心關係問題。笛卡兒的古典二元論既把物質與精神看做兩種截然對立而不能互相作用的實體，就始終無法圓滿地說明身體與心靈又交互影響這種顯著的現象。他的門徒中的一派如馬勒伯朗士等人就提出一種「偶因論」（Occasionalism）的學說來企圖解決這個問題。照「偶因論」者看來，是上帝在心靈有某種變化時使身體產生了相應的運動或變化，又在身體有某種運動時使心靈產生了相應的變化；身心雙方變化的直接原因都在上帝，而一方的變化只是另一方的變化的「偶因」或「機緣」。萊布尼茲既把各個單子看做彼此孤立而不能互相作用的，也同樣無法用交互影響來說明身心關係問題。而他認爲「偶因論」的解釋則無異於把上帝看做一個「很壞的鐘錶匠」，須隨時守著來調整身心這兩個「鐘」使之走得彼此一致。針對著「偶因論」的這種缺點，萊布尼茲就提出一種看法，認爲上帝既是萬能的，就應當在他製造身心這兩個「鐘」時就造得非常精密準確，使之各走各的又自然彼此一致。這也就是身心之間的「前定和諧」。但萊布尼茲把這「前定和諧」的學說運用到了一切單子、一切事物之間，身心之間的和諧一致就只是這種普遍的「前定和諧」的一個特例了。

這個「前定和諧」的學說，是萊布尼茲哲學的一個中心，也是最能表現他的哲學的特徵的。他也利用這個學說不僅來證明上帝的存在，證明上帝的全智、全能、全善，並由此來證明這個世界是「一切可能的世界中最好的世界」，從而導致他的所謂「樂觀主義」。萊布尼茲是主張當用一切手段來證明上帝的存在的，以往安瑟倫（Anselm）和笛卡兒所用過的所謂「本體論的證明」，或聖多瑪斯·阿奎那（St. Thomas Aquinas）等人所用的「宇宙論的證明」之類，他認爲都可以用，只是不夠完善而須加以補充修正。⑯而他認爲他的「前定和諧」學說，正可以爲上帝的存在提供一個新的證明。這無非是說宇宙間千差萬別的無數事物，既都是獨立發展的，卻又是這樣顯然地和諧一致，若不是有一種萬能的心智加以安排是不可能設想的，因此這正證明了萬能上帝的存在。他自詡他的「前定和諧」假說遠比「偶因論」優越，更能證明上帝的萬能。其實，如培爾在當時就指出，他的假說倒正是如他自己譴責「偶因論」的那樣，在無法自圓其說時就只好求援於上帝的奇蹟，和希臘戲劇舞臺上每當劇情陷入困境時就從機器裡放出神（deus ex machina）來以解危難的做法一樣。⑰在我們看來，任何企圖證明上帝存在的理論都只能是唯心主義、僧侶主義的荒謬理論。萊布尼茲自以爲證明了上帝的存在以後，又認爲上帝既是最完滿的存在，就必定是全智、全能，並且全善的。因此他所創造的世界也必須

---

⑯ 參閱本書下冊第四卷第十章§7（第328-330頁）等處。

⑰ 參閱G本第四卷，第521頁等處。

是「一切可能的世界中最好的世界」，因爲否則上帝就不是全善的了。既然這世界是最好的世界，那麼爲什麼世上又顯然有這許多壞事或「惡」呢？萊布尼茲認爲「惡」的存在正可以襯托出「善」，使善顯得更善，說這個世界是一切可能的世界中最好的世界，並不表示這個世界沒有惡，只是說這個世界善超過惡的程度比任何其他可能的世界都高。這套理論，即萊布尼茲的所謂「樂觀主義」，典型地表現了爲當時德國那種最落後、最反動的現實狀況進行粉飾的反動作用，正是軟弱資產階級向封建勢力獻媚討好，奴顏婢膝的卑鄙庸俗態度的絕妙寫照。連羅素也指出：「這套道理明顯中了普魯士王后的心意。她的農奴繼續忍著惡，而她繼續享受善，有一個偉大的哲學家保證這件事公道合理，眞令人快慰。」⑱這倒是相當機智地指出了萊布尼茲這套哲學在當時的反動社會作用的。

以上所述，特別是(1)關於「單子」及其種種特性，(2)關於「連續性」和(3)關於「前定和諧」的學說，是萊布尼茲哲學體系的一些主要原則。他運用這些原則所闡述的有關哲學中其他一些問題的見解，在這裡不能一一詳述。順便可以指出的是：羅素在其《萊布尼茲哲學評述》及《西方哲學史》的〈萊布尼茲〉一章中，都認爲通常人們所講的萊布尼茲的這套哲學，都只是他用來「討王公后妃們的嘉賞」以追求世俗的名利的東西，而他另有一套「好」的哲

⑱ 羅素：《西方哲學史》，商務印書館，一九七六年版，下卷，第117頁。

學，是他祕而不宣，也爲人們所不注意，彷彿是羅素獨具慧眼，首先發現的。他的《萊布尼茲哲學評述》就著重在闡述他那另一套「好」的哲學。而它之所以「好」，無非是在於它是從少數幾條「前提」出發，經過相當嚴密的邏輯推理而構成的一個演繹系統。不過羅素同時也還是認爲萊布尼茲所據以構成整個系統的幾條「前提」或原則彼此之間並不一致，而其推理過程中也還是有許多漏洞。這樣看來似乎也並不怎麼「好」。我們並不否認羅素對萊布尼茲哲學的闡述和評論有某些可供借鑒之處，例如：上引他對萊布尼茲所謂「樂觀主義」的實際社會作用的見解就不無可取。我們也不否認萊布尼茲有一些未公開發表或雖已發表而並未引起注意的有價值的思想，值得進一步發掘和探討。但總的來說羅素對萊布尼茲哲學的上述評價只能是一種資產階級的偏見。馬克思主義認爲一種哲學的「好」或「壞」主要在於它是否符合客觀實際，能否正確或比較正確地說明世界以至改造世界，是否爲社會歷史上進步的階級服務，從而推動歷史的前進。這是評價一種哲學好壞的唯一科學的標準。因此即使如羅素自詡爲新發現的萊布尼茲的另一套哲學那樣，能從少數幾條作爲前提的原則出發經過較嚴密的邏輯推理而構成一個演繹系統，如果這些原則及其結論並不符合客觀實際，並不能正確說明世界，就完全談不上什麼「好」，而萊布尼茲的哲學，不論是羅素所說「流俗的」或「祕而不宣的」，都是唯心主義的，因此總的來說都不能正確說明世界，也就都說不上什麼「好」；而那套東西既是「祕而不宣的」，並無多大社會作用，也並不值得對它比他公開的哲學更加重視。這就是我們並不和羅素一起去窮究他那一套「祕而不宣」的哲學，而仍著重闡述其為一般人所熟知、從而有較大社會影響，起過較重大歷史作用的哲學觀點的主要理由。其實，照羅素所闡述，萊布尼茲的所謂「祕而不宣的」哲學和「流俗的」哲學之間，也並無截然的鴻溝，其基本原則和基本結論也並非有什麼本質的區別，至多只是在論證方式上有所不同而已。誠然，在他原先未公開發表的手稿中，有些觀點，若加以邏輯的推演，則可以得出接近斯賓諾莎的唯物主義的結論而排除了上帝創世的作用，這是值得注意的。例如，在其有關邏輯的殘篇中，有一條關於存在的定義的論述，說到「存在就是能與最多的事物相容的，或最可能的有，因此一切共存的事物都是同等可能的」。羅素認為，照此推論下去，則這世界就可以是憑定義就自身存在而無需上帝的「天命」，這就落到斯賓諾莎主義中去了。⑲但其實即使在其未發表的手稿中萊布尼茲也從未明確地作出過唯物主義的結論，而在其公開發表的哲學中，也未嘗不包含某些論點，如果把它邏輯地貫徹到底，就可得出和他自己所宣揚的唯心主義相抵觸的結論。因此也不能說他未公開發表的哲學和他公開發表的哲學有什麼本質上的不同。他的整個哲學本來就是包含著各種矛盾的因素，應該作一分為二的辯證分析的。

我們看到，就萊布尼茲哲學思想發展過程及其定型後的整個體系來說，是在一度接受機

⑲ 參閱羅素：《萊布尼茲哲學評述》第二版序言，一九五八年倫敦版，第vi-vii頁。

械唯物主義觀點之後又拋棄了唯物主義，轉而在與唯物主義的鬥爭中發展成了一套唯心主義的體系。他的唯心主義，如他自己所說是要把經院哲學所講的「實體的形式」之類的東西重新召回，並大力論證上帝的存在和萬能，論證這個世界是上帝所創造的「一切可能世界中最好的世界」等等，在一定意義下的確是經院哲學唯心主義、僧侶主義的一種復辟，是軟弱資產階級向封建勢力獻媚討好的表現，在當時整個西歐哲學陣營中，是站在和新興資產階級反封建的革命路線相對立的妥協投降路線一邊，因而就其哲學的主導方面來說是保守乃至反動的，必須予以嚴肅的批判和否定。但同時也必須看到，萊布尼茲所宣揚的唯心主義，畢竟不同於傳統的經院哲學，是處在萌芽狀態的軟弱資產階級的意識形態而並不就是封建的意識形態。他所論證其存在的上帝，並不就是傳統宗教中那個喜怒無常、能任意禍福人的人格神，其實也只是和其他事物的組成單位「單子」一樣的一個「單子」，不過是最高的、創造其他「單子」的「單子」而已，而且上帝也是必須按照理性行事，不能違背理性任意胡來的。列寧在論到亞里斯多德的神的觀念時曾指出：「當然，這是唯心主義，但比起柏拉圖的唯心主義來，它客觀一些，離得遠一些，一般化一些，因而在自然哲學中就比較經常地＝唯物主義。」⑳萊布尼茲的唯心主義和上帝觀念，比起經院哲學的來，似乎多少也有類似的情況。再如拿他的「前定和諧」和所謂

---

⑳ 列寧：《哲學筆記》，《列寧全集》第三十八卷，第316頁。

「樂觀主義」的觀點來看，當然，這也是唯心主義、僧侶主義的荒謬理論，並且歷來最爲人所詬病，如伏爾泰在其小說《老實人》中就對它作了極辛辣的諷刺和嘲笑，早在萊布尼茲最初發表這觀點時就也受到如培爾等許多人的批判和反駁。這種「前定和諧」當然只能是上帝的「奇蹟」，而且是最大的「奇蹟」，是爲宗教迷信張目的。但同時也要看到，萊布尼茲其實是要拿「前定和諧」這個唯一的最大的「奇蹟」，來排除其他的一切奇蹟。他就說過：「我不願我們在自然的通常過程中也不得不求助於奇蹟。」[21]又說：「說上帝平常也老是施行奇蹟，這本身也就是荒唐無稽的。」[22]一勞永逸地假定了「前定和諧」這一最大的「奇蹟」之後，萊布尼茲就主張對一切事物的自然過程必須就其本身來尋求合理的自然的解釋，實質上是肯定每一事物都按照其本身已「前定」的固有規律而自己變化發展，從而排除了上帝對事物變化發展過程的具體干預。這和「自然神論」肯定上帝作爲世界的最初原因或「第一推動力」產生或推動了世界萬物之後，世界萬物就按其本身的規律而運動變化，不再受上帝的干預的主張，至少是相似的。我們知道馬克思和恩格斯都一再指出過「自然神論」是在當時條件下擺脫神學而宣揚唯物主義的方便途徑，並把它看做唯物主義的一種形式。萊布尼茲的哲學體系當然是唯心主義而不

[21] 本書〈序言〉16（第106頁）。

[22] 本書〈序言〉22（第114頁）。

能說像「自然神論」一樣也是一種形式的唯物主義。但就其「前定和諧」學說與「自然神論」有某種相似之處這一點來看，能否說它也是在唯心主義的體系中隱藏著或偷運了須按世界的本來面目來說明世界的唯物主義觀點呢？甚至那種顯然爲現存的腐朽封建統治塗脂抹粉的「樂觀主義」思想，我們也要看到，它在另一種意義下也還是新興資產階級對前途具有希望和信心的表現，而不是完全腐朽沒落的封建統治階級的思想。封建統治階級所宣揚的宗教觀念毋寧是把這個塵世看得一片陰暗，宣揚禁欲主義來教人棄絕現世生活而把希望寄託於來世，也並不把這世界看做是什麼「最好的世界」而抱「樂觀主義」思想的。普魯士王后是會因萊布尼茲的學說使她得到暫時的安慰而感到中意的。但她如果眞有點哲學眼光而能看到她所屬那個階級的前途和命運，也未必眞的會相信這個世界對她來說是個什麼「最好的世界」。當然，我們說萊布尼茲的唯心主義哲學體系中也包含有上述這些有積極意義的因素，並不是要以此來否定或減弱他的哲學體系主導方面的保守性和反動性，只是要藉此來表明他的哲學畢竟不同於完全反映封建統治階級利益的經院哲學唯心主義，還是屬於新興資產階級思想的範疇；但它和當時已產生並已得到相當高度發展的西歐其他一些國家的資產階級的唯物主義比較起來，則是站在資產階級反封建革命路線的對立面，而代表了一條向封建勢力妥協投降的路線，因此不僅大大落後，甚至是倒退了。

就萊布尼茲哲學的總的體系來說，不僅是唯心主義的，而且也是形上學的。首先他爲了要找到一種構成事物的最後單位，就企圖撇開量而單從質著眼來尋求一種「不可分的點」的思想，就是把事物的質和量加以割裂的典型的形上學思想。這也是使他從唯物主義走向唯心主義在思想方法上的一個關鍵之點或失足之處。任何眞實存在的具體事物總有質和量兩個方面的規定性，把兩者割裂開來就必然難免由這種形上學的思想方法而陷入唯心主義的虛構。萊布尼茲的「單子」正是這種情況的顯著例證。其次，由於他的這種形上學思想方法，也使他把單子看成澈底孤立的而否定了事物的眞正的普遍聯繫。他雖然又提出「連續性」的觀點試圖來說明事物之間的聯繫並把「不可分的點」和「連續性」結合起來，但他的企圖是不可能完成的，這種結合也只能是虛假的。因爲已被人爲地澈底孤立起來的單子就不能與其他單子有眞實的聯繫或相互作用，他所設想的「連續」也就只能是他在思想上的一種抽象的、武斷的肯定，始終未能眞正解決「連續性」和「不可分的點」的矛盾問題。再次，由於他片面地強調了「連續性」，就否定了自然界的「飛躍」，這顯然也是只承認漸變而否認突變，即只承認量變而否認質變的形上學思想。最後，他的「前定和諧」學說，儘管如我們以上所分析，可以暗含著接近自然神論的思想而有某種積極意義，但就這種觀點本身的主要方面來說，是把世上一切事物的發展變化都看作已由上帝預先決定的宿命論，不僅是唯心主義的，也正是典型的形上學思想。

可是另一方面我們也看到，萊布尼茲在與機械唯物主義作鬥爭時，的確也抓住了這種機械唯物主義的一些形上學的侷限性並發揮了一些可貴的辯證法思想。首先，他正確地看到了機械唯物主義把物質實體的本質僅僅歸結爲廣延性就無法說明事物的自己運動，把物質與運動割裂開來了，並因此而提出了構成事物的「單子」本身就具有「力」，是由於「內在的原則」而自己運動變化的思想。正如列寧所指出的：「萊布尼茲通過神學而接近了物質和運動的不可分割的（並且是普遍的、絕對的）聯繫的原則。」㉓這顯然是包含著辯證法因素的，因此列寧又說：「大概馬克思就是因爲這一點而重視萊布尼茲。」㉔其次，萊布尼茲也抓住了機械唯物主義由於把物質的本質歸結爲廣延而把物質本身看作僅有量的規定性而無質的區別這種形上學的片面性，並因此提出單子及其所構成的事物本身就各自具有不同的質的思想。雖然他自己也有妄圖撇開量而單只考慮質的另一種片面性，但肯定世界萬物的質的多樣性，並肯定每一單子由於其「內在原則」即「欲望」的推動而在質的方面有變化發展的思想，也還是有辯證法因素的。再次，萊布尼茲明確提出了「連續性」與「不可分的點」的矛盾問題，並力圖以自己的方式來加以解決，這在一定程度上也是抓住了機械唯物主義各執片面的形上學侷限性而企圖加以克服。雖然如上所說他也並未能眞正正確地解決這個問題，但他因此而提出的每一單子都由於其知覺而反映全宇宙，以及各自獨立的單子又構成整個連續的序列等思想，實際上還是包含

㉓ 列寧：《哲學筆記》，第427頁。

㉔ 同前註。

著關於個別與一般、部分與全體，以及間斷性與連續性的對立統一的觀點的。正是針對著這一點，列寧指出：「這裡是特種的辯證法，而且是非常深刻的辯證法，儘管有唯心主義和僧侶主義。」㉕此外，在認識論問題上，萊布尼茲也還是有些辯證法思想，我們將在後面再作論述。

總之，萊布尼茲的哲學，雖然總的來說是個唯心主義形上學的體系，但卻包含有較豐富的辯證法因素。這和十八世紀末至十九世紀初從康德（Kant）到黑格爾（Hegel）的德國古典唯心主義比較起來，雖然程度上有很大不同，特別是和黑格爾比起來，萊布尼茲的辯證法思想不是那麼自覺和系統，但性質上還是一樣的。這是因爲從萊布尼茲的時期直到黑格爾的時期，德國社會的基本性質和基本特徵並沒有根本改變，他們的哲學也都是德國軟弱資產階級既要向封建勢力妥協投降，又要有求自身的發展的進步願望這樣一種矛盾地位的反映，只是發展程度上有所不同而已。因此萊布尼茲理應被看作十八世紀末至十九世紀初德國古典哲學的先驅。

三

在了解了萊布尼茲哲學體系的主要的基本原則的基礎上，我們就可以來看一看萊布尼茲在《人類理智新論》中所闡述的認識論的基本觀點以及他和洛克進行鬥爭的主要問題了。萊布

㉕列寧：《哲學筆記》，第431頁。

尼茲的認識論，是他的「單子論」體系的一個組成部分，無非是關於人類靈魂這種「單子」如何憑其較其他動物等所具有的更清晰的「知覺」即「察覺」或「理性」反映宇宙萬物的學說而已。他的認識論的基本理論，是他的關於「單子」、「連續性」和「前定和諧」的哲學基本原則在關於人類認識問題上的一種具體運用。從根本上說來，認識只是人類心靈這種較高級的單子的「知覺」在其「內在原則」推動下的某種發展，而單子既無「窗子」可供事物出入就是澈底孤立的，因此這種認識即或多或少清楚的「知覺」就不可能是外物對心靈影響的結果而是內在固有的。這就決定了他的認識論的根本立場是與唯物主義反映論相對立的唯心主義先驗論。誠然他也說單子是憑其知覺「反映」了全宇宙的，但這所謂「反映」與我們所理解的「反映」是根本不同的，它並不是外物作用於我們感官的結果，而是指單子的知覺自身的發展變化與宇宙萬物的發展變化的「前定和諧」。他就是站在這種唯心主義先驗論或唯心主義唯理論的立場來與洛克進行論戰。

在顯然是《人類理智新論》全書基本完稿以後寫的該書〈序言〉中，萊布尼茲對他和洛克的主要分歧和爭論之點，自己作了一個總結。他首先就從路線上把自己和洛克對立起來，指出：「他（指洛克——引者）的系統和亞里斯多德關係較密切，我的系統則比較接近柏拉圖，雖然在許多地方我們雙方離這兩位古人都很遠。」㉖我們知道，亞里斯多德的哲學是動搖於唯物主義與唯心主義之間的，雖然最後仍倒向唯心主義，但當他對柏拉圖派的「理念論」進行批判時，往往是站在唯物主義的立場上。特別是在認識論上，其出發點是有強烈的唯物主義經驗論傾向的。通常也認爲正是亞里斯多德首先確立了「凡是在理智中的，沒有不是先已在感覺中的」這一經驗論的原則。說洛克的系統和亞里斯多德關係較密切，實際上就是說洛克和亞里斯多德一樣基本上都是站在唯物主義經驗論的立場。這是符合實際情況的。而且洛克也和亞里斯多德一樣有動搖性和不徹底性，只是具體情況有所不同。至於柏拉圖，則不僅是客觀唯心主義的典型代表，而且他的「回憶說」認爲人的認識只是靈魂對自己在降生以前在「理念世界」原已具有的知識的「回憶」，這正是唯心主義先驗論的最粗野的原始表現。萊布尼茲自己承認他的系統接近柏拉圖，也就是承認不僅他的「單子論」是和柏拉圖的「理念論」一樣的一種客觀唯心主義，而且他的認識論也是和柏拉圖的「回憶說」一樣的一種唯心主義先驗論。這也是符合實際情況的。這樣也就把他自己和洛克的對立的實質明確地指出來了，這就是唯心主義先驗論和唯物主義經驗論即反映論的對立和鬥爭。此外，在本書正文的開頭，萊布尼茲又藉書中代表洛克的「斐拉萊特」之口對代表萊布尼茲本人的「德奧斐勒」指出：「您是擁護笛卡兒

㉖ 本書〈序言〉2（第86頁）。

和擁護《眞理的追求》一書的著名作者（即馬勒伯朗士——引者）的意見的；我卻發現貝尼埃（François Bernier）所闡明的伽森狄的意見比較容易些和自然些。」㉗接著並指出：「他（指洛克——引者）的思想大體上是足可在伽森狄的體系中找到的，後者則骨子裡就是德謨克利特（Democritus）的體系；他贊成有虛空和原子；他相信物質能夠思維；他認爲沒有天賦觀念；我們的心靈是『白板』；我們並不是永遠在思維；並且他似乎有意於贊成伽森狄對笛卡兒所做的絕大部分反駁。」㉘這實際上就表明洛克和萊布尼茲之間的鬥爭，是德謨克利特路線與柏拉圖路線之間的鬥爭的繼續和發展，同時也是近代最初以伽森狄等爲代表的唯物主義經驗論和以笛卡兒爲代表的唯心主義唯理論的鬥爭的繼續和發展。雖然接著「德奧斐勒」也表明他「已不再是笛卡兒派」，並自詡他的體系似乎已「把柏拉圖和德謨克利特、亞里斯多德和笛卡兒、經院哲學家和近代哲學家、神學、倫理學和理性，都結合起來了」，㉙但這實際只表明萊布尼茲力圖把各種對立的思想加以折衷調和的一貫傾向（這也是符合萊布尼茲的實際情況的），以及他和笛卡兒在某些具體觀點上已發生分歧，而就根本立場上來說，他還是仍舊站在笛卡兒派的

㉗ 本書上冊第一卷第一章（第5頁）。

㉘ 本書上冊第一卷第一章（第6-7頁）。

㉙ 本書上冊第一卷第一章（第8頁）。

唯心主義唯理論即先驗論一邊。例如：他「一向是並且現在仍然是贊成由笛卡兒先生所曾主張的對於上帝的天賦觀念，並且因此也認爲有其他一些不能來自感覺的天賦觀念的」，[30]這也是他自己公開承認的。這表明他在認識論的根本觀點上和笛卡兒一樣是個唯心主義先驗論者。

由於這種根本立場上的分歧，萊布尼茲就和洛克在一系列重大問題上進行了鬥爭。

鬥爭的第一個重要問題，就是人的心靈究竟是「白板」，還是具有某種「天賦觀念」或「天賦原則」的問題。洛克在《人類理智論》的第一卷中，從各個方面大力駁斥了「天賦觀念」或心靈中有某種天賦的「理性原則」或「實踐原則」的學說，主張人心原來是一塊「白板」。他的矛頭也許直接的是針對他當時英國劍橋大學某些新柏拉圖主義者，但當然同時也是針對笛卡兒的。萊布尼茲雖然自稱已「不再是笛卡兒派」，但在這個問題上則仍然公開承認自己贊成笛卡兒的關於天賦觀念的主張，並且說他按照自己的新的體系已比笛卡兒的主張還走得更遠了，「甚至認爲我們靈魂的一切思想和行動都是來自它自己內部，而不能是由感覺給予它的」。[31]這就是說，笛卡兒還只承認關於上帝的觀念以及其他有些觀念如關於邏輯的基本思想律和幾何學公理之類的觀念是天賦的，並不認爲一切觀念都是天賦的；而萊布尼茲則根據他的

㉚ 本書上冊第一卷第一章§1（第14頁）。

㉛ 本書上冊第一卷第一章§1（第14頁）。

「單子」沒有「窗子」可供事物出入的主張，就認爲一切觀念都不能來自心外，都是天賦的了。這在一定意義下是把「天賦觀念」的先驗論學說推到了極端而陷入更加絕頂荒謬的境地了。不過就另一意義來看又可以說萊布尼茲從笛卡兒的觀點後退了一步，不是像笛卡兒那樣認爲這些觀念就是現成地、清楚明白地天賦於人心之中，而只是認爲「觀念和眞理就作爲傾向、稟賦、習性或自然的潛能天賦在我們心中，而不是作爲現實天賦在我們心中的，雖然這種潛能也永遠伴隨著與它相應的、常常感覺不到的某種現實。」㉜總之，心靈既不是像一塊空白的板或完全一色的大理石，也不是在上面已有完全刻成了的像，而是像「一塊有紋路的大理石」，「如果在這塊石頭上本來有些紋路，表明刻海克力士（Hercule）的像比刻別的像更好，這塊石頭就會更加被決定【用來刻這個像】，而海克力士的像就可以說是以某種方式天賦在這塊石頭裡了，雖然也必須要加工使這些紋路顯出來」。㉝儘管似乎作了些讓步，萊布尼茲維護「天賦觀念」的基本立場仍然未變，而且如上所說還比笛卡兒走得更遠。這裡值得注意的是萊布尼茲把觀念看作並非一下完成、一成不變的，而是有個發展過程，需要加工使之清晰，或由模糊而變成清楚明白。這是和洛克與笛卡兒都不同的。洛克與笛卡兒雖然在是否有天賦觀念的觀點

㉜ 本書〈序言〉4（第92頁）。

㉝ 本書〈序言〉4（第92頁）。

上根本對立，但就把觀念都看成是一成不變的這一點來說，則是共同的。這種觀點當然是形上學的，而萊布尼茲的看法則有某種辯證法的因素，儘管是唯心主義的先驗論。

與此相聯繫的另一個問題，用萊布尼茲自己的話來說，就是：「究竟是一切眞理都依賴經驗，也就是依賴歸納與例證，還是有些眞理更有別的基礎。」㉞洛克是明確主張：「我們的全部知識是建立在經驗上面的；知識歸根到底都是導源於經驗的。」㉟這是經驗論的根本主張。萊布尼茲與此相反地認爲有些眞理性的知識並非來自經驗而是天賦的。這是與前一個關於「白板」與「天賦觀念」的爭論問題密切相關的，或可以說只是前一個問題的另一種提法。它也是經驗論與唯理論鬥爭的焦點所在。洛克的觀點雖不徹底，也有形上學的侷限性，但基本上是站在唯物主義反映論立場上的。萊布尼茲則是從唯理論的觀點出發反對了洛克的經驗論，雖也抓住了這種經驗論的形上學侷限性而有某些辯證法因素，但歸根到底陷入了唯心主義先驗論。照萊布尼茲看來，「像我們在純粹數學中，特別是在算術和幾何學中所見到的那些必然的眞理，應該有一些原則是不依靠實例來證明，因此也不依靠感覺的見證的。」㊱不僅是純粹數學，還

㉞ 本書〈序言〉3（第88頁）。
㉟ 洛克：《人類理智論》第二卷第一章§2。
㊱ 本書〈序言〉3（第89頁）。

有邏輯以及形上學和倫理學，乃至神學、法學，也「都充滿了這樣的眞理，因此它們的證明只能來自所謂天賦的內在原則。」㊲必須指出，萊布尼茲把眞理分爲兩種：理性的眞理和事實的眞理。理性的眞理是必然的，事實的眞理是偶然的。理性的眞理是根據「矛盾律」，它的反面因包含矛盾而是不可能的；事實的眞理則是根據「充足理由律」，它的反面是可能的，如果說某一事實的眞理的反面不是眞的，也不是因爲它包含矛盾而不可能，而只是因爲它與其他事實的「不可並存」或不是「共同可能」的。㊳總之，在萊布尼茲看來，只有「事實的眞理」在一定意義下可以說是根據經驗的，而「理性的眞理」或必然的眞理則不是依賴經驗而是來自一些「天賦的內在原則」。它們或者是憑理性的直覺得到的一些自明的同一性命題如A是A，B是B之類，或者是運用理性、根據「矛盾律」從這類自明的公理推論出來的。他認爲：「誠然理性也告訴我們，凡是與過去長時期的經驗相符合的事，通常可以期望在未來發生；但是這並不因此就是一條必然的、萬無一失的眞理，……只有理性才能建立可靠的規律，並指出它的例外，以補不可靠的規律之不足，最後更在必然後果的力量中找出確定的聯繫。這樣做常常使我

㊲ 同前註。

㊳ 參閱本書下冊第四卷第二章§1（第183頁以下）及《單子論》§31-§33等處。

們無須看實際經驗到影像之間的感性聯繫，就能對事件的發生有所預見」。㊴

這裡我們看到，萊布尼茲在「理性的眞理」之外，也承認有「事實的眞理」，並且承認它在一定意義下是根據經驗的。也正是他在「矛盾律」之外又提出「充足理由律」作爲建立「事實的眞理」的基本原則，這還是他在邏輯學上的一個貢獻。有的資產階級學者如拉塔（R. Latta），在他的《萊布尼茲單子論及其他哲學著作》的〈序言〉中認爲「矛盾律」和「充足理由律」在萊布尼茲的全部哲學中是二元並列著而始終未能統一起來，也並未把其一歸結爲其他。萊布尼茲也把根據經驗的事實的判斷或命題看作是一類的「眞理」而並不像笛卡兒乃至斯賓諾莎那樣把感覺經驗貶低爲完全不可靠的，甚至是謬誤的來源。這樣看來，萊布尼茲似乎是要把理性和經驗、唯理論和經驗論結合起來而並不是澈底的唯理論或先驗論者。這在一定意義下也確是符合萊布尼茲的實際情況的，他本來在各個方面都有折衷調和的傾向。作爲一位科學家，他本來也不能完全抹殺經驗或事實。但必須看到，萊布尼茲所說的經驗，並不是唯物主義者所理解的外物印入人類心靈中的印象或觀念，而只是心靈固有的某種較「理性」爲模糊或混亂的「知覺」，因爲心靈作爲沒有「窗子」的單子是始終不能從外界接受什麼東西的。所謂「理性的眞理」和「事實的眞理」的區別，歸根到底只是同一種內在固有的「知覺」較清楚明

㊴ 本書〈序言〉3（第90頁）。

白和較混亂模糊的程度上的差別而並不是種類或本質上的差別。真正說來，所謂「事實的眞理」，也只是因爲它所包含的概念是無限複雜的，爲演繹有關一個主語的謂語所作的分析也必須是無限複雜的過程，這對於人類來說是辦不到的，因此只能憑藉經驗，並把它看作「偶然的」。對於無所不知、無所不能的上帝來說，則一切都是必然的，例如：某人於某年某月某日生於某地這樣一個事實，都是從創世以來就已預先決定，也是在關於某人的一個完全的概念中自始就包含著的。只是對於凡人來說，要全部掌握關於某一個體的完全概念，由於其無限的複雜性是不可能的，因此只能憑藉經驗來把握其中的某一謂語，而把這一謂語與某一個體作爲主語的聯繫看作偶然的。總之所謂「理性的眞理」和「事實的眞理」或「必然的眞理」和「偶然的眞理」的區別只是對於凡人來說才有意義，對於上帝來說是根本不存在的。羅素認爲這套觀點是屬於萊布尼茲的「祕而不宣」的學說，其實從他關於每一單子都是孤立存在，其全部發展過程都已預先決定因而形成「前定和諧」的學說，稍加推論，也就可以得出這樣的結論。所以歸根到底說來，萊布尼茲還是把偶然的事實眞理也歸結爲必然的理性眞理，這就意謂著他還是把唯理論的觀點推到了極端而成了徹頭徹尾的先驗論者。只是在一定意義下，即在作爲常人的認識的範圍內，他也確實向經驗論作了些讓步，或容納了一些經驗論的成分。

萊布尼茲雖然歸根到底是個徹頭徹尾的先驗論者，在認識論的全體上是完全錯誤的，但他在與經驗論的鬥爭中也確實抓住了洛克那種舊唯物主義經驗論的形上學弱點而表現出有某些合理的辯證法思想。例如：他寫道：「禽獸的聯想純粹和單純的經驗論者的聯想一樣；他們以爲凡是以前發生過的事，以後在一種使他們覺得相似的場合也還會發生，而不能判斷同樣的理由是否依然存在。人之所以如此容易捕獲禽獸，單純的經驗論者之所以如此容易犯錯誤，便是這個緣故。因此，那些由於年歲大、經驗多而變得很精明的人，當過於相信自己過去的經驗時，也難免犯錯誤，這是在民事和軍事上屢見不鮮的。」㊵據此他指出單憑經驗不能得到普遍必然的眞理，不能掌握事物的必然的規律，只有理性才能做得到這一點。這是有合理的辯證法因素的。正是這一點告訴我們，舊唯物主義的經驗論即消極被動的反映論是不能戰勝唯心主義先驗論的，必須提高到辯證唯物主義的革命的能動的反映論的高度才能眞正戰勝先驗論。同時也告訴我們必須在兩條戰線上作戰，既要反對唯心主義先驗論，也要反對消極被動的反映論；既反對片面的唯理論，也要反對片面的經驗論；既反對教條論，也要反對狹隘經驗論。

萊布尼茲與洛克鬥爭的另一個重大問題，就是關於物質能否思想的問題。其實，洛克也並沒有明確地肯定思想就是高度發展了的物質即人腦的功能，而是也承認有某種精神實體作爲從「反省」得來的觀念，包括思想在內的支撐者。不過在他看來精神實體的實在本質和物質實體的實在本質一樣都爲我們所不知道，因此也不能肯定精神實體或靈魂一定是非物質性的，物質

㊵ 本書〈序言〉3（第90頁）。

能夠思想在他看來也有可能。萊布尼茲則認爲洛克就是維護「在自然秩序的範圍內，物質也有進行思想的可能性」這樣一種主張的。㊶照萊布尼茲看來，感覺和思想都是物質按其自然本性不能具有的能力，而只能是非物質性的心靈這種精神實體的能力。如果認爲物質也能夠思想，就是把物質「以奇蹟的方式提高」了。他之所以反對物質能夠思想，無非是爲了維護「靈魂的非物質性」，最終爲維護「靈魂不死」這種宗教教條提供理論根據。而他據以反對物質能夠思想的論據，也無非是利用當時機械唯物主義者的物質觀的狹隘性，把物質本身看作是惰性的、死的、完全被動的東西，這樣自然就無法理解物質如何能夠思想了。這種物質觀本身的狹隘性當然不能成爲否認物質能夠思想的眞正理由。科學已完全證明思想正是高度發展了的物質即人腦的功能，而什麼非物質性的自己存在的「精神實體」則只是導源於原始人們的迷惘無知的唯心主義的虛構。洛克在這個問題上的缺點倒在於他並不堅定明確地肯定物質能夠思想，而萊布尼茲在這個問題上則是完全錯誤的。

除了以上這些有關認識論的帶根本性的重大原則問題上的鬥爭之外，由於萊布尼茲和洛克在根本立場上的對立，在其他一系列具體問題上也都表現出分歧而進行了爭論。例如在關於物質的本性和關於空間的問題上，洛克基本上接受了原子論者和牛頓的觀點，把物質的微粒看作

㊶ 參閱本書〈序言〉16以下（第107頁以下）。

是堅實性的物體，並認爲有虛空即空的空間以作爲運動的條件，萊布尼茲則認爲空間中都充滿了無限可分的流動的物質，否認有空的空間（當然這只是就現象範圍內或就物理學上來說的，因爲萊布尼茲根本不承認物質是實體）。同時正如承認有空的空間一樣，洛克也承認心靈並不永遠在思想，例如：在無夢的睡眠時那樣，而萊布尼茲則既否認有絕對的虛空，否認有絕對的靜止，也否認有絕對沒有感覺或思想的心靈，而認爲心靈即使在沉睡或昏迷時也還是有某種模糊的知覺即那種「微知覺」的。在關於無限性的問題上，萊布尼茲一方面同意洛克的意見，認爲眞正說來我們不能有無限的空間、無限的時間或無限的數的積極觀念，所謂「無限的全體」及其對立物「無窮小」都只是數學家們在演算中所用的東西，就像代數中的虛根一樣，並非實際存在的東西；但萊布尼茲還是肯定有眞正的無限，它是只存在於「絕對」之中的。洛克認爲心靈把有限和無限看作是廣延和綿延的樣態，而萊布尼茲認爲眞正的無限並不是一種樣態，而是絕對，無限並不是由各部分的相加構成而是先於一切組合的。又如洛克主張本質可分爲名義的本質和實在的本質，萊布尼茲則認爲事物的本質總只能是指其實在的本質，只有定義才可分爲名義的定義和實在的或原因的定義。洛克對於邏輯的形式以致其基本的思想律如同一律等表示出某種輕視，認爲沒有什麼用處，而萊布尼茲則認爲這些形式規律非常重要，不僅就邏輯本門範圍內來說很重要，對於建立形上學乃至其他學科也是重要的。如此等等。這類具體問題上的分歧和爭論當然還有很多，原書俱在，也無需一一論列了。

此外當然也應看到，萊布尼茲並不是在每個問題上都與洛克有意見分歧。在許多並不涉及兩條路線對立的問題上，萊布尼茲也往往同意洛克的觀點。特別是洛克由於本身的不澈底性而同樣表現出唯心主義觀點的地方，萊布尼茲也更是加以附和甚至讚許，並利用它們來反對洛克自己的唯物主義觀點。例如：洛克在「感覺」之外又承認對心靈本身的活動的「反省」也是觀念的另一個來源，萊布尼茲就不僅贊同而且正利用這一點來證明心靈本身就不是白板而是有一些內在的天賦觀念。至於洛克也承認並要來證明上帝的存在，更是萊布尼茲所附和和贊同的，只是認爲洛克的證明也和笛卡兒等人的證明一樣還有漏洞而需要修正補充。當洛克也來證明「那第一個永恆的存在物不能是物質」[42]時，萊布尼茲更是竭力加以稱讚。這類情況，在本書中也屢見不鮮。

總的來看，萊布尼茲在《人類理智新論》中所表現的認識論觀點，也和他的整個哲學體系一樣，總的原則和根本立場是完全錯誤的唯心主義先驗論，但其中也包含著某些合理的辯證法因素，在一定意義下和一定範圍內也有企圖克服唯理論的片面性而把理性和經驗結合起來的傾向。他和洛克的鬥爭，總的來說是站在錯誤的唯心主義先驗論立場上對唯物主義反映論的一種反撲，但在許多問題上也往往抓住了舊唯物主義反映論的形上學弱點而表現出辯證法思想的

㊷ 本書下冊第四卷第十章§10（第331頁）。

閃光。此外，在本書中涉及的一些並不與認識論的根本問題相關而是與其他科學有關的問題，特別是關於邏輯與數學的問題上，則萊布尼茲作為一位大科學家，特別是作為傑出的數學家和邏輯學家，其見解往往有遠遠高出於洛克之處。這些方面的內容對於研究這些科學的發展史的人來說，更是有參考價值的。就其主要作為在認識論上唯心主義先驗論與唯物主義反映論鬥爭的歷史上一部比較最集中、最有代表性的著作來說，其中也有許多理論鬥爭上的正反兩方面的經驗教訓，可供我們吸取。至於具體地來總結這些經驗教訓以便為現實的思想戰線上的鬥爭服務，以及對萊布尼茲的全部哲學思想作出科學的分析、批判和評價，則是須待廣大哲學史工作者和理論工作者來協力完成的任務。這裡只是對萊布尼茲其人及其哲學，和本書的主要內容，作一概括的介紹，以供參考。不妥之處，切望批評指正。

譯者

一九八一年四月

關於譯註的幾點說明

一、本書全名原爲 *Nouveaux essais sur l'entendement humain, par l'auteur du système de l'harmonie préétablie*（《前定和諧系統的作者所作的人類理智新論》），也常被簡稱爲 *Nouveaux essais*（《新論》）。中譯係據 *Die Philosophischen Schriften von G. W. Leibniz*, hrg. von C. I. Gerhardt, Berlin,1875-1890，（簡稱G本）Bd V，參照 God. Guil. Leibnitii: *Opera Philosophica Omnia*, ed. J. E. Erdmann,Berolini,1840（簡稱E本）pp.194-418 所載法文原文譯出，兩種文本有異文時，因G本是參照手稿重新校訂過的後出版本，故以照G本爲主，但也有G本顯然有誤而照E本的，凡有較重要的異文處，都已在邊註中註出。翻譯時也參考了 *New Essays concerning Human Understanding*, by G. W. Leibniz, tr. by A. G. Langley, 2nd ed., Chicago,1916（簡稱英譯本）。英譯本一般較忠實於原文，對譯者很有幫助，但也有若干誤譯或不妥之處，則仍照譯者認爲正確的理解照原文譯出。英譯也曾參考過 M. A. Jacques: Œuvres de Leibniz, Paris,1842（簡稱J本），Janet: Œuvres Philosophiques de Leibniz, Paris, 1866（簡稱 Janet 本），和 Dutens, Foucher de Careil, R. E. Raspe 等編的各種版本，以及 K. Schaarschmidt 的本書德文譯本等，這些文本譯者均並未親見，註中偶有提及，都是據英譯本的註。

二、爲便於讀者理解計，譯本加了一些邊註。這些邊註，除個別條目爲原編者所加，已隨文標明之外，其餘均係譯者所加，其中很大一部分，特別是有關人名資料方面的，多採自英譯本的註，但曾酌量作了增刪，尤其是英譯本註中涉及許多參考書目，大都爲拉丁文著作或其他國內不易得的著作，除少數對理解原文較有用者之外，都刪去了，有需要在這方面作深入研究的讀者，請直接參考英譯本。此外，本書內容所涉極爲廣泛，有關於邏輯、數學、物理、法學、醫學、歷史、比較語言學等等方面的問題，在翻譯及加註過程中曾直接或輾轉請教過武漢大學哲學系、數學系、歷史系、物理系等單位的許多位同志，得到他們的熱情幫助，特別是數學系齊民友同志，哲學系康宏逵同志，幫助尤多；書中又用了很多拉丁文和希臘文，英譯本也都逕用原文未譯，中譯本在本文中也仍用原文，但在邊註中或隨文註中註出其大意，中譯者不諳拉丁文，這方面譯註多承哲學研究所傅樂安同志幫助；這些在註中都不再一一指明，一併在此聲明並致衷心謝意。這些方面的譯註中有錯誤或不妥之處，自當仍由譯者負責。此外，也有若干有關萊布尼茲本人或西方哲學史上其他一些哲學家的重要觀點的帶評論性的註解，除少數也參考了英譯本的註之外，大部分係譯者就自己理解所加，其中更必有錯誤或不妥之處，希讀者批評指正。

三、本書中所用方括弧［］，全是G本原書本來有的，諒係根據手稿，英譯本也都照加，但E本則一概刪去，現中譯本也仍保留以供讀者參考。但原書加這些方括弧的意義很不清楚。圓括弧（）除有些是譯者附註原文所用的之外，也都是按照原書。粗括弧【】則係譯者所加，表明粗括弧內文字本原文所無，爲補足語氣或求譯文意義較顯明易解起見由譯者所加的。

四、本書〈序言〉部分，原曾收入北京大學哲學系外國哲學史教研室編譯：《西方古典哲學原著選輯‧十六—十八世紀西歐各國哲學》一書（見該書一九七五年商務版第 500-522 頁），爲譯者以前所譯，此次翻譯全書，曾對照原文將〈序言〉譯文重新校訂，有所修改，並增加了一些邊註。

五、本書既係作者用兩人對話的體裁與洛克的《人類理智論》（J. Locke：*An Essay concerning Human Understanding*）進行逐段辯論的著作，因此翻譯過程中曾理所當然地逐段參考過洛克該書的中譯本（關文運譯，一九五九年商務版，中譯書名作《人類理解論》），也有所借鑒；但本書中的「斐拉萊特」雖代表洛克的觀點，他所說的話也並非照抄洛克該書中的原文，因此這裡仍直接從本書法文原文譯出，也並未照抄洛克原書中譯文，有些名詞術語等的譯法也與該書中譯有所不同，間或也在註腳中指明。

譯者雖力求在忠實於原文的前提下使譯文較能通順易讀，並在可能範圍內加些注釋以便利讀者，但由於水準及條件所限，譯文和注釋中定有許多錯誤和不足之處，切望讀者批評指正。

譯者

序言

1. ①一位有名的英國人②所著的《人類理智論》，是當代最美好、最受人推崇的作品之一，我決心對它作一些評論，因爲很久以來，我就對同一個主題以及這書所涉及的大部分問題作過充分的思考；我認爲這將是一個好機會，可以在《理智新論》這個標題下發表一點東西，並且希望我的思想藉著和這樣好的同道相伴隨，可以更有利於爲人所接受。我還認爲，藉助於別人的工作，不僅可以減輕自己的工作（因爲事實上遵循一位優秀的作者的線索，比自己完全獨立地重起爐灶要省力些），而且可以在他提供給我們的之外再加上一點東西，這總比從頭做起要容易些；因爲我認爲他留下完全未解決的一些難題，我已經予以解決了。因此他的名望對我是有好處的；此外我的秉性是公平待人，並且絕不想削弱人們對這部作品的評價，因此如果我的讚許也有點分量的話，我倒是會增加它的聲望。誠然我常常持不同的意見，但是我們在覺

---

① 本書正文各節都按洛克《人類理智論》原書加了編號，如§1，§2，……，但〈序言〉部分本來沒有編號。現爲參考引證方便計，譯本在〈序言〉部分也按原書自然段加了編號。

② 指洛克。

得有必要不讓那些著名作者的權威在某些重要之點上壓倒理性時，表明自己在哪些地方以及爲什麼不同意他們的意見，這絕不是否認他們的功績，而是爲他們的功績提供證據。此外，在酬答這樣卓越的人們的時候，我們也就使眞理更能爲人所接受，而我們應當認爲他們主要是爲眞理而工作的。③

2. 事實上，雖然《理智論》的作者說了許許多多很好的東西，是我所贊成的，但我們的系統卻差別很大。他的系統和亞里斯多德關係較密切，我的系統則比較接近柏拉圖，雖然在許多地方我們雙方離這兩位古人都很遠。他比較通俗，我有時就不得不比較深奧難懂和比較抽象一點，這對我是不利的，尤其是在用一種活的現代語言④寫作的時候更是如此。但是我想，採用兩個人談話的方式，其中一個人敘述從這位作者的《理智論》中引來的意見，另一個人則加

---

③ 此段從「我還認爲，藉助於別人的工作……」以下，E本作：「我還認爲，藉助於別人的工作，不僅可以減輕我的工作，而且可以在他提供給我們的之外再加上一點東西，這比從頭做起和完全重起爐灶要容易些」。誠然，我常常和他持不同意見；但我絕不因此否認這位著名作者的功績，而是通過在我覺得有必要不讓他的權威在某些重要之點上壓倒理性時，表明在哪些地方以及爲什麼不同意他的意見，來公平對待他。」以下緊接下段，不另起。

④ 當時歐洲的學者在寫作學術著作時還多用拉丁語，洛克的《人類理智論》是用英語寫的，而萊布尼茲的這書則是用法語寫的。

上我的一些看法，這樣的對照可以對讀者比較方便些，否則只寫一些十分枯燥的評論，讀起來就一定要不時地中斷，去翻閱他的原書以求了解我的書，這就比較不便了。但是有時把我們的作品對照一下，並且只從他自己的著作去判斷他的意見，也還是好的，雖然我通常都保留著他自己的用語。誠然我在作評論的時候，由於要隨著別人的敘述的線索，受到拘束，因而不能夢想取得對話體易有的那種動人的風格，但是我希望內容可以補償方式上的缺點。

3. 我們的差別是關於一些相當重要的主題⑤的。問題就在於要知道：靈魂本身是否像亞里斯多德和《理智論》作者所說的那樣，是完完全全空白的，好像一塊還沒有寫上任何字跡的板（Tabula Rasa⑥），是否在靈魂中留下痕跡的東西，都是僅僅從感覺和經驗而來；還是靈魂原來就包含著多種概念和學說的原則，外界的對象是靠機緣把這些原則喚醒了。我和柏拉圖一樣持後面一種主張，甚至經院學派以及那些把聖保羅（《羅馬書》第二章第十五節）說到上帝的法律寫在人心裡的那段話用這個意義來解釋的人，也是這樣主張的。斯多噶派（Stoic）稱這些原則為設准（Prolepses），也就是基本假定，或預先認為同意的東西。數學家們稱之為

⑤ G本原文為"sujets"（「主題」），E本和J本作"objects"（「對象」）。

⑥ 拉丁文，意即：「白板」。

共同概念（χοινὰς ἐννοίας⑦）。近代哲學家們又給他們取了另外一些很美的名稱，而斯卡利杰（Jules/Julius Caesar Scaliger）⑧特別稱之爲 Semina aeternitatis, item Zopyra⑨，好像說它是一種活的火，明亮的閃光，隱藏在我們內部，感官與外界對象相遇時，它就像火花一樣顯現出來，如同打鐵飛出火星一樣。認爲這種火花標誌著某種神聖的、永恆的東西，它特別顯現在必然眞理中，這是不無理由的。由此就產生了另外一個問題：究竟是一切眞理都依賴經驗，也就是依賴歸納與例證，還是有些眞理更有別的基礎。因爲如果某些事件我們在根本未作任何驗證之前就能預先見到，那就顯然是我們自己對此有所貢獻。感覺對於我們的一切現實認識雖然是必要的，但是不足以向我們提供全部認識，因爲感覺永遠只能給我們提供一些例子，也就是特殊的或個別的眞理。然而印證一個一般眞理的全部例子，不管數目怎樣多，也不足以建立這個眞理的普遍必然性，因爲不能得出結論說，過去發生過的事情，將來也永遠會同樣發生。例如希臘人、羅馬人以及地球上一切爲古代人所知的民族，都總是指出，在二十四小時過去之前晝變成夜，夜變成晝。但是如果以爲這條規律無論在什麼地方都有效，那就錯了。因爲到新地

⑦ 希臘文，意即：「共同概念」。

⑧ 斯卡利杰（Jules 或 Julius Caesar Scaliger, 1484-1558），義大利古典語文學家、哲學家和詩人，也是醫生。

⑨ 拉丁文，意即：「永恆的發光火花的種子」。

島[⑩]去住一下，就看到了相反的情形。如果有人以爲至少在我們的地帶，這是一條必然的、永恆的眞理，那還是錯了，因爲應該斷定，地球和太陽本身也並不是必然存在的，也許會有一個時候，這個美麗的星球和它的整個系統不再存在下去，至少是不再以現在的方式存在下去。由此可見，像我們在純粹數學中，特別是在算術和幾何學中所見到的那些必然的眞理，應該有一些原則是不依靠實例來證明，因此也不依靠感覺的見證的，雖然沒有感覺我們永遠不會想到它們。這一點必須辨別清楚，歐幾里得（Euclid）就很懂得這一點，他對那些憑經驗和感性影像就足以看出的東西，也常常用理性來加以證明。還有邏輯以及形上學和倫理學，邏輯與前者結合形成神學，與後者結合形成法學，這兩種學問都是自然的，它們都充滿了這樣的眞理，因此它們的證明只能來自所謂天賦的內在原則。誠然我們不能想像，在靈魂中，我們可以像讀一本打開的書一樣讀到理性的永恆法則，就像在布告牌上讀到審判官的法令那樣毫無困難，毫不用探求；但是只要憑感覺所提供的機緣，集中注意力，就能在我們心中發現這些法則，這就夠了。實驗的成功也可以用來印證理性，差不多像算術裡演算過程很長時可以用驗算來避免演算錯誤那樣。這也就是人類的認識與禽獸的認識的區別所在。禽獸純粹憑經驗，只是靠例子來指導自己，因爲就我們所能判斷的來說，禽獸絕達不到提出必然命題的地步，而人類則能有

⑩ Nova Zembla，在北極圈內，夏天整段時期太陽永不落，即有晝無夜，冬天則有夜無晝。

經證明的科學知識。也是因爲這一點，禽獸所具有的那種聯想的功能，是某種低於人所具有的理性的東西。禽獸的聯想純粹和單純的經驗論者的聯想一樣；他們以爲凡是以前發生過的事，以後在一種使他們覺得相似的場合也還會發生，而不能判斷同樣的理由是否依然存在。人之所以如此容易捕獲禽獸，單純的經驗論者之所以如此容易犯錯誤，便是這個緣故。因此，那些由於年歲大、經驗多而變得很精明的人，當過於相信自己過去的經驗時，也難免犯錯誤，這是在民事和軍事上屢見不鮮的，因爲他們沒有充分考慮到世界在變化，並且人們發現了千百種新的技巧，變得更精明了，而現在的獐鹿或野兔則並沒有變得比過去的更狡黠些。禽獸的聯想只是推理的一種影子，換句話說，只是想像的聯繫，只是從一個影像到另一個影像的過渡，因爲在一個和先前的境遇看起來相似的新境遇中，它們就重新期待它們先前發現連帶發生的事物，好像因爲事物在記憶中的影像彼此相連，事物本身也就實際上彼此相連似的。誠然理性也告訴我們，凡是與過去長時期的經驗相符合的事，通常可以期望在未來發生；但是這並不因此就是一條必然的、萬無一失的眞理，當支持它的那些理由改變了的時候，即令我們對它作最小的期望，也可能不再成功。因爲這個緣故，最明智的人就不那樣信賴經驗，而毋寧只要可能就努力去探求這事實的某種理由，以便判斷在什麼時候應該指出例外。因爲只有理性才能建立可靠的規律，並指出它的例外，以補不可靠的規律之不足，最後更在必然後果的力量中找出確定的聯繫。這樣做常常使我們無須看實際經驗到影像之間的感性聯繫，就能對事件的發生有所預見，而禽獸則只歸結到這種影像的感性聯繫。因此，證明有必然眞理的內在原則的東西，也就是區別人和禽獸的東西。

4.也許我們這位高明的作者意見也並不完全和我不同。因爲他在用整個第一卷來駁斥某種意義下的天賦知識之後，在第二卷的開始以及以後又承認那些不起源於感覺的觀念來自反省。而所謂反省不是別的，就是對於我們心裡的東西的一種注意，感覺並不給予我們那種我們原來已有的東西。既然如此，還能否認在我們心靈中有許多天賦的東西嗎？因爲可以說我們就是天賦予我們自身之中的。又難道能否認在我們心中有存在、統一、實體、綿延、變化、行爲、知覺、快樂以及其他許許多多我們的理智觀念的對象嗎？這些對象既然直接而且永遠呈現於我們的理智之中（雖然由於我們的分心和我們的需要，它們不會時刻爲我們所察覺⑪），那麼爲什麼因爲我們說這些觀念和一切依賴於這些觀念的東西都是我們天賦的，就感到驚訝呢？我也曾經用一塊有紋路的大理石來作比喻，而不把心靈比作一塊完全一色的大理石或空白的板，即哲學家們所謂 Tabula rasa（白板）。因爲如果心靈像這種空白板那樣，那麼眞理之在我

⑪ 察覺，原文爲 appercevoir，在萊布尼茲是與 percevoir（知覺）有別的，即指清楚明白的、有意識的知覺。本書中這個詞及其名詞形式 apperception 一律譯作「察覺」。

們心中，情形也就像海克力士⑫的像之在這樣一塊大理石裡一樣，這塊大理石本來是刻上這個像或別的像都完全無所謂的。但是如果在這塊石頭上本來有些紋路，表明刻海克力士的像比刻別的像更好，這塊石頭就會更加被決定【用來刻這個像】，而海克力士的像就可以說是以某種方式天賦在這塊石頭裡了，雖然也必須要加工使這些紋路顯出來，和加以琢磨，使它清晰，把那些妨礙其顯現的東西去掉。也就是像這樣，觀念和眞理就作爲傾向、稟賦、習性或自然的潛能天賦在我們心中，而不是作爲現實天賦在我們心中的，雖然這種潛能也永遠伴隨著與它相應的、常常感覺不到的某種現實。

5. 我們這位高明的作者似乎認爲在我們心中沒有任何潛在的東西，甚至沒有什麼不是我們永遠現實地察覺到的東西。但是這意思不能嚴格地去了解，否則他的意見就太悖理了，因爲雖然獲得的習慣和我們記憶中儲存的東西並非永遠爲我們所察覺，甚至也不是每當我們需要時總是招之即來，但是我們確實常常一有使我們記起的輕微機緣就可以很容易地在心中喚起它，

⑫ Hercule，希臘神話中最著名的英雄，曾完成了十二件巨大業績的大力士。因常被用作雕刻等藝術作品的題材，故這裡舉以爲例。

正如我們常常只要聽到一首歌的頭一句就記起這首歌⑬。作者又在別的地方限制了他的論點，說在我們心中沒有任何東西不是我們至少在過去曾察覺過的。但是除了沒有人能單憑理性確定我們過去的察覺能夠達到什麼地步——這些察覺我們可能已經忘記了，尤其是照柏拉圖派的回憶說，這個學說儘管像個神話，但至少有一部分與赤裸裸的理性並無不相容之處⑭——，除了這一點之外，我說，爲什麼一切都必須是我們由對外物的察覺得來，爲什麼就不能從我們自身之中發掘出點什麼呢？難道我們的心靈就這樣空虛，除了外來的影像，它就什麼都沒有？這（我確信）不是我們明辨的作者所能贊同的意見。況且，我們又到哪裡去找本身毫無變異的板呢？因爲絕對沒有人會看見一個完全平整一色的平面。那麼，當我們願意向內心發掘時，爲什麼就不能從我們自己心底裡取出一些思想方面的東西呢？因此使我們相信，在這一點上，既然他承認我們的認識有感覺和反省這兩重來源，他的意見和我的意見或者毋寧說和一般人共同的意見歸根到底是並無區別的。

6. 我不知道是否能那樣容易使這位作者和我們以及笛卡兒派意見一致起來，因爲他主張

---

⑬ E本和J本作"le commencement d'une chanson pour nous fair ressouvenir du rest"，即「一首歌的頭一句就使我們記起它的其餘部分。」

⑭ E本作"n'a rien d'incompatible avec la raison toute nue"，即「（但）與赤裸裸的理性絲毫沒有不相容之處」。

心靈並不是永遠在思想的，特別是當我們熟睡無夢時，心靈就沒有知覺，而且他反駁說⑮，既然物體可以沒有運動，心靈當然也可以沒有思想。但是在這裡我的回答和通常有點兩樣。因爲我認爲在自然的情況之下，一個實體不會沒有活動，並且甚至從來沒有一個物體是沒有運動的。經驗已經對我的主張是有利的，而且只要去看一看著名的波以耳先生⑯反對絕對靜止的著作，就可以深信這一點。但是我相信理性也有利於我的主張，而這也是我用來駁斥原子說的證據之一。

7. 此外，還有千千萬萬的徵象，都使我們斷定任何時候在我們心中都有無數的知覺，但是並無察覺和反省；換句話說，靈魂本身之中，有種種變化，是我們察覺不到的，因爲這些印象或者是太小而數目太多，或者是過於千篇一律，以致沒有什麼足以使彼此區別開來；但是和別的印象連結在一起，每一個也仍然都有它的效果，並且在總體中或至少也以混亂的方式使人感覺到它的效果。譬如我們在磨坊或瀑布附近住過一些時候，由於習慣就不注意磨子或瀑布的

⑮ E本和J本作“Il dit que”，即「他說」，G本爲“et il object que”。

⑯ 波以耳（Robert Boyle, 1627-1691），著名的英國科學家，即關於氣體體積與壓強、溫度的關係的「波以耳—馬略特定律」的發明者之一，萊布尼茲常提到他。參閱本書第三卷第四章，§16。這裡提到的他的著作，即《論物體的絕對靜止》，見於 Birch 編的《波以耳全集》，倫敦，一七七二年版，第一卷，第443-457頁。

運動，就是這種情形。並不是這種運動不再繼續不斷地刺激我們的感覺器官，也不是不再有什麼東西進入靈魂之中，由於靈魂和身體的和諧，靈魂是與之相應的；而是這些在靈魂和在身體中的印象已經失去新奇的吸引力，不足以吸引我們的注意和記憶了，我們的注意力和記憶力是只專注於比較顯著的對象的。因爲一切注意都要求記憶，而當我們可以說沒有警覺，或者沒有得到提示來注意我們自己當前的某些知覺時，我們就毫不反省地讓它們過去，甚至根本不覺得它們；但是如果有人即刻告訴我們，例如：讓我們注意一下剛才聽到的一種聲音，我們就回憶起來，並且察覺到剛才對這種聲音有過某種感覺了。因此是有一些我們沒有立即察覺到的知覺，察覺只是在經過不管多麼短促的某種間歇之後，在得到提示的情況下才出現的。爲了更好地判斷我們不能在大群之中辨別出來的這種微知覺，我慣常用我們在海岸上聽到的波浪或海嘯的聲音來作例子。我們要像平常那樣聽到這聲音，就必須聽到構成整個聲音的各個部分，換句話說，就是要聽到每一個波浪的聲音，雖然每一個小的聲音只有和別的聲音在一起合成整個混亂的聲音時，也就是說，只有在這個怒吼中，才能爲我們聽到，如果發出這聲音的波浪只有單獨一個，是聽不到的。因爲我們必須對這個波浪的運動有一點點感受，不論這些聲音多麼小，也必須對其中的每一個聲音有點知覺；否則我們就不會對成千成萬波浪的聲音有所知覺，因爲成千成萬個零合在一起也不會構成任何東西。我們也從來不會睡得那樣沉，連任何微弱混亂的感覺都沒有；即令是世界上最大的聲音，如果我們不是先對它開始的小的聲音有所知覺，也不會把我們弄醒，就好比世界上最大的力也不能把一根繩子拉斷，如果它不是被一些小的力先拉開一點的話，儘管這些小的力所拉開的程度是顯不出來的。

8. 因此，這些微知覺，就其後果來看，效力要比人所設想的大得多。就是這些微知覺形成了這種難以名狀的東西，形成了這些趣味，這些合成整體很明白、分開各部分則很混亂的感覺性質的影像，這些環繞著我們的物體給予我們的印象，那是包含著無窮的，以及每一件事物與宇宙中所有其餘事物之間的這種聯繫。甚至於可以說，由於這些微知覺的結果，現在孕育著未來，並且滿載著過去，一切都在協同併發（如希波克拉底（Hippocrates）[17]所說的 σύμπνοια πάντα[18]），只要有上帝那樣能看透一切的眼光，就能在最微末的實體中看出宇宙間事物的整個序列。

Quae sint, quae fuerint, quae mox futura trahantur.[19]這些感覺不到的知覺，更標誌著和構成了同一的個人。它們從這一個人的過去狀態中保存下一些痕跡或表現，把它與這一個人的現在狀態聯繫起來，造成這一個人的特徵。即令這一個人自己並不感覺到這些痕跡，也就是不再有

---

⑰ 希波克拉底（Hippocrates），西元前五世紀希臘最偉大的醫學家，也是哲學家。

⑱ 希臘文，意即：「一切都在協同併發」。

⑲ 拉丁文，意即：「現在的、過去的、將來要發生的事物」。G本作 que mox，顯係誤植。

明確的時候，它們也能被一種更高級的心靈所認識。但是它們（我是說這些知覺）憑著有朝一日可能發生的一些定期發展，在必要的時候，也提供出恢復這種記憶的手段。就是因爲這個緣故，死亡只能是一種沉睡，甚至也不能永久保持沉睡，因爲在動物中間，知覺只是不再分明，並回到一種混亂狀態，使察覺中斷，但這種狀態是不能永遠延續的；在這裡不談人，人爲了保持他的人格，是應當在這方面有一些大的特權的。⑳

9. 也就是用這些感覺不到的知覺，說明了㉑靈魂與身體之間的這種奇妙的前定和諧，甚至是一切單子或單純實體之間的前定和諧，這種前定和諧代替了它們彼此之間那種站不住腳的影響，並且照那部最優美的《歷史批判辭典》的作者㉒的看法，把那種神聖圓滿性的偉大提高到了超乎人從來所曾設想過的程度之上。此外，我還要補充一點，我說就是這些微知覺在許多場合決定了我們而我們並沒有想到，它們也常常顯出半斤八兩毫無區別的樣子欺瞞了普通人，

⑳ E本和J本略去了「在這裡不談人……」以下的一句。

㉑ E本和J本作“J'explique”，即「我說明了」，G本作“s'explique”。

㉒ 指比埃爾・培爾（Pierre Bayle, 1647-1706），是法國哲學家，啓蒙運動的先驅，他曾在所作《歷史批判辭典》（*Dictionaire historique et critique*）中的「羅拉留」（Rorarius）條下評論和批判了萊布尼茲的「前定和諧」學說，萊布尼茲曾和他進行了反覆的辯論。見G本第四卷，第517頁以下；E本第150頁以下。

好像我們向（例如）右轉或向左轉完全沒有區別似的。我在這裡也不需要如在本書中那樣指出，這種微知覺也是那種不安的原因，我指出這種不安就是某種這樣的東西，它和痛苦的區別只是小和大的區別，可是他常常由於好像給它加了某種刺激性的風味而構成我們的欲望，甚至構成我們的快樂。同樣也是由於我們感覺得到的知覺中那些感覺不到的部分，才使得在顏色、熱及其他感覺性質的知覺之間有一種關係，並且在和它們相應的身體運動之間有一種關係。反之，笛卡兒派和我們這位作者，儘管他觀察透闢，卻都把我們對這一切性質的知覺看作武斷的，就是說，好像上帝並不管知覺和它們的對象之間的本質關係，而任意地把這些知覺給了靈魂似的。這種意見使我驚訝，我覺得這和造物主的尊嚴不相稱，造物主無論造什麼東西都是不會不和諧和沒有理由的。

10. 總之，這種**感覺不到的**知覺之在精神學[23]上的用處，和那種感覺不到的分子在物理學

---

[23] 原文為 Pneumatique，是由希臘文的 Pneuma 一詞變來的，Pneuma 原意指「噓氣」、「呼吸」，轉義為「精神」、「靈魂」或「心靈」等，因此照字面譯作「精神學」，也可譯作「靈學」。其實其意義與 Psychologie（心理學）是一樣的，Psychologie 也來源於希臘文 Psukhê，意思也是指「靈魂」、「心靈」，故這裡本來也可逕直和 Psychologie 一樣譯作「心理學」，但因為它如下文所說也包括討論上帝、精靈等等的即所謂「靈學」的內容，故雖覺生僻，仍譯作「精神學」。

上的用處一樣大；如果藉口說它們非我們的感覺所能及，就把這種知覺或分子加以排斥，是同樣不合理的。任何事物都不是一下完成的，這是我的一條大的準則，而且是一條最最得到證實了的準則，**自然絕不作飛躍**。我最初是在《文壇新聞》（*Les Nouvelles de la République des Lettres*）㉔上提到這條規律，稱之爲**連續律**；這條規律在物理學上的用處是很大的。這條規律是說，我們永遠要經過程度上以及部分上的中間階段，才能從小到大或者從大到小；並且從來沒有一種運動是從靜止中直接產生的，也不會從一種運動直接就回到靜止，而只有經過一種較小的運動才能達到，正如我們絕不能通過一條線或一個長度而不先通過一條較短的線一樣，雖然到現在爲止那些提出運動規律的人都沒有注意到這條規律，而認爲一個物體能一下就接受一種與前此相反的運動。所有這一切都使我們斷定，那些令人注意的知覺是逐步從那些太小而不令人注意的知覺來的。如果不是這樣斷定，那就是不認識事物的極度精微性，這種精微性，是永遠並且到處都包含著一種現實的無限的。

㉔《文壇新聞》（*Les Nouvelles de la République des Lettres*），是培爾創辦的一種雜誌，後由巴斯那日（Basnages）接編，改名爲《學者著作史》（*L'Histoire des Ouvrages des Savans*），萊布尼茲曾在該雜誌一六九八年六月號上發表了《對培爾先生在關於靈魂和身體的結合的新系統中所發現的困難的說明》一文，見G本第四卷第517-524頁，E本第150-154頁。

11. 我也曾經指出過，由於那些感覺不到的變異，兩件個體事物不會完全一樣，並且應該永遠不止是號數不同，這就摧毀了那些所謂靈魂的空白板，沒有思想的靈魂，沒有活動的實體，空間中的眞空，原子，甚至物質中不是實際分割開的微粒，絕對的靜止，一部分時間、空間或物質中的完全齊一，從原始的正立方體產生的第二元素的正球體，[25]以及其他千百種哲學家們的虛構。這些虛構都是由他們的不完全的概念而來的，是事物的本性所不容許的，而由於我們的無知以及對感覺不到的東西的不注意，就讓它們通過了。但是我們除非把它們限制於心靈的抽象，是不能使它們成爲可容忍的，心靈對於它撇在一邊，認爲不應該放在當前來考慮的東西若不加以否認，是要提出抗議的。否則如果我們眞的認爲我們察覺不到的東西就既不在靈魂中也不在物體中，我們在哲學上就會犯過失，正如在政治上忽略了（τὸ μικρόν）[26]亦即感覺不到的進展就會犯過失一樣；反之，只要我們知道進行抽象時所隱藏著的東西是在那裡的，則抽象並不是一種錯誤。正如數學家們就是這樣運用抽象的，他們談到他們向我們提出的那種圓滿的線，齊一的運動，以及其他全合規矩的結果，雖然物質（也就是環繞著我們的無限事物所產生的種種結果的混合物）永遠總是有某種例外的。爲了區別所考慮的情況，爲了在可能範圍

---

[25] 參閱本書下冊第四卷第二十章§11「德」及註（第491頁）。

[26] 希臘文，意即：「細節」、「小事」。

內由結果追溯原因，以及爲了預見它們的某種後果，我們就這樣來進行。因爲我們越是注意不要忽略我們所能控制的任何情況，實際就越符合於理論。但是只有一種包攬無遺的最高理性，才能清楚地了解整個無限，了解一切原因和一切結果。我們對於無限的東西所能做到的，只是混亂地認識它，以及至少清楚地知道無限的東西是存在的，否則我們就太不認識宇宙的美和它的偉大了，我們也就不能有一種說明一般事物的本性的好的物理學，更不能有一種包含關於上帝、靈魂以及一般單純實體的知識的好的精神學了。

12. 這種對於感覺不到的知覺的認識，也可以用來解釋兩個人的靈魂或其他屬於同一類的靈魂[27]爲什麼以及如何從來不會完全一樣地從造物主手中造出來，並且每一個都和它在宇宙中將有的觀點有一種原初的關聯。但這從我關於兩個個體的看法就已經可以推出來了，這看法就是說：它們的區別永遠不只是號數上的區別。此外還有另一個重要之點，我不但不得不和這位作者意見不同，而且也和大部分近代人意見不同；這就是我和大部分古代人一樣認爲一切精靈[28]、一切靈魂、一切被創造的單純實體都永遠和一個身體相結合，從來沒有什麼靈魂是和身體完全相分離的。這一方面我有先天的理由。但是也可以發現，在這種學說中有這種好處，它

㉗ 此處照G本；若照E本當作：「兩個人類靈魂或兩件同類事物」。

㉘ les génies，就是指萊布尼茲認爲其地位在人類之上而在上帝之下的天使、大天使之類。

可以解決如下所說的一切哲學上的困難問題，如關於靈魂的狀態，關於它們的永久保持，它們的不死，以及它們的作用。因爲靈魂的一種狀態和另一種狀態的區別，無論過去和現在都從來不是什麼別的，只是能感覺的程度較高對較低、完滿程度較高對較低，或倒過來的區別，這就使靈魂過去和將來的狀態也和現在的狀態一樣能解釋。只要稍稍反省一下，就足以明白這是很合理的。而一個狀態一下跳到另一個無限不同的狀態，是不合自然之道的。我很驚訝，爲什麼經院學派的哲學家們要毫無理由地拋棄了自然的解釋，有意跌進很大的困難中去，使那些離經叛道的自由思想者得到表面的勝利。用這個解釋來說明事物，他們的一切理由就一下都垮了。從這個解釋來看，要設想靈魂（或照我看毋寧是動物的靈魂）的保存，就並不比設想毛蟲變成蝴蝶有什麼更大的困難，也不比設想睡著時仍保持著思想有更大的困難；耶穌基督就曾經神聖地把死亡比之於沉睡。我也已經說過，沒有任何沉睡能永遠持續下去的；而在有理性的靈魂，沉睡就將更少持久或幾乎根本不能持續，它們永遠注定要保存它們在上帝之城中所接受的人格和記憶，這是爲了能更好地接受賞罰。我還補充一點：一般來說不論把可見的器官如何變換，都不能在動物中使事物完全陷於混亂，或者摧毀一切器官，使靈魂完全脫離了它的有機身體和去掉一切先前痕跡的不可磨滅的殘餘。但是人們很容易拋棄天使也和一種精妙的身體相結合（人們常常把這種身體與天使本身的形體性相混）的古老學說，並把一種所謂與身體分離的心智（intelligence）引進被創造物之中（亞里斯多德的「心智」使諸天運行的說法大有助於這種看法），並且持一種誤解了的意見，以爲要是禽獸的靈魂能保存，就不能不落入輪迴，並讓它們從一個身體到另一個身體漫遊，不知道該怎麼辦而引起困惑。㉙照我看，就是這些原因使人們忽略了解釋靈魂的保存的自然方式。這就大大地損害了自然宗教，並且使許多人以爲我們的不死只能是上帝的一種奇蹟的恩惠，連我們有名的作者也將信將疑地談到這一點，如我馬上就要說到的那樣。不過所有持這種意見的人要是都說得像他那樣明智，那樣有信仰，那倒也好了；因爲恐怕有許多人說到的靈魂由於神恩而不死，只是爲了顧全表面，而骨子裡是接近於阿威羅伊（Averroes）㉚派和有些很壞的寂靜派（Quietistes）㉛的，他們是想像著靈魂被吸收進神性的海洋之中與神合爲一體。這種概念，也許只有我的系統才能使人看出它的不可能性。

13.在我們之間，關於物質的意見，似乎還有這一點差別，就是這位作者認爲虛空是運動所必需的，因爲他以爲物質的各個小部分是堅不可摧的。我承認，如果物質是由這樣的部分合

㉙ E本和J本無「並讓它們……困惑」一句。

㉚ 阿威羅伊（Averroes,1126-1198），即伊本·魯世德（Ibn Ruschd），出生於西班牙哥爾多華的阿拉伯哲學家，以注釋亞里斯多德著名，有較強烈的唯物主義和泛神論傾向，主張物質是永恆的，否認個人的靈魂不死，因此被正統派所譴責。他的學說在中世紀以致文藝復興時期在法國、義大利等都曾有很大影響。

㉛ 寂靜派（Quietistes），十七世紀西班牙的莫利諾（Molinos）、法國的基永夫人（Mme. Guyon）、費納隆（Fénelon）等所創導的一種神祕主義宗教派別。

成的，在充滿之中運動就是不可能的，就像一間房子充滿了許多小石塊，連最小一點空隙都沒有的情形那樣。但是人們並不同意這種假設，它也顯得沒有任何理由；雖然這位高明作者竟至於以爲這種微粒的堅硬或黏合構成了物體的本質。我們毋寧應該設想空間充滿了一種原本是流動的物質，可以接受一切分割，甚至在實際上被一分再分，直至無窮。但是有這樣一種區別，就是在不同的場所，由於運動的協同作用的程度有所不同，物質的可分性以及被分割的程度也就不相等。這就使得物質到處都有某種程度的堅硬性，同時也有某種程度的流動性，並且沒有一個物體是極度堅硬或極度流動的，換句話說，我們找不到任何原子會有一種不可克服的堅硬性，也不會有任何物質的團塊對於分割是完全不在乎的。自然的秩序，特別是連續律，也同樣地摧毀了這兩種情形。

14. 我也曾指出，**黏合**本身要不是衝擊或運動的結果，就會造成一種嚴格意義的**牽引**。因爲如果有一個原本堅硬的物體，例如：伊比鳩魯所說的一個原子，有一部分突出作鉤狀（因爲我們可以設想原子是有各種各樣的形狀的），這個鉤被推動時就可以把這個原子的其餘部分也就是沒有被推動並且沒有落到衝擊線上的部分，也帶著一起動了。可是我們這位高明的作者自己又反對這種哲學上的牽引，就像從前人們把它們歸之於懼怕眞空那樣的；他把這種牽引歸結爲衝擊，和一些近代人一樣主張一部分物質對另一部分物質只有通過接觸加以推動才直接起作用。在這一點上我認爲他們是對的，因爲否則在這作用中就沒有什麼可理解的東西了。

15.可是我應該不加掩飾地表明我曾注意到我們這位卓越的作者在這方面有過一種退縮的情形，我在這裡不禁要讚揚他那種謙遜的眞誠態度，正如我在別的地方曾欽佩他的透闢天才一樣。那是在他給已故的伍斯特（Edward Stillingfleet）主教先生㉜的第二封信的答覆中，印行於一六九九年，第408頁，在那封信中，爲了替他曾經堅持而反對這位博學的教長的主張，即關於物質也許能夠思想的意見作辯護，他在別的事情之外曾說到：「我承認我說過（《理智論》第二卷第八章§11），物體活動是靠衝擊而不是以別的方式。我當時寫這句話的確是持這種意見，而且現在我也還是不能設想有別的活動方式。但是從那時以後，我讀了明智的牛頓先生無可比擬的書，就深信想用我們那種受侷限的概念去限制上帝的能力，是太狂妄了。以我所不能設想的方式進行的那種物質對物質的引力，不僅證明了上帝只要認爲好就可以在物體中放進一些能力和活動方式，這些都超出了從我們的物體觀念中所能引申出來，或者能用我們對於物質的知識來加以解釋的東西；而且這種引力還是一個無可爭辯的實例，說明上帝已實際這樣做了。因此，我當留意在我的書重版時把這一段加以修改。」我發現在這書的法文譯本中，無疑是根據最後幾版譯出的，這§11是這樣的：「顯然，**至少就我們所能設想的範圍內來**說，物體彼此之間是靠衝擊而不是以別的方式起作用的，因爲我們不可能理解物體如何能作用於它沒有接

㉜原名Edward Stillingfleet, 1635-1699，自一六八九至一六九九年任伍斯特（Worcester）主教。

觸到的東西，這就正如我們不可能想像它能在它所不在的地方起作用一樣。」

16. 我不能不讚揚我們這位著名作者謙遜的虔敬態度，他承認上帝的行事可以超出我們所能理解的範圍，並因此在信仰的事項裡可以有一些不能設想的神祕事物。但我不願我們在自然的通常過程中也不得不求助於奇蹟，並且承認有絕對不可解釋的能力和作用。否則就會托庇上帝所能做的事，給那些壞哲學家以太多的方便了。如果承認那種向心力或那種從遠處的直接引力，而不能使它們成爲可理解的，我就看不出有什麼理由可以阻止經院哲學家們說一切都單只由那些功能所造成，和阻止他們主張有一種意象（les espèces intentionelles）㉝從對象達到我們這裡，甚至能找到辦法進入我們的靈魂之中。如果這樣也行，那麼

Omnla jam fient, fieri quae posse negabam.㉞

因此，我覺得我們這位作者，雖然很明智，在這裡卻有點太過於從一個極端跳到另一個極端了。他對於靈魂的作用感到困難，其實問題只涉及承認那種不可感覺的東西，而請看他竟把不可理解的東西給了物體了；因爲他承認物體有那種引力，甚至從很遠的地方就能發生作用，並沒有任何作用範圍的限制，這樣就是給了物質一些能力和活動，照我看來是超出一個被創造

㉝ 參閱本書下冊第三卷第十章§14「德」註（第143頁註③）。

㉞ 拉丁文，意即：「過去我不認爲會發生的一切都將馬上發生」。

的心靈所能做到和理解的整個範圍；而這樣做是爲了支持一種顯得同樣不可解釋的意見，就是：在自然秩序的範圍內，物質也有進行思想的可能性。

17. 他和這位攻擊過他的教長所討論的問題是：**物質是否能夠思想**。因爲這是個重要之點，甚至對本書來說也是這樣，我不免要稍稍深入討論一下，並且來考察一下他們的爭論。我要來說明一下他們在這個問題上的爭論的實質，並不揣冒昧說一說我對它的想法。已故的伍斯特主教恐怕（但是照我看來並無多大理由）我們這位作者關於觀念的學說會引起一些有害於基督教信仰的弊病，就在所著的《三位一體教義辯解》㉟中有些地方對它加以考察。他先對這位卓越的作者作了一番公道的評價，承認他把心靈的存在看成和物體的存在同樣確實，雖然這兩種實體是同樣不爲人所知，然後他就問（第241頁以下），如果照我們這位作者在第四卷第三章中的意見，上帝也可以給物質以思想的功能，那麼反省如何能使我們確信心靈的存在，因爲如果這樣，應該用來辨別㊱什麼東西適合於靈魂，什麼東西適合於身體的那種觀念的方式，就變成無用的了，反之他在《理智論》第二卷第二十章§15、§27、§28裡又說：靈魂的作用爲我們提

㉟ *Vindication de la doctrine de la Trinité*，發表於一六九六年秋。

㊱ G本作“discerner”（「辨別」），E本和J本作“discuter”（「討論」或「辯論」）。

供了心靈的觀念，而理智和意志使這觀念成爲我們所能理解的，正如堅實性（Solidité）㊲和衝動使物體的本性成爲我們所能理解的一樣。我們的作者在第一封信中是這樣答覆的（第65頁以下）：「我認爲我已經證明了在我們裡面有一種精神實體，因爲我們經驗到在我們裡面有思想；然而【思想】這種活動或這種樣式，不能是關於一件自己存在之物的觀念的對象，因此這種樣式需要有一個支持者或附著的主體；這種支持者的觀念就造成了我們所稱的實體……因爲對於實體的一般觀念既是到處一樣的，所以那種稱爲思想或思想能力的樣式和它相結合，就使它成爲心靈，而不必考慮它還有什麼別的樣式，就是說，不必考慮它是否具有堅實性；而另一方面，具有所謂堅實性這種樣式的實體就是物質，不管它是否與思想相結合。但是如果您所謂精神實體是指非物質的實體，我承認我沒有證明在我們裡面有，並且也不能根據我的原則用推證的方式來證明它有，雖然我就關於物質的各種系統所說的話（第四卷第十章§6），已經證明了上帝是非物質的，從而使那在我們之中思想的實體的非物質性具有最高度的概然性……但是我已經指出（作者在第68頁上又說），宗教和道德的偉大目標，是由靈魂不死來保證的，並沒有必要假定靈魂的非物質性。」

18. 這位博學的主教在他對這封信的答覆中，爲了表明我們的作者在寫他的《理智論》第

㊲ Solidité，參閱本書上冊第二卷第四章標題的註（第104頁註①）。

二卷時，是持另一種意見，就從其中第51頁引了這一段話（引自同卷第二十三章§15），他在那裡說：「用我們從我們心靈的活動推出來的一些簡單觀念，我們可以構成對於一個心靈的複雜觀念，並且把思想、知覺、自由、推動我們身體的能力等觀念放在一起，我們就有了一個非物質實體的概念，和物質實體的概念一樣明白。」他又引了另外幾段，表明作者是把心靈和物體對立起來的，並且說（第54頁），要是證明了靈魂就其本性說是不死的，亦即非物質的，就給了宗教和道德的目標以更好的保證。他又引了這一段（第70頁）：「我們對於各種特殊的、個別的實體的觀念，不是別的，只是一些簡單觀念的不同組合。」因此，我們的作者曾認爲思想和意志的觀念提供了另一種實體，與堅實性和衝動的觀念所提供的實體不同；並且（§17）他指出這些觀念構成了與心靈對立的物體。

19. 伍斯特主教先生還可以說，從實體的一般觀念既在物體方面也在心靈方面這一點，並不能推出它們的區別就在於同一件東西的各種樣式的區別，如：我們這位作者在我們所引的第一封信中那個地方所說的那樣。我們應該把樣式與屬性好好區別開來。具有知覺和活動的功能、廣延、堅實性都是屬性或永久的、主要的謂詞；但是思想、動力、形狀、運動則是這些屬性的樣式。此外，我們還應該把物理的（或毋寧說實在的）類與邏輯的或理想的類區別開。屬於同一個物理的類或同質的東西，是可以說屬於同一種物質的，並且常常可以因樣式的變化而由一個東西變成另一個東西；如圓與方。但是兩個異質的東西也可以屬於一個共同的邏

類 ｛ 僅僅是邏輯的類，因單純的差而變異

實在的類，其差爲種種樣式，即物質 ｛ 僅僅是形上學的，其中有同質性 ； 物理的，其中有一種堅實性的，同質的質量 ｝

輯的類，而這時它們的差就不是同一主體或同一形上學的或物理的物質的一些單純偶然樣式之差了。因此，如：時間和空間就是非常異質的兩樣東西，而如果想像著有一種不知是什麼的實在的共同主體，它只有一般的連續量，而它的樣式就是時間或空間的由來，這種想法就將是錯誤的。可是它們的共同的邏輯的類就是連續量㊳。有些人也許會譏笑哲學家們關於兩種類的這種區分，一種只是邏輯的，另一種又還是實在的；又區別兩種物質，一種是物理的，就是物體的物質，另一種只是形上學的或一般的，以爲這就好像有人說兩部分的空間是屬同一種物質，或者說兩個小時屬於同一種物質一樣可笑。可是這種區別並不只是名詞上的區別，而是事物本身的區別，並且在這裡似乎顯得非常恰當，在這裡，由於它們之間的混亂，就產生了一種錯誤的結論。這兩個類有一個共同的概念，而實在的類的概念則爲兩種物質所共同的；所以它們的譜系應當是這樣的：

㊳ G本無此一句，照E本、J本加。

20. 我沒有看到作者給這位主教的第二封信；而這位教長對此的答覆幾乎沒有觸及物質的思想這一點。但我們這位作者對這第二次覆信的再答覆又回到了這一點上。「上帝（他說的差不多就是用這樣的詞句，第397頁）把他所喜歡的性質與圓滿性加給物質的本質；在某些部分裡只有單純的運動，但是在植物裡有生長，在動物裡有感覺。有些人到此爲止都同意，但當我們再進一步，說上帝也可以給物質以思想、理性、意志時，他們就叫喊起來了，好像這樣就摧毀了物質的本質似的。但是爲了證明這一點，他們只引證說思想或理性是不包含在物質的本質之中的；這絲毫也沒有證明什麼，因爲運動和生命也同樣並不包含在其中。他們又說，我們不能設想物質能思想。但是我們所設想的概念並不是上帝的能力的尺度。」這以後，在第99頁，他又引了物質的引力的例子，尤其是在第408頁，說到歸之於牛頓先生提出的物質對物質的萬有引力（用我以上所引的話），同時承認我們絕不能設想它是怎麼樣的。這其實是回到隱祕性質[39]，或者簡直是回到不可解釋的性質去了。他在第401頁又說，沒有比否認我們所不了解的東西更適於爲懷疑論張目的了；又在第402頁說，我們甚至也不能設想靈魂如何思想。他想著（第403頁），既然物質的與非物質的兩種實體，可以就它們的沒有任何能動性的赤裸裸的本質去設想，那麼就全靠上帝來給這一種或另一種實體以思想的能力了。他又想乘機利用他的對

---

[39] les qualités occultes，這是經院哲學家們的一種遁詞，把解釋不了的東西都歸之於「隱祕性質」。

手自己承認的意見來取勝，因爲他的對手承認禽獸也有感覺，但是不承認它們有某種非物質的實體。他認爲自由、自覺意識（第408頁）以及進行抽象的能力（第409頁）都可以給予物質，不過不是作爲物質的物質，而是作爲被一種神聖能力所豐富了的物質。最後他又引證了（第434頁）一位很可尊重也很明智的旅行家德・拉・盧貝爾（Simon de la Loubère）㊵先生的觀察，說東方的異教徒都承認靈魂不死，卻並不能了解它的非物質性。

21. 關於這一切，在說明我自己的意見之前，我要指出，確實如我們的作者所承認的那樣，物質之不能機械地產生感覺，是和不能產生理性一樣的。並且我確實承認我們不能對不了解的東西就加以否認，但是我還要再說一句，我們確有權利否認（至少是在自然秩序範圍內）那種絕對不可理解，也不能解釋的東西的。我還認爲，實體（物質的或非物質的）是不能光就它的沒有任何能動性的赤裸裸的本質去設想的。能動性是一般實體的本質。最後，我承認被創造的東西所設想的概念並不是上帝的能力的尺度，但是被創造的東西的能設想性或設想能力卻是自然的能力的尺度，因爲一切符合於自然秩序的，都能爲某種被創造的東西所設想或了解。

㊵ 德・拉・盧貝爾（Simon de la Loubère, 1642-1729）他於一六八七年由法國國王路易十四派往暹羅，去建立法國與暹羅王國之間的外交和通商關係。他在那裡蒐集了有關暹羅的歷史、風俗習慣、宗教等等的大量資料，回國後發表了他的《暹羅王國》（*Du royaume de Siam*，巴黎，一六九一年）一書。

22. 凡是知道我的系統的人，將會看出我對這兩位卓越的作者都不能完全同意，可是他們之間的辯論是很有教益的。但是爲了清楚地說明我的意見，首先要考慮到，能夠自然地或不賴奇蹟地歸屬於同一主體的各種樣式，應該來自一個實在的類或一種經常的、絕對的原始本性的限制或變異。因爲哲學家們就是這樣來區別一個絕對存在物的樣式和這存在物本身的，例如：我們知道大小、形狀和運動顯然就是物體的本性的限制或變異。因爲很清楚，如何一種廣延加以限制就給人各種形狀，而其中所發生的變化不是別的，就是運動。並且無論何時，每當我們在一個主體中發現某種性質時，我們就應該相信，如果我們了解這主體和這性質的本性，我們就能設想這種性質如何能從這主體產生出來。因此，在自然秩序範圍內（把奇蹟撇開），上帝並不是武斷地、無分別地給實體以這種或那種性質的；他從來不會給它們別的，只給它們自然的性質，也就是那些能作爲可解釋的樣式從它們的本性中抽引出來的性質。因此我們可以斷定，物質憑它的本性是不會有上述的那種引力的，並且憑它本身也不會在一道曲線上運動，因爲我們不能設想它如何能這樣，就是說，我們從機械的觀點不能解釋這種運動；反之凡是自然的東西都應該能夠成爲清楚的可設想的，如果我們能夠深入了解事物的祕密的話。把自然的、可以解釋的東西與不可解釋的、奇蹟的東西區別開，就除去了一切困難。排除這種區別，就會是維護比那種隱祕性質更壞的東西，並因此而拋棄了哲學和理性，以一種糊塗的系統爲無知與懶惰開闢庇護所。這種系統不僅承認有我們所不了解的性質（這種性質只能說太多了），並且還承認有那樣一些性質，連最偉大的心靈，即使上帝給它打開了盡可能廣闊的道路也不可能了解的，換句話說，這種性質或者是出於奇蹟的，或者是荒唐無稽的。而說上帝平常也老是施行奇蹟，這本身也就是荒唐無稽的；所以，這種怠惰的假說，既摧毀了我們尋求理由的哲學，也同樣地摧毀了那供給理由的神聖智慧。

23.現在說到思想，確實，並且我們的作者也不止一次地承認，它不能是物質的一種可以理解的樣式，或者是包含在物質之中並能以物質來解釋的東西㊶，換句話說，一個能感覺或能思想的東西不能是一種機械的東西，像一隻錶或一副磨子那樣，以致我們可以設想大小、形狀、運動等的機械組合能夠在一堆原來並無能思想與能感覺的東西的物質中產生出某種能思想甚至能感覺的東西，並且當這種機械組合弄亂時這種思想或感覺也就以同樣的方式終止。因此，物質能感覺和思想，並不是自然的事，它要能如此，只能由於兩種方式：一種方式是上帝使它和另一種自然能思想的實體相結合，另一方式是上帝用奇蹟把思想放在物質之中。所以在這方面我完全同意笛卡兒派的意見，只是我還把它擴充到禽獸，並認爲禽獸也有感覺和（眞正說來）非物質的心靈，也和德謨克利特或伽森狄所說的原子一樣不會毀滅；反之笛卡兒派則毫無理由地對禽獸的靈魂感到困惑，而如果禽獸的靈魂也能保存，他們就不知道該怎麼辦（因爲

㊶　E本無「或者是……的東西」一句。

他們沒有想到動物本身是縮小了保存著的），因此不得不與一切顯然的現象及人類的判斷相反，連禽獸有感覺也拒不承認了。但是如果有人說上帝至少能把思想的功能加給一種如此準備好了的機器，則我可以回答說，如果是這樣，如果上帝把這種功能加給物質而並不同時放進一種作爲這功能所依附的主體的實體（如我所設想那樣），換句話說，並不加進一種非物質的靈魂，那麼，物質就應當是被以奇蹟的方式提高了，以便來接受一種它照自然的方式不能有的能力。正如有些經院哲學家主張㊷，上帝把火提高了，甚至給了它一種力量，能直接焚燒與身體相分離的心靈，這將是純粹的奇蹟。這已足夠使我們不能主張物質也在思想，除非是在物質之中放進一種不能毀滅的靈魂，或者放進一種奇蹟。因此，我們靈魂的不死㊸是隨著自然本性來的，因爲我們不能主張它們熄滅，除非是由於奇蹟，或者把物質提高，或者把靈魂化爲烏有。因爲我們完全知道，既然上帝能把靈魂化爲烏有，則靈魂儘管可以是非物質的（或者單憑自然本性是不死的），上帝的能力仍能使我們的靈魂有死。

24. 然而，靈魂的非物質性這一眞理無疑是重要的。因爲對宗教和道德來說，尤其是在我

㊷ E本和J本此句作：「有些經院哲學家曾主張過某種和這很近似的東西，就是：」。

㊸ G本作 immortalité（不死），E本作 immatérialité（非物質性）。

們這個時代（現在許多人對於單單的天啓和奇蹟是幾乎不尊重的㊹），指出靈魂就自然本性說是不死的，而如果它不是這樣則是一種奇蹟，比之於主張我們的靈魂就自然本性說是應該死的，但由於一種奇蹟的恩惠，僅僅基於上帝的恩許，它才不死，要有無限地更大的好處。大家也久已知道，有些人想摧毀自然宗教而把一切歸結爲天啓宗教，好像理性在這方面絲毫不能教我們什麼，這樣的人是被人看作可疑的；而這並不是始終沒有理由的。但我們的作者並不屬於這一類人之列。他主張對上帝的存在要證明，並且認爲靈魂的非物質性有**最高度的概然性**，因此，可以被當作一種**道德上的確定性**；所以我相信，有了這樣的真誠和通達，他是能夠同意我剛才所陳述的學說的，這學說在全部合乎理性的哲學中是根本性的。因爲否則我就看不出我們如何能避免重新陷於像弗拉德（Robert Fludd）㊺的《摩西哲學》（*Philosophia Mosaica*）那樣的**狂信哲學**㊻，它要爲一切現象找根據，就把它們用奇蹟直接歸之於上帝；或者陷於**野蠻哲學**，如過去時代某些哲學家和醫學家那樣的，他們還依舊顯出他們那個時代的野蠻性，而這在

㊹ E本和J本無括弧內這一句。

㊺ 弗拉德（Robert Fludd,1574-1637）是一位英國的醫生和神祕主義哲學家，他的《摩西哲學》（*Philosophia Mosaica*）出版於一六三八年。

㊻ E本與J本作"la Philosophie ou fanatique"（「哲學或狂信」）。

今天已理所當然地受到人們的輕視。他們要爲現象找根據，就明目張膽地捏造出一些隱祕性質或功能，把它們想像成好像是一些小精怪或幽靈，能夠不拘方式地做出一切你所要求的事，好像懷錶憑某種怪誕的功能就能指示時間而不需要齒輪，或者磨子憑一種能磨碎的功能就能粉碎穀物而用不著磨石之類的東西似的。至於好些人都存在的那種設想一種非物質的實體方面的困難，（至少大部分）是很容易解決的，只要他們不要求那些和物質分離的實體，事實上我認爲在被創造的東西是絕不會自然地有這種實體的。

目錄

【上冊】

第二卷　論觀念

【下冊】

第三卷　論語詞

第一章　通論語詞或語言

§1　斐　上帝在使人成爲一種社會的生物時，不僅啓發了他的欲望和把他置於與同類共同生活的必然性之下，而且還給了他說話的功能，這當是這社會的巨大工具和共同紐帶。語詞就正是由此產生的，它們是用來代表也用來說明觀念的。

德　〔我很高興看到您背棄了霍布斯（Thomas Hobbes）的觀點①，他不承認人是天生要結成社會的，設想著人們只是由於必要性以及由於同類的邪惡而被迫結成社會的。但他毫未考慮到那些最好的人，完全免除了一切邪惡，也彼此結合起來，以求更好地達到他們的目的，就像鳥類的合群以便更好地結伴遠遊，又如海狸成百成千隻地結合起來築堤壩那樣，這事只有少數海狸是不能完成的；而這種堤壩對它們是必要的，爲的是以此來造成一些水庫或小湖，它們就在其中建窩居住並在其中捕魚來養活自己。這就是動物社會的基礎，這對它們是很適當的，完全不是出於什麼對同類的懼怕，這在禽獸之中是很少發現的。〕

---

① 霍布斯（Thomas Hobbes, 1588-1679）在他的《論公民》（*De Cive*, 1642）和《利維坦》（*Leviathan*, 1651）中，都主張人就其本性說是一種自私和孤獨的動物，在「自然狀態」中是一種「一切人對一切人的戰爭」的狀態，只是爲了「自我保存」，害怕在這種狀態中一起遭毀滅，才被迫訂立「社會契約」，結成社會、國家。萊布尼茲則和亞里斯多德及胡果·格老秀斯（Hugo Grotius, 1583-1645）一致，認爲人天生就是一種社會性的動物。

斐　很對，並且就是爲了更好地使這社會得到開化，人自然地具有這樣構造成的一些器官，使他們適於發出音節清晰的聲音，這我們就叫做語詞。

德　〔說到器官，猴子也有這種器官，樣子看起來是和我們的一樣適合於說話的，可是卻看不到它們在這方面有什麼最小的進展。[②]因此，它們一定是缺少某種看不見的東西。也必須考慮到，我們用口發出聲音而並不發有節音也能夠說話，也就是說使人懂得我們的意思的，要是我們用音樂的聲調來造成這種效果的話；但要發明一種聲調的語言須得更多的技藝，而語詞的語言則可以由處於自然本性很簡單狀態的人們逐漸地來形成和完善起來。可是有一些民族，就如中國人，他們利用聲調和重音來變化他們的語詞，他們所有的語詞數量很少。這是高爾（Jacob Gohl/Golius）[③]先生的想法，他是一位著名的數學家和大語言學家，他認爲中國人的語言是人造的，也就是說是由一位高明的人一下子發明出來，以便建立許多不同民族之間的一種語言上的溝通的，這些民族都居住在我們稱爲中國的那個偉大的國家中，雖然這種語言可能

② 據英譯本轉引本書德譯者夏爾許米特註，認爲猿猴也有說話的器官這種早期廣爲流傳的觀點，已爲荷蘭的解剖學家彼得・康貝爾（Peter Camper, 1722-1789）所否定。

③ 高爾（Jacob Gohl，拉丁名 Golius, 1596-1667），是荷蘭的一位著名東方學家，萊頓大學的古典語文、數學和哲學教授，特別以長於阿拉伯文著名，所編《阿拉伯—拉丁辭典》迄今仍爲人所推崇。

現在由於長期的使用已經改變了。〕

§2　斐　〔正如猩猩和其他猿猴有器官而並沒有形成語詞一樣，我們也可以說鸚鵡和某些其他鳥類有語詞而並沒有語言〕，因爲我們可以訓練這一種和其他幾種鳥類使它們發出相當清晰的聲音；可是它們是完全不能有語言的。只有人處於這樣的狀態，能夠用這些聲音作爲內心概念的記號，以便藉此使這些概念能向別人表明。

德　〔我認爲，事實上若不是有使別人了解自己的願望，我們是絕不會形成語言的；但語言既經形成之後，它就還供人用來獨自進行推理，一方面是利用語詞給他的一種手段，用來記憶那些抽象的思想，另一方面也利用我們在推理中發現的那種運用符號標記以及無聲的思想的好處；因爲如果一切都要解釋，並且永遠要用定義來代替名詞，那就太費時間了。〕

§3　斐　但因爲每一特殊事物如果都要有一各別名字來指稱它，語詞的增多就會引起應用上的混亂，因此，語言還會由於當其指一般觀念時就用一般名詞而更加完善起來。

德　〔一般名詞不僅僅是用來使語言完善，而且甚至是語言的基本構成所必需的。因爲如果所謂特殊事物是指個體事物，那麼，要是只有專名而沒有通稱，也就是說，要是只有一些指個體事物的語詞，那就根本不可能說話，因爲當涉及人們指稱得最多的那些個體、偶性，以及特別是那些活動時，就得每時每刻有新東西出現【在心頭】；但如果所謂特殊事物是指最低級的種（species infimas），則除了常常很難決定它們之外，顯然這些已經是基於相似性的一些共相了。所以，由於問題只涉及按照人們所講的是屬或種而範圍較廣或較狹的相似性，指出一切種類的相似性或一致性並因此應用各種程度的一般名詞，是自然的；並且由於最一般的名詞，雖然相關於它們所適用的個體來說是包羅最廣的，但就相關於它們所包含的觀念或本質來說是負荷最少的，因此，往往是最容易形成並且最有用的。這樣您就看到小孩子們以及那些對他們想說的語言或所說的事物所知甚少的人，就用像東西、植物、動物這樣一些一般名詞，而不用他們所缺少的那些專屬名詞。並且可以肯定，一切專名或個體名詞原本都曾是通稱或一般的名詞。④〕

§4　斐　甚至有些語詞，人們不是用來指某種觀念，而是指某種一定觀念的缺乏或不在的，如無物、無知、無益。

德　〔我看不出爲什麼就不能說有一些否定的觀念（idées privatives），正如有一些否定的眞理（vérités négatives）一樣，因爲否定的活動是肯定的。這個問題我已觸及過了一些。〕

§5　斐　不爭論這一點了，爲了稍進一步認識我們一切概念和知識的起源，比較會更有用的辦法還是來考察一下，那些用來形成完全遠離感覺的活動和概念的語詞，是怎樣從感性觀念

---

④ 萊布尼茲在這裡認爲在語詞或概念的形成上似乎倒是一般的名詞先於具體的個別的名稱，這是和人類的認識從個別到一般的實際過程相反的，這也正是他的唯心主義唯理論觀點顚倒了認識過程的一種表現。

得其起源的，從這裡出發，它們被轉變爲更抽象玄妙的意義。

德　〔是我們的需要迫使我們離開了觀念的自然秩序，因爲要是我們不顧我們的利益的話，這種秩序本來會是對天使、人以及所有一般的心智都一樣，並且會爲我們所遵循的；因此，一定曾經得依從於我們人類須服從的機遇與偶然所提供給我們的那種秩序；而這種秩序並不給予概念的起源，而可以說是給予了發現的歷史。⑤〕

斐　〔很對，並且是對語詞的分析，憑藉名稱本身就能使我們了解到這種連接，那是憑藉您所提出的理性對概念的分析所辦不到的。〕因此，如下列這些詞：想像（imaginer）、了解（comprendre）、依附（s'attacher）、設想（concevoir）、灌注（instiller）、厭惡（dégoûter）、煩擾（trouble）、平靜（tranquillité）等等，都是從感性事物的作用借來，並應用於某些思想樣式上的。精神（esprit）一詞最初的意思就是呼吸，而天使一詞的最初意思就是使者。從這裡我們就可以猜測，那些最初說這些話的人是有什麼樣的想法，並且自然是怎樣通過名稱本身出其不意地向人提示了他們一切知識的起源和原則的。

⑤ 據英譯者註：照萊布尼茲看來，「觀念的自然秩序」是從一般到特殊，從抽象到具體，而語言表明「我們是從感官印象進到抽象觀念」，這樣，「就並不表明認識的本質，而只表明認識發展的歷史。就一種更廣的意義來說，語言的歷史也就是一般的人類心靈發展的歷史。」

德　〔我已經給您指出過，在霍屯督人（Hottentots）的**信條**中，聖靈是用在當地人中意指溫和的熏風的一個詞來稱呼的⑥。對於其他大部分的詞也是一樣的，並且我們甚至並不總是認識這一點，因爲眞正的語源往往已喪失無可考了。有一個荷蘭人，對宗教很不尊重，曾濫用這一眞理（即神學、道德學及形上學等名詞都起源於粗鄙的事物），在一本法蘭德斯語小辭典中把神學和基督教的信仰都歪曲成可笑的東西，在這辭典中，他不是照習慣用法所要求那樣來給名詞下定義或作解釋，而是照語詞原本的力量似乎帶有的意義那樣來解釋，並加以惡意的歪曲；又因爲他在其他方面表現出的不敬，據說已在拉斯貝爾—惠斯⑦受到了懲罰。可是考慮一下**這種可感覺事物和不可感覺事物**的類比是好的，這種類比曾用作轉喻的基礎；這事考慮一下一個很廣泛的例子，如介詞的用法所提供的例子那樣，就會更好理解，這些介詞如 à（到）、avec（和……在一起）、de（從）、devant（在前）、en（在內）、hors（在外）、par（由）、pour（爲）、sur（在上）、vers（向）⑧，都是從地點、距離和運動得來的，而

---

⑥ 見本書上冊第一卷第三章§8「德」（第66-67頁）。

⑦ G本作 Raspel-huys，E本和J本作 Raspel-huyss，應是當時荷蘭的地名。

⑧ 這些介詞或前置詞都有很多含義，括弧內僅註其較常用或較基本的一個意義。下文正是討論這些介詞從原始意義引申出的各種不同意義和用法，由於中西文字的差異，很難譯，故多引原文。

從此以後就轉變爲各種各樣的變化、次序、接連、區別、符合。à 意指接近，如：說 Je vais à Rome（我到羅馬去）。但如爲了歸附一件東西，我們把它靠近那我們想使它結合的東西，我們說一件東西 est attachée à（依附於）另一件東西。還有，由於當一件事物出於道德上的理由跟隨著另一件事物時，可以說有一種非物質性的依附；我們說那跟隨著某一個人的運動和意志的東西，appartient à（屬於）這個人或歸附於他，就好像它盯著這個人要靠近他和跟他一起走似的。當兩個物體在同一地點時，一個物體是和另一個物體在一起（*avec un autre*）；但我們也說一件事物是和另一件處於同一時間、同一次序或部分次序，或在同一活動中協同動作的事物在一起（avec celle qui...）。當我們從（de）某個地點來時，那地點通過它所提供給我們的可感覺事物就曾成了我們的對象，並且在我們的記憶中現在還是我們的對象，這記憶中就完全充滿了這對象，因此，對象就由介詞 de（從）來指示，如說 il s'agit de cela（這牽涉到它），on parle de cela（人們說到它），就好像是從那裡來的。而由於包含在某一地點之內或在某一整體之內的東西，是受它的支撐並和它一起被拿開的，因此，偶性也同樣地被看作是在主體之內，sunt in subjectio, inhaerent subjecto⑨。sur（在上）這個質詞也被應用於對象；我們說他在這件事情上（on est sur cette matière），就好像是一個工人在他所砍或所做的木頭或石頭上似的；

⑨ 拉丁文，意即：「是從屬的，依附於主體」。

而因爲這些類比是可以變化萬狀，絲毫也不依賴於某種決定的概念的，因此，語言在受介詞支配的這些質詞和格的用法中，或者在那些介詞被省去和潛在地暗含著的情況中，就有很多變化。」

第二章　論語詞的意義

§1 斐 現在，語詞既然是人們用來作爲他們觀念的記號的，我們首先可以問，這些語詞是怎樣決定的；而人們都認爲這並不是由於在某些有節音和某些觀念之間有什麼自然的聯繫（因爲要是這樣在人們之中就會只有一種語言了），而是由於一種武斷的制定，通過這辦法，某個詞就隨意地成了某個觀念的記號。

德 （我知道，在學校裡以及在所有其他地方人們都習慣於說語詞的意義是武斷的（ex instituto①），並且的確，它們並不是爲一種自然的必然性所決定的，但它們也還是受一些理由所決定，這些理由有時是自然方面的，在這裡偶然性有某種作用，有時是精神方面的，在這裡就有選擇在起作用。也許有一些人造的語言完全是由於選擇並且完全是武斷的，如有人認爲中國的語言，就曾經是這樣，或者如喬治·達爾加諾（Georgius Dalgarnus/George Dalgarno）②以及已故的徹斯特主教威爾金斯（John Wilkin, Evêque de Chester）先生【所創造】的語言也就

---

① 拉丁文，意即：「出於制定的」。

② 喬治·達爾加諾（Georgius Dalgarnus 或 George Dalgarno，約1626-1687），於一六六一年在倫敦發表了一本著作，提出了創造一種普遍的哲學語言的思想，威爾金斯（John Wilkin, Evêque de Chester, 1614-1672）於一六六八年在倫敦也發表了一本著作，其主要觀點就採自喬治·達爾加諾的書。喬治·達爾加諾被認爲是手寫體字母的最早發明者。萊布尼茲本人也曾經提出創立一種普遍文字的計畫，在一定程度上受了以上兩人的影響。

是這樣。但那些從已知的語言中製造出來的語言，就是選擇與它們所須得先有的語言中自然的和偶然的東西相混合的。那些盜賊製造出來，只讓自己的同夥聽得懂的語言，就是這樣的，這種語言，德國人叫做 Rothwelsch③，義大利人叫做 Lingua Zerga④，法國人叫做 Narguois⑤，但它們通常也就是在他們所知道的平常語言的基礎上造出來的，或者是通過一些比喻把語詞原有意義加以改變，或者是通過照他們自己的方式所做的一種組合或引申轉化來造出一些新詞。通過不同民族的交往也形成了一些語言，或者是把幾種相近的語言一視同仁地混合起來，或者最常見的是取一種語言作爲基礎，加以肢解、篡改、混合，以及由於忽視而加以破壞，和明知如此而加以改變，甚至拼湊上一些其他的語詞。在地中海一帶的商業交往中所用的佛蘭卡語（Lingua Franca）是以義大利語爲基礎造出來的；其中絲毫也不顧語法規則。我在巴黎和一位亞美尼亞的多明我會（Ordo Dominicanorum）會士談過話，他自造或者也許從他的同道那

---

③ 也作 Rothwälsch，據本書德譯者夏爾許米特註，這是十六世紀已在德國盜匪中流行的一種人造語言，也就是一種「黑話」，十七世紀尤爲流行。拉爾芒（Avé Lallemant）的《德國的盜賊》（*Das deutsche Gaunerthum*）一書中對此有詳細的記述，據說這種「黑話」中採用了很多希伯來文的語詞，其語法則與德語相合。在義大利，這種「黑話」，叫做 Georgo，相當於法國所稱的 Argot，都是盜賊的「黑話」或「切口」的意思。

④ E 本和 J 本作 Gergo。

⑤ 這個法文語詞通常有「狡猾」、「陰險」等意思，這裡也是指盜賊的「黑話」。

裡學會了一種佛蘭卡語，是從拉丁語中造出來的，我發現相當好懂，雖然這種語言中既沒有格，也沒有時態和其他語尾變化，而他因爲已習慣了，說得很流利。拉貝神父（Philippe Labbé）[6]，一位法國耶穌會士，非常博學，以其他許多作品聞名，他也造了一種語言，是以拉丁語爲基礎的，比我們的拉丁語較容易並較少限制，但比佛蘭卡語更合規律。他對此還專門寫了一本書。說到那些很長時期以來就已形成的語言，其中幾乎沒有什麼不是到今天已極大地改變了的。拿它們和保存下來的古書和古代文物比較一下，這一點就很明顯。古法語更接近普羅凡斯語[7]和義大利語，而我們看到那德奧底斯克語[8]則和法語或毋寧說羅曼斯語[9]（有時叫做 Lingua Romana rustica[10]）在一起，如它們在耶穌基督後第九世紀儒弱的路易皇

---

⑥ 拉貝神父（Philippe Labbé, 1607-1667），法國的編年史家，以博聞強記著作繁多著名。

⑦ Provençal，法國普羅凡斯（Provence）省的方言。

⑧ Théotisque，即古德語。

⑨ Romain，英語作 Romance，即從拉丁語演變而來的諸拉丁民族的語言，即作爲拉丁系語言的通稱，包括法語、義大利語、西班牙語等。

⑩ 拉丁文，直譯爲「粗鄙的羅馬語」。

帝（Empéreur Louis le débonnaire）的兒子們的誓詞[11]中所出現的那樣，這些誓詞是他們的親戚尼塔爾（Nithard）[12]爲我們保存下來的。我們在別處很少發現有這樣古老的法語、義大利語或西班牙語的了。但說到德奧底斯克語或古德語，則有奧特弗利特（Otfried/Otfried de Wissembourg）[13]的福音書，他是那同一時期魏森堡的一個僧侶，這福音書弗拉丘斯（Matthias Flacius Illyricus/Flach-Francowitz）[14]曾加以發表，而約翰・希爾特（Johann Schilter）[15]曾想把它重新出版。渡海進入大不列顛的薩克森人給我們留下了還更古老的書。他們有《創世紀》的開頭部分和《聖史》的其他一些部分的一種譯本或譯解，是一位凱德蒙（Gaedmon/

---

⑪「懦弱的路易皇帝」（Empéreur Louis le débonnaire）即查理大帝的兒子路易一世，他的兒子們的誓詞是八四二年二月十四日在史特拉斯堡作的，由尼塔爾（Nithard）在其著作中保存下來，成爲研究古德語和古法語等的珍貴材料，尼塔爾是查理大帝的女兒貝爾特（Berthe）的兒子，法國最早的歷史家之一。

⑫同前註。

⑬奧特弗利特（Otfried 或 Otfried de Wissembourg，約810-880），是一個宗教詩人，他的福音書通常叫《基督生平》，是用古高地德語的南法蘭克方言寫的。

⑭弗拉丘斯（Matthias Flacius Illyricus，即 Flach-Francowitz, 1520-1575），新教的神學家。

⑮約翰・希爾特（Johann Schilter, 1632-1705），是德國的法學家和考古學家，史特拉斯堡的法律教授，由法學和考古學轉入語言學的研究。

Caedmon）⑯作的。貝達（Noël Beda）⑰曾提到過他。但不僅日耳曼系語言中而且除了希臘和拉丁語之外一切歐洲語言中最古老的書，則是黑海⑱的哥特語福音書，以「銀抄本」⑲的名稱聞名，是以非常奇特的字體寫的，初在威斯特伐利亞的凡爾登一座本篤會老修道院中發現，後來被轉移到了瑞典，就在那裡被妥爲保存著，並且理所當然地像對在佛羅倫斯的典籍全書的原本一樣細心加以保管，雖然這譯本是爲東哥特人準備的，並且是用一種和斯堪地那維亞的日耳曼語相差很遠的方言譯的；但這是因爲人們以某種程度的概然性認爲黑海的哥特人原本是從斯堪地那維亞來，或至少是從波羅的海來的。而這些古哥特人的語言或方言是和現代日耳曼語大不相同的，雖然它們是有同樣的語言基礎。那古高盧語，從那最接近高盧語的語言——這就是威爾斯、康瓦爾、下不列塔尼等地的語言——來判斷，就和現代日耳曼語更不相

---

⑯ 凱德蒙（Gaedmon，即 Caedmon，死於六八〇年），七世紀時盎格魯—撒克森的一個僧侶，是一些用古英語寫的古詩的作者。

⑰ 貝達（Noël Beda，死於一五三六年），法國的神學家。

⑱ 原文爲 Pont Euxin，是黑海的古稱。

⑲ 原文爲 codex argenteuse，其所以有此稱呼，是因爲它是用銀色和金色的字體寫在華貴的紫色皮紙上，並且銀面精裝的。此譯本是約四世紀中葉時烏爾菲拉（Ulfilas, 311-383）主教所譯，原有三百三十頁，現存一百七十七頁。

同；但愛爾蘭語和它相差還要更遠，並且使我們看到一種還更古老的不列顛的、高盧的和日耳曼的語言的遺蹟。可是所有這些語言都來自一個來源，並且可以看作是同一語言的各種變形，這種語言可以叫做凱爾特語。古代人就把日耳曼人和高盧人都叫做凱爾特人；再進一步追溯凱爾特語和拉丁以及希臘語——它們都和日耳曼語或凱爾特語有很多詞根是共同的——的起源，我們可以猜測這是由於所有這些民族都有同一來源，即源出西徐亞人（Scythes），他們來自黑海，渡過了多瑙河和維斯杜拉河，其中一部分可能進入了希臘，而另一部分就滿布於日耳曼和高盧；這是由一個假說得出的推論，這假說就是認爲歐洲人是從亞洲來的[20]。薩瑪特語[21]（假定它是厄斯克拉夫語[22]）至少有一半是起源於日耳曼語或與日耳曼語同源的。甚至在芬蘭語也有某種相似的情況，在日耳曼民族即丹麥人、瑞典人及挪威人占據斯堪地那維亞最好和最近海的地方以前，芬蘭語是一種最古老的斯堪地那維亞人的語言；而芬蘭的或我們這個洲的東北部的語言，現在還是拉布蘭人[23]的語言，從日耳曼的或毋寧挪威的海洋一

⑳ 據英譯者註：萊布尼茲的這一假說已爲近代語言學所完全證實。

㉑ Sarmatique，薩瑪特人是古代分布在波羅的海與黑海之間廣大地區的民族。

㉒ Esclavon，Esclavonie 即今南斯拉夫的克羅埃西亞（Croatie）。

㉓ Lappons，拉布蘭（Laponie 或 Lapland）是指歐洲最北部的大片地區。

直分布到裏海（雖然被厄斯克拉夫人從兩者中間插斷），並且和匈牙利語有關，匈牙利人是從現在部分地屬於莫斯科人的一些國度來的。但分布在亞洲東北部的韃靼語及其變種，似乎是匈奴人和庫曼人（Cumans）也是烏茲別克人或突厥人、卡爾莫克人（Calmucs）及蒙古人的語言。而所有這些西徐亞的語言彼此之間以及和我們的語言之間都有很多共同的詞根，並且發現甚至阿拉伯語（當包括希伯來語、古代的布匿語、迦勒底語、敘利亞語以及阿比西尼亞人的埃塞俄比亞語）中也有很大量的這種共同的詞根，並且很明顯地和我們的語言相一致，因此，不能把它歸之於偶然，甚至也不能僅僅歸因於貿易交往，而毋寧當歸因於民族的遷徙。這樣，這裡就絲毫沒有什麼是反對而不是毋寧有利於認爲一切民族都是同源的並且有一種原始的根本語言的觀點㉔。如果說希伯來的或阿拉伯的語言和這種原始語言最接近，那麼至少它也應該是已經改變很大的，而似乎條頓族的語言曾保存了最多自然的，以及（用

㉔ 據英譯者註：萊布尼茲是第一個預感到先是各種歐洲語言，然後是其他語言之間的血緣聯繫，並從此觀點出發，要求進行並且親自致力於語言的比較研究的，而在這方面，也和在許多其他問題上一樣，他是遠遠超出他的時代的。關於他在語言學方面的著作，見於杜頓（Dutens）編的《萊布尼茲全集》第五和第六卷。

雅可布．波墨（Jacob Boehme）的話來說）亞當式的（Adamique）東西[25]；因爲我們如果有純粹的原始語言，或者保存得相當好，足可加以認識，那就會顯示出那些聯繫的理由，或者是自然的，或者是出於一種明智而適足表現初創者的才能的武斷的制定。但假定我們的語言基本上是派生的，它們卻到底本身具有某種原始的東西，這種原始的東西，對於那些新的根詞[26]來說，是在我們語言中突然發生的，這些新根詞是那時以來由於偶然，但基於自然的理由而形成的。那些表示動物的聲音或從動物的聲音來的詞，提供了這方面的例證。例如：作爲與青蛙相關的一個拉丁詞 Coaxare，就是這樣，這詞和德語中的 couaquen 或 quaken[27] 有關聯。而這種動物的聲音似乎是日耳曼語言中其他一些詞的原初的根源。因爲由於這種動物發出很大噪聲，現在人們就把這詞用來指無聊的空談或饒舌，以一種將詞義變小的方式稱之爲 quakeler；但顯然這同一個詞 quaken 從前是當作好的意義來理解，並且是指從嘴裡發出的所有各種聲

㉕ 波墨（Jacob Boehme, 1575-1624），是德國一個通神論者、神祕主義者，對萊布尼茲及以後謝林、叔本華等的哲學都有相當大的影響。這裡所謂「亞當式的」，是以亞當作爲人類原始統一性的象徵和代表，即指人類最原始、純粹的東西的意思。

㉖ 譯文照G本，原文爲"des mot radicaux nouveaux"，E本及J本作"des mots radicaux et nouveaux radicaux"即「根詞及新根」。

㉗ 這幾個詞都是指蛙鳴聲。

音，也包括說話在內的。而因為這些動物的聲音或噪聲是一種生命的證據，並且人們在眼見以前憑它就認識到有某種有生命的東西，因此，在老德語中 quek 就意指生命或活的，如我們在最古老的書中可以看到的那樣，而這在現代語言中也還有一些遺蹟，因為 Quecksilber 就是水銀（vif-argent[28]），而 erquicken 就是使人強壯以及在精疲力竭或出大力勞動之後使人重新活躍起來或恢復過來的意思。在低地德語中有些很壞的草叫做 Quäken，它們像德國人所說那樣好像是很活躍、會跑的，在田野中蔓延很廣，很容易繁殖擴散，對禾苗很有害；而在英語中 quickly 意思就是很迅速，並且是表現一種很活躍的方式。因此，我們可以斷定，就這些詞來說，日耳曼語言可以被當作是原始的，古代人們並不需要從別處借來一個聲音，作為蛙的聲音的模仿。而還有別的許多詞情況顯得也是一樣的。因為似乎出於一種自然的本能，古代的日耳曼人、凱爾特人，以及和他們有血緣關係的其他民族，都曾用 R 這個字母來指一種劇烈的運動以及像這字母的聲音那樣的一種聲音。這在以下這些詞中就表現出來，如 ῥέω【流】、fluo【流】、rinnen【流、淌】、rüren（fluere——流）、rutir（fluxion——流溢）、le Rhine【萊茵河】、Rhône【羅納河】、Roer（Rhenus, Rhodanus, Eridanus, Rura）、rauben（rapere, ravir——搶奪）、Radt（rota——滾）、radere（raser——剃除）、rauschen（這詞很難翻譯成

---

[28] 法語指水銀的 vif-argent 一詞，照字面的意思也可說就是「活的銀子」。

法文，它是指風或動物經過使樹葉或樹發出的那樣一種聲音，或長袍拖地發出的那種聲音），rekken（用力張開），從這詞變化來的有 reichen 是指到達，der Rick 是指一根長棍或竿子，用來掛東西的，在布勞恩斯魏克附近流行的這種 Platdütsch 或下薩克森語中就是這樣用的；還有 rige, reihe, regula, regere，是指一種長度或一種直的途徑，而 reck 是指一種很廣闊和很長的東西或人，特別是指一種巨人，然後就指一個有勢力和富有的人，像在德語中的 eich，以及在那些半拉丁語中的 riche 或 ricco 所表現的意思。在西班牙語中，ricos hombres 就指貴族或要人；這就同時使我們了解到，那些比喻、提喻、換喻等方法是怎樣使一些詞從一種意義變成另一種意義，而我們並不是始終能追尋到其蹤跡的。我們在 riss（rupture——破裂）這個詞中也可以注意到這種響聲和激烈的運動，拉丁語中 rumpo【破、裂】，希臘語中 ῥήγνυμι（破），法語 arracher（拔），義大利語 straccio（破、裂）都和這個詞有聯繫。而正如字母R自然地意指一種激烈的運動一樣，字母L則指一種較柔和的運動。因此，我們看到有些兒童和其他的人，覺得R太硬、太難發音，就用L來代替它，例如：他們就說 mon lévelend pèle㉙。這種柔和的運動也表現於下列這些詞中，如 leben（vivre——生活）、laben（conforter——使健壯，faire vivre——使活）、lind【柔軟的】、lenis【柔軟，光滑】、lentus（lent——緩慢）、lieben

㉙ 本當為"mon révérend père"（我尊敬的神父）。

（aimer——愛），lauffen（像流水般迅速溜走）、labi（溜滑，labitur uncta vadis abies㉚）、legen（輕輕放下），從這詞變出 liegen（Coucher——躺臥）、lage 或 laye（un lit, comme un lit de pierres——一張床，如一張石床）、Lay-stein（pierre à coucher, ardoise—可躺臥的石頭，青石板）、lego, ich lese（je ramasse ce qu'on a mis——我把別人放下的東西收起來，這是 mettre——「放」這個詞的反義詞，然後是 je lis——「我讀」及最後是希臘人中的 je parle——「我說」的意思㉛）、Laub（feuille——葉子），一種易搖動的東西，與此相聯繫的有 lap【沖洗】、lid㉜、lenken【駕駛】、luo【洗滌】、λύω（solvo）【分解】、leien㉝（在下薩克森語中），融解，像雪那樣融化，Leine（勒拿河）的名稱就是由此而來；這是漢諾威的一條河，它起源於多山地區，由於融化的雪水而大大地增加了水量。不消說還有無數其他類似的稱呼，證明在語詞的起源方面有某種自然的東西，標誌著在事物和聲音以及發聲器官的運動之間有一種關係；並且也是因爲如此，字母L和其他名詞相結合，在拉丁語、半拉丁語、高地德語中就

㉚ 拉丁文，見維吉爾《伊尼特》（*Aeneis*）8.91.意即：「船錨滑下水」。

㉛ 照G本、E本及J本無"Et puis je lis et enfin chez les Grecs je parle"等詞。

㉜ 照G本、E本及J本作"liel"。lid 意爲「蓋」。

㉝ 照G本、E本及J本作"lien"。

構成那種詞義變小的方式（diminutif）。可是不能以爲這理由是到處可見的，因爲 le lion【獅子】、le lynx【山貓】、le loup【狼】，就無論怎麼說也不能說是溫和的。但可以把它歸之於另一種偶性，即迅速（lauf），即使人害怕或迫使人逃跑的，就如一個人看見這樣一個動物來了就對旁人大喊：lauf（fuyez!——快跑！）；此外，由於許多偶然的原因和變化，大多數語詞已比起它們的發音及原本的意義來有了很大改變和離得很遠了。

斐　再舉個例子可以使這一點更好理解。

德　這裡有一個足夠明顯的，並且包含著很多其他的例子。Oeil（眼睛）這個詞以及與它相關的那些詞可以用來作例子。爲了看清楚這一點起見，我將從稍遠處談起。A（第一個字母）跟上一個稍稍吐氣的音就成 Ah，而由於這是一種吐氣，開始時產生一個相當清晰的聲音，然後逐漸消失，因此，當A和h都不很強時，這聲音就自然地指一種輕微的呼吸（spiritus lenis）。因此，這就成了 ἄω, aer, aura, haugh, halare, haleine, ἄτμος, Athem, Odem（德語）㉞這些詞的起源。但由於水也是一種流體並且發出噪聲的，因此（似乎）ah 通過加倍而發出較粗重的音，即 aha 或 ahha，就被作爲水。條頓語和其他凱爾特語中，爲了更好地表明這運動，就在這兩者前面都加上W。由於這樣，Wehen【吹】、Wind【風】、Vent【風】，就表明是空

㉞ 這些詞都是希臘、拉丁、法、德等語文中表示氣、噓氣或水氣意義的詞。

氣的運動，而 Waten【涉水】、Vadum、Water 就指水的或水中的運動。但回頭來談 aha，它似乎是（如我已說過的）一個意指水的詞根。冰島人，保存了斯堪地那維亞的條頓語的某些東西，他們把 aha 的吐氣減弱了一些而說 Aken（意指 Aix, Aquae grani[35]），則是把吐氣加強了，如拉丁人說 aqua 也是這樣，還有有些地方的德國人也是這樣，他們在作文中說 ach 就是指水，如 Schwarzach[36]，是指黑水，Biberach 是水獺的水。在老文書中，不說 Wiser 或 Weser 而說 Wiseraha，而在古代居民中則說 Wisurach[37]，而拉丁人就從這詞得出 Visurgis，正如從 Iler, Ilerach，他們得出 Ilargus 這個詞一樣。從 aqua, aigues, aune，法國人最後就得 eau【水】這個詞，他們讀作 oo 的音，這裡已再沒有留下什麼起源的東西了。Auwe, Auge 在日耳曼人中今天是指一種常常淹水的地方，適合於作牧場，locus irriguus, pascuus[38]；但特別是指一個島，如在 Reichenau 的修道院（Augia dives）的名稱，以及許多其他的名稱中那樣。而這種過程當是在很多條頓和凱爾特的民族中都曾發生過的，因爲從這裡就產生這樣的情況，即凡是好像在一

㉟ 即 Aquis Granum, Aix-la-chapelle。德國城市名，今作 Aacken。

㊱ 從G本、E本及J本作"Schwartzach"。

㊲ 從G本、E本及J本作"Wiserach"。

㊳ 拉丁文，意即：「可灌溉的地方，放牧場」。

種平面中孤立的東西都被叫做 Auge 或 ouge, oculus，在德國人中，對水面上的油滴就是這樣叫的，而在西班牙語中，ojo 是一個孔穴。但 Auge, Ooge, oculus, occhio 等等，都特別突出地用來指眼睛（Oeil），它就是臉龐上這樣孤立的發光的小孔；而無疑法語的 Oeil 也是從這裡來的，不過它的起源已完全無法認識了，除非是像我以上那樣把這些情況連接起來加以考察；而希臘文的 ὄμμα【「天眼」即「太陽」】和 ὄψις【眼、眼光】似乎也出於同一來源。Oe 或 Oeland 在北方人中是指一個島，這在希伯來文中也有某些痕跡，希伯來文的 אי Ai，是一個島。博夏爾（Samuel Bochart）㊴曾認爲腓尼基人原來給那遍布島嶼的愛琴海（la Mer Aegée）的那個名稱，也是從這裡來的。Augere，即增加（augmentation），也是從 auue 或 auge 來的，這就是水的漫溢；正如 Ooken, auken 在老薩克森語中就是增加；而 Augustus【奧古斯都】，在說的就是皇帝時，就被譯作 Ooker。布勞恩斯魏克那條河，起源於哈茨（Hartz）山脈，因此，常常容易遇到山洪暴發，河水猛漲，就被叫做 Ocker，從前叫 Ouacra。我順便說一說，那些河流的名稱，通常起於人們所知道的最古老的年代，最好地標誌著古老的語言和古代的居民，因此，

㊴ 博夏爾（Samuel Bochart, 1599-1667），法國的著名學者和新教神學家，東方學家，精通各種主要的東方語文，包括希伯來語、迦勒底語、阿拉伯語等，尤其是腓尼基語，曾想把一切語文都從希伯來語或腓尼基語中引申出來。萊布尼茲對他有很高評價，並常引述他的觀點。

是值得特別加以研究的。而語言一般既是各民族最古老的紀念品，先於書寫和藝術，因此是最好地標誌著各民族的親族關係以及遷徙情況的起源狀態。正因爲如此，語源學搞得好是很有意思並且有重大意義的，不過必須把多個民族的語言結合起來，並且不要未經證實就過多地從一個民族一下跳到很遠的另一個民族，在這過程中，有一些介乎其間的民族作爲保證是尤其有用的。而且一般來說只有當具備大量可彼此印證的證據時，才能對語源學有所信賴；否則就是高洛比斯（Goropius Becanus）的搞法（goropiser）⑩。

斐　高洛比斯的搞法？這是什麼意思？

德　這就是指十六世紀有學問的醫生高洛比斯·培卡奴斯㊶的奇怪而常常可笑的語源學，這話已變成了諺語，雖然要不然他認爲那日耳曼語，他叫做 Cimbrique 的，比起希伯來語本身來也同樣或更多地具有某種原始的東西的標誌，這並沒有太大的錯誤。我記得，已故的克勞貝

---

⑩ 高洛比斯·培卡奴斯（Goropius Becanus，即 J.Becan, 1518-1572），是一位比利時的醫生和學者，他的眞名是 Van Gorp，照拉丁寫法就成了 Goropius Becanus。他在安特衛普行了幾年醫，後來就完全從事考古、文學及古代語文的研究。在列日的一次公開講演中，他企圖證明人類始祖亞當的語言就是佛蘭德斯語或條頓語；他又認爲尼德蘭就是天堂樂園的所在地，在一部作品中就企圖把全部語言都從低地德語（他稱爲 Cimbrique）中引申出來，因此，萊布尼茲認爲是「奇怪而可笑的」。

㊶ 同前註。

格（Claubergius）先生㊷，一位卓越的哲學家，曾發表過一篇短小的論文討論日耳曼語言的起源，人們很惋惜失去了他在這個題材上曾答應要做出來的東西。我自己對這個問題也曾發表過一些思想，此外還曾促使已故的格拉德・邁耶爾（Gerard）㊸，不來梅的一位神學家，來做這方面的工作，他也做了，但死亡打斷了他的工作。可是，我希望公眾有一天還是能從他的工作得到益處，也正如從約翰・希爾特的類似工作得到益處一樣，約翰・希爾特是史特拉斯堡的一位著名法學家，但不久前也去世了。至少可以肯定，條頓族的語言和古代文明，是在對歐洲人的起源、風俗習慣和古代文明所作的研究中的大部分都占有地位的。而我希望學者們也同樣來研究瓦來人（Wallienne）㊹、比斯開人（Biscayenne）㊺、斯拉夫人、芬蘭人、土耳其人、波

㊷ 克勞貝格（Claubergius，即 J. Clauberg, 1622-1665），一位德國的哲學家，屬於笛卡兒派，最初只是注釋笛卡兒的著作，後來也獨立有所發展，對以後笛卡兒學派的發展也有相當影響。萊布尼茲對他的語言學以及哲學都有很高的評價，並常提到他和他的作品。他在 *Ars etymologica Teutonum*（《條頓語源術》）這部作品中提出日耳曼語必須解釋爲一種原始語言，並把這作爲一個基本命題。

㊸ 格拉德・邁耶爾（Gerard 或 Gerhard Meier 或 Meyer，照拉丁寫法作 Gerardus Meierus），他曾受萊布尼茲的引導和鼓勵去研究日耳曼語言學，蒐集了很多材料，因早死而未能完成其工作。

㊹ 瓦來人（Wallienne），指羅馬尼亞的一部分 Wallachia 地方的人。

㊺ 比斯開人（Biscayenne），指法國與西班牙之間的比斯開（Biscay）灣一帶的居民。

斯人、亞美尼亞人、格魯吉亞人以及其他民族的語言，以便更好地來發現其間的和諧一致，這如我剛才所說的對於弄清各民族的起源是特別有用的。

§2　斐　〔這計畫是很重要的，但現在已到時候了，讓我們離開語詞的質料方面而回頭來談它們的形式方面，即它們的意義，這是各種不同的語言所共同的。〕而您，先生，首先將會同意：當一個人和另一個人說話時，他所想給予人的是他自己的觀念的記號；語詞不能爲他用於他所不知道的東西。而除非一個人有了他自己的觀念，他是不能假定這些觀念符合於事物的性質或旁人的概念的。

德　〔可是的確有人常常意思指的毋寧是別人的思想而不是自己自主的思想，就那些盲目信仰的世俗人來說，這種情況簡直是太多了。可是我承認人們總永遠理解某種一般的東西，不管那思想是多麼空洞而無所用心；並且人們至少總注意把語詞安排得符合旁人的習慣，滿足於相信自己的意思必要時能爲別人所懂得。因此，人有時只是思想的轉達者，或別人的說話的傳送者，完全像一封信所起的作用那樣；而甚至人們的這種情況比人們所想的更常見。〕

§3　斐　〔您加上一點指出人永遠理解某種一般的東西，不管他是怎樣的白痴，這是很對的。〕一個小孩在他聽說叫做金子的東西裡只注意到一種閃光的黃的顏色，就把他在衣裾上看到的同一種顏色叫做金子；別人就將會加上很大的重量，可熔性，可展性。

德　〔我承認這一點；但人們對他所談到的對象的觀念，常常比這小孩的還更一般，而我毫不懷疑，一個瞎子也能確切地來談論顏色，並且作一篇成本大套的演說來讚頌他所不認識的光，因爲他曾學會了解了它的效果和有關的種種情況。〕

§4 斐 您指出的這一點是很對的。人們常常把思想更多地用於語詞而不是用於事物，並且由於人們在認識語詞所指的觀念以前先已學會了大部分的語詞，因此，不僅是小孩，而且有些成年人也是常常和鸚鵡一樣說話。§5可是人們通常總以爲是指自己的思想，並且還有，他們也賦予語詞一種和別人的觀念以及和事物本身的祕而不宣的關係。因爲要是那些聲音是被我們的對話者歸之於另一個概念，那就得是說兩種語言了。的確，我們要常常停下來考察一下別人的觀念是什麼，這是絕不爲過的，並且我們的觀念要假定就是那公眾以及國內的高明人士歸之於同一個詞的觀念。§6對於簡單觀念和樣式，特別是這樣的情況，但對於實體，人們更特別認爲語詞也指事物的實在。

德 〔實體和樣式是同樣地爲觀念所代表的；而事物也和觀念一樣，兩者都由語詞來標誌的；因此，我在這裡看不出有什麼不同，除非是說實體性事物以及可感性質的觀念是更爲固定的。此外，有時也有這種情況，即我們的觀念和思想就是我們談話的材料並且就成爲我們想要指的事物本身，而反省的概念是比人所認爲的更多地參與事物的概念之中。人們有時甚至就實質性地談到語詞，而在這種場合不能確切地以語詞的意義、或語詞與觀念或事物的關係來代替語詞；這種情況不僅當人們作爲語法學者來說話時是這樣，而且當人們作爲辭典編纂者來說，給名詞以解釋時也是這樣。〕

第三章　論一般名詞

§1 斐　雖然存在的只有特殊的事物，大部分的語詞卻仍是一般名詞，因爲不可能§2讓每個特殊事物都有一個特殊各別的名稱，否則就得有一種異乎尋常的記憶力，和這比起來，即使像有些將軍能對他們所有的士兵都叫得出名字，他們的記憶力也都算不得什麼了。如果每一隻禽獸，每一棵植物，甚至植物的每一片葉子，每一顆穀物，最後是每一粒沙子，凡是需要指名的，都得有它的名稱，那這事情就會變成無窮無盡。〔並且對於像水、火這樣在人的感覺上是齊一的東西，它們的各個部分又如何命名呢？〕§3此外，這些特殊的名稱也會是毫無用處的，因爲語言的主要目的，是要在聽我說話的人心中激起一種和我的相似的觀念。〔因此只要相似就夠了，這是用一般名詞來指示的，〕§4而只有特殊的語詞既不能用來擴充我們的知識，也不能用來憑藉過去以判斷將來，或憑藉另一個體以判斷一個個體。§5可是因爲人們常常有需要提到某些個體，特別是我們同類的個體，因此，人們就用一些專名；我們也把專名給予國家、城市、山脈以及其他地域上的區劃。賽馬的騎師甚至對他們的馬也都給予專名，也如亞歷山大給他的步賽驊騮（Bucephalus）以專名一樣，爲的是當馬不在他們眼前時能區別出這一匹或那一匹馬。

德　〔指出的這幾點是很好的，其中有些和我以上所指出的也相符合。但我還要補充一點，照我所作過的觀察，那些專名的起源通常本是通稱即一般名詞，如布魯特斯（Brutus）、凱撒（Caeser）、奧古斯都（Augustus）、加比圖（Capito）、朗都魯（Lentulus）、比索

（Piso）、西塞羅（Cicero）、易北河（Elbe）、萊茵河（Rhine）、魯爾河（Ruhr）、勒拿河（Leine）、奧卡爾河（Ocker）、步賽驊騮、阿爾卑斯山（Alps）、庇里牛斯山（Brenner 或 Pyrénées）；因爲我們知道，第一個布魯特斯的名字是由於他顯得愚蠢而得來的，凱撒是一個從母腹中破腹取出的孩子的名字，奧古斯都是一個尊稱，加比圖是大頭，步賽驊騮也是，朗都魯、比索和西塞羅最初都是給予那專門種植某種蔬菜的人的名字。我已經說過萊茵、魯爾、勒拿、奧卡爾這些河流的名稱是指什麼意思。而我們知道，在斯堪地那維亞，一切河流都還叫做易北（Elbes）。最後，阿爾卑斯就是覆蓋著白雪的山脈（album, blanc——「白」一詞就與此相符合），而庇里牛斯（Brenner 或 Pyrénées）就是指一種很高的高度，因爲 bren 在凱爾特語中意思就是高，或首領（如 Brennus[①]），正如在下薩克森語中 brinck 還是意指高昂，而在德國和義大利之間也有一座 Brenner 山，正如 Pyrénées（庇里牛斯山脈）是在高盧和西班牙之間一樣。因此，我敢說幾乎所有的語詞其起源都是一般名詞，因爲人們無緣無故地發明一個特有名稱來指示某一個體，這樣的事是極爲罕見的。所以我們可以說，那些個體名稱本是種名，人們因某一個體特別突出或由於別的什麼而把這種名就給予這個體的，就像大頭這個名稱就給了

① Brennus 原意就是首領或酋長（chef），羅馬人用以特指西元前三九〇年攻掠羅馬城的高盧人首領，遂成專名。

那在全城中頭最大的，或人們所認識的大頭中最重要的人物。人們甚至也像這樣把屬的名稱給予種，這就是說，當人們並不在乎那些區別時，就會滿足於用一些較一般或較廣泛的名稱來指那些較特殊的種。例如：我們就滿足於艾草這一一般名稱，雖然其中有這許多種，以致一位包亨（Jean Bauhin）[②]就以此足足寫了一本專著。〕

§6　斐　您關於專名的起源的這些思考是很正確的；不過，回頭來談那些通稱或一般名詞的起源，您無疑會同意，先生，當語詞是一般觀念的記號時就變成一般的，而當人們通過抽象把時間、地點或能把觀念決定於某一特殊存在的其他情狀分離出去時，這些觀念就變成一般的了。

德　〔我不反對抽象的這種用法，但這毋寧是從種上升到屬而不是從個體上升到種。因爲（不管這顯得多麼像悖論）我們是不可能有關於個體的知識的，也不可能找到辦法來確切地決定任何事物的個體性，要是僅守著它本身的話；因爲所有的情況都可能重新出現；最微細的區別我們是感覺不到的；地點和時間本身遠不能作決定，它們本身倒是需要通過它們所包含的事

② 包亨（指 Jean Bauhin, 1541-1613），一位瑞士的醫生和博物學家，主要從事於植物學的研究。他的兄弟 Gaspard（1560-1624）也是醫生和植物學家，他的父親也是一位著名的法國醫生，因改信新教被逐，流亡國外。

物來被決定的。其中最值得考慮的是：**個體性**包含著無限，而只有能全部了解這無限的人才能有對於某一事物的個體性原則的知識；這是由於宇宙中一切事物彼此間的影響（照健全的方式來理解）。的確，如果有德謨克利特所說的原子，情況就會不是這樣；但那時兩個同樣形狀和同樣大小的不同個體之間又會毫無不同了。〕

§7 斐 可是十分顯然，小孩對和他們打交道的人（讓我們只限於這個例子）所形成的觀念，是和人本身相似的，只是特殊的而已。他們對他們的保姆和母親所具有的觀念，是很好地印在他們心中的，而小孩們所用的**保姆**或**媽媽**這些名稱，是單只和這些人相關聯的。當此後時間使他們觀察到還有許多別的存在相似於他們的父親或母親時，他們就形成一個觀念，並發現所有這些特殊的存在物都同等地分有這個觀念，他們也就和別人一樣給它以人這個名稱。§8 他們也以同樣的途徑得到一些更一般的名稱和概念；例如：動物這個新的觀念就不是通過任何增加來造成的，而只是除去了人的特殊形狀或特性，單留下一個伴隨著生命、感覺和自發的運動的物體。

德 〔很好；但這只表明了我剛才所說的；因爲當小孩通過抽象從對人的觀念的觀察進到對動物的觀念的觀察時，他已是從他在他的母親或父親以及其他人中所觀察到的那較特殊的觀念，達到對於人類本性的觀念了。因爲只要考慮一下，僅僅很平常的有點相似就很容易欺騙了他，並使他把另一個並非他母親的婦女當作是他母親，這就足夠判斷他並沒有對個體的確切觀念了。您知道那假馬丁·蓋爾（Martin Guerre）的故事③吧，他由於相貌很像，再加上手段巧妙，甚至把眞蓋爾的妻子和近親都騙了，並且很長時期使法官感到困惑，甚至當那眞蓋爾來到了時都還這樣。〕

§9　斐　這樣，關於屬和種的這整個神祕奧妙的問題，那在經院哲學中如此吵鬧不休，而在經院之外則理所當然地很少被考慮的，這整個神祕奧妙的問題，我說，就被歸結爲那些範圍較廣或較狹、人們給予某種名稱的抽象觀念的形成問題了。

德　〔把事物分列爲屬和種的技術不是不重要而是很有用處的，對於判斷和對於記憶來說都是這樣。您知道這對於植物學是多麼重要，且不說對於動物和其他實體，也不說對於某些人所說的道德上的和概念性的（Notionaux）東西了。秩序的很大一部分就依賴於此，並且有許多優秀的作家就是這樣來寫作，以致他們的全部論著都可以歸結爲遵照一種方法所作的分類和

---

③ Martin Guerre 的案件，是十六世紀很著名的一個案件。馬丁·蓋爾是噶斯柯尼（Gascony）地方一個紳士，從家裡出去就失蹤了。經過很長一段時間以後，一個本名叫亞爾諾·杜·梯爾（Arnaud du Thil）的人突然出現，自稱是馬丁·蓋爾，蓋爾的妻子也就誤認他是丈夫，並和他生了兩個孩子。以後，她知道了她眞正的丈夫在法蘭德斯，就憤怒地到法庭告發了這騙子。案件審訊了很久，最後是那眞蓋爾突然出乎意外地來到了，才得以了結，杜·梯爾被判了死刑。萊布尼茲在《神正論》的前言中也談到了這故事，見G本卷6，第74頁；E本，第491頁b；J本卷2，第48頁。

再分類，這種方法就與屬和種有關，並且不僅能用來牢記事物，甚至還能用來找出事物。而有些人曾把所有各種概念分類排列在某些一定的名目或其下再分列的範疇之下，他們做的這事是非常有用的。〕

§10　斐　在給語詞下定義時，我們是用那屬或最接近的一般名詞；而這是爲了避免列舉這屬所指的那些不同的簡單觀念的麻煩，或者有時也許是爲了避免那不能作這種列舉的恥辱。但雖然下定義最簡捷的途徑是用邏輯學家所說的**屬加種差**的辦法，但在我看來我們可以懷疑這是否是最好的辦法；至少這不是唯一的辦法。在說人是一種理性的動物這個定義中（這定義也許並不是最確切，但對當前的目的來說是足夠適用的），我們可以不用動物這個詞而代之以它的定義。這就使我們看出：說**一個定義當由屬和種差構成**④，這條規則是沒有多大必要的，並且嚴格遵守這條規則也是沒有多大好處的。語言也並不永遠是照著邏輯的規則來形成，以致每一名詞的意義都能確切地和明白地用另外兩個名詞來說明的。而那些定下這條規則的人也很不行，竟很少給我們什麼符合這規則的定義。

---

④ 這是亞里斯多德最早提出的下定義的規則，見其《正位篇》（*Topica*）VI，4.141b.26。中國有些哲學和邏輯文獻中作「種和屬差」即將 Genus 譯爲「種」，Species 譯爲「屬」，與生物學界譯法顛倒，本書從生物學界譯法，故此處也相應將「屬差」改譯爲「種差」。

德 〔我同意您提出的這些看法；可是，如果定義能由兩個名詞構成，就很多理由來說是很有好處的；這無疑可以大大縮短，並且一切分類都可以歸結爲兩分法，這是最好的一種分類法，對於發明、判斷和記憶都是大有用處的。可是我不認爲邏輯學家永遠要求屬或種差只用單獨一個詞來表示；例如：正多邊形這個名詞可看作正方的屬，而就圓這個圖形來說，它的屬可以是一個弧線的平面圖形，種差就是其周圍線上的點與某一作爲中心的點距離相等。此外，指出這樣一點也是好的，就是：屬常常可以換爲種差，種差也可以換爲屬。例如：正方是一個正四邊形，或者說是一個四邊的正圖形，這樣，屬或種差的區別似乎就有如名詞與形容詞的區別；比如，不說人是一種理性的動物，語言也允許說人是一種動物性的理性之物，這就是說，是一種有理性的實體，而賦有動物的本性；反之那些精靈⑤則是有理性的實體，而其本性不是動物性的，即不是與禽獸有共同性的。而這種屬與種差的互換，是取決於細分類的次序的變化。〕

§11 斐 從我剛才所說的就可得出結論：我們叫做一般的和普通的東西，不屬於事物的存在，而是理智的作品，§12而每一物體的本質無非是一些抽象觀念。

德 〔我不大看得出如何能得出這結論。因爲一般性是在於單個事物之間的相似性，而這

⑤ 指「天使」、「大天使」之類，原文爲"les Génies"。

種相似性是一種實在。〕

§13　斐　我自己就要來告訴您這些物種是基於相似性的。

德　〔那麼爲什麼不也到這裡來找那些屬與種的本質呢？〕

§14　斐　至少在不同人心中的有些複雜觀念常常只是簡單觀念的不同集合，因此，在一個人心中是吝嗇的，在另一個人心中就不是，如果考慮到這一點，那麼聽到我說這些本質是理智的作品，就不會那樣驚奇了。

德　〔我承認，先生，很少還有別的什麼場合，比這裡更使我覺得難以理解您的推論的力量的了，而這一點使我很困惑。如果人們在名稱上不同，這就改變了事物或它們的相似性了嗎？如果一個人把吝嗇這名稱應用於一種相似性，而另一個人用於另一種相似性，那是用同一名稱來指兩個不同的種。〕

斐　就我們最熟悉並且最親切地認識的那一實體的種來說，人們也曾屢次懷疑，一個婦女生於世上的嬰兒是否一個人，甚至爭論是否當加以哺育和爲之施洗禮；如果人這名稱所屬的抽象觀念或本質，是自然的作品，而不是理智把一些簡單觀念結合在一起的一種各不相同而不確定的集合體，並在通過抽象使它成爲一般的東西之後又給它加上一個名稱，那麼就不會是上述的情況。所以，歸根到底，通過抽象而形成的每一各別的觀念，就是一種各別的本質。

德　〔請原諒，先生，我要說您的話使我困惑，因爲我看不出其中的聯繫。如果我們不能永遠從外面來判斷內部的相似性，難道它們在自然本性上就不那麼相似了嗎？當人們懷疑一個怪物是不是人時，那是懷疑他是否有理性。當人們知道了他有理性時，神學家就會令人給他施洗禮，而法學家就會令人對他加以哺育。誠然對於那些就邏輯上看最低級的種類是可以爭論的，這些種類在同一自然物種或族（tribu de génération⑥）中也由於偶性不同而變化多端；但我們並不需要來加以決定；人們甚至可以把它們作無窮的變化，就像我們在橘子、檸檬和柳丁的大量變種中所看到的那樣，專家們對這些變種都知道名稱和能加以區別。在鬱金香、石竹花等時興的時候，我們在這些花卉方面也看到同樣的情況。此外，不論人們把這樣或那樣的觀念結合在一起與否，甚至也不論自然把它們實際結合在一起與否，這與那些本質、屬或種毫不相關，因爲這裡所涉及的僅僅是可能性，那是獨立不依於我們的思想的。」

§15 斐 人們通常假定每一事物的種有一種實在的構造，並且毫無疑問是應該有的，在這事物中的每一堆簡單觀念或並存的性質應當就依賴於這種構造。但由於事物之在一定名稱下被分列爲各類（sortes）或種（espèces），顯然只有當它們符合於我們給予那名稱的某些抽象

⑥ 這裡的「族」是指從同一祖先繁殖出來的一類生物。在萊布尼茲的時代，「物種」（espéce; species）一詞不僅是指外表形狀和特徵相似的一類生物，主要的還是指從同一祖先繁殖出來的「族」。參閱本書下冊第三卷第六章§14（第81頁）。

觀念時才如此，因此，每一屬或種的本質就成爲不是別的而無非是這屬名或種名所指的抽象觀念，而我們將發現照人們最通常的用法，本質這個詞的含義就正在此。照我的意見，這樣倒不壞，就是用兩個不同名稱來指這兩種本質，第一種叫做實在本質，另一種叫做名義本質。

德　〔我覺得我們的語言在表達方式上是極度花樣翻新的。人們迄今卻談到名義的定義和原因的或實在的定義，但就我所知沒有說本質除了實在的之外還有其他的，除非所謂名義本質被理解爲假的和不可能的本質，它顯得像本質而實際不是；就例如一個正十面體的本質那樣，所謂正十面體，就是說一個由十個平面所包的一個正的體⑦。本質歸根到底不是別的，無非是人們所提出的東西的可能性。人們假定爲可能的東西是用定義來表明；但當這定義不同時表明可能性時，它就只是名義上的，因爲那時人們就可以懷疑這定義是否表明某種實在的東西，也就是說可能的東西，除非到了那事物確實在世界上存在時，得經驗之助使我們後天的（a posteriori）⑧認識到了這種實在性；這足以代替理性，理性是通過揭示所定義事物的原因或可能的產生而使我們先天的（a priori）⑨認識那實在性的。所以並不取決於我們來把那些觀念照

⑦ 這樣的圖形是不可能的，可能有的正多面體只有四面體、六面體、八面體、十二面體和二十四面體。

⑧ 參閱本書上冊第二卷第二十三章§5「德」及註（第308頁註⑦）。

⑨ 同前註。

我們覺得好的方式結合起來，除非這種結合或者爲理性所證明，表明它是可能的，或者爲經驗所證明，表明它是現實的，並因此也是可能的。爲了也能更好地區別本質和定義，應該考慮到只有一種事物的本質，但有多個定義表明同一種本質，就像同一結構或同一城市，可以照著我們看它的角度不同而用不同的景色畫面來表現它一樣。〕

§18 ⑩ 斐　我想您會同意，實在的和名義的在簡單觀念和樣式觀念方面永遠是同一的；但在實體觀念方面，它們永遠是完全不同的。由三條線圍住一塊空間這樣一個圖形，這就是三角形的本質，既是名義的也是實在的；因爲這不僅是這一般名稱所依附的抽象觀念，而且就是事物的本質或存在本身，或者說是它的特性所從出及所依附的基礎。但對於金子來說就完全是另一回事了。它的顏色、重量、可熔性、堅固性等等所依賴的它各部分的實在構造，是我們所不知道的，而對它既沒有觀念，我們也就沒有用以表示它的名稱。可是就是這些性質使這物質被稱爲金子，並且是它的名義本質，也就是說，是給予這名稱以權利的。

德　〔我毋寧更喜歡照一般人所接受的習慣，說金子的本質就是那構成它的和給予它這些可感覺性質的東西，這些可感覺性質使它得以認識和造成它的名義定義，反之如果我們能說明這種內部的結構或構造，我們就會有它的實在的和原因的定義。可是那名義的定義在這

⑩ G本及洛克原書作§18，E本及J本作§19。

裡也是實在的，不是由於它本身（因爲它並不使人先天的認識物體的可能性或產生），而是由於經驗，因爲我們由實際經驗認識到有一種物體，在其中這些性質都在一起；但要是沒有這種經驗我們就可以懷疑，這樣的重量和這樣的展性是否能相容，就如直到現在人們還可以懷疑，一種在冷卻狀態下可展的玻璃在自然本性上是否可能⑪一樣。此外，我也不同意您的意見，先生，認爲這裡在對實體的觀念和對品性⑫的觀念之間有區別，似乎對品性（也就是樣式以及簡單觀念的對象）的定義永遠同時既是實在的又是名義的，而對實體的定義則只是名義的。我很同意要對作爲實體性存在的物體有實在的定義是比較困難的，因爲它們的結構是不大能感覺到的。但並不是對所有的實體都一樣；因爲我們對眞正的實體或單元⑬（如上帝和靈魂）有一種認識，是和我們對大部分樣式的認識一樣親切的。此外，有一些品性，也和物體的結構一樣不

---

⑪ 拉丁作家老普林尼（Pline, 23-79）在其《自然史》中曾說到：「在提比留皇帝統治時代，據說曾設計出一種組合的辦法，能產生可展的玻璃……可是，這故事長期以來只是廣爲流傳而並未得到證實。」見該書第三十六卷，第六十六章。

⑫ 這裡的「品性」原文爲 prédicats，通常譯作「謂語」或「述語」、「賓詞」等等。但這裡所指的不是語法上的「謂語」，而是與「實體」相對的「屬性」，爲求有別於"attribut"（「屬性」）起見，姑譯爲「品性」。

⑬ 原文爲 unités，實即「單子」。

大被認識到的；因爲例如：黃和苦，是簡單觀念或幻覺⑭的對象，然而人們對它們卻只有一種混亂的認識。甚至在數學中，同一樣式可以有一個名義定義又有一個實在定義。很少有人曾很好地說明這兩種定義的區別何在，它應該也是辨別本質的特性（propriété）的。照我的看法，這種區別是：實在定義表明被定義者的可能性，而名義定義則否；對兩條平行直線的定義說：這兩條線在同一平面上，而儘管把它們延長到無窮也永不相交，這定義只是名義的，因爲我們首先就可以懷疑這是否可能。但當我們了解到，我們可以在一平面上作一條直線，與一條已知直線平行，只要我們注意使畫這平行線的筆尖始終保持與已知直線的距離相等，這時我們就同時看到這事是可能的，也看到了爲什麼它們有那名義定義所說的永不相交這種特性，但只有當兩條線是直線時這才是平行的標誌，而如果至少有一條是曲線，則它們也可能照本性永不會相交，卻並不因此是平行的。〕

§19　斐　如果本質是抽象觀念之外的其他什麼東西，它就不會是不生不滅的。獨角獸、人魚、精確的圓之類也許不是世上所有的。

德　〔我已經對您說過，先生，本質是永存的，因爲這裡所涉及的只是可能的東西。〕

---

⑭ 原文爲"phantasies"，英譯作"notions"。

第四章　論簡單觀念的名稱

§2　斐　我向您承認，我曾始終認爲樣式的形成是武斷的；至於簡單觀念以及實體觀念，則我深信，除了可能性之外，這些觀念還應該意指著一種實在的存在。

德　〔我看不出這裡有什麼必然性。上帝在創造這些觀念的對象之前就已有這些觀念了，也沒有什麼能阻止他還可以把這樣一些觀念傳遞給有心智的被創造物；甚至也沒有什麼確切的推證，證明我們感覺的對象和感官呈現給我們的那些簡單觀念的對象是在我們之外的。①這一點對於這樣一些人來說尤其有理，他們和笛卡兒派以及和我們這位著名的作者一起，相信我們對可感性質的簡單觀念和在我們之外的對象中的東西並無相似性；那麼就沒有什麼東西一定迫使這些觀念須建立在某種實在存在的基礎上了。②〕

§4　§5　§6　§7　斐　您至少會同意簡單觀念和複雜觀念之間的這另一區別，即**簡單觀念**的名稱是不能下定義的，而複雜觀念的名稱則能下定義。因爲定義必須包含不止一個名詞，其中每

---

①　感覺對象是否在我們之外存在，是唯物主義和唯心主義鬥爭的一個根本問題。洛克一般是相信感覺對象在我們之外存在的；因此是唯物主義者，但也不徹底，如「反省」得來的觀念，乃至「第二性的性質」的觀念，洛克就也不承認有在我們之外的對象。萊布尼茲這裡的觀點顯然是他唯心主義世界觀的鮮明表現。但他對這問題，不論在這裡或在別處，也都沒有做出什麼「確切的推證」。一般來說，他是根據「前定和諧」的學說來解決這個問題，雖與貝克萊那樣的主觀唯心主義有別，但本身也是一種唯心主義。

②　參閱本書上冊第二卷第八章§21、§24；及本書下冊第四卷第十一章。

一名詞各指一個觀念。這樣我們就看到什麼是能夠或不能夠下定義的，以及爲什麼定義不能無窮追溯；這一點就我所知是迄今未曾有人指出過的。

德 〔我在約二十年前登在萊比錫的學報上的一篇論觀念的小論文③中就也已指出過，簡單的名詞是不能有名義定義的；但我在那裡又曾同時補充指出，當那些名詞僅僅對我們來說是簡單的時（因爲我們沒有辦法來把它們一直分析到構成它們的那些最基本的知覺），如熱、冷、黃、綠，可以得到一種說明其原因的實在定義。這樣，綠的實在定義就是爲藍和黃均勻混合所構成的，雖然綠也同藍和黃一樣不能有使人認識它的名義定義。反之本身就是簡單的名詞，即其概念是明白而清楚的名詞，則不能有任何定義，不論是名義的或實在的定義都不能有。您在登載於萊比錫學報上的這篇小論文中，將可看到一大部分有關理智的學說的基礎，已作了簡要的說明。〕

§7 §8 斐 說明這一點並指出什麼是能下定義的和什麼是不能下定義的，這是好的。而我傾向於認爲，在人們的言論中，由於沒有想到這一點，就常常引起許多爭論並引進許多無意義的胡說。在經院中吵鬧不休的這些有名的概念遊戲，就是由於沒有注意到在觀念中的這種區

③ 即指"Meditationes de Cognitione, Veritate et Ideis"（〈關於認識、眞理和觀念的沉思〉），見G本第四卷，第422-426頁；E本，第79-81頁。

別而來。在藝術上最大的大師們都曾限於讓大部分簡單觀念不加定義，而當他們企圖來下定義時也都沒有成功。例如：人的心靈還能發明一個比亞里斯多德的這個定義中所包含的更精妙的胡說八道（galimatias）嗎？【這定義就是：】運動就是一個在潛能中的東西——就其為在潛能中而言——的實現④。§9而近代人為運動下的定義，是說運動就是從一個位置到另一個位置的過渡，這只是用一個同義詞來代替另一個詞。

德〔我在我們過去的談話中有一處已指出過您常把許多並非簡單的觀念當作簡單觀念。運動就是其中之一，這我認為是能下定義的；而說運動是位置的變化這個定義，也不是當受蔑視的。亞里斯多德的這個定義也不是如您所想那樣的荒謬，【您這種想法是由於】不了解那希臘文 κίνησις 一詞在他那裡不是指我們所說的運動，而是指我們所說的變化，因此，他就給它一個這樣抽象和這樣形上學的定義，而我們稱為運動的，在他是叫做 φορά, latio，是屬於各種變化中的一種（τῆς κινήσεως）。⑤〕

④ 參閱本書上冊第二卷第二十一章§1「德」，亞里斯多德的這一定義，可參看其《形上學》K卷，第九章，1065^b, 16，又《物理學》III.1, 201^b, 4, 201^a, 11.等處。

⑤ 參閱亞里斯多德《物理學》VII, 2, 243^a6以下；又《尼哥馬可倫理學》X, 3, 1174^a, 30。括弧內希臘文大意已見正文。

§10　斐　可是您至少總不會爲這同一位作者對於光所下的定義作辯解吧，他說光是透明的實現⑥。

德　〔我也和您一樣覺得這是毫無用處的，並且他把他的實現也用得太多了，這並不能告訴我們多少東西。透明的（Diaphane）在他是一種媒介，通過它我們就能看得見，而光照他的看法是那在現實的行程中的東西。好嘛，就是這麼一回事。〕

§11　斐　那麼我們都同意我們的簡單觀念是不能有名義定義的，正如我們不會憑施行家的敘述就能認識鳳梨的滋味一樣，除非我們靠用耳朵聽就能嘗到那些東西的滋味，就像桑柯・邦札那樣光憑聽到說就能看見杜爾西妮⑦，或者像那個盲人那樣，他老聽人吹噓說朱紅色如何光輝燦爛，就相信它一定是像喇叭的聲音。

德　〔您是對的；而且全世界所有的旅行家憑他們的敘述也將不能給我們這個國家的一位先生所給我們的東西，他在離漢諾威三里靠近威悉河畔的地方成功地種植了鳳梨，並且已找到

⑥ 參閱亞里斯多德《論靈魂》（*De Anima*）II, 7, 418^b, 9。

⑦ 見西班牙著名作家塞萬提斯（Cervantes, 1547-1616）的《唐吉訶德》第二部第九章及第一部第三十一章。桑柯・邦札（Sancho Panca）是吉訶德的「侍從」，杜爾西妮（Dulcinée）是被唐吉訶德幻想爲貴夫人而向她獻殷勤的一個村婦。

辦法來使它們繁殖，所以我們有一天也許也能像葡萄牙的橘子一樣豐盛地有我們本地產的鳳梨了，雖然在風味方面顯然會有些減色。〕

§12

§13　斐　對於複雜觀念就完全是另一回事了。一個盲人也能知道什麼是雕像；而一個從未見過虹的人，只要他曾見過構成虹的那些顏色，也能了解虹是什麼。§15可是雖然簡單觀念是不能說明的，它們卻仍然是最無可懷疑的。〔因爲經驗比定義更起作用。〕

德　〔可是對於那些僅僅對我們來說是簡單的觀念，卻有某種困難。例如：要確切地指出藍和綠的界限以及一般地說要辨別非常接近的那些顏色就很困難，反之對於算術和幾何學中所用的名詞我們卻能有確切的概念。〕

§16　斐　簡單觀念還有這樣特別的一點，就是它們在那邏輯學家們稱爲範疇系⑧的，從最低的種到最高的屬的表上，極少有下屬等級。這是因爲最低的種既只是一個簡單觀念，我們就不能再從其中去掉什麼；例如：我們就不能從白和紅的觀念中再去掉什麼以留下它們彼此相合的共同現象；就因爲這樣，人們就把它們和黃及其他一起包括在顏色這個屬或名稱之下。而當

⑧ ligne prédicamentale，這裡是指一種邏輯上的表，新柏拉圖派的哲學家波爾費留（Porphyre, 233-304），以及以後中世紀的許多經院邏輯學家，都曾企圖把所有的屬和種，用兩分法按照嚴格的邏輯上的從屬關係，列成一個表，從最高的屬到最低的種的一條線就被後人稱爲「範疇系」。

我們想形成一個也包括聲音、滋味和其他觸覺性質等的更一般名詞時，我們就用性質這個一般名詞，這是照人們給予它的通常意義，有別於廣延、數、運動、快樂和痛苦這些性質，這些都是通過不止一種感官作用於心靈並把它們的觀念引入心中的。

德　〔對這一點我也還有些話要說。我希望在這裡和在別處，先生，您都能公正對待，相信我不是出於一種矛盾抵牾的精神，而是由於事情本身似乎要求這樣做。那些感覺性質的觀念這樣極少下屬等級，以及這樣不能再分爲子類，這並不是什麼好事；因爲這只是由於我們對它們極少認識。可是，一切顏色都共同地爲眼睛所看見，它們都能穿過一些物體，其中某些顏色穿過物體之後又重新顯現出來，而遇到一些不讓光線穿過的物體的光滑表面就會反射回來；這些本身就使人認識到我們是能夠從我們對它們所具有的觀念中去掉某種東西的。我們甚至可以很有道理地把顏色分爲兩個極端（其中一個是正的，即白；而另一個是負的，即黑）和中項，這些中項在特殊意義下也叫做顏色，它們是由光線通過折射產生的；這些又可以進一步細分爲[9]分光鏡的凸面一邊的顏色和凹面一邊的顏色。而顏色的這種區分和再區分是要產生重要後

⑨ 從「和中項……」至此，G 本原文爲“et en moyens qu’on appelle encore couleurs dans un sens particulier et qui naissent de la lumiere par la refraction; qu’on peut encore sous-diviser”etc；譯文從之。E 本和 J 本作“et en moyens qu’on appelle encore sous-diviser”, etc.，即「和中項，這些中項又叫細分爲……」，當有脫誤。

果的。〕

斐　但在這些簡單觀念中怎麼能找到屬呢？

德　〔由於它們只是表面顯得是簡單的，它們伴隨著和它們有聯繫的一些情況，雖然這種聯繫是我們所不了解的，而這些情況就提供了某種能夠解釋的和可作分析的東西，並且也給人某種希望，有朝一日可望能找到這些現象的原因。因此，就發生這樣的情形，即在我們對可感覺性質所具有的知覺中，也如對可感覺的團塊一樣，有一種重複語（pléonasme）；這種重複語就是我們對同一主體有不止一個概念。金子就可以用好幾種方式來下名義定義；我們可以說它是我們所有物體中最重的，說它是最可延展的，說它是一種可溶解的物體而能抵抗坩堝冶煉和鏹水侵蝕的等等。這每一種標誌對認識金子來說都是好的並且是足夠的，至少暫時地、就我們現有物體的狀況來說是這樣，除非到時候發現了一種更重的物體，如某些化學家⑩對他們的哲人之石所自認爲的那樣，或者到了能使人看到這種 Lune fixe，⑪這是一種金屬，據說有銀子的顏色，而有金子的其他差不多一切性質，波以耳爵士⑫似乎說他曾造出了這東西。我們也可

---

⑩ 這裡所謂「化學家」實即指中世紀的煉金術士。近代化學本起源於煉金術。

⑪ 照字面譯即「固定的月亮」，或係一種合金。

⑫ 參閱本書〈序言〉第六段註（第94頁註⑯）。

以說，對於我們僅僅在經驗中認識的東西，我們所有的定義都只是暫時的，如我認爲以上已指出過的那樣。因此，的確我們並沒有以經過推證的方式知道一種顏色是否就不可能僅憑反射而無折射地產生，以及我們迄今在通常折射角的凹部所看到的那些顏色，是否就不能以一種我們迄今還不知道的折射方式在折射角凸部被發現，或者相反的情形。⑬這樣，藍的簡單觀念就會被剝奪了我們基於經驗所指給它的屬。但就停止在我們所具有的藍以及伴隨著它的那些情況上也好。而這也就是它們提供給我們一些東西可用來造成屬和種的了。〕

§17　斐　但對於我們已指出的這一點您將怎麼說呢？這就是：那些簡單觀念既然取自事物

---

⑬ 這裡說的是太陽光通過三棱鏡而分成各種色光的問題。光在發生折射時因各種色彩的光速度不同而被分開。如太陽光經三棱鏡後分爲紅、橙、黃、綠、青、藍、紫七色，如圖，這些可見光均在折射角的凹部而不在凸部。萊布尼茲認爲，這種情況只是迄今爲止就我們的經驗或通過實驗所知是這樣的，我們並不能通過理性的推理來證明它永遠必然如此，因此只是「暫時的」。我們不能肯定將來是否不會發現有相反的情況，如不知道是否只有反射而無折射就一定不能產生色光，也不知道這些可見的色光一定不能在凸部而不在凹部出現。這也是他站在唯理論的立場，否認一切經驗知識的普遍必然性的一貫觀點的一個突出表現。

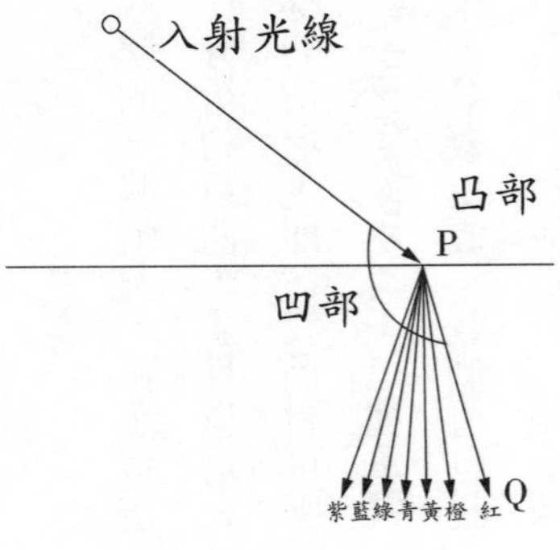

的存在，因此，絲毫不是武斷的；反之那些混合樣式的觀念是完全武斷的，而實體觀念則是在某種情況下武斷的。

德　〔我認爲只是在語詞方面才有武斷的情形而在觀念方面是絲毫沒有武斷的。因爲觀念只表明可能性；所以當從未有過弒父母的事以及當一位立法者每談到它都和梭倫（Solon）⑭一樣不明不白時，弒父母就是一種可能的罪孽，而它的觀念就是實在的。因爲觀念是永恆地在上帝之中並且甚至在我們現實地想到它們之先就已在我們心中的，如我在我們最初的那些談話中就已表明的那樣⑮。如果有人要把它們當作人們的現實的思想，這對他是允許的；不過這樣他就會毫無理由地違反通常已爲人所接受的語言。

---

⑭ 梭倫（Solon，西元前640至前558年），雅典的立法者、改革家。雅典經梭倫的改革後逐步成爲奴隸主民主制城邦。

⑮ 參閱本書〈序言〉開頭處及本書上冊第一卷第一章§1以下。這是萊布尼茲典型的唯心主義先驗論觀點。

第五章　論混合樣式的名稱和關係的名稱

§2 §3 以下　斐　但心靈是照它認爲適當的方式把一些簡單觀念集合在一起以形式混合觀念，而無須實在的模型；反之簡單觀念則是由於事物的實在存在而無可選擇地來到它之中，難道不是這樣的嗎？它難道不是常常在事物存在之先就看到混合觀念嗎？

德　〔如果您把觀念當作現實的思想，這是對的。但我看不出有什麼必要把您的區別應用於這些思想的形式本身或它們的可能性上，可是在有別於現存世界的理想世界方面，所涉及的正是這種形式本身或可能性。那些並非必然的東西的實在存在，是個事實問題或歷史問題；但對於可能性和必然性（因爲必然的就是其對立面絕不可能的）的知識則構成推證的科學。〕

斐　可是，難道在殺的觀念和人的觀念之間，就比殺的觀念和羊的觀念之間有更多的聯繫嗎？「弑父母」比起「殺嬰兒」來，就是由更有聯繫的概念構成的嗎？還有英國人所說的stabbing（刺），也就是用劍或刀尖刺殺，這在他們是比用刀劍的刃砍殺更嚴重的，難道比之於人們並未賦予一個名稱和觀念的行爲如殺死一隻羊或用刀割死一個人，就更自然值得特地給予一個名稱和一個觀念嗎？

德　〔如果僅僅涉及可能性，則所有這些觀念都是同等地自然的。那些看到過殺羊的人就在思想中有一個這行爲的觀念，雖然他們不屑給予注意①。那麼，爲什麼當問題涉及觀念本身的時候我們卻自限於名稱，又爲什麼當問題一般地涉及所有這些觀念時卻單只執著於看重混合樣式的觀念呢？〕

§8 斐 人們既是武斷地形成各種各樣的混合樣式，這樣就使我們發現一種語言中的有些語詞是在另一種語言中沒有任何語詞和它們相對應的。在其他語言中沒有一個詞可以相當於羅馬人所用的 Versura②一詞，或猶太人所用的 Corban③一詞的。人們大膽地把拉丁文中的 hora，pes，和 libra 等詞譯成 heure（hour——小時），pied（foot——呎）和 livre（pound——磅）；但羅馬人的觀念和我們的是不相同的。

---

① 後半句從G本，E本原文作"quoiqu'ils ne lui aient point donné de nom, et ne l'aient point daigné de leur attention."（J本在"daigné"之後有"honorer"，餘同E本）如此則譯文當作：「雖然他們沒有給予名稱，並不屑給予注意（來尊崇它——J本）」。

② 拉丁文 versura，照字面的意思就是「轉圈」，在古典文獻中用以指「借錢還債」，只是換了個債主而並未解除債務。後來在格言中這詞的意思就是指「擺脫一種困難又陷入另一種新的困難」。

③ 源出希伯來文，原意是指奉獻給上帝的任何東西，特別是用來「還願」的，也即「犧牲」或「供品」之意，後來則變成指專爲貢獻給上帝以免除自己應盡的義務的東西。參閱《馬可福音》第七章第十一至十三節；《馬太福音》第十五章第五、六節。《聖經》公會版中文《新舊約全書》這詞音譯作「各耳板」。

德　〔我看到，我們在涉及觀念本身和它們的種時所已討論過的很多東西，現在乘討論這些觀念的名稱之機又回來了。對於名稱和對於人們的習慣來說，您所指出的一點是好的，但這在科學上以及在事物本性上絲毫無所改變；的確，要是一個人來寫一部普遍的語法，他將會從語言的本質過渡到它們的存在並且來比較幾種語言的語法；同樣地如一位作者，要來寫一部從理性引出的普遍法學的書，也將會把各民族並行的法律和習慣結合起來，這不僅對於實踐，而且對於思考都會很有幫助，並且會給作者本身一種機會，來考慮到否則就會被忽略過去的許多問題。可是，在這科學本身，撇開它的歷史或存在來看，則各民族符合於理性所命令者與否是毫不重要的。〕

§9　斐・種（Espèce; Species）這個詞的可疑的意義，使得有些人聽到說混合樣式的種是由理智形成的就覺得不能接受。但我讓別人去想一想是誰確定一個類（sorte; sort）或種（Espece; species）的界限的，因爲這兩個詞在我看來完全是同義詞。

德　〔是事物的本性，通常確定這些種的界限；例如：人和禽獸的界限，刺和砍的界限。可是我承認，有一些概念眞正是有武斷的情形的；例如：當涉及決定一英尺時就是這樣，因爲直線即是齊一和不定的，自然並沒有在其中標出界限。也有一些空泛而不完善的本質，是有意見參與其中的，如當有人問一個人至少須留下多少頭髮才不算禿子時就是這樣，這是古人的詭辯論之一，當時有人追逼他的對手：

Dum cadat elusus ratione ruentis acervi.④

但眞正的答案是，自然並沒有決定這個概念，意見是在其中起作用的，有一些人是禿子與否是可以懷疑的，也有一些是模棱兩可的，對有些人來說被當作禿子而對另一些人則並不，就正如您曾指出過的，一匹馬在荷蘭被看作小的，在威爾斯則會被看作大的。也有一些眞正是**半名義的本質**，在這裡名稱就進入事物的定義之中，例如：博士、騎士、大使、國王等名位或資格，當一個人有得到承認的權利來用這種名稱時，就被承認具有這種名稱或資格了。而一位駐外公使，不論具有怎樣的全權和有多大的威儀，如果不在任命他的國書上給他**大使**的稱號，他也不會被看作大使。但這些**本質和觀念**之爲**空泛的**、**可疑的**、**武斷的**、**名義的**，其意義和您所曾提到的稍有不同。〕

§10 斐　可是名稱似乎常常保存了您認爲並非武斷的那些混合樣式的本質；例如：要不是凱旋（triomphe）這個名稱，我們就不會有在羅馬人中每逢這種場合所經過的情形的觀念。

德　〔我同意名稱有助於引起對事物的注意並有助於保存記憶和現實的知識；但這絲毫無

④ 見賀拉西（Horace）《書信》（*Epist*.2, 1, 47），大意是：「穀堆一直要減少到什麼程度才算不成其爲堆了。」

補於所涉及之點，也不會使本質成爲名義上的，我不懂爲什麼你們諸位先生總是竭盡全力要讓本質本身依賴於名稱的選擇。本來可以希望您那位著名的作者，不要堅持在這個問題上費工夫而毋寧更多地來討論一下觀念和樣式的細節，把它們的各種花樣變化加以排列和發揮。我將會很高興在這條道路上追隨著他並且會很有成果。因爲他無疑會給我們很多啓發。〕

§12　斐　當我們說到一匹馬或說到鐵時，我們把它們看作是爲我們的觀念提供了原型的事物；但當我們說到作爲道德上的東西的混合樣式或至少最大部分的這種樣式，如正義或感恩等等時，我們把它們的原本模型看作是存在於心靈中的。就是因爲這樣，我們說正義的概念（notion）、節制的概念；但我們不說一匹馬或一塊石頭的概念。

德　〔這一些觀念的原型和另一些觀念的原型是一樣實在的。心靈的性質並不比物體的性質少實在些。誠然我們並不能像看見一匹馬一樣看見正義，但我們對它的理解並不差些，或甚至理解得更好些；正義之在行爲中，並不比直和斜之在運動中差些，不論人們考慮到它與否。而爲了使您看到人們是照著我的意見的，而且甚至在人事方面最能幹和最有經驗的人都是這樣，我只要援引那些羅馬法學家的權威就夠了，他們爲所有其他人所遵從，稱這些混合樣式或道德上的東西爲事物，特別是無形體的事物。因爲例如：地役權（如通過鄰居的場地的權利）

在他們就叫做 res incorporales⑤，對它是有所有權的，人們可以由於長期使用而獲得這種所有權，對此可以占有並可以要求歸還。關於概念（notion）這個詞，許多很高明的人也都把它看作和觀念（Idée）一詞一樣意義很廣泛；拉丁語中的用法並不與觀念相對立，我不知道英語或法語中的用法是否就與此相反。⑥〕

§15 斐 還要指出人們是在學會混合樣式的觀念之前先學會名稱；名稱使人知道這一觀念是值得予以注意的。

德 〔指出這一點是好的，雖然今天兒童們藉助於詞彙，的確在事物之先通常不僅學會了樣式的名稱，而且還學會了實體的名稱，甚至比樣式的名稱還更多地學會了實體的名稱；因爲這是這些詞彙的一個缺點，人們只在其中列了名詞而不列動詞，沒有考慮到動詞雖然是指一些樣式，但在會話中是比標誌著特殊實體的大部分名詞更必要的。〕

---

⑤ 拉丁文，意即「無形體的事物」。

⑥ 參閱本書上冊第二卷第二十二章§2 notion 一詞，有人譯作「意念」，但通常譯作「概念」，本書也譯作「概念」。法語 idée, notion, conception，英語 idea, notion, conception 或 concept，德語 Idee, Vorstellung, Begriff，以及拉丁語 idea, notio, conceptus 或 conceptio 等詞，在各個不同的哲學家常因在認識論上或世界觀上的主張不同而含義或用法不同，有的有區別，有的也沒有區別。在中文譯名中也有「觀念」、「理念」、「概念」、「意念」、「總念」等等不同譯法，很難統一。洛克認爲 Idea 和 Notion 有區別，萊布尼茲就認爲並沒有多大區別。

第六章　論實體的名稱

§1　斐　實體的屬和種，也像其他東西的【屬和種】一樣，無非是一些類（sortes）。例如：那些太陽就是星的一個類，就是說它們是一些恆星，因爲人們相信，每一恆星，對於一個處於適當距離的人來說，都會被認作一個太陽，這不是沒有道理的。§2而限定每一個類的就是它的本質①。它或者是由於其內部結構而被認識，或者是由於外部標誌而使我們認識並以某一名稱來稱它；而像這樣，我們可以認識史特拉斯堡的那大鐘，或者是作爲製造了這大鐘的鐘錶匠【那樣能認識其內部結構】，或者是作爲一個觀看者那樣只看到其結果。

德　〔如果您是這樣來說明，我就絲毫沒有什麼可反對的了。〕

斐　我表達的方式要適宜於不再重新引起我們的爭論。現在我要補充說：本質僅僅和類相關聯，而對個體來說，沒有什麼東西是本質的。一件偶然事故或一場疾病可以改變了我的皮色或體態；一場熱病或跌了一跤可以使我喪失理性和記憶，一次中風可以把我弄得既沒有感覺也沒有理智，也沒有生命。如果有人問我，具有理性對我來說是否本質的，我將回答說：否。

德　〔我認爲對個體來說是有某種本質的東西的，並且比人們所想的更多。活動對於實體，受動對於被創造的實體，思想對於心靈，具有廣延和運動對物體，都是本質的東西。這就是說，有一些類或種，當一個個體一旦屬於它們之後，則不論在自然中可能發生什麼變革，都

① E本無此句，譯文從G本。

不能不再屬於它們（至少就自然地來說是這樣）。但有一些類或種，對於個體來說（我承認）是偶然的，它們可以不再屬於這個類。像這樣，人們就可以不再是健康的、美麗的、博學的，甚至不再是看得見和摸得著的，但不能不再是有生命和有器官，以及有知覺的。我在上面已經充分說明，爲什麼生命和思想對人來說有時顯得停止了，雖然它們其實還仍舊是持續著並且有其效果的。〕

§8 斐 有很多個體，安排在一個共同名稱之下，被看作屬於同一個種的，卻有一些性質，依賴於它們實在的（特殊的）構造，是非常不同的。這是所有考察自然物體的人都毫無困難地可以觀察到的，而那些化學家，由於一些不如意的經驗，也常常深信這一點，他們在一塊銻、硫磺和硫酸鹽中去找他們在這些礦物的其他部分曾找到過的性質，就往往找不到。

德 〔沒有比這話更眞實的了，並且我自己也能說一些這方面的新情況。也曾特地寫過一些書 de infido experimentorum chymicorum successu。②但這是人們弄錯了，把這些物體當作**相似的**或齊一的，而其實它們是比人們所想的更爲混雜的；因爲在**不相似的**物體中，看到各個體之間的不同就沒有什麼奇怪，而人體的體質和自然稟性是多麼不同，這一點醫生們知道得只能說太多了。總之一句話，人們永遠也不會找到邏輯上最低級的種，如我以上所已指出過的，並

---

② 拉丁文，意即：「論實驗化學的不可靠的結果。」

且絕沒有屬於同一個種的兩個實在或完全的個體，是完完全全一樣的。③〕

斐　我們沒有注意到所有這些差別，因爲我們不知道那些微小的部分，因此，也不知道事物的內部結構。我們也不用它來決定事物的類或種，而如果我們想用這些本質或用經院哲學中稱爲實體的形式的來這樣做，我們就會像一個盲人想按照顏色來安排物體一樣。§11我們甚至也不認識精靈的本質，我們不能形成天使的不同的種的觀念，雖然我們很知道應該是有很多種的精靈。在我們的觀念中，我們也似乎不以任何數量的簡單觀念來在上帝與精靈之間作任何區別，只除了我們將無限性歸之於上帝。

德　〔照我的系統，在上帝和被創造的精靈之間卻還有另一種區別，這就是，照我看來，一切被創造的精靈也都得有身體，正如我們的靈魂有一個身體一樣。④〕

§12　斐　我認爲在形體與精靈之間至少有這樣一個類似之點，即正如形體世界的各變種之間沒有一個空隙一樣，在有心智的被創造物方面其變種也不會少些。從我們本身開始到最低級的事物，這是一個下降的階梯，是由極小的梯級和事物的連續序列構成的，每一級和相隔一

---

③ 參閱本書〈序言〉第十一段、本書上冊第二卷第二十七章§1「德」，及《單子論》§9等處。認爲宇宙間沒有兩個事物完全一樣，這是萊布尼茲的一個著名觀點。

④ 參閱本書〈序言〉第十二段、本書上冊第二卷第一章§12與第十五章§4「德」等處。

級的區別是非常小的。有一些魚就有翅膀，對它們來說空氣是並不陌生的，而有些鳥卻住在水中，也和魚一樣是冷血的，並且它們的肉滋味和魚是如此相似，以致對很守規矩的人也可允許在小齋日⑤來吃它。有些動物既如此接近鳥類又接近獸類，以致是處於兩者的中介的地位。兩棲類同等地既可看作陸上動物也可看作水生動物。海豹既生活在陸地也生活在海中；而小海豚（它的名稱就意指海裡的豬）有豬的熱血和內臟。就不說據有人所報導的那種人魚⑥了，有一些動物似乎具有和被稱爲人的動物一樣多的知識和理性；而在動物和植物之間也如此接近，如果你拿最不完善的動物和最完善的植物來看，你幾乎看不出其間有什麼大的差別。這樣直至我們達到**物質的最低級和最少有組織的部分**，我們將發現到處物種都連結在一起，僅以幾乎感覺不到的程度彼此相區別。而當我們考慮到造物主的無限智慧和能力時，我們有理由想到，各種不同的被創造物從我們開始逐步上升以趨向他的無限的圓滿性，這事是符合**壯麗的宇宙的和諧**，和符合這位至高無上的建築師的偉大設計以及他的無限的善的。因此，我們有理由深信，在我們之上，比在我們之下有多得多的被創造物的種，因爲我們在圓滿程度上離上帝的無限存在，比離那最接近於無物的要遠得多。可是我們對所有這些不同的種都沒有任何明白清楚的觀念。

⑤ 原文爲 les jours maigres，英譯及洛克原書均作 fish-days，即照宗教上的規矩不許吃肉但可以吃魚的日子。

⑥ 原文爲 hommes marins，直譯即「海裡的人」，洛克原書作 mermaids or seamen 即「人魚」。

德　〔我本來打算在另一個地方來說一點和您，先生，剛剛所講的很相近的看法；但當我看到您說的這些比我曾希望說的還更好時，我也很高興已被您占了先。一些高明的哲學家曾處理這個問題：utrum detur vacuum formarum，⑦這就是說，是否有一些可能的種，卻並不存在，而可能是自然似乎已把它們忘記了。我有理由相信，並不是一切可能的種在宇宙中——儘管宇宙是如此之大——都是可共存的⑧，並且不僅對於同時一起存在的事物來說是如此，而且對於事物先後相繼的整個序列來說也是如此⑨。這就是說，我相信必然有一些種是從未存在過並且將來也永不會存在的，因爲它們是和上帝所選擇的這一被創造物的序列不相容的。但我相信宇宙的圓滿和諧所能接受的一切事物是都在其中存在的。除了相差很遠的被創造物之外還有夾在它們中間的一些中介的被創造物，這事是符合這同一種和諧的，雖然這些並不總是在同一星球上或系統中，而那在兩個種中間的東西，有時是相對於某些一定的情況而不是相對於

---

⑦ 拉丁文，意即：「是否有虛空的形式」。關於這個問題，可參閱《神正論》第一部分§14；給培爾的答覆，G本第四卷第570頁，E本第190頁b。

⑧ 「可共存」，原文爲“composible”，直譯詞義可作「共同可能的」。

⑨ 這句話的意思就是說：有些種不僅在宇宙中同時存在是不可能的，而且先後出現也不可能，或即使不同時也不可能都存在於宇宙中。

其他情況來說才是如此。鳥在別的方面和人是如此不同，卻在說話方面和人相近；但如果猴子也和鸚鵡一樣會說話，那它們就會進到更遠。連續律[10]宣布自然不讓它所遵循的秩序之中留有空隙；但全部形式或種並不就構成整個秩序。至於精神或精靈，因我主張一切被創造的心智都有有機的身體，它們的圓滿性和心智或心靈的圓滿性相當，這心靈是由於前定和諧（pre-established harmony）而在這身體之中的；我主張爲了對在我們之上的精靈的圓滿性有所設想，也想像一下那種超過我們自己的身體器官的圓滿性是會很有幫助的。正是在這場合，最活躍和最豐富的想像力，以及我用一句義大利語來說——我不知道用其他語言怎樣很好表達——就是 l'invenzione la più vaga[11]，將會最適時地把我們提高到超出我們之上。而我爲了維護我的【前定】和諧系統——它把上帝的神聖圓滿性頌揚推崇到超乎人們所曾想到的之上——所說的那些道理，也將有助於獲得比人們迄今所曾有過的更偉大得無比的關於被創造物的觀念。」

§14[12] 斐 現在回頭來談甚至在實體方面，種也很少實在性這個問題，我請問您：水和冰

⑩ 參閱本書〈序言〉第九段、本書下冊第四卷第十六章§12「德」，以及《神正論》第三部分§348，給培爾的信、G本第三卷第52頁、E本第104頁等處。

⑪ 義大利文，大意就是：「最異想天開的遐想」。

⑫ 照洛克原書當作§13，法文各版本均作§14，是一個錯誤，因下節也作§14。

是否屬於不同的種？

德　〔我也反過來請問您，熔化在坩堝內的金子和冷卻凝結成錠子的金子是否屬於同一個種？〕

斐　沒有回答問題的人倒提出了另一個問題

Qui litem lite resolvit.⑬

可是您以此將承認把事物歸結爲各個種單只和我們對它們所具有的觀念有關，這對於用名稱來對它們加以區別已足夠了；但如果我們假定這種區別是基於它們內部的實在構造，並且假定自然是憑事物的實在本質來把存在的事物區別爲這樣許多種，就像我們憑這樣那樣的名稱來把事物區分爲種的方式一樣，那我們就將是犯了很大的錯誤。

德　〔在**種**或**屬於不同的種**這種名詞中是有某種歧義的，這就引起所有這些混亂，而當我們消除了這種歧義時，則也許除了名稱之爭之外就再沒有什麼可爭論的了。對於種，我們可以從數學方面來看和從物理方面來看。照數學的嚴格意義來看，使兩個東西根本不相似的一點最

⑬ 見賀拉西：《諷刺詩》（*Satires*），2, 3, 103，大意就是：「他以爭論來解決爭論。」

小的區別，就使它們有了種的區別。就是這樣，在幾何學中，所有的圓都是屬於同一個種的，因爲它們全都是完全相似的，由於同樣的理由，所有的拋物線也都是屬於同一個種；但橢圓和雙曲線就不一樣，因爲它們就有無窮數量的類或種，而每一個種之中又有無窮數量。不計其數的所有橢圓，凡是其焦距和頂點的距離有同一比率的，都屬於同一個種；但由於這兩種距離的比率，只是在數量大小上有變化，因此，全部橢圓的無窮數量的種只構成唯一的一個屬，而不能再細分了。反之，一種有三個焦點的卵形就甚至會有無窮數量這樣的屬，並且會有無窮地無窮數量的種；因爲每一個屬都有一個簡單地無窮數量的種。照這種方式，兩個物理的個體就將永不會完全一樣；尤有甚者，同一個個體也將會從一個種過渡到另一個種，因爲每一個體超出一剎那之外也永不會和它本身完全一樣。但人們在確立物理上的種時並不固執這樣的嚴格性，並且可以由他們來說他們能使之回復到它們最初形式的一堆東西照他們的觀點就繼續是屬於同一個種。這樣，我們就說水、金子、水銀、普通的鹽都繼續保持是那同一種東西，僅僅是爲通常的變化所掩蓋著；但在有機體或植物與動物的種方面，我們是據其世代生殖來確定種⑭，所以那來自或可能來自同一起源或種子的相似的東西就是屬於同一個種。在人方面，除了人的世代生殖之外我們還著眼於理性的動物這種性質；而雖然有些人，一輩子繼續像禽獸一般生活，

⑭ 參閱本書下冊第三卷第三章§14「德」(2)（第42-43頁）。

我們仍推定這不是他們缺乏這種功能或原則，而是由於有一些障礙，妨礙了這種功能的發揮作用；但現在還未能確定，是否可如人們想認爲那樣，據一切外部條件就足以作出這種推定。可是，人們對於他們的命名法以及對於依附於名稱的權利不管定了怎樣的規則，只要他們的規則得到遵守或緊跟並且是可理解的，則這種規則就是以實在爲基礎的，而人們不可能想像出一些種，不是自然——它甚至包括了各種可能性——在他們之先就已造成或區別出來的。至於說到內部，雖然沒有什麼外部表現不是以內部構造爲基礎的，但的確同一種表現有時可能是兩種不同構造的結果；可是其中會有某種共同的東西，這就是我們的哲學家們所說的接近的形式因（la cause prochaine formelle）。但雖然不會是好像馬略特（Edme Mariotte）先生⑮所說的，虹的藍色和土耳其玉的藍色，由於沒有共同的形式因，就有完全是另一種的起源（在這一點上我是完全不同意他的意見的），並且雖然人們會同意，某些表面顯現出來的，使我們給予名稱的性質，並沒有內部共同的東西，我們的定義卻仍然是在實在的種中有其基礎的；因爲現象本身也是實在。因此，我們可以說，凡我們眞實地加以區別或比較的東西，自然也加以區別或使之符合的，雖然自然的區別和比較是我們所不知道並且也許是比我們的區別和比較更好的。因此，還須大加小心並且有大量的經驗，才能以一種足夠接近自然的方式確定屬和種。近代的植

⑮ 參閱本書上冊第二卷第三章註（第101頁註①）。

物學家認爲據花的形式所作的區分最接近自然的秩序。但他們在其中還是發現有不少困難，並且不要僅僅根據一種基礎——如我剛才所說那樣，就根據從花所得的基礎，這也許是迄今對於一個可以過得去的系統來說最恰當的並且最適合於初學者的——而是還要根據從植物的其他部分和情況所得的一些基礎，來作比較和分類排列，是適宜的。每一種比較的基礎都值得分別列成表；要是沒有這些表，許多次級的屬，以及許多比較、區分和有用的觀察，就會滑過去。但我們對種的生殖考察越深入，在作分類時越是遵照所要求的條件，我們就將越接近自然的秩序。因此，如果某些明智人士的猜測被發現是眞的，即在植物中除了那相當於動物的卵的胚種（graine）或被認識的種子（semence）之外，還有另一種可稱雄性的種子（也就是一種花粉【pollen】，常常是看得見的，雖然有時也許是看不見的，就如那胚種本身在某些植物是看不見的一樣），由風或其他通常的偶然原因把它散布開來以便與胚種相結合，這花粉有時就來自同一棵植物，而有時（如在大麻）也來自相鄰的另一棵同種植物，而這另一棵植物因此也就可比作雄性的，雖然那雌性植物也許也絕不是完全沒有這同一種花粉；如果這種猜測（我說）被發現是眞的，並且如果植物生殖的方式變得更爲人所認識了，那麼我就毫不懷疑，我們在這方面所看到的形形色色的變種，將能提供一種極爲自然的分類的基礎。而倘若我們能具有某些更高級的天才的洞察力，並能足夠充分地認識事物，則我們也許就能爲每一個種找到一些固定的屬性，爲它的一切個體所共同，並且永遠存在於同一活的有機體中，而不管可能發生怎樣的改變或變形；正如在最爲我們所認識的物理的種即人這個種中，理性就是一種這樣的固定屬性，它賦予每一個體並且是永遠不會喪失的，雖然我們不是永遠能察覺到它。但既然沒有這樣的知識，我們就用那些對我們顯得最適於來區別和比較事物、總之是最適於來認識事物的種或類的屬性；而這些屬性是永遠有其實在基礎的。〕

§14 斐 爲了區別實體性的東西，照通常的假定是認爲有事物的某些本質或確切的形式，所有現存的個體就據以自然地區別爲各個種，這樣就得要保證：**第一**，§15自然在產生事物時，永遠向自己提出使它們分有某些合乎正規的、確定的本質，就像分有模型那樣；以及**第二**，§16自然永遠達到了這目的。但那些怪物就使我們有理由來對這兩點都表示懷疑。§17**第三點**，還得要決定這些怪物是否其實屬於另外一個新的種，因爲我們發現，這些怪物中的有一些，就很少或根本沒有這樣一些性質，人們假定這些性質是從這個種的本質產生的，它們由此得其起源，並且它們似乎是由於其出生而屬於它的。

德 當問題涉及要決定怪物是否屬於某一個種時，人們常常歸結到作一些猜測。這就使人看到，那時我們是並不自限於考慮外部條件的⑯；因爲在有些個體缺乏一部分通常在這個種中所發現的**外部**標誌的場合，我們就想猜測爲這樣一個種的個體所共同的那**內部**本性（例如：理

⑯ E本作"intérieur"（「內部的」），誤，G本作"extérieur"（「外部的」）。

性之在人）是否還適合於（如其出生使人猜想到的那樣）這些個體。但我們的不確定對事物的本性毫不相關，並且如果有這樣一種內部的共同本性，則不管我們知道與否它總是在或不在那怪物之中的。而如果在其中找不到任何一個種的內部本性，則那怪物可能是屬於它本身的種。但如果在所涉及的那些種中沒有這種內部本性，並且如果也不能憑出生來決定，那麼就只有僅僅靠外部⑰標誌來決定種了，而那些怪物也將不是屬於它們所偏離的那個種，除非是以某種有點空泛的和某種任意的方式來看待它；而在這種情況下，我們費神想來猜測其所屬的種也將是徒勞的。您對於把種當作內部的實在本質所持的全部反對意見，所要說的意思也許就正是這一點。那麼，先生，您就應該來說明，當外部的標誌完全沒有時，就也沒有內部共同的種的特性。但在人這個種方面就發現相反的情形，在這裡，有時有些兒童有某種怪異的現象，而到了一定年齡就顯出了理性。那麼爲什麼在其他的種就不能有某種相似的情況呢？誠然，由於缺乏對它們的認識，我們不能用來爲它們下定義，但外部標誌可取代其地位，雖然我們承認要有一個確切的定義這是不夠的，並且名義的定義本身在這些場合也只是猜測性的；而我在以上已經說過怎麼有時它們只是暫時的。例如：我們可能會發現一種辦法來僞造金子，以致使它能滿足迄今我們所有的一切試驗；但那時我們也會能夠發現一種新的試驗辦法，可用來鑒別自然的金

⑰ E本作“intérieure”，也係“extérieure”之誤。

子和**這種人造的金子**。老的報紙上把這兩種發現都歸之於薩克森的選帝侯奧古斯都（Augustus I）⑱；但我不是這樣的人，要來保證這是事實。可是如果這是眞的，我們就可以有一個比我們現在所有的**更完全的對金子的定義**，而如果這種人造金子能夠大量製造並且很便宜，就像煉金術士們所吹噓的那樣，那麼**這種新的試驗法**也就會很重要；因爲用這種試驗辦法我們就可以爲人類保存**自然的金子**在通商貿易中以其稀有而給我們的一種好處，它爲我們提供了一種物質，既是持久的、齊一的、易於分割又易於辨認，同時又體積很小而很貴重。我想利用這個機會消除一個困難（請看《理智論》作者〈論實體的名稱〉這一章的§50）。所提出的反駁是說：當我們說**一切金子都是固定的**時，如果金子的觀念是被理解爲某些性質的堆集，其中包含著固定性，那麼這就只是提出了一個同一的和徒勞無益的命題，就好比說固定的是固定的一樣；但如果是理解爲一種實體性的存在，賦有一定的內部本質，固定性是其引出的結果，那麼所說的是不可理解的，因爲這種實在本質是人們完全不知道的。我回答說：這物體賦有這種內部構造是由其他外部標誌指明的，而這些外部標誌中並不包含固定性；就好比有人說：一切物體中最重的也是最固定的物體之一。但所有這一切都只是暫時的，因爲有朝一日我們可能會發現一種

---

⑱ 奧古斯都（Augustus I），於一五五三至一五八六年任選帝侯，據說和他的妻子、丹麥的安娜一起都酷好煉金術。

很活躍的物體，好像可能是一種新的水銀那樣，它又比金子更重，金子在它上面可以浮起來，就像鉛浮在我們的水銀上面一樣。

§19 斐 的確，照這種方式我們永遠不會確切地認識依賴於金子的實在本質的特性的數目，除非我們認識了金子的本質本身。§21〔但如果我們確切自限於某些特性，這將足夠使我們有一些確切的名義定義供我們現在之用，只要能讓我們在某種新的有用的區別要是發現了時有權來改變名稱的意義。〕但至少必須這定義符合名稱的習慣用法，並能被用來代替它的地位。這就可用來駁斥那些主張廣延構成物體的本質的人，因爲當我們說一個物體推動了另一個物體時，如果以廣延來取代物體，說一個廣延通過衝擊而使另一個廣延運動，那就顯然是荒謬的，因爲還必須加上堅實性。同樣地，我們也不說理性或那使人成爲有理性者的東西在做談話；因爲理性也並不構成人的全部本質，那是理性的動物彼此間在談話。

德 我認爲您是對的：因爲不完全的抽象觀念的對象是不足以給主體以全部事物的活動的。可是我認爲談話是適合於一切心靈的，他們彼此間能溝通思想。經院哲學家們曾爲天使們如何能做到這一點大傷腦筋；但如果他們也承認天使有精妙的身體，如我追隨古人之後所做的那樣，那在這方面就不會再有什麼困難了。⑲

⑲ 參閱本書〈序言〉第十二段、本書上冊第二卷第一章§12與本章§8「德」(2)，及《給德·鮑斯的信》，見G本第二卷第316、319頁，E本第439、440頁。

§22 **斐** 有一些生物形狀和我們一樣，但多毛，並且不會運用語言和理性。在我們之中有一些白痴[20]，樣子完全和我們一樣，但沒有理性，其中有些也不會說話。有一些生物，據說會說話和有理性，並且在其他方面也和我們相似，但有長毛的尾巴[21]；至少有這樣的生物這事不是不可能的。有另外一些生物雄的沒有鬍子，而別的一些生物雌的卻有鬍子。如果有人問所有這些生物是不是人，是否屬於人這個種，則顯然這問題僅僅與名義的定義有關，或與我們所造成以便用這名稱來標誌它的複雜觀念有關：因爲內部的本質是我們絕對不知道的，雖然我們可以有理由來設想，其功能或外部形狀如此不同的地方，內部構造是不一樣的。

德 我認爲在人這個問題上我們是有一種同時既是實在的又是名義的定義的。因爲沒有什麼比理性對人來說更內在的了，而通常它是很可以認識的。因此，鬍子和尾巴不應該和理性放在一起來考慮。一個森林中的人雖然長了毛也能使人認出是人；而長了無尾猿（magot）

---

⑳ 原文爲"imbéciles"，洛克原書作"naturals"，指天生的白痴。

㉑ 這裡所提到並爲洛克所相信的關於長尾巴的人的神話，多半是由當時一些到非洲去旅行的人誤傳出來的，他們或者是由於自己極表面的觀察，或者是輕信了當地某些土著黑人的話，把某種類人猿如猩猩之類和人搞混淆了，有些黑人把這種類人猿誤認爲是有理性但未開化的人；也可能是當地有些黑人的服飾，有把動物的尾巴作爲裝飾的，而被誤認爲人長了尾巴。

的毛並不就使他被排除於人之外。白痴缺乏理性的運用；但由於我們憑經驗知道理性是常常受束縛和不能表現出來的，並且這種情況發生在那些曾表現出和將表現出理性的人身上，因此，我們大概會據其他的一些徵象，即據身體的形狀，對這些白痴作出同樣的判斷。就只是憑這些徵象，再與出生相結合，我們認定嬰兒是人，並將會表現出理性；而我們在這點上也很少受騙的。但如果有一些有理性的動物外表的樣子和我們有點不同，我們就會覺得困惑了。這就使我們看到，我們的定義，當它們依賴於身體的外表時，是不完全的和暫時的。如果有一個人自稱是天使，並且知道或知道做一些遠遠超出我們之上的事情，他可能會叫人相信。如果另外有個人，像貢薩雷斯那樣，利用某種異常的機器從月亮上來[22]，並且告訴我們許多他出生的國度中的可信的事情，他會被當作是月亮上的生物；而人們可能會給他民權和公民權以及人的稱號，儘管他在我們這個星球上是個異邦人；但如果他要求受洗禮並且想依照我們的法律被接受為一個新入教者，那我相信我們就會看到在神學家中引起一場大爭論。而如果和這些行星上的人——照惠更斯先生的看法是和我們很接近的——的交通被打開了，這問題也許將值得召開一

㉒一六四八年在巴黎出了一本書，以後曾多次再版，書名就叫《月亮中人，或在月亮世界上的奇異旅行，由西班牙探險家多明尼克·貢薩雷斯新發現……》，是一種幻想小說，是英國高德文（Fran Godwin）所作書的法譯本。英國小說家斯威夫特《格列佛遊記》據說有些就取材於該書。

次萬國宗教會議，來決定我們是否應該把傳播信仰事業甚至擴大到我們這個星球之外去。許多人無疑會主張，那國度的有理性動物既不屬於亞當的種族，耶穌基督的救贖對他們是無份的；但另外一些人也許會說，我們既不充分知道亞當曾經始終在哪裡，也不知道他的全部後裔曾做了些什麼，因爲甚至有些神學家曾相信月亮就是天堂樂園的所在地；而也許通過多數表決我們將決定最靠得住的一件事，那就是在這些可疑的人能感受洗禮的條件下爲他們施洗禮；但我懷疑人們竟會願使他們成爲羅馬教會的神父，因爲他們的奉獻禮將始終是可疑的，而且照這個教會的假說，我們將會使人冒陷於一種物質的偶像崇拜的危險。幸而事物的本性使我們免除了所有這些麻煩；可是這些怪誕的幻想在思辨上是有用處的，可以使我們很好認識我們觀念的本性。

§23 斐 不僅是在神學問題上，而且還有在別的場合，有些人也或許想以種族來作自己的規範，並且說在動物方面通過雌雄交配的生殖以及在植物方面利用種子的生殖，使那些被假定的實在的種保持分明不雜和成爲完整的純種。但這只能用來確定動物和植物的種。其餘的又怎麼辦呢？而且即使對於動植物兩者來說這也是不夠的，因爲如果要相信歷史的話，女人就曾有從無尾猿受孕的。而這樣產生出來的東西應該屬於什麼種，這就是一個新問題。我們常常看到那些騾子和鳩馬（jumart）（請看麥那其（Gilles Ménage）㉓先生的《法語語源辭典》），前者是由驢和馬交配所生，後者是由公牛和母馬交配所生。我曾見過一個動物是由貓和老鼠所生，它有著顯然可見的這兩種動物的標誌㉔。誰要是在這些之外再加上一些奇形怪狀的產物，就會看到，要憑生殖來決定種是很不容易的；並且如果只有用這辦法才能這樣做的話，那麼難道我非得跑到印度去看一看一隻老虎的父母和茶樹的種子不可，否則就不能判斷來到我們這裡的這些個體是否屬於這些種了嗎？

德　生殖或種族至少是給人一種很強而有力的**推定**（也就是暫時的證明），並且我已說過我們的標誌往往只是猜測性的。種族有時爲形狀所背離，如當小孩不像父母親時就是這樣，而形狀的混合並不始終是種族混合的標誌；因爲也可能發生這樣的情況，即一個雌性動物生下一個仔，樣子好像是屬於另一個種的，而僅僅由於母親的想像力就可以引起這種不規則現象；就不必說那所謂**鬼胎**㉕了。可是人們在通過種族（race）來判斷種（espèce）的同時，也通過種

㉓ 麥那其（Gilles Ménage, 1613-1692），法國語言學家，對法語的語源和規律有專門研究，其所編書初版出於一六五〇年，稱《法國語言的起源》，一六九四年由 A. F. Jault 加以擴充修訂出一新版，始稱《法語語源辭典》。

㉔ 這也如以上已提到的「長尾巴的人」一樣，是觀察不深入，匆忙下結論得出的錯誤看法，是沒有科學根據的。

㉕ mola，即子宮中不成形的肉塊。

來判斷種族。因爲如有人給波蘭國王約翰·卡齊米爾（Jean II., Casimir V.）[26]送來一個森林裡的野孩子[27]，是從熊群中取出來的，活動的方式樣子都很有些像熊，但最後使人看出是個理性動物，當時人們就毫不遲疑地相信他是屬於亞當的種族，就給他施洗禮，命名爲約瑟夫，雖然也許是照羅馬教會的習慣在 si baptizatus non es[28]的條件下這樣做的；因爲他可能是在受過洗禮之後被熊偷偷銜走的。我們對於動物雜交的結果還沒有足夠的知識；並且人們常常是把怪胎弄死而不把它養大，此外它們也很少活得長的。人們認爲雜交產生的動物是不繁殖的；可是斯特拉波（Strabon）[29]說卡帕多西[30]的騾子是能生殖的，而從中國的來信告訴我說在相鄰的韃靼有騾子的種族。我們也看到植物雜交是能夠保持其新種的。我們也始終不很知道，在動物方面，

---

[26] 約翰·卡齊米爾（Jean II., Casimir V.），一六〇九至一六七二年、一六四八至一六六七年爲波蘭國王。

[27] 據英譯本註，說 H. F. Ulrich 的本書德譯本曾加了一個註，講了這個故事，但也未註明其來源。大意說這孩子是一六六一年的一個冬天在立陶宛的森林裡被一個獵人發現的，赤身裸體，和熊在一起，當時還有另一個孩子則跑掉了，這孩子似乎是熊把他養活的。英譯者認爲這故事顯然是無稽的傳說，因爲在波蘭的冬天很冷，這孩子即使不被熊吃掉，赤身裸體也一定會凍死，是不可能活下來的。

[28] 拉丁文，意即：「如果你未受洗禮」。

[29] 斯特拉波（Strabon，西元前63?至西元24?年），希臘地理學家。

[30] Cappadoce，小亞細亞古國名。

究竟是雄的一方還是雌的一方，或者是雙方，或者既不是這一方也不是那一方，是在決定種方面起最主要作用的。已故的凱爾克林格（Kerkring/Theodore Kerkkrinck）先生[31]使之著名的關於女人的卵的學說，似乎是把雄性歸結爲潮溼多雨的空氣對於植物的那種情況，它提供條件使種子得以發芽並從地上長起來，照著普里西利安派（Priscillianists）[32]所愛重複背誦的維吉爾（Vergilius）的詩句：

Cum pater omnipotens foecundis imbribus aether
Conjugis in laetae gremium descendit et omnes
Magnus alit magno commissus corpore foetus.[33]

㉛ 凱爾克林格（Kerkring，即 Theodore Kerkkrinck, 1640-1693），荷蘭的醫生，曾與斯賓諾莎一同就學於 Van der Ende。

㉜ 普里西利安派（Priscillianists），四世紀末至六世紀中葉出現於西班牙的一個異端教派，其教義是把基督教和諾斯底教及摩尼教結合起來的。

㉝ 見維吉爾：《格奧爾吉亞》（*Georg.*）2, 325-327行，大意是：

在天的全能之父，
降甘露於大地，
萬物茁壯成長。

總之一句話，照這種假說，雄的只不過是起著雨的作用。但列文虎克（Antoon van Leeuwenhock）[34]先生則恢復了男性的地位，而女性的作用則被貶低了，好像只起土地對於種子的作用，爲它提供生長的地方和提供養料；這一點，即使人們仍堅持主張卵的學說，也還是可以成立的。但這樣並不妨礙女人的想像對胎兒的形式有很大的影響，即使假定那動物已來自男性方面。因爲這是處於一種注定要起巨大的通常變化，並且也是同樣易受非常的變化的狀態。有人斷言，處於這種狀況的一位婦女，由於看到一個斷肢的殘廢人被嚇壞了，她的想像竟使已很接近要出生的胎兒的手斷離，這手還在生下來以後被發現了；不過這事還需要證實。也許有某個人會來主張說，雖然靈魂只能來自一個性別，但兩個性別都對有機體的構成有所貢獻，並且是由兩個身體造成了一個，如同我們看到蠶就好像是一種雙重的動物那樣，其中包含著一種蛾的形式下的能飛的昆蟲；我們對於這樣重要的一個題材竟還是處於如此一團漆黑的狀態之中。和植物的類比也許有一天會給我們一些光明，但目前我們對於植物本身的生殖也還所知極少；以上曾提到的那種關於花粉的猜測，那可能相當於動物雄性的精子，這也還不很清

㉞ 列文虎克（Antoon van Leeuwenhock, 1632-1723），一位傑出的荷蘭科學家，是用顯微鏡進行觀察研究的創始人，和馬爾丕基（Malpighi, 1628-1694）一起發現了血液循環中的毛細管作用，從而完成了哈威的血液循環理論。他也是最先發現精蟲的人。萊布尼茲的著作中曾多次提到他，對萊布尼茲的思想是很有影響的。

楚。此外，植物的一個枝往往就能長成一棵新的完整的植物，我們還沒有看到在動物方面有可與此類比的情形；我們也不能說動物的腳就是一個動物，就像樹木的每一個枝似乎都是能單獨開花結果的一棵植物那樣。還有各個種的雜交混合，以及甚至同一種內的變化，在植物方面也常常是能得到巨大成功的。也許在某個時候或宇宙中的某個地方，動物的種是或曾經是或將是比它們現在在我們這裡更易於變化的，而有點和貓相同的幾種動物如獅子、老虎和山貓，可能曾經是屬於同一種族，並且可能現在就像是貓的古老的種的一些新的分支。因此，我總是要回到我已說過不止一次的話，我們對自然物種的決定是暫時的以及和我們的知識成比例的。

§24　斐　至少人們在作種的區分時從未想到過實體的形式，只除了那些處在我們所居的這世界一角，曾學過我們經院中的語言的人。

德　最近以來實體的形式這個名稱對某些人似乎已變得名聲很不好，人們竟恥於談到它了。可是這一點也許更多的還是由於風尚而不是依據道理。經院哲學家們在涉及解釋特殊現象時不適當地用了一個一般概念；但這種誤用並不能破壞事情本身。人的靈魂有點攪亂了我們現代人中某些人的信心。有些人承認它是人的形式；但他們也想認爲它是所認識的自然中唯一的實體的形式。笛卡兒就是這樣講的，他並且給了雷基（Pierre Sylvain Régis/Regius）㉟一個糾正，因爲雷基不承認靈魂有這種實體的形式的性質，並且否認人是 unum per se㊱，即一個賦有一種眞正的統一性的存在。有些人認爲這位卓越人物這樣做是出於政治、策略上的考慮。我對此有點懷疑，因爲我認爲他這樣做是有道理的。但這種特權不是單只給予人的，好像自然是斷裂成幾截的。有理由來斷定是有無限多的靈魂，或更一般地來說，就是原始的隱德萊希，它們具有某種類似知覺和欲望的東西。並且它們全部是和始終是物體的實體的形式。誠然表面上看起來有一些種並不是眞正的 unum per se（也就是說，一些物體，賦有一種眞正的統一性，或賦有一種不可分的本質做它們整個的能動原則），也就像一座磨坊或一塊表不能是這樣的東西一樣。鹽、礦物和金屬可能就是屬於這種性質，也就是說，是一些簡單的結構或團塊，其中有某種規律性。但這兩方面的物體，即有生命的物體以及無生命的結構，都將是由內部構造分別

㉟ 雷基（Pierre Sylvain Régis，拉丁名 Regius），亦即勒盧阿（LeRoy, 1632-1707），著名的笛卡兒派哲學家，他反對馬勒伯朗士那樣對笛卡兒的學說作過分唯心主義的解釋，而對笛卡兒的有些觀點作了唯物主義的解釋，因此，招來了笛卡兒的「糾正」。可參閱《笛卡兒哲學著作選集》（*E. S. Haldane & G. R. T. Ross* 英譯本）第一卷第429頁以下。

㊱ 拉丁文：意即：「本身是單一的」。

表明其特徵的，因爲即使在那些有生命的東西，靈魂和機器㊲，每一方單獨分開都足以來作出決定；因爲它們兩方面是完全一致的，並且它們雖然並不互相直接影響，它們卻是彼此相互表現的，一方面把另一方面分散爲雜多的東西集中爲完全的統一性。因此，當涉及種的分類排列時，對實體的形式來進行爭論是毫無用處的，雖然爲了別的理由，來認識是否以及如何有這種實體的形式，這也許是有好處的；因爲要不然，人們在知識界就會是個外行。此外，希臘人和阿拉伯人也曾和歐洲人一樣談到過這些形式，而如果說俗人並不談到它們，那俗人也並不談什麼代數學或談什麼不盡根數㊳。

§25 斐 語言是在科學之先形成的，而無知和無文化的人就已把事物歸結爲某些種。

德 這是對的，但研究這些問題的人改正了通常人的概念。化驗者們找到了區別和分離各種金屬的精確方法；植物學家們大大豐富了關於植物的理論，而人們對昆蟲所做的實驗已爲我們在關於動物的知識方面打開了新的入口。可是我們離我們途程的一半也還很遠。

㊲ 所謂「機器」就是指身體，這裡是採用了笛卡兒派的用語，因爲笛卡兒就把動物的身體看作是一架「機器」。

㊳ 這一節所集中討論的「實體的形式」，其最早的起源就是柏拉圖的「理念」和亞里斯多德的「形式」，這也是中世紀經院哲學中「唯名論」與「唯實論」爭論的中心問題。洛克是採取「唯名論」的觀點，否認這種「實體的形式」的實在性，只承認它是人造的「名稱」；萊布尼茲則站在「唯實論」的立場，肯定這種「形式」的實在性，並且就是在此基礎上建立起他的唯心主義的「單子論」體系。

§26 斐 如果種是自然的作品，那它們就不會在不同的人想法如此不同：人對於一個人顯得是一種無毛、兩腿和寬指甲的動物；而另一個人在作了更深入的考察之後又再加上理性。可是很多人決定動物的種毋寧是憑**外表的形式**而不是憑**出生**，因爲有些人的胎兒是否應允許受洗禮就曾不止一次地發生過問題，其唯一的理由就是他們的外表形狀和小孩的通常樣子不同，人們不知道他們是否也像一些放在別的模子裡鑄造出來的小孩一樣不能有理性，這些小孩中有一些雖然樣子被認可，但一輩子也不能叫人看出他們有一隻猴子或一頭象所顯出的那樣多的理性，並且也沒有任何標誌使人看出他們是受一個理性靈魂支配的；由此顯然可見，被作爲人這個種的本質的東西，是外表的形式，這是我們發現唯一被說到的，而不是推理的功能，那是沒有人能知道在那時候是否缺乏的。在這種場合，最高明的神學家和法學家也不得不放棄他們那理性動物的神聖定義，而代之以人這個種的某種其他本質。《麥那其先生》（*Menagiana*，一六九四年荷蘭版，第一卷第278頁㊴）「爲我們提供了一個例子，說到一位聖·馬丁（Saint-Martin）的修道院長，這是值得說一說的。他說，當這位聖·馬丁的修道院長出世時，簡直不像人樣，毋寧像個怪物。人們對於是否要爲他施洗禮曾煞費周章。可是終於給他施了洗，並暫

㊴ 原書名爲 *Menagiana sive excerpta ex ore Ægidii Menagii*，（《麥那其語錄或麥那其口述記錄本》）初版出於一六九三年，E本J本出版年均誤作一六四九，麥那其已見本書下冊第三卷第六章§23註（第88頁註㉓）。

時宣布他是人，這就是說等時間來表明他究竟是什麼。自然對他竟是這樣無情誼，以致人們一輩子都叫他醜八怪院長（l'Abbé Malotru）。他是岡[40]地方的人」。這就是一個小孩單由於長相而幾乎被排除在人種之外的。他總算那樣很險地逃脫了此難，而要是形狀再畸形一點他肯定就會被當作一個不應被看成人的東西而毀滅了。可是人們卻提不出任何理由，來說明爲什麼他的面貌輪廓要是改變多一點，一個理性靈魂就不能居住在他裡面；爲什麼一張臉孔更長一點，一個鼻子更塌一點，一張嘴巴更闊一點，就不能和其餘容貌不正的人一樣很好地活下去，也有一個靈魂和種種質量，使他儘管像那樣相貌畸形也能在教會中有尊嚴地位。

德　直到現在，還沒有發現一個理性動物外表形狀和我們大不相同的，就因爲這樣，當涉及爲一個孩子施洗禮時，種族和形狀從來都只是作爲可用以判斷他是否一個理性動物的標誌來加以考慮的。因此，神學家和法學家們絲毫沒有必要爲此放棄他們的神聖定義。

§27　斐　但如果李賽蒂（Fortunio Licati/Licetus）[41]在他的著作第一卷第三章中所提到的那

㊵ Caen，法國城市名，Calvados 省首府。

㊶ 李賽蒂（Fortunio Licati，拉丁名 Licetus, 1577-1657），義大利學者、哲學教授、醫生，信奉亞里斯多德哲學。這裡所說他的著作，是指他的 *De monstrorum causis, natura et differentiis*（《論因故造成的、自然的和分化形成的各種怪物》）（*Petavii*, 1634）一書。

種怪物，有人的頭和豬的身子的，或其他怪物，有狗或馬等等的頭而長在人的身體上，竟活下來並且能夠說話，那困難就更大了。

德　我承認這一點，並且如果發生了這樣的事，如果有人像一位作家那樣，他是一位舊時的僧侶，名叫 Hans Kalb（Jean le veau——約翰·牛犢），他在他所寫的一本書上作了一幅自畫像，畫了一個牛犢的頭，手裡拿著筆，這一來就使有些人很可笑地以爲這位作者眞的有一個牛犢的頭，如果，我說，發生了這樣的事，那我們以後在弄死怪物時就會更小心了。因爲看來在神學家和法學家那裡理性會占上風，而不管形狀，也不管解剖學可能爲醫生們提供了怎樣的差異，這種差異也不會妨害人的性質，就像有個人把臟腑弄顚倒了也並不妨害一樣，我認得的有些人曾在巴黎見過這個人的解剖學，這曾引起一陣喧鬧，在那裡，自然

「很不明智並且無疑十分荒唐，
把肝臟放在左邊，
同時又倒過來，
在右邊放了心臟。」

如果我記得不錯，這就是那已故的阿利奧（Pierre Alliot）（父親）先生㊷（著名的醫生，因爲他被看作是精於治療癌症的）給我看的幾行詩，這是他形容這一奇觀的方式。這不用說當然是這樣的，只要理性動物中形態構造的變異不至於太過分，以及我們沒有回到那禽獸也都說話的時代，因爲那樣一來我們就會失去獨具理性這種特權地位，並且以後多注意出生和外表，以便能對那些屬於亞當的種族的，和那些可能是非洲某一猿猴國度的國王或酋長的後裔的加以辨別；而我們高明的作者指出這一點（§29）是有道理的，就是：假使巴蘭的母驢一輩子都能像那一次和它主人談話㊸（假定這不是一種先知所見的幻景）那樣有理性地談話，它要在女人之中取得一席之地也還是始終會有困難。

斐　我看到您在說笑話，也許我們那位作者也是說笑話；但認眞說，您看到我們是不能始終指定各個種的固定界限的。

德　我已經表示過同意這一點了；因爲當涉及虛構和事物的可能性時，從種到種的過渡可能是感覺不到的，而要來辨別它們，有時就有點像要來決定一個人究竟得留下多少頭髮才算不

㊷ 阿利奧（Pierre Alliot），十七世紀法國的名醫，曾爲國王路易十四的母親治病，雖失敗了，仍被任命爲國王的醫生，他的兒子 Jean Baptiste Alliot 也是路易十四的醫生，曾發表過關於癌症的著作。

㊸ 見《舊約・民數記》第二十二章第28-30節。

是禿子一樣不好辦。即使我們完全知道所涉及生物的內部時，這種不決定性也會是眞的。但我看不出它怎麼就能妨礙事物具有不依賴於理智的實在本質，和妨礙我們認識它們；的確，名稱以及種的界限有時是像尺度和重量的名稱那樣，要加以選擇才能有固定界限的。但就通常情況來說這樣的事沒有什麼可怕的，那些過於接近的種是很少被發現在一起的。

§28[44] 斐 我們在這裡骨子裡似乎是一致的，雖然我們在所用名詞上有點不同。我也承認在實體的命名方面，武斷的成分較少。因爲人們很少會冒失地把羊的叫聲和馬的形狀結合起來，或把鉛的顏色和金的重量及固定性結合起來，而我們是寧願從自然得到摹本的[45]。

德 這並不那麼是因爲在實體方面我們僅僅著眼於那實際存在的東西，而毋寧是因爲我們不能肯定在物理的觀念（這是我們不大澈底了解的）方面，當沒有實際存在的東西加以保證時，這些觀念的結合是否可能和有用。但這種情況在樣式方面也一樣會發生，不僅當它們是一片漆黑我們不可能看透時，如有時在物理學中所發生的情況是這樣，而且當其不容易看透時也是這樣，如在幾何學中就有很多這樣的例子。因爲在物理學和幾何學這兩種科學中，都不

---

[44] E本作§12，當係誤植。

[45] 這話的意思就是使我們的觀念符合於自然事物的本來面貌，使觀念成爲自然事物的摹本。這是唯物主義經驗論、反映論的觀點。

是能由我們憑幻想來作組合的，否則我們就會有權來說正十面體，並且可以在半圓中來找它的大小方面的中心，就像其中有一個重心一樣了㊻。因爲一個是有的而另一個不可能有這事實上是很叫人驚奇的。然而，一方面樣式觀念的組合並不始終是武斷的，另一方面實體觀念的組合有時倒是武斷的；而這往往是取決於我們怎樣把一些性質組合起來，以便在經驗之先來爲一些實體性的東西下定義，當我們對這些性質充分了解，足以判斷其組合的可能性時【就可以是這樣】。就是這樣，一些園藝專家在種植柑橘方面就能夠有理由並且成功地提出要產生某種新品種並事先給它一個名稱。

§29 斐 您始終會同意，當涉及爲種下定義時，被組合的觀念的數量，取決於作此組合的人不同的專注、勤勞或幻想；正如在決定動植物的種時，人們最常見的是以形狀作規範一樣，同樣對於那些非由種子產生的大部分自然物體，則最常見的是著眼於顏色。§30 其實這些往往只是些混亂、粗疏和不精確的概念，而要人們對於屬於某一個種或某一個名稱的簡單觀念或性質的確切數目取得一致意見還差得很遠，因爲要找出哪些簡單觀念經常結合在一起，是需要勤

㊻「正十面體」和「半圓的大小方面的中心」等等都是由本質上自相矛盾的觀念結合成的，但在一個複雜觀念中很容易把它們結合起來，並且看起來像是很清楚而且可能的，但稍加分析並和實在情況一比較，就會看出其混亂並立即看出其不可能性了。

苦、技巧和時間的。可是只要少數性質，構成這些不精確的定義，通常在談話中也就夠了；但儘管這些屬和種以及形式在經院中被人們談論不休而喧囂不已，這只是一些荒唐的怪東西，對我們認識那些種的本性毫無用處。

德　不論誰作一種可能的組合，在這一點上是沒有弄錯的，給它一個名稱也不會錯；但當他以爲他所想的也就會都是其他更有專門知識的人在同一名稱下或在同一物體方面所想的時，他就弄錯了。他也許把一個種想得太普通而另一個種又太特殊了。這一切絲毫沒有什麼與經院哲學相反的，而我看不出爲什麼您要在這裡回頭來責備那些屬、種和形式，因爲您自己也得承認這些屬、種以及甚至這些內在本質或形式的，當我們承認對它們還不認識時，我們並不自以爲要用它們來認識事物的種的本性。

§30　斐　至少可以看得出，我們給種所指定的界限，並不確切符合自然所曾確定的界限。因爲在我們需要一些一般名稱供當前之用時，我們並不費神來發現它們那些會使我們更好地認識它們最本質的區別和符合的性質；而我們就憑一些對所有的人都最觸目的表面現象，來自己把它們區別爲各個種，以便能更容易地與別人交流。

德　如果我們是把彼此相容的觀念組合起來，我們給種指定的界限就永遠是確切符合於自然的；而如果我們小心注意只把那些實際在一起的觀念組合起來，則我們的概念也是符合於經驗的；並且如果我們把它們看作對於實際的物體來說只是暫時的，保留著等待已做或將做的實驗在這方面的進一步發現，以及如果當問題涉及關於公眾在某一名稱下所理解的意義方面的某種明確的東西時我們求教於專家，我們就不會弄錯。因此，自然可以提供一些更完全和更適合的觀念，但它並不會來揭穿我們所具有的好的和自然的觀念，表明它們是不對的，雖然我們的這些觀念也許不是最好的和最自然的。

§32　斐　我們對於實體的**一般觀念**㊼，例如：金屬這個一般觀念，是並不精確地依照自然所提供給它們的**模型**的，因爲我們找不出任何物體，是簡單地只包含可展性和可熔性而沒有其他性質的。

德　人們並不要求這樣的模型，並且這樣要求也是沒有道理的，在最清楚的概念中也找不到這樣的東西。我們絕找不到一個數量其中除了一般的多少就再看不到其他的；一個廣延其中只有廣延，一個物體其中只有堅實性而無其他性質的；㊽而當種差是肯定的和相反的時，就一定得有屬參與其間。

斐　那麼，如果有人想著一個人、一匹馬、一個動物、一棵植物等等都是憑自然所造成的

㊼ 原文爲"Idées génériques"，較嚴格的意義是指比「種」高一級的「屬」的觀念。

㊽ E本此句作"Un étendu où il n'y ait que solidité, et point d'autres qualités"（「一個廣延其中只有堅實性而無其他性質的」），疑有脫漏，譯文從G本。

實在本質來區別開的，那他一定得想像著自然對這些實在本質是非常慷慨大方的，要是它爲物體產生一個實在本質，又爲動物產生另一個實在本質，再又爲馬產生其他一個實在本質，並把這些實在本質都給了步賽驊騮㊾的話；而其實這些屬和種都只是一些包羅範圍較廣或較狹的記號。

德　如果您把實在本質看作就是這些實體性的模型，它們是一個物體而再沒有別的，一個動物而再沒有什麼屬於特殊的種的東西，是一匹馬而毫無屬於個體的馬的性質，那您把它們當作荒唐的東西來看待是有道理的。而我想沒有哪一個人曾以爲，甚至連往昔那些最大的唯實論者也並不以爲有多少種屬，就有多少自限於種屬的一般性質的實體。但並不能由此得出結論，說如果一般的本質不是這樣的，它們就純粹是一些記號；因爲我已屢次給您指出過，它們是一些在相似性方面的可能性（des possibilités dans les ressemblances）。這就好比顏色永遠不是實體或離析出來的顏料，但它們並不因此就是想像的東西。此外，您把自然設想得怎樣慷慨大方也不會過分的；它的慷慨大方遠超出我們所能想像的一切，而一切優勝的彼此相容的可能性都在這些表演的大舞臺上得到了實現。以往在哲學家們之中有兩條格言：唯實論者的格言似乎把自然說成是揮霍浪費的，而唯名論者的格言則似乎宣布它是吝嗇小氣的。一條說自然不能忍受

㊾ 參閱本書下冊第三卷第三章§5。

虛空，另一條說它絕不做徒勞無益的事。只要我們很好理解，這兩條格言是很好的；因爲自然好比一個好管家，它在當節儉的地方就節儉，以便在適當的時候和地方能豪華。它在結果方面是豪華的，而在它所用的原因方面是節儉的。

§34　斐　讓我們再不要拿關於實在本質的爭論來取樂了，只要我們達到語詞的用法和語言的目的就夠了，這目的就是用簡短的方式來表明我們的思想。如果我想說到一種鳥，有三、四呎高，皮上覆蓋著一層介乎毛和羽之間的東西，深棕色，沒有翅膀，但在長翅膀的地方有兩、三個像金雀花枝子那樣的小枝子，一直拖到身體下面，腿長而粗，腳上只有三個爪，沒有尾巴；我要使別人懂得我說的是什麼就不得不作這樣一番描述。但當人家告訴了我這動物的名稱叫**食火雞**時，那我在說話時就可以用這名稱來指這整個複雜觀念了。

德　也許單單只要關於皮上覆蓋的或其他部分的一個很確切的觀念，就足以來把這個動物和其他已知的一切動物辨別開了，就好比海克力士以他走路的步伐就使人認識，以及如拉丁諺語所說的，獅子以它的爪子就使人認識一樣。但各種情況積得越多，定義的暫時性就越少。

§35　斐　我們可以在這種場合削減觀念而並無損於事物；但當自然作這種削減時，那物種是否仍保持其爲該物種就是個問題了。例如：假使有一種物體，它有金子的一切性質，只除了可展性，它是不是金子呢？這就靠人來決定它。因此，是人決定著事物的種。

德　絕不是這樣；人只是決定著名稱。但這一實驗可告訴我們可展性和金子的其他性質

（合在一起來看），並無必然的聯繫。所以它可告訴我們一種新的可能性，並因此是一個新的種。至於說到脆的或易碎的金子[50]，那是由於外加，而和對金子的其他試驗不一致的；因爲坩堝和銻除去了它的這種脆性。

§36[51] 斐 從我們的學說能得出某種顯得很奇怪的結論。這就是每一具有某種名稱的抽象觀念，都各自形成一個獨立的種。但如果自然要這樣，又對它怎麼辦呢？我倒很想知道，爲什麼長毛犬和兔獵犬就不是同西班牙獵犬和象一樣各自獨立的種。

德 我在上面已區別過種這個詞的不同意義。就邏輯上或毋寧說數學上來看，最小的一點不相似可能就夠了。因此，每一不同的觀念都給人另一個種，也不管它有名稱與否。但就物理學上來說，我們並不專注於一切變化花樣，而我們或者當僅涉及現象時就明確地說，或者當涉及事物的內部眞實性時就猜測地說，假定著其中有某種本質的和不變的本性，如理性之在人那樣。所以我們假定那僅以偶性的變化而不同的，如水與冰，流動的水銀與昇華的水銀，是屬於同一個種；而在有機體方面，我們通常把屬於同種的暫時標誌放在生殖或種族上，正如在那些最相似的東西方面把它放在繁殖上那樣。誠然沒有對事物內部的認識我們是不能作精確的判

[50] 洛克原書談到了這種脆的金子，參閱中譯本，商務印書館，一九五九年版，第446頁。

[51] 照洛克原書此節內容在§38，見中譯本，商務印書館，一九五九年版，第448頁。

斷的。但正如我已不止一次地說過的，我們是在作暫時的和往往是猜測的判斷。可是當我們怕什麼肯定的東西也說不成而想只就外表來說時，就有很大的迴旋餘地；而那時來爭論一種差別是否種的差別，就是名稱之爭；而在這個意義下，在各種狗之間就有很大的區別，以致我們很可以說英格蘭的看門狗和【法國】布倫的狗是屬於不同的種。可是，也許它們是屬於遠古的同一個或相似的種族，而如果我們能追溯到很遠，也許會發現這一點，並發現它們的祖先是相似的或同一的，但經過巨大的變化之後，其後裔有些變得很大而另一些變得很小，這並不是不可能的。我們甚至也可以這樣相信而並不違背理性，即相信它們共同具有一種內在的、經常的、種的本性，它並不再作這樣的細分，或者它在這裡並不被發現屬於一些其他這樣的本性，並因此僅僅是在偶性方面有花樣變化；雖然這裡也絲毫沒有什麼能使我們判斷它必然地應該這樣，就像整個我們叫做最低級的種（speciem infimam）的情況那樣。但絲毫沒有什麼現象顯得一隻西班牙獵犬和一頭象是屬於同一種族，以及它們具有這樣一種共同的種的本性。因此，在各類不同的狗之中，在說到外表現象時，我們可以區別它們的種，而說到內部本質時，我們可能動搖不定；但在比較狗和象時，就沒有理由在外表方面把即使人相信它們屬於同一個種的東西歸之於它們。因此，就沒有理由在這種假定面前表現動搖不定。在人方面，我們也可以就邏輯上說來區別他們的種，而如果我們專注於外表，我們就物理上說也發現有些差別。這樣，就曾有一位旅行家，認為黑人、中國人以及美洲土人彼此不是屬於同一種族，也和那些同我們相像的人不屬於同一種族。但由於我們知道人的內部本質，即理性，是保持在同一個人之中，並在一切人之中的，並且我們看不到在我們之中有任何固定的和內在的東西可構成一種進一步的再分類，我們就沒有任何理由來判斷，在人們之間，照內部的眞實情況，有一種本質的種的差別；反之在人和禽獸之間則有這種差別，假定禽獸照我以上已作過的解釋只是靠經驗的[52]，正如事實上經驗絲毫沒有給我們什麼根據可以來作別樣的判斷那樣。

§39　斐　讓我們拿一樣人造的東西來作例子，它的內部結構是我們所知道的。一個僅僅計時的錶和一個到時發出響聲的錶，對於那些只有一個名稱來指示它們的人來說，是只屬於一個種；但對於一個以錶稱前者而以鐘稱後者的人，這相對於他來說是屬於不同的種。是名稱而不是內部構造，造成了一個新的種，否則就將會有太多的種了。有些錶有四個齒輪，另一些則有五個；有些錶有弦和均力圓錐輪（fusée），另一些則沒有；有些有一個自由擺動的擺，另一些則用一種螺旋形的發條來加以控制，還有一些則用豬鬃來控制。[53]是否這些東西中的任何一樣就足以造成一種種的區別呢？我說不，只要這些錶在名稱方面彼此相合。

德　而我卻要說是，因爲我不停留在名稱上而要考慮設計技術的變化，尤其是那擺的不

[52] 參閱本書〈序言〉第三段。

[53] 這裡說的是一些過去的老式鐘錶的機件和構造。

同；因爲自從人們用一個發條來按照擺的頻率控制擺的振動以來，就使它的振動更均勻，這一來懷錶就改變了面貌，而變得無比地準確了。我從前甚至曾指出過另一條均等的原則，可以應用於鐘錶的。

斐　如果有人想根據他所知道的內部情況的不同來作分類，他可以這樣做；可是相對於那些不知道這種構造的人來說，這些就不是各自獨立的種。

德　我不知道爲什麼你們這些人總想讓德性、眞理和種依賴於我們的意見或知識。它們是在自然中的，不論我們知道或贊成與否。不是這樣說法，就是毫無理由地改變事物的名稱和公認的語言。人們迄今都曾相信是有好幾種鐘錶的，雖然並不知道其區別何在或怎樣稱呼它們。

斐　可是您不久前已經承認，當人們想憑外表來區別物理的種時，人們在覺得適當的場合，自限於一種武斷的方式，也就是說，是按照他們發現那區別較重大或較不重大，以及按照人們所具有的目的來這樣做的。而且您自己也曾用重量和尺度來作比，這些是人們隨自己喜歡來加以規定和給予名稱的。

德　是從那時以來我才開始懂得了您的意思。在純粹邏輯上的種的差別方面，可下的定義方面有一點最小的變化就足以有這種差別了，不管這變化是多麼偶然的，而純粹物理學上的種的差別，是以本質的或不變的東西爲基礎的——在這兩類差別之間，我們可以放進一種中介的差別，但我們不能確切地決定；在這裡我們是憑最顯著的現象來作規定，這些現象不是完全不變的，但也不是很容易變化的，其中一個比另一個更接近於本質的東西；而由於一位位認識者也可以比另一位走得更遠，事情就顯得是武斷的和相對於人的了，而對於名稱也照這些主要的差別來作規定似乎是適宜的。因此，我們可以說，這些是民事上的（*civiles*）種的差別，和名義的種，這不應和我以上所說的名義的定義相混淆，那是在邏輯的和物理的種的差別兩方面都有地位的。此外，除了通俗的習慣之外，法律本身也可以賦予語詞的意義以權威，而這時那些種就變成合法的了，就像在那些被稱爲 nominati (54)，即以一個特殊名稱來稱呼的契約方面的情況那樣。這也就是像羅馬法規定十四足歲開始算成年那樣。這整個考慮是不應被輕視的，但我看不出它在這裡有什麼很大的用處，因爲除了您在我看來有時把它應用於並不適用的地方之外，還有我們也會得到差不多同樣的結果，如果我們這樣考慮的話，這就是：在對種作進一步細分方面，是靠人們來把它進行到他們認爲適當的程度，並把那些藏在背後的差別抽去而無須乎否定它們；也是靠人們來把儘管不確定的選定爲確定的，以便通過給予名稱來固定某些概念和尺度。

斐　我很高興我們在這裡意見相差已不再如以往顯得那麼遠了。§41 您還會同意，先生，在我看來，人造的事物也和自然事物一樣，有些種是和某些哲學家的意見相反的。§42 但在離開實

(54) 拉丁文，意義已見正文，即「以一個特殊名稱來稱呼的」。

體的名稱這個問題之前，我還要補充一點，即在我們所具有的全部不同觀念中，只有實體觀念是有專名或個體名稱的；因為人需要常常提到任何個別的性質或其他個別的偶性，這樣的事是極少發生的；此外，個別的活動都是立即消逝的，而這裡所形成的各種情況的組合，也不是像在實體中的那樣繼續存在的。

德　可是，也有一些場合，人們有需要記得一個個別的偶性【或偶然事件】並給它一個名稱的；因此，您的這條規則對通常情況來說是對的，但有例外。宗教就為我們提供了這種例外的例子。如我們每年都要慶祝耶穌基督的誕生紀念，希臘人把這事件叫做 Theogenie[55]，而把三博士來朝拜這件事叫做 Epiphanie[56]；希伯來人把天使的逾越，使埃及人的長子都死了而毫未觸及希伯來人的長子這件事叫做 Passah par excellence[57]，並因此每年要慶祝這個紀念日。至於說到那些人造事物的種，經院哲學家們覺得把它們放進他們的範疇中去有困難；但他們這

---

[55] 字面的意思即「神的誕生」，即「聖誕節」。

[56] 據《馬太福音》，第二章第一節以下說，耶穌在伯利恆出生時，有三個「博士」或「賢人」（Mages; Magi）從東方來到耶路撒冷朝拜他，這一天（一月六日）就叫做 Epiphanie，即祝頌耶穌出現的「主顯節」，也叫「三王來朝瞻禮」。這些譯名天主教和新教各派所用常不統一。

[57] 詞義為「最卓越的逾越」，即「逾越節」，參閱《舊約・出埃及記》，第十二章第二十一節以下。

種猶豫小心是不必要的，因爲這些範疇表本當只用來對我們的觀念作個一般的考察。可是，承認完全的實體與那些實體的堆集（aggregata）之間有差別是好的，這些實體的堆集是一些由自然或由人工複合的實體性的東西。因爲自然也有這樣的堆集的，如用哲學家們的話來說那些混合不完全的物體（imperfecte mixta——不完全的混合物）就是，它們不成其爲 unum per se[58]，它們之中沒有一種完全的統一性。可是我認爲他們叫做元素，並認爲是單純的四種物體，以及他們認爲完全混合並給予它們以性情[59]的鹽類、金屬和其他物體，也都不是 unum per se，正如我們須斷定它們只是表面上顯得齊一和同質的，並且甚至一種同質的物體也仍只是一種堆集。總之，完全的統一性應該只留給那些有生命的，或賦有原始的隱德萊希的物體，因爲這些隱德萊希有和靈魂可類比的方面，是和靈魂一樣不可分和不滅的；我在別處還曾斷言它們的有機身體實際上是一些機器，但它們超過我們所發明的人造機器，正如自然機器的發明者超過我們一樣。因爲這些自然機器是和靈魂本身一樣不滅的，而動物是和靈魂一起永遠繼續存在的；這

---

[58] 見本書下冊第三卷第六章 §24「德」註（第93頁註㊱）。

[59] 這裡所說的就是指古希臘唯物主義哲學家恩培多克勒（Empodocles，約西元前492至約前432年）所提出的火、氣、水、土四種元素，柏拉圖和亞里斯多德的自然哲學在一定意義下也採取了這種觀點，逍遙學派又把它們分析爲冷、熱、乾、溼這四種性質，認爲萬物都由此四種元素以不同比例混合構成，四者按比例構成的狀態，就稱爲「性情」（temperament）。

（用一件儘管非常可笑卻很好玩的事來更好地說明我的意思）就像在舞臺上要剝一個丑角的衣服，但始終剝不光，因爲他一層疊一層不知有多少層衣服；雖然動物的有機身體的這種無限重疊彼此不是像衣服那樣如此相像也不是彼此這樣貼得緊的；自然的技藝別有一種精巧。所有這一切使我們看到，哲學家們在人造事物和賦有眞正統一性的自然物體之間放進了這樣大的一個距離並不是完全錯誤的。但只有到我們這個時代才能對這神祕的事來作闡發，並使人了解其重要性和後果，以便以一種眞正自然的和符合我們所能做的實驗和理解的方式來很好建立起自然神學和所謂靈學⑩；這不會使我們失去它們所當提供的任何重要的考慮，或毋寧是使它們提高了，如前定和諧的系統⑪所做的那樣。而我認爲我們只有用這辦法才能最好地結束關於實體名稱的這一長篇討論。

---

⑩ 原文爲Pneumatique，即關於精氣、靈魂或精神的理論或學問。這個詞現在已限於用在物理學上，即「氣體動力學」。但這裡不是現在這個詞的通常意義，而是指「靈學」或「精神學」。Pneuma一詞源出希臘文，原意爲呼氣，後轉爲靈氣、靈魂、精神等意義。參閱本書〈序言〉第十段註（第98頁註㉓）。

⑪ 參閱本書下冊第四卷第十章§7及§9；又參閱《新系統》§14-§16，見G本第四卷第484-486頁，E本第127頁，第a-128頁，及《關於自然和神恩的原則》§7-§13。見G本第六卷第602-604頁，E本第716頁等處。萊布尼茲常稱他自己的哲學系統爲「前定和諧的系統」。他認爲構成萬物的精神性實體——「單子」是完全孤立而不能相互影響、相互交通的，而萬物的「和諧」、「秩序」，是由於上帝在創造單子時的「預先決定」。因此，上帝的存在是自然秩序的「充足理由」。他也正企圖以此來證明上帝的存在。這是他的唯心主義體系的主要觀點之一。

第七章　論質詞①

① Particules，包括介詞、連詞、嘆詞、冠詞及某些詞首、詞尾等，一般是沒有變化的，故也譯作「不變詞」或「不變語」。但如在法語中，冠詞就有性、數等變化。

§1　斐　除了那些用來爲觀念命名的語詞之外，我們還需要一些意指觀念或命題之間的聯繫的語詞。這是，這不是，就是肯定或否定的一般記號。但心靈除了命題的各部分之外還把一些句子或整個的命題彼此連結起來，§2用一些語詞來表明不同的肯定和否定的這種連結，這些語詞就是所謂質詞；而擅長說話的藝術主要就在於善用這些質詞。就是爲了使推理前後連貫和有條不紊，才需要一些表明聯繫、限制、區別、對立、著重等等的詞。而當人們不注意把這方面弄好時，就會使聽話的人陷於困惑。

德　我承認這些質詞是有很大用處的；但我不知道擅長說話的藝術是否主要就在於此。如果有人只拿出一些一條一條的箴言，或各條分離獨立的論綱，如在各大學中人們常常做的那樣，或者如在法學家們叫做分節的謗文中，或在人們提供給證人的條目中的那種情況，那時只要我們把這些命題編排好，也可以取得差不多同樣能使人理解的效果，就像在其中放進了聯繫和這些質詞一樣；因爲讀的人自己把它們補充進去了。但我承認，如果這些質詞用得不好，尤其如果是把它們省略了，是會引起麻煩的。我還覺得，這些質詞，不僅連結由許多命題組成的整篇言辭的各部分，和由幾個觀念組成的命題的各部分，而且也連結以多種方式由其他觀念組合而成的觀念的各部分。而正是這最後一種聯繫，是由介詞來標記的，至於副詞則對在動詞中的肯定或否定有影響；而連詞則對不同的肯定或否定的聯繫有影響。但我毫不懷疑您自己也已注意到了這一切，雖然您的說話似乎說的是另一回事。

§3 斐 語法中處理質詞的部分，比起順次表現格、性、語氣、時態、動名詞和目的分詞的部分來，被人研究得較少。的確，在有些語言中，人們也把這些質詞排列在各種名目之下，各作了明確的細分，好像很精確的樣子。但瀏覽一下這些表格是不夠的。必須對自己的思想作反省思考，以便來觀察心靈在言談時採取的形式，因爲這些質詞也同樣是心靈活動的標誌。

德 關於質詞的理論很重要，這一點是非常正確的，而我但願能對這問題更詳細地討論一下。因爲沒有比這更適宜於使人認識理智的各種不同形式的了。性在哲學的語法中是不算什麼的，但各種格則相應於介詞，而介詞是往往包含在名詞中並且好像被吸收進去了的，別的一些質詞則隱藏在動詞的語尾變化中。

§4 斐 要很好地解釋質詞，只把它們（像在辭典裡通常所做的那樣）用另一種語言中最接近的語詞翻譯出來是不夠的，因爲要把握其在一種語言中的確切意義是和在另一種語言中的一樣不容易；此外，兩種語言中相近的語詞的意義並不永遠確切地是同樣的，並且在同一種語言中也有變化。我記得在希伯來語中有一個只有一個字母的質詞，算起來有五十多個意義。

德 學者們曾致力於寫一些論著來論述拉丁、希臘和希伯來語的質詞；而斯特勞赫（Johann Strauch）②，一位著名的法學家，曾寫過一本論法學上質詞用法的書，在這方面它的

② 斯特勞赫（Johann Strauch，拉丁名 Strauchius, 1612-1680），是萊布尼茲的舅父，一位傑出的法學家，曾任萊比錫、耶拿等大學的教授。

意義不是不重要的。可是我們發現通常他們毋寧是舉了一些例子和用了一些同義詞就自以爲已解釋了它們，而不是用清楚的概念。我們也不可能永遠找得到一個一般的或形式的意義，如已故的波爾（Samuel Bohl）③先生所稱呼的那樣，能滿足一切的例子；但雖然這樣，我們始終還是能把一個詞的所有用法歸結爲一個特定數目的意義。而這是應該做的。

§5 斐 事實上意義的數目大大超過了質詞的數目。在英語中 but【「但」】這個質詞就有極不相同的多種意義。(1)當我說 but to say no more 即「但不再說了」時，這質詞似乎表示著心靈在達到目標以前在說話當中停住了。但是說(2) I saw but two planets；就是說，「我但見兩顆行星」，這時心靈把它想說的意思限制在它已表明了的，而排除了其餘的一切。而當我說(3)"You pray, but it is not that God would bring you to the true religion, but that he would confirm you in your own"，這就是說：「你祈禱上帝，但並不是求上帝把你引向眞的宗教，但求他將使你堅信你自己的宗教」；這時這兩個 but 或「但」中的第一個是指心靈中的一種假定，是和它應該是的情況不一樣的，而第二個是表明心靈在後面的和前面的話之間放進了一種直接的對立。(4)"All animals have sense, but a dog is an animal"，這就是說：「所有的動物都有感覺，但

③ 波爾（Samuel Bohl，拉丁名 Bohlius, 1611-1689），羅斯托克大學的教授，曾致力於在德國推進對希伯來語文的研究。

狗是一種動物」。這裡這質詞是表明第二個命題和第一個命題的聯繫。

德　法語的 mais【「但」】在所有這些例子中都可以代進去，只除了第二個例子；但德語的 allein，當作質詞看，意謂著【法語】mais 和 seulement【「只」】的某種混合，無疑能在所有這些例子中都用來代替 but，只除了最後一個例子，有點可以懷疑。Mais 在德語中也有時譯成 aber，有時譯成 sondern，這個詞表示著一種分離或拆散，並且接近於質詞 allein。要很好解釋質詞，只像我們這裡剛才那樣作一種抽象的解釋是不夠的，必須來作一種詳解（périphrase），它要能用來代替質詞，就像定義能用來代替被定義者那樣。當我們致力於在所有能作詳解的質詞方面都找到和決定了這些可用來代替的詳解時，那我們對它們的各種意義就有了準則了。讓我們就用上面這四個例子來試一試這辦法。在第一個例子中，我們的意思是說：對此只說到現在這個範圍，而沒有再多的了（non più④），在第二個例子：我只看到兩顆行星而沒有更多的了；在第三個例子：你只祈求上帝這一點，就是使你堅信你的宗教，而再沒有別的了，等等；在第四個例子中，好像是說：所有的動物都有感覺，只考慮這一點就夠了而再不需要別的了。狗是一種動物，所以它是有感覺的。因此，所有這些例子都表明了界限和一種 non plus ultra【沒有額外再多的】，或者在事物方面，或者在言辭方面。這樣 but 也就是一

④ 義大利文，意即：「沒有再多的了」。

種目標，一種事情的盡頭；就好像我們說，讓我們停止吧，我們已在那裡了，我們已達到我們的 but⑤。But, Bute，是條頓語中的一個古詞，它意謂著某種固定的東西，一種停留。Beuten（是個已廢棄不用的詞，在某些教堂裡唱的讚美詩中還有這個詞）就是停留（demeurer）。【法語的】mais 起源於 magis⑥，就好比有人想說：至於其餘多出來的就只得讓它去；這也就等於說：不需要再多的了，已經夠了，讓我們來別的吧，或者說，那是另一回事。但由於語言的習慣用法是以一種很奇怪的方式起變化的，因此，要充分規定質詞的意義，就必須進而對這些例子的細節作更深入得多的探討。在法語中，人們用一個 cependant【「可是」】來避免兩個 mais 的重複：人們會說：Vous priez, *cependant* ce n'est pas pour obtenir la vérité, *mais* pour être confirmé dans votre opinion.【你祈禱，可是不是求得到眞理，但求使你堅信自己的意見。】拉丁語中的 sed【然而，但是】以前往往是用 ains 來表示，那就是義大利語的 anzi，而法國人把它一改革就在他們的語言中剝奪去了一個很有好處的表達式。例如："Il n'y avoit rien de sûr, cependant on étoit persuadé de ce que je vous ai mandé, parce qu'on aime à croire ce qu'on

⑤ 這裡有一種文字上的把戲，因爲"but"在英語意思是「但是」，但"but"在法語意思是「目標」、「目的」，雖然讀音和意義都有不同，但字形一樣。

⑥ 拉丁文，意即：「更多」。

souhaite; mais il s'est trouvé que ce n'étoit pas cela; ains plutôt etc."【「這裡絲毫沒有什麼靠得住的東西，可是人們深信我所告訴你的事，因爲人們喜歡相信他們所嚮往的事；但事情被發現並不是這樣，而（ains）毋寧……」】。

§6 斐 我的打算是只輕輕觸及一下這個問題。我要補充的一點就是：質詞往往包含著一整個命題的意義，或者經常是這樣，或者在某種結構中是這樣。

德 但當那是一個完全的意思時，我認爲這是用了一種省略法；否則的話照我看來只有那些感嘆詞才能自身單獨存在並在一個詞中說了一切，就像 ah!（啊！）hoi mè!（啊呀！）因爲當我們說，mais【但是】，而不加別的什麼時，這是一種省略法，就好比是說：但讓我們等一等跛子⑦，並且讓我們不要不適當地自詡。這有點接近於拉丁語中的 nisi，【如說】si nisi non esset，【這就是說，】如果沒有「但是」（mais）。此外，先生，您要是更深入一點詳細討論一下在質詞的用法方面非凡地表現出來的心靈的那些轉折，我該是不會不高興的。但既然我們有理由來趕緊結束關於語詞的探討以便回到事物方面來，我也不想再在這方面來耽擱您了；雖然我確實認爲，語言是人類心靈最好的鏡子，而對於語詞意義的一種精確分析，將會比任何其他事情都更好地使人認識理智的活動。

⑦ G本和E本原文均作"mais attendons le boiteux，"英譯作"but let us wait for the confirmation of intelligence"（「但讓我們等著瞧情報的證實」）。

第八章　論抽象名詞和具體名詞

§1　斐　還要注意名詞有抽象的或具體的。每一個抽象觀念都是清楚【各自有別於其他】的，以致兩個抽象觀念中其一永遠不能是其他。心靈應當用它直觀的認識察覺到它們之間的區別，並且因此，兩個這樣的觀念永遠不能由其一來肯定其他。每個人都立即會看出這種命題的錯誤，如：人性是動物性或合理性；這是和最一般地被接受的任何公則一樣十分顯明的。

德　可是對此還是有些話要說。人們同意正義是一種德性，一種習慣（habitus），一種性質，一種偶性等等。因此，兩個抽象名詞是可以用一個來宣告另一個的。我還慣於區別兩類的抽象名詞。有一些是邏輯的抽象名詞，還有一些是實在的抽象名詞。實在的抽象名詞，或至少是被設想爲實在的抽象名詞，或者是一些本質和本質的一些部分，或者是一些偶性，也就是被加在實體上的東西。邏輯的抽象名詞是一些被歸結爲名詞的斷語（prédications），就好比我說：是人，是動物；而在這個意義下，我們是可以把它們用一個來宣告另一個的，如說：是人，這就是動物。但在實在方面這是不行的。因爲我們不能說人性（humanité）或人之性（hommeité）（如果您願意這樣說的話）——那是整個人的本質——就是動物性——那只是這本質的一部分。可是這些實在的抽象名詞所指的抽象而不完全的東西，也有它們的屬和種，它們也同樣是用實在的抽象名詞來表示的：因此，在它們之間是彼此有斷定（prédications）的，就像我已用正義和德性的例子所表明的那樣。

§2　斐　我們永遠可以說那些實體只有極少有抽象名稱的；只在經院中難得談到人性、動物性、物體性。但這在世上也並未有權通行。

德　這是因爲人們只需要極少這樣的名詞，以便用作例子和用以說明一般概念，這些不要完全加以忽視是適宜的。如果說古代人沒有用經院中所講的意義的**人性**（humanité）這個詞，他們卻說**人的本性**（la nature humaine），這是同一回事。確實他們也說神性或神的本性；而神學家們既有必要說到這兩種本性和實在的偶性，他們在哲學和神學的經院中就執著於這些抽象的東西，也許是超過了適當的程度。

第九章　論語詞的缺陷

§1 斐　我們已經說到過語詞的兩種功用。一種是記錄我們自己的思想以助我們的記憶，這是使我們自己和自己說話；另一種是通過說話把思想傳遞給別人。這兩種功用使我們看到語詞的完善或缺陷。§2當我們只和自己說話時，用什麼語詞是無所謂的，只要我們記得它們的意思和不加改變就行了。但§3傳遞的功用又分爲兩類：民事上的（civil）和哲學的。民事上的是在談話中和在日常社會生活中所用的。哲學的功用就是要造成一些語詞，以求給人確切的概念，並求其在一般命題中表達確定的眞理。

德　很好；語詞就和對別人是記號一樣，對我們自己也同樣是一些標記（Notae）（就像那些數目字或代數裡的字母符號可能是的那樣）；而語詞作爲記號的功用，在當涉及將一般戒律應用於生活日用或個人①時是同樣有用的，也正如當涉及要發現或證實這些戒律時一樣；記號的第一種功用是民事上的（civil），第二種是哲學的。

§5 斐　然而主要地在下列各種情況下，要學會和牢記每一語詞所指的觀念是困難的：(1)當這些觀念非常複雜時；(2)當組合成一個新觀念的這些觀念，和這新觀念並無自然的聯繫，以致在自然中既無任何固定的尺度，也無任何模型可來校正和規範它們時；(3)當那模型不容易認識時；(4)當語詞的意義和實在本質並不確切相同時。樣式的名稱是由於前兩個理由而更易於

① 英譯本漏譯"ou aux individus"（或個人）。

成爲可疑和不完善的，而實體的名稱則由於後兩個理由是如此。§6當樣式的觀念極複雜時，如大部分道德名詞的觀念那樣，它們極少在兩個不同人心中有同樣意義的。§7缺少模型也使這些語詞意義含混。第一個發明brusquer【「魯莽」、「粗暴」】這個詞的人是照他覺得適合的方式來理解它的，像他那樣來用這個詞的人們並沒有被告知他確切地是想說什麼，他也沒有給他們指明某個經常的模型。§8普通的用法足夠好地規範著通常會話中所用語詞的意義，但毫不精確，而人們對於什麼是最符合語言特性的意義總是在爭論不休。許多人都在說光榮這個詞，但很少有兩個人理解得完全一樣的。§9這在許多人嘴裡只是些簡單的聲音，或者至少那些意義是很不確定的。而在一篇言辭或一場對話中，人們說到榮譽、信仰、恩惠、宗教、教會等等，尤其是在一場辯論中，我們立刻就可注意到，人們應用於同一些名詞的概念是有不同的。而如果說要理解我們當代人所用名詞的意義都有困難，那要理解那些古書就更要困難得多了。好在我們可以讓它們去，不管它們，只除了當它們包含著我們應該相信或做的事情時【才得讀它們】。

德　指出這幾點是好的；但說到古書，由於我們首先需要了解《聖經》，又由於羅馬法今天在歐洲的一大部分都還很有用，這就使我們得去參考大量的其他古書：拉比們的、教父們的，甚至非宗教界的史學家們的。此外，古代的醫生也很值得了解。希臘人的醫學實踐通過阿拉伯人一直傳到了我們這裡：從源頭來的水在流經阿拉伯人那裡時被攪渾了，而當人們開始追溯希臘的源泉時很多問題已得到了矯正。可是這些阿拉伯人也還是有用的，例如：人們肯定那伊本比塔（Ebenbitar/Ibn-al-Baitar）②，他在這些關於藥用植物的書中抄了狄奧斯柯利德（Dioscorides）③對於闡明狄奧斯柯利德就常常很有用。我也發現，除了宗教和歷史之外，主要地就是在醫學——就其爲經驗的來說——中，那在書面上保存下來的古代傳統，以及一般地說別人的觀察，可以有用。就是因爲這，我一向對那些在關於古代的知識方面很有造詣的醫生始終評價很高；而我曾覺得很遺憾的是，雷內修斯（Thomas Reinesius）④，本來在兩方面的知識都很卓越，卻毋寧轉向闡明古代人們的宗教儀式和歷史，而不來致力於恢復一部分古代人關於自然的知識，在這方面他本來顯得也會能取得非凡的成就的。當拉丁、希臘、希伯來以及阿拉伯人的古書有一天都研究完了之後，還有中國人，也有許多古書，也當列入其中，並將會給我們的批判的好奇心提供材料。就不必說波斯人、亞美尼亞人、科普特人（Copts）⑤以及

② 伊本比塔（Ebenbitar 或 Ibn-al-Baitar，約1197-1248），一位傑出的阿拉伯學者，植物學家，曾根據許多古代文獻資料編寫了一本藥用植物誌。

③ 狄奧斯柯利德（Dioscorides），約西元一百年前後的希臘醫生。

④ 雷內修斯（Thomas Reinesius, 1587-1667），是一位德國醫生，曾寫過醫學和博物學方面的一些著作，後來專門從事於語言學及考古學的研究。

⑤ 科普特人（Copts），古代埃及人的一個種族。

婆羅門教的某些古書了，這些到時候也將從地下發掘出來，以求不要忽略在各種學說的傳統以及事實的歷史方面古代所能給予的任何光明。而到再也沒有古書可來考察了時，語言就可取代書的位置，而這些語言是人類最古老的紀念碑。隨著時間的流逝，將會把全世界各種語言都記錄下來和把它們放進辭典和語法書中，並把它們彼此加以比較；這是會有很大用處的，既對認識事物很有用，因爲名稱常常是和它們所標明的特性相應的（如我們通過各個不同民族對各種植物的命名所看到的那樣），同時也對認識我們的心靈以及它的作用的奇妙的千變萬化很有用。就不必說各民族的起源了，這是我們利用堅實可靠的語源學的方法可以認識的，而對各種語言進行比較將可提供最好的方法。但這是我已經講過的。而所有這一切都使人看出批判的用處及其廣闊範圍，這個問題有些在別的方面很高明的哲學家卻很少考慮，他們常常放肆地以輕蔑的口吻來談到拉比學⑥以及一般地談到語言學。我們也看到批判家們還有很長時期可找到材料來從事有成果的鍛鍊；而他們不要太過沉迷於一些細枝末節，因爲他們還有這許多更有意思的對象要處理；雖然我很知道即使一些細枝末節在批判家們也常常是爲發現更重要的知識所必需的。而因爲批判大部分是在語詞的意義以及在對作者，尤其是古代作者的解釋上進行的，這一關於語詞的討論，再加上您提到了古人，就使我要來觸及這一重要之點。但還是回到您的名

⑥ Rabbinage，是一個帶有輕蔑意義的名詞，意思是指對猶太教教士即拉比們的書所作的研究。

稱的四種缺點上來，我要對您說，先生，這些全都是可以補救的，尤其是自從發明了書寫以來，並且這些缺點只是由於我們的忽略才得以繼續存在的。因爲意義是靠我們來確定的，至少在某種學術語言中是如此，並且靠我們同意來摧毀這巴別之塔（la tour de Babel）⑦。但有兩個缺點是比較難於補救的，一個是在於：當經驗並沒有給我們提供一些觀念完全在同一主體中結合好的情況時，我們對這些觀念是否彼此相容就有懷疑；另一個是在於：當我們對一些感性事物沒有足夠的經驗來對它們下比較完全的定義時，有必要來對它們下一些暫時的定義；但對於這兩種缺點我們都已不止一次講過了⑧。

斐　〔我就將告訴您一些對於以某種方式進一步闡明您剛才提出的這些缺點是有用的東西，而我所已指出的缺點的第三項似乎就使定義成爲暫時的；這就是當我們對我們那些可感覺的模型，亦即具有有形體性質的實體性存在物，沒有足夠的認識時【的情況】。這缺陷也使得

---

⑦ 巴別之塔（la tour de Babel），據《聖經．創世紀》第十一章，說本來整個大地只有一種語言。挪亞的子孫們要協力建造一座通天的塔，即所謂「巴別之塔」，上帝摧毀了這座塔，並且攪混了語言，又使他們分散到各地，語言也從此不能相通。因此，「巴別之塔」後來就有了「混亂的迷宮」之類的意義，也有「巨大的建築」、「摩天樓」等等多種意義。這裡所說「摧毀這巴別之塔」當即指「消除混亂」的意思。

⑧ 參閱本書下冊第三卷第六章。

我們不知道是否允許把那些自然未加組合的可感性質組合起來，因爲歸根到底我們對它們並不了解。）而如果說那些用於複雜樣式的語詞的意義之所以有可懷疑，是因爲缺乏能使人看出同樣組合的模型；那麼實體性存在物的名稱的意義之所以可疑則是由於完全相反的理由，因爲這些名稱應該是意指那被假定爲符合於事物的實在性，並與自然所造成的模型相關聯的東西。

德　我在我們以前的對話中已不止一次地指出過，這對於實體的觀念並非本質性的；但我承認依照自然造成的觀念是最可靠和最有用的。

§12　斐　那麼當我們遵照完全由自然造成的模型，無須想像力保持其表象時，那些實體性存在物的名稱在通常的用法中就有我已指出的雙重關係。第一種關係是它們意指著事物內部的實在構造，但這模型是不可知的，因此也不能用來規範其意義。

德　這裡不涉及這個問題，因爲我們說的是我們具有其模型的觀念；內在本質是在事物之中的；但我們同意它是不能用作原型的。

§13　斐　那麼第二種關係就是實體性存在物的名稱直接對那些同時存在於實體中的簡單觀念所具有的關係。但由於結合在同一主體中的這些觀念數目很大，人們在談到這同一主體時，就形成了很不相同的各種觀念，這原因一方面是由於他們對簡單觀念作了不同的組合，另一方面是因爲物體的大部分性質，是它們所具有的在其他物體中產生變化和從之接受變化的各種能力；證據就是：一種最低級的金屬能夠由火的作用而受到那些變化，而且它在一位化學家的手中，由於用了其他一些物體，還能受到更多得多的變化。此外，一個人滿足於以重量和顏色作爲認識黃金的標準，另一個人則還加上可延性、固定性；而第三個人又要考慮到它溶解於王水。§14由於各種事物彼此之間往往也有相似性，所以要指出確切的差別有時是困難的。

德　實際上由於物體是易於受變形、掩蓋、作假、仿造的，因此，要能辨別和認識它們是一件大事。黃金在溶液中是掩蓋著的，但我們可以把它重新取出來，或者是通過沉澱，或者是把溶劑蒸發掉；而假造或冒充的黃金可以用化驗的技術來識別或使之純化，這種技術不是人人都知道的，因此，人們對黃金並不是都有同樣的觀念這一點並不奇怪。而通常是只有那些專家才對各種物質具有足夠正確的觀念。

§15　斐　可是這種花樣變化在平常的交往中並不像在哲學研究中那樣引起混亂。

德　如果它在實踐中沒有影響倒是較可忍受的，在實踐方面，不要張冠李戴（recevoir un qui pro quo）常常是很重要的，並因此就有必要認識事物的標誌或身邊要有認識它們的人。而這對於那些貴重的藥品和物質尤其重要，這些東西我們可能正是在有些重要時機很需要的。哲學上的混亂毋寧是在一些較一般名詞的用法方面表現出來的。

§18　斐　簡單觀念的名稱是比較不易有歧義的，人們對白、苦等等名詞弄錯了的事情是很罕見的。

德　可是這些名詞卻的確也不是完全沒有不確定性；而我已經指出過關於有些交界的顏色

的例子，它們處於兩種顏色交界的地方，本身屬於哪種顏色是很可疑的。

§19 斐 次於簡單觀念的名稱的是那些簡單樣式的名稱，也較少可疑的情況，例如：那些形狀和數目的名稱就是這樣。但§20那些複雜樣式以及實體則引起了一切麻煩。§21有人會說，與其把這些缺點歸罪於語詞，我們倒不如該把它們記在我們的理智的帳上；但我回答說：語詞是這樣處在我們的心靈和事物的眞相之間，以致我們可以把語詞比之於一種媒介，可見對象的光線就通過它傳到我們這裡，而它卻常常在我們眼前散布許多雲霧；而我傾向於認爲，如果我們較深入地考察一下語言的缺點，那些爭論的大部分自己就會消除，而認識的道路，以及也許還有和平的道路，就會更加向人們敞開。

德 我相信，如果人們願同意某些規則並小心地執行這些規則的話，在書面的討論方面我們從今以後是能夠達到目的的。但要確切地在口頭上並且當場立即進行討論，則在語言上必須要有所變化。我在別處已作過這方面的研討⑨。

---

⑨ 萊布尼茲曾計劃要創立一種普遍的哲學語言，這計畫是他一輩子放在心上，並一再提起過的，他也曾花過許多工夫，做了許多準備工作，但並沒有多少積極的成果。參閱本書下冊第四卷第六章§2「德」、第十七章§13「德」；又G本第三卷，第216頁；第四卷第27頁以下，E本第6頁以下；G本第七卷第3頁以下，E本第82頁以下，第669頁以下等處。

§22 斐　在等待著這種不會很快就準備好的改革的同時，這種語詞的不確定性應該教我們要謙虛謹慎，尤其是當涉及要把我們歸之於古代作家的意義強加於別人的時候；因爲我們發現在那些希臘作家中差不多每個人都各說一種不同的語言。

德　我倒毋寧是驚訝於看到在時間和地點上都相隔這樣遠的那些希臘作家，如荷馬（Homère）、希羅多德（Hérodote）、斯特拉波、普魯泰克（Plutarque）、琉善（Lucian）、歐塞比奧（Eusèbe）、普羅柯比（Procope）、佛提烏斯（Photius）⑩等竟如此接近；反之那些拉丁作家卻變化如此之大，而德國的、英國的及法國的就變化更大。但這是因爲希臘人從荷馬時代以來，尤其是當雅典城處於繁榮狀態的時期，就有一些好的作家爲後人當作模範，至少是在寫作方面。因爲希臘的通俗語言在受羅馬統治時期無疑當已有很大變化，而這同一理由也使義大利文就不像法文變化那麼大，因爲義大利人有一些早期享有持久聲譽的作

⑩ 荷馬（Homère），古希臘傳說中最著名的詩人，但是否確有其人是有爭論的；希羅多德（Hérodote，西元前約484至前約425年），被稱爲古希臘「史學之父」；斯特拉波（Strabon），西元前一世紀希臘地理學家；普魯泰克（Plutarque）西元一世紀希臘史學家及道德學家；琉善（Lucian），西元二世紀希臘哲學家和諷刺作家；歐塞比奧（Eusèbe, 267-340），凱撒利亞的主教，被稱爲「教會史之父」；普羅柯比（Procope，生於五世紀末，死於約562年），希臘歷史家，有關查士丁尼時代歷次戰爭的《戰史》的作者；佛提烏斯（Photius, 820-891），君士坦丁堡主教，拜占庭的作家和政治活動家。

家，都曾模仿並且還在推崇但丁（Dante）、佩脫拉克（Pétrarque）、薄伽丘（Boccaccio）⑪以及其他一些作家，而其時那些法國作家已不再受推崇了。

⑪ 但丁（Dante, 1265-1321），以其所作《神曲》被稱爲「義大利詩歌之父」；佩脫拉克（Pétrarque, 1304-1374），義大利著名詩人、歷史家，被看作「文藝復興」時期第一個人文主義者；薄伽丘（Boccaccio, 1313-1375），也是義大利最早的人文主義者之一，詩人和文學家，《十日談》的作者。

第十章　論語詞的濫用

§1　斐　除了語言的自然缺點之外，還有一些有意造成的以及由於疏忽而來的缺點，這就是語詞的濫用，把它們用得很壞。第一種和最明顯的濫用，就是§2人們沒有把明白的觀念歸之於語詞。這種語詞有兩類：有一些是從來沒有確定觀念的，不論就其起源或其通常用法來說都是如此。哲學和宗教上的大部分宗派都曾引進這樣一些語詞，用來支持某種奇怪的意見，或用來掩蓋它們的體系的某種弱點。可是這些語詞在常人口裡正是表明他們不同於其他派別的獨有的特徵。§3還有其他一些語詞，照最初和普通的用法是有某種明白觀念的，但以後人們使它們適用於某些極重要的事物而並沒有賦予任何確定的觀念。智慧、光榮、恩惠這些詞在人們的口裡就常常是這樣。

德　我認為無意義的語詞並不如人們所想的那麼多，而只要稍用點心和有點善意就能把空虛處填滿或把不確定處加以確定的。智慧似乎無非是對幸福的正確認識。恩惠就是我們為那本不值得承受好處而處境又需要這種好處的人所做的好事。而光榮就是一個人的優點所具有的名聲。

§4　斐　我現在不想來考察對於這些定義是否有什麼要說，而只想來看一看濫用語詞的原因。第一，是因為我們學會語詞在學會其所屬觀念之先，小孩在搖籃裡就已習慣於這樣，就一輩子同樣用這辦法；尤其是在會話中他們從未固定他們的觀念，而用種種不同的說法來使別人設想他們想說什麼，也還是能使人懂得他們的意思，這就更加如此。可是這樣就使他們的說話中充滿了大量空無意義的聲音；尤其是在有關道德的事情上。人們把他們發現鄰人在用的一些語詞接過來，爲了不要顯得對它們的意義無知，就也很自信地加以運用，而並沒有給它們一個確定的意義；而由於在這一類的說話中，他們對了的事是罕見發生的，要他們相信自己錯了也就同樣罕見；而要想把他們從錯誤中拉出來，就好比要想剝奪一個流浪漢的家產一樣①。

德　實際上人們費必要的精力來獲得對名詞或語詞的理解的事是如此罕見，以致我不止一次地感到驚訝，小孩竟能這樣早就學會語言，並且人們說話還能說得這樣正確；因爲我們看到人們很少致力於教小孩說家鄉話的，而別的人們也很少想到要獲得清楚的定義；同樣地人們在學校中學會的那些定義通常都不是關於那些公眾所習用的語詞的。此外，我承認，甚至當人們認眞地進行爭論，以及照著自己的感想說話時，他們常常發生錯誤；可是我也注意到，在人們就一些發自內心的問題的思辨進行爭論時，也常常雙方都是有道理的，除非是彼此處於這樣一種對立狀態，沒有很好了解另一方的意見；這是由於名詞運用不善而來，有時也由於一種反抗心理和一種好勝心。

§5　斐　第二，語詞的用法有時是不一貫的；這種做法在那些學者中簡直太多了。可是這是一種顯然的欺騙，而如果它是故意的，那就是發瘋或邪惡。如果有人在算帳時也這樣搞法

---

①　這話的意思是：「他們既然沒有確定的意見，因此，你就難以使他們脫離自己的錯誤，正如一個漫遊者既然沒有確定的住宅，你就難以剝奪了他的寓所似的」。見洛克《人類理智論》中譯本第479頁。

（如以十當五），那我請問還有誰願和他打交道呢？

德　這種濫用既然不僅在學者中而且在大眾之中也是很普通的，我認爲這毋寧是壞習慣和馬虎，而不是邪惡使然。通常同一個詞的各種不同意義都有某種聯繫；這就會使人把一個意義當作另一個意義，而人們沒有費時間來考慮使所說的話都具有所希望的準確性。人們已習慣於那些轉義和比喻，而某種雄辯或虛妄的光彩很容易使我們上當。因爲就最常見的情況來說，人們所尋求的更多的是愉快、娛樂和表面現象，而不是眞理；此外，這裡面也摻雜著虛榮心。

§6　斐　第三種濫用是故作模糊，或者是給予名詞以不常用意義的用法；或者是引進一些新名詞而不予解釋。琉善很有道理地加以譏笑的那些古代的智者，裝作無所不談，其實是以言語模糊的布幕掩蓋自己的無知。在各個哲學派別中，逍遙學派特別顯著地犯這種毛病；但別的學派，甚至在現代的那些學派中，也不是完全沒有這種毛病。例如：有些人就濫用廣延這個名詞，並發現必須把它和物體這個名詞混同起來。§7人們如此推崇的邏輯或辯論術，也有助於維護這種模糊。§8那些迷戀於此的人對共和國是毫無用處或毋寧有害的。§9反之爲博學之士所如此輕視的那些機械工匠，對於人類生活倒是有用的。可是這些糊塗的博士卻爲無知的人們所羨慕；而人們以爲他們是不可戰勝的，因爲他們滿身裝備著荊棘和芒刺，去讓它刺一下可沒有什麼好玩的；單靠模糊就能用來防衛他們的荒謬了。§12壞的是這種把語詞弄模糊的技術已攪亂了人類活動的兩大規範，即宗教和法律。

德　您的責備有很大一部分是正確的；可是的確有——不過很少——一些模糊是可以原諒的和甚至可以讚許的：如當有人公開宣布自己是在打啞謎，並且那**謎語**是合時宜的時就是這樣。畢達哥拉斯（Pythagoras）就曾這樣用過②，而東方人的方式就往往是這樣的。稱爲「行家」的那些煉金術士，宣稱只願讓那些**法術之子**（fils de l'art）懂得。但如果這些所謂法術之子是有解謎之方的話，這也會是好的。某種模糊可能是可允許的；不過它必須是隱藏著某種值得來猜的東西，並且那謎語也得是可解的。但**宗教**和**法律**則要求有明白的觀念。似乎是人們在教授它們時所帶來的無條理，把那原理攪亂了；而其中所用名詞的不確定性，也許是比模糊更有害的。至於邏輯，是教人以思想的條理和聯繫的技術，我絲毫看不出有什麼理由加以責備。相反地倒是缺乏邏輯才使人們弄錯。

§14　斐　**第四種**濫用是人們把語詞當作事物，這就是說，人們以爲名詞是相應於實體的實

---

② 畢達哥拉斯派是約西元前六世紀起延續很久的一個希臘哲學派別，同時也是一個宗教團體和反動政治團體。這裡所指的是該派中的一些所謂「象徵」或「神聖的言辭」，是用一種謎語樣的詩句寫成的一些神祕的戒律，如「不許吃豆子」，「不要用刀劍撥火」，「不許穿羊毛的衣服而只穿麻布的衣服」等等。用這種謎語樣的形式有爲了對局外人保密的意思。可參閱羅斑：《希臘思想和科學精神的起源》中譯本，商務印書館，一九六五年版，第76-77頁。

在本質的。受逍遙學派哲學教養長大的人，誰不以為十個範疇的名稱是確切符合事物的本性的呢？誰不以為實體的形式、植物靈魂、懼怕眞空、意象③之類都是某種實在的事物呢？柏拉圖派有他們的世界靈魂，而伊比鳩魯派有他們的原子在靜止時趨向運動的傾向。如果亨利·莫爾（Henry Morus/More）博士的空中媒介體或以太媒介體④在世界某處得到流行，人們也會同樣相信它們是實在的。

德 正確來說這不是把語詞當作事物，而是把假的信以為眞。這種錯誤對一切人都太普通了；但這並不僅僅是由於濫用了語詞，而是在於完全另一回事。那種範疇表的設計是很有用

---

③「意象」原文為 les espèces intentionnelles，拉丁文為 species intentionales，是中世紀經院哲學中「唯實論派」用以解釋知覺、認識等現象的一種東西，和 species reales 即事物的實在形式相對，一說認為它是外物的「形式」、「相似者」、「影像」，但既不同於心靈，又不同於外物本身，而是外物的代表或媒介，心靈通過它的媒介作用才能認識外物；一說認為它是心靈本身的一種「樣態」，是外物作用於心靈，心靈對它作出反應而產生的。「唯名論派」大都否認有這種東西。十七世紀唯物主義者伽森狄、霍布斯等以及笛卡兒都對此作了駁斥。參閱〈序言〉第十六段。

④莫爾見本書上冊第一卷第一章註（第9頁註⑯）。所謂「空中媒介體或以太媒介體」（Véhicules aëriens ou Ethériens），據莫爾說是一種精神的空中或天上的身體，人的靈魂在充分純化以後，在死時或死後某個時期就能得到這種身體。這顯然是一種十分荒唐的迷信觀點。

的，而我們毋寧應該是想著來改正它而不是排斥它。實體、量、質、主動或被動，以及關係，也就是說存在的五個一般的名目，再加上那些由它們組合而成的，可能就夠了，而您自己，在整理排列那些觀念時，不是也想給它們像範疇那樣的名目嗎？關於實體的形式，我上面已經說過了。而我不知道您是否有足夠根據來排斥植物靈魂，因爲有些有豐富經驗和判斷能力的人都承認在植物和動物之間有很大的可作類比之點，而您，先生，似乎也曾承認禽獸有靈魂。懼怕眞空可以健康地來理解，這就是說，假定自然一旦曾把空間都充滿，並且物體是不可入的和不可壓縮的，則自然就不會允許有眞空；而我主張這三個假定都是很有根據的。但那種當在靈魂與身體之間作溝通的意象，是沒有那回事的，雖然那種感覺意象⑤也許還可原諒，它是從對象達到遠處的感覺器官的，暗含著運動的傳播的意思。我承認沒有柏拉圖所說的那種世界靈魂，因爲上帝是超乎世界之上的，是 extramundana intelligentia⑥或毋寧說是 supramundana⑦。我不

⑤ 據中世紀經院哲學，上述的那種「意象」即 species intentionales 又分爲「感覺意象」（species sensibiles）和「理智意象」（species intelligibiles vel intellectuales），前者用以解釋感覺知識，後者則企圖用來解釋理性的知識。

⑥ 拉丁文，意即「世界之外的心智」。

⑦ 拉丁文，意即「超乎世界之上的」。參閱《神正論》，第二部分§217。

知道您是否把伊比鳩魯派的原子趨向運動的傾向理解爲他們歸之於原子的重量，而既然他們認爲物體本身都是以同一方向運動，這無疑是沒有根據的。已故的亨利·莫爾先生，英國國教會的神學家，儘管是一位高明人士，但顯得在提出假說方面太輕率了一點，這些假說既不可理解，又不明顯，就像他的物質的活力原則⑧，重量的原因、彈性，以及在他那裡所碰到的其他一些奇怪的東西。對於他的以太的媒介體，我沒有考察過它的性質，沒有什麼好說的。

§15　斐　用一個關於物質這個詞的例子就會使您更好地懂得我的思想。我們把物質看作是在自然中實在存在的、與物體有別的一種東西；這其實是再明顯不過的；否則這兩個觀念就會可以毫無區別地互相替換了。因爲我們可以說唯一的物質構成了所有的物體，但並不能說唯一的物體構成了所有的物質。我想我們也不會說一個物質比另一個更大。物質表示著物體的實體和堅實性；因此，我們也並不比【設想】不同的堅實性更能設想不同的物質。可是，一從我們把物質當作某種在這一確切規定性下存在的東西的名稱，這一思想就產生了許多關於原初物質的不可理解的言論和混亂不堪的爭論。

德　我覺得這個例子倒可以用來原諒而不是責備逍遙學派的哲學。如果所有的銀子都有

⑧ principe Hylarchique. 莫爾排斥對物質自然界的機械論解釋，而提出了這種所謂「活力原則」，即認爲整個自然界都充滿一種非物質性的活力，接近於「物活論」的觀點，或柏拉圖派關於「世界靈魂」的唯心主義觀點。

了形狀，或者毋寧說因爲所有的銀子都由於自然或由於人工而有了形狀，難道就不能說銀子是一種在自然中實在存在的東西，而有別於（就其確切的規定性來看）盤子或錢幣的了嗎？我們並不會因此就說銀子無非是錢幣的某種性質。在一般物理學中，就原初物質來進行推理和決定其本性，以求知道它是否始終齊一，它是否除了不可入性之外還有其他特性（如事實上我繼克卜勒之後已指明它還有那種可稱爲慣性的東西⑨）等等，雖然我們永遠找不到這種赤裸裸的原初物質——這樣做也不是像您所想那樣無用的；正如我們也可以來討論純粹的銀子一樣，儘管我們也沒有這樣純的銀子，也沒有辦法來把它純化。因此，我並不反對亞里斯多德談到原初物質；只是我們不禁要責備那些人太過於老是停留在這個問題上，並且就這位哲學家的一些沒有很好理解的字眼捏造出許多荒唐的東西，他自己也許有時也過於給人機會來造成這些誤解和無稽妄談。但我們不應該這樣來誇大這位著名作者的缺點，因爲我們知道，他的有些著作是沒有寫完，也不是他自己發表的。

§17　斐　第五種濫用是以語詞取代了並非它們所指，也無論如何不能爲它們所指的事物。在下列情況時就是這樣的：我們用實體的名稱所想說的不止這樣一點，即我叫做金子的東

⑨　參閱 De ipsa natura, 1698，§11，G本4，519，E本157，a；《神正論》第一部分，§30，G本6，119，E本512a 等處。

西是可展的（雖然歸根到底這時金子所指的沒有別的而無非是可展的東西），而想使人理解爲可展性依賴於金子的實在本質。這樣我們就說，像亞里斯多德那樣，把人定義爲理性的動物是對的；而像柏拉圖那樣把人定義爲兩條腿、沒有羽毛、有寬指甲的動物是不對的。§18 難得找到一個人不是假定這些詞是指一件東西，有爲這些特性所依賴的實在本質的；可是這是一種顯然的濫用，因爲這東西並不包含在這詞所指的那複雜觀念中。

德 我倒毋寧認爲去責備這種普通用法是顯然錯誤的，因爲的的確確在金子這個複雜觀念中，是包含著這是一種有一實在本質的東西，它的構造我們在其他方面並不詳細了解，只除了爲像可展性之類的性質所依賴的這一點。但爲了說明這可展性而不是用同一的東西，不是犯coccysme 或同語反覆的毛病（請看第八章§18）⑩，就應該用其他的性質來認識這東西，好比我們說，一種可溶解的、黃色的和很重的物體，叫做金子，具有一種本性，這還給它一種性質，就是在錘子下很柔順而能被變成極薄的。說到人們歸之於柏拉圖的那個對於人的定義，那似乎只是作爲練習而制定出來的，而您自己我相信也不會想把它和那被人們所接受的定義來認眞地作比較，顯然那定義是有點太外在並且太暫時性的了；因爲如果您上面說過的那種食火雞也有寬指甲，那就會是人了；因爲人們還無須像那隻公雞那樣把它的羽毛拔掉，據說第歐根尼・拉

⑩ 所指的參考章節是不對的，也許是指第六章§18，或指洛克原書第十章§18。

爾修（Diogenes Laërtius）就曾想把公雞拔掉羽毛使它變成照柏拉圖所說的人⑪。

§19 斐 在那些複雜樣式方面，一旦其中的一個觀念改變了，人們立刻就認出這是另一回事，如下列這些詞所顯然表現出來的：英語中的 murder【「謀殺」】，相當於德語的 Mordt，是指預謀的殺人；manslaughter 這個詞就其起源說相當於殺人，是指一種有意的但不是預謀的殺人；chancemedley，照字面的意思說就是偶然的格鬥，是指無意的殺人【「過失殺人」】；因爲人們用這些名稱所表示的，和我認爲是在事物之中的（我以前稱爲名義本質和實在本質的），是同一回事。但在實體名稱方面就不是這樣，因爲如果一個人在金子的觀念中放進了別人所省略了的東西，如固定性和可溶於王水的性質，人們並不認爲因此已改變了種，而只是一個人比另一個人對那造成隱藏著的實在本質的東西有一個更完全的觀念，他們把金子的名稱和這種實在本質聯繫上，雖然這種暗含的關係是無用的，而只是使人陷於麻煩。

德 我認爲這一點我已經說過了；但我還是要在這裡向您清楚地表明，先生，您剛才所說的，在樣式方面和在實體方面是一樣的，並且我們並沒有理由來責備這種與內在本質的關聯。我們來舉個例子。我們可以給幾何學家所說意義上的拋物線定義爲這樣一個圖形，其中與某一

---

⑪ 參閱第歐根尼・拉爾修（Diogenes Laërtius，西元前三世紀）的《著名哲學家的生平和學說》VI.40。有人認爲歸之於柏拉圖的這種對於人的定義是假造的。

直線平行的所有光線都經反射匯聚到一點即焦點上。⑫但用這觀念或定義所表明的，毋寧是這圖形的外表和結果而不是它的內在本質或可以使人立即認識其本原的東西。我們在一開始甚至可能懷疑，我們所想要的以及應該造成這一結果的這樣一個圖形，是不是可能的東西；而在我看來，正是這一點，使人認識到一個定義是否僅僅是名義的和得自特性的，或是否也是實在的。可是，那稱之爲拋物線並且僅僅依我剛才所說的定義來認識它的人，當他說到它時，也還是了解到這是一個具有一定結構或構造的圖形，這構造是他所不知道的，但他希望弄懂以便能夠來畫這圖形。另一個對它考察得更深入的人會加上某種其他的特性，並發現例如在所求的圖

⑫ 按拋物線有這樣的性質：如圖所示意，凡平行於其軸的光線，經拋物線反射，都聚集到焦點上。

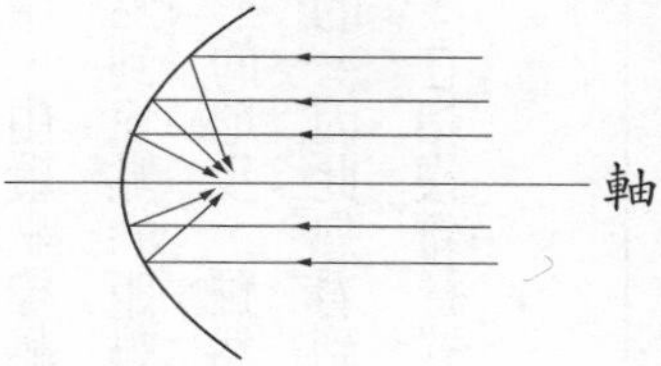

軸

形中，由縱坐標軸和過曲線上同一點到軸的垂線在軸上所截的一段，總是一個常數，而且等於**頂點到焦點**的距離。⑬這樣他就會比前一個人有一個比較完全的觀念，並會達到較容易來做這圖形的地步，雖然他也許仍舊不會做。可是人們會同意這是同一個圖形，但它的構造還是掩蓋著的。因此您看到，先生，您在指實體性事物的語詞的用法方面所找到並部分地加以責難的一切，在指複雜樣式的語詞的用法方面也還是找得到，並且已清楚地被證明是這樣的了。但使您

---

⑬ 按拋物線又有這樣的特性：如圖所示意，設拋物線的頂點爲V，過V作軸的垂線（即虛線），其軸在此垂線與縱坐標軸之間的一段，即OV，在幾何上是等於VF的。F是焦點。OV是個常數，因VF是個常數。

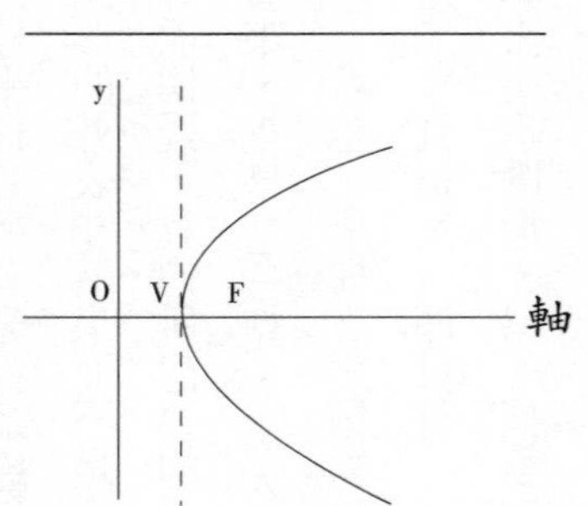

以爲在實體和樣式之間有區別的，只是⑭因爲您在這裡沒有考慮到討論起來很困難的那些可理解的⑮樣式，人們發現這些樣式在這一切方面和那些還更難認識的物體是相似的。

§20　斐　這樣，先生，我本來想對您說的關於我認爲是一種濫用的原因的話，我恐怕得壓下不說了。這原因好像是因爲我們錯誤地以爲自然永遠是有規律地行事的，並且用我們所理解並且永遠跟隨著同一種的名稱的這種本質或內部構造，來爲每一個種確定了界限。

德　那麼，先生，通過那些幾何學上的樣式的例子，您可以清楚地看到，我們把它們與種的內在本質相聯繫是並沒有什麼太大錯誤的，雖然在那些可感覺的事物——不論是實體或樣式，我們對它們只有暫時的名義的定義，並且我們也並不輕易地希望它們是實在的——和那些討論起來很困難的可理解的樣式之間，是很有區別的，因爲我們最終是能達到幾何圖形的內部構造的。

§21　斐　〔我終於看到，對於這種與內在本質和構造的關聯，我藉口它會使我們的言辭標誌著一個無物或一個不可知的東西而加以責難，這是錯了。因爲就某些方面來說不可知的東西，以另一種方式可以使人認識，而內部的東西部分可以以它所產生的現象而使人認識。至於

---

⑭ G本和E本均作"n'est que"（「只是」），J本作"c'est que"（「這是」）。

⑮ intelligibles，相對於 sensibles（「可感覺的」）而言，即不是由感覺，而是由理智所認識的東西。

說到一個怪胎是不是一個人這個問題，我看到，如果說我們不能立即加以決定，這並不妨礙那種本身還是很確定的，因爲我們的無知絲毫也並不改變事物的本性。」

德　事實上，有些很高明的幾何學家會發生這樣的事，即他們認識了某些圖形的許多特性，這些似乎已窮盡了這個題材，而他們對這些圖形是什麼樣的卻並不充分知道。例如，有這樣一些曲線，被稱爲珍珠線（perles）⑯，人們可以找出它所圍的面積以及它旋轉後所成曲面和立體的度量，後來才知道它們只不過是某些立方拋物面組合而成。因此，人們以前把這些「珍珠線」看作一個特殊的種，就對它們只有暫時性的認識。如果在幾何學中都可以發生這樣的事，那麼對於更複雜得無比的物體本性，要來決定它的種是很困難的，這難道有什麼好奇怪的嗎？

§22　斐　爲了繼續已開始的編號，讓我們過渡到第六種濫用，雖然我清楚地看到其中有幾種必須刪除。這種很一般但很少被注意到的濫用，就是人們長期習慣於把某些觀念聯繫於某些語詞以後，就想像著這種聯繫是很顯然並且人人同意的。因此，當別人問他們所用語詞的意義時，即使這是絕對必要的，他們也竟會覺得很奇怪。如果有人問他們所說的生命是什麼意思，

⑯ 參閱本書下冊第四卷第七章§4「德」（第271-272頁）。這是法蘭德斯的一位幾何學家斯盧茲（René François Walter de Sluse, 1622-1685）提出來的。

很少有人不把這當作是一種侮辱的。可是他們對此可能具有的那空泛的觀念，是不足以說明問題的，如當涉及一棵已在種子中形成的植物是否有生命，或在蛋內尚未孵成的小雞，或在昏迷中既無感覺也無運動的一個人是否有生命時就是這樣。而雖然人們不想顯得這樣不聰明或這樣囉唆，對人們所用的名詞竟有必要總要求解釋，也不會讓批判這樣不合時宜，竟不停地來挑剔別人對語詞的用法，但當問題涉及精確的研討時，卻是需要來作解釋的。那些屬於不同派別的學者，在彼此辯駁而誇耀自己的理論時，往往只是說著不同的話而所想的其實是一回事，雖然也許他們的利益、興趣是不同的。

德　我認爲我已經充分說明了生命的概念，它應該永遠是伴隨著靈魂中的知覺的；否則這就會只是一種表面現象，就像美洲的野蠻人歸之於鐘錶的生命，或這些官員歸之於木偶的生命那樣，當這些官員想把第一個把這種木偶戲帶進他們城市的人作爲弄幻術者來治罪時，他們相信這些木偶是被魔鬼弄活了的。

§23　斐　總結起來，語詞的功用在於：(1)用來使人懂得我們的思想，(2)爲了容易地做到這一點，(3)用來給人在對事物的知識方面的入口。當人們對語詞沒有決定的和經常一貫的觀念，也不能爲別人所接受或了解時，就喪失了第一點功用。當人們具有一些極複雜的觀念，而沒有各自分明的名稱【來指這些觀念】時，就不能容易地【傳達思想】；這往往是語言本身的缺點，有些語言沒有這些名稱；這也往往是由於人不知道這些名稱；這時就需要有長篇的詳解

（périphrases）。§24但當語詞所指的觀念，和實在的東西不相一致時，就喪失了第三點功用。§26 (1)那種只有名詞而無觀念的人，就好像一個人只有一份書的目錄。§27 (2)那種只有一些極複雜的觀念的人，就好比一個人有大量散頁而無書名的書，要給人書時就只能一頁接一頁地給。§28 (3)那種在【語詞】記號的用法上不始終一貫的人就好比一個商人在同一名稱下賣各種不同的貨物。§29 (4)那種在已爲一般人所接受的語詞上聯繫上一些特殊觀念的人，是不能用他所可能具有的光明照亮別人的。§30 (5)那種在頭腦裡具有一些從未存在過的實體的觀念的人，不會在實在的知識方面前進一步。§33第一種人將會是徒勞地空談「袋蜘蛛」（Tarantule）或仁愛。第二種人將會看到一些新的動物而不能容易地使別人也認識它們。第三種人將會把物體一時當作有堅實性的東西，一時當作僅僅是有廣延的東西；而以樸素一時指德性，一時指相近的惡。第四種人將會以馬的名稱來稱呼騾，而人人叫做浪費的，在他也許會是慷慨；而第五種人將會根據希羅多德的權威在韃靼來找一個全部由獨眼人構成的民族⑰。我注意到前四種缺點是實體的名稱和樣式的名稱所共同的，而第五種缺點是實體所特有的。

德　您所指出的這些是非常有教益的。我只補充一點，即我覺得在人們關於偶性或存在方式的觀念中也還是有怪誕的東西；因此，第五種缺點也還是實體和偶性所共同的。放蕩的牧童

⑰ 見希羅多德的《歷史》，第三卷，第一一六章；第四卷，第十三、十七章等處。

之所以爲放蕩，不僅由於他相信樹林中隱藏著仙女，而且還由於他永遠期待著浪漫的奇遇。

§34 斐 我已經想著結束了；但我又記起了第七種和最後一種濫用，這就是那些比喻之詞或隱喻、典故之類的濫用。可是人們很難認爲它是濫用，因爲所謂機智和想像是比乾巴的眞理更易爲人所接受的。在那些但求愉快的言談中，這種情況是很通行的；但歸根到底，除了條理和簡潔之外，在全部修辭學的技術中，所有這些語詞的人爲的和比喻的應用，只是有助於插進一些虛假的觀念，打動感情和誘惑判斷，所以這些只是純粹的巧僞欺騙。可是人們卻正是給這種巧僞的技術以第一流的地位和報酬。這是因爲人們毫不在意於眞理，卻非常喜愛騙人和受騙。這一點是如此眞實，以致我毫不懷疑我剛才所說的反對這種技術的那些話會被看作是一種極端大膽的結果。因爲雄辯就像女性似的，具有如此強烈的迷人魅力，以致不容人抗拒。

德 我遠不是要責怪您對眞理的熱情，而是覺得它很正確。並且希望它能對人有所觸動。我對此並不完全失望，因爲，先生，您似乎是用雄辯術自身的武器來打擊了雄辯術，而且您甚至有一種比這種騙人的雄辯術優越的其他的雄辯術，就好比有一位維納斯・尤拉尼婭（Vénus Uranie），是神聖愛情之母，在她面前，那另一個冒充的維納斯，那盲目愛情的母親，就不敢帶著她那綁著眼睛的孩子出現。⑱但這一點本身也證明您的論點有必要打點折扣，

⑱這裡所引的神話，可參閱柏拉圖的《會飲篇》180.D.維納斯是愛與美的女神。

而某些雄辯的裝飾品，就像埃及的古瓶那樣，可用作祭器來祭祀眞正的上帝。這就像繪畫和音樂那樣，人們也加以濫用，一種常用來表現光怪陸離的甚至有害的想像，另一種則把人心弄得軟綿綿的：而兩者都給人徒勞無益的娛樂；但它們也能被有益地加以利用，一種可用來使眞理清楚明白，另一種可用來使眞理能感動人，而這後一種效果應該也是詩歌的效果，詩歌是包括修辭和音樂的。

第十一章　糾正前述各種缺點和濫用的方法

§1　斐　這裡不是要來深入討論一種眞正雄辯術的用處的地方，更不是來回答您的懇切讚頌的地方，因爲我們得想到來找出我們已指出的那些缺點的糾正方法，以結束這個關於語詞的問題了。§2要想來改良語言，並想來強迫人們只能按照他們具有知識的程度來說話，這將是可笑的。§3但主張哲學家們在涉及嚴肅地追求眞理的問題時說話要準確，這卻不算過分；要是沒有這一點，則一切都會充滿了錯誤、固執和徒勞無益的爭論。§8第一種糾正方法就是不要用任何語詞而不賦予一個觀念，反之像人們用如本能、同情、反感等詞時往往是沒有賦予任何意義的。

德　這條規則是好的；但我不知所舉的例子是否合適。似乎人人都理解所謂本能就是一個動物不知其故地趨向適合於它的東西的一種傾向；而人們本身也不應該那麼忽視這些本能，這在他們身上也發現是有的，雖然他們那種人爲的生活方式已把它們大部分都幾乎抹去了。醫生從自己出發就已注意到了這一點。同情或反感意謂著在那些無感覺的物體中相應於動物中所發現的互相結合或互相分離的本能的東西。而雖然我們對這些傾向或趨向的原因並沒有但願能有的那種理解，但我們對它們卻有一種概念，足以在說話中使人理解的。

§9①　斐　第二種糾正方法就是要使樣式名稱的觀念至少是決定了的，以及§10要使實體名

① E本作§6，誤。

稱的觀念更加符合存在的東西。如果有人說正義就是在有關他人的善方面符合於法律的一種行爲，這一觀念，當人們對所謂法律沒有任何清楚的觀念時，是沒有充分決定的。

德　這裡我們可以說法律就是一種智慧的條規，或關於幸福的科學知識的條規。

§11 第三種糾正方法就是運用語詞要盡可能符合公認的習慣。§12第四種就是：或者當你造一些新詞或在一種新的意義下來用一些老的語詞時，或者當你發現詞的習慣用法意義不夠確定時，要宣布你用這些詞是取的什麼意義。§13但這裡是有區別的。§14簡單觀念的語詞，凡不能下定義的，就用同義詞——當這些同義詞較爲人所認識時——來解釋，或者是把實物指明給人看。就是用這種辦法，我們要使一個鄉下人懂得什麼是敗葉（feuille morte）色，就可以告訴他說這就是秋天落下來的那種枯樹葉的顏色。§15複雜樣式的名稱應該用定義來解釋，因爲這是能夠做到的。§16就是因爲這樣，道德學是能加以推證的。我們在道德學上是把人當作一種有理性的有形體的存在物，而不去費心管他的外表形狀的。§17因爲道德學上的問題，是可以通過運用定義，來清楚明白地加以處理的。人們毋寧是依照心中的觀念來爲正義下定義，而不是在我們之外去找一個模型，如阿里斯提德（Aristide）[②]那樣，並在那上面來形成定義。§18而由於

---

② 阿里斯提德（Aristide，西元前約540至前約468年），是雅典的著名將軍和政治家，有「正義者」之稱，故這裡被引作「正義」的「模型」的例子。

大部分混合樣式並不在任何地方一起存在，我們在爲它們下定義時，就只能把那些散亂的③成分一一加以列舉來對它們加以確定。§19在實體方面，通常都有某些主導的或表明特徵的性質，我們把它看作是物種最分明的觀念，並假定構成這個種的複雜觀念的其他一些觀念都是依附於它的。這在動植物方面就是形狀，在無生命物體方面就是顏色，在有些東西則是顏色和形狀一起。就是因爲這樣，§20柏拉圖給人所下的定義是比亞里斯多德的更能表明特徵的；或者也就是因此我們不應該把那些怪胎弄死。§21並且憑眼睛看往往也和用別的辦法試驗一樣有用；因爲那些習慣於考察黃金的人，用眼睛一看就能分辨黃金的眞或假、純或雜。

德　無疑一切都回到可以一直追溯到原始觀念的那些定義。同一個主項可以有幾個定義，但爲了要知道這些定義是否都符合於這同一主項，就必須或者用理性來弄清楚它，就是由一個定義來推證另一個定義，或者用經驗來證明它們是經常在一起的。至於說到道德方面的事，其中一部分是完全根據於理性的；但另外有一部分是依賴於經驗，並且與性情有關的。關於對實體的認識、形狀和顏色，即可見的東西，是給了我們那些最初的觀念，因爲我們是以此從遠處來認識事物的；但這些觀念通常都太暫時性了，而在那些對我們關係重大的事物方面，我們就致力於更切近地來認識實體。此外，我也很驚奇，既然您自己剛剛也說（§16）在道德上

③ E本作 dispensé，係 dispersé 之誤。

我們應該把人看作一個有理性的有形體的存在物而不費心去管他的外表形狀，您卻又回到被歸之於柏拉圖的那個對於人的定義。還有，的確大量的實踐是能起很大的作用，可以使人用眼睛一看就分辨出旁人要辛辛苦苦地用一些很困難的試驗才能知道的東西。那些有廣泛的經驗，又有敏銳眼光和極強記憶力的醫生，往往一眼就能看出別人要經過詢問和診脈才能費力地弄清楚的病症。但是，還是以把我們所能有的一切徵象都一起結合起來爲好。

§22 斐 我承認，一個人要是有一位好的化驗者使他認識了黃金的一切性質，他就會有比用眼睛看所給他的更好的知識。但如果我們能了解黃金的內部構造，則*黃金*一詞的意義就會和三角形的意義一樣*容易*地得到決定。

德 它將會完全一樣地得到決定並且將再也沒有什麼*暫時性*的東西；但它不會是這樣容易地得到決定。因爲我認爲要說明黃金的組織構造，應有一種有點冗長的特徵描述，正如甚至在幾何學中，有些圖形的定義也是很長的一樣。

§23 斐 那些和身體分離的精靈無疑具有比我們更完善的知識，雖然我們對他們能夠獲得知識的方式毫無概念。可是他們對於身體的根本構造，可以具有和我們對一個三角形的觀念同樣明白的觀念。

德 我已經向您指出過，先生，我有種種理由來斷定，沒有什麼被創造的精靈是完全和身體分離的；可是無疑有些精靈，他們的器官和理智，是比我們的更完善得不可比擬的，並且他們在一切種類的概念方面都超過我們，就同弗萊尼格爾（Bernard Frénicle de Bessy）④或我已對您說過的這位瑞典少年在憑想像作數字計算方面之超過普通人一樣並且還有過之而無不及。

§24　斐　我們已經指出過，實體的定義，能用來解釋名稱，相對於事物的知識來說是不完善的。因爲通常我們都以名稱代替了事物，這事物的名稱告訴我們的比定義更多；因此，要很好地給實體下定義，就得研究自然史。

德　所以您看到，先生，例如：黃金這個名稱，所意指的不僅僅是說這名稱的人所知道的東西，例如：一種黃的、很重的東西，而是還有他所不知道，別人卻可能知道的東西，也就是說，是一種物體，賦有一種內部構造，由此產生那種顏色和重量，並且由此還產生其他一些他承認爲專家們所更好地認識的特性。

§25　斐　現在當希望那些在自然科學研究方面訓練有素的人能把那樣一些簡單觀念提出來，在這些觀念中，他們觀察到每一個種的各個個體是經常符合一致的。但要編一部這一類

---

④ 弗萊尼格爾（Bernard Frénicle de Bessy，約1605-1675），巴黎科學院的院士，以在當時能快速地解決一些最複雜的數學計算問題聞名。他的方法叫做「排除法」。著名數學家費馬（Pierre de Fermat, 1601-1665）及笛卡兒都曾對他表示欽佩，驚奇於他的算術能不用代數的幫助而進展到如此程度，並使他進入數學分析也發現很困難的領域。

的辭典，其中包含著所謂自然史的，就得要太多的人力，太多的時間，太多的辛勞和太多的才智，以致我們永不能希望有這樣一部作品。可是在那些語詞旁邊配以有關那些我們憑外表形狀來認識的事物的銅版印刷小插圖，是很好的。這樣一部辭典對後世會有很大用處，並將爲未來的批評家免除不少麻煩。像關於 ache（apium-罌粟）、bouquetin（ibex，一種野山羊）這些詞的插圖，會比對這種植物或這種動物的長篇描述更有價值。而要認識拉丁人叫做 strigiles 和 sistrum, tunica 和 pallium 的，邊上的插圖，會比被認爲是它們的同義詞的 etrille【鐵制的馬刷子】、cymbale【鐃鈸】、robe【長袍】⑤、veste【上衣】、manteau【外套】要無比地更有價值，這些同義詞很少能使人認識它們是什麼樣的東西。此外，我將不耽誤時間來細說第七種糾正語詞濫用的方法，那就是要經常在同樣意義下來用同樣的名詞，或當改變意義時要明白宣布。因爲對此我們已說得夠多了。

---

⑤ 洛克原書中在"tunica"之前尚有"Toga"一詞，即"robe"（長袍）。這四個拉丁詞順次即以下所列的法語 etrille, cymbale, veste, manteau 的同義詞。

德　格利瑪爾第（Claudius Philip Grimaldi）神父⑥，北京數學院院長（President du

---

⑥格利瑪爾第（Claudius Philip Grimaldi），萊布尼茲一六八九年在羅馬時和他認識，並與他保持通信，他回北京以後也曾和萊布尼茲通信，告訴了他許多有趣的事。可參看G本第三卷第166頁、第174頁等處。夏爾許米特說，萊布尼茲在這裡據格利瑪爾第的告知而提到的這種辭典，事實上是在中國有的，並曾被帶到歐洲，波恩大學圖書館就藏有兩冊這種辭典的一部分。以上據英譯本註。又據徐宗澤著《明清間耶穌會士譯著提要》（一九四九年二月中華書局版），格利瑪爾第原名Phillipus Maria Grimaldi，華名閔明我，義大利人，現據該書第395頁錄其傳略如下：

「閔公明我，字德先，生於一六三九年，一六五七年進耶穌會，一六六六年來至中華，一六六九年抵澳門，繼攻讀而晉鐸。時在廣州，因楊光先之誣害湯公若望（P. J. Adam Schall von Bell），有圈禁出外傳教之教士共二十五人，有多明我會那代來德（Navarrete，「代」疑爲「伐」之誤。——引者）司鐸，以被幽三載，乃潛遁離華。閔公於是自獻願至廣州□（缺一字，疑爲「補」字。——引者），那公之缺以就獄，公之姓名即取那公華名。一六七一年廣州被禁之教士開釋，公乃在澳傳教。尋，南公懷仁（P. Férdinand Verbiest）以公精曆法，薦於帝，公遂晉京，頗得帝眷。康熙二十五年，帝遣公由歐往俄京，與俄帝大彼得會商交涉事宜。公抵羅馬後，覲見教宗，晉謁耶穌會總會長，報告中國教務；在德會見大哲學家萊伯尼（Leibniz 即萊布尼茲。——引者），蓋公與萊氏夙相善也。事畢，一六九二年公與來華之新教士同行，抵澳門後，兼程北上，履覆使命，時在一六九四年。翌年，公被簡任北京主教，公謙辭不受；是年五月二十九日任耶穌會副省會長職，一七〇〇年任北京會院院長，一七〇二年升任中國及日本教務巡閱；康熙四十四年五月，教宗欽使鐸羅（Tournou）來華，因公之斡旋，頗得清帝之優待。一七一二年十一月八日，公卒於北京，在華傳教曆四十一年，著有方星圖解一卷（一七一一年印於北京）。」

據此，則所謂「北京數學院院長」疑即「北京會院院長」。

tribunal des Mathematiques à Pékin），曾告訴我中國人就有這種附有插圖的辭典。在紐倫堡出版的有一種小辭典，其中對每個詞都有這樣的插圖，那是很好的。這樣一種有插圖的**綜合百科大辭典**是值得嚮往的，而這也不是很難搞的。至於對物種的**描述**，這正是自然史；而我們正在逐步從事於這種工作。如果不是歷次戰爭（這從最初那些科學院或皇家學會建立時起就一直擾亂著歐洲），我們會進展得很遠了，並且會已經處於能從我們的工作得到好處的狀況；但那些大人物們大部分不認識其重要性，也不認識他們忽視堅實知識的進步使自己喪失了多少好處；此外，他們通常也太爲操心戰爭的事所打擾了，以致不能對那些並不能立即打動他們的事情來權衡輕重。

第四卷　論知識

第一章　通論知識

§1　斐　到此爲止我們已談了觀念和代表觀念的語詞。現在讓我們來談知識，那是觀念所提供的，因爲知識只是在我們的觀念上運轉。§2而知識無非是對我們兩個觀念之間的聯繫與符合或對立與不符合的知覺。不論我們是想像、猜測或相信，都永遠是這樣。例如：我們就用這方法察覺到白不是黑，以及三角形的三內角與它們的等於兩直角之間有一種必然聯繫。

德　知識還被當作更一般地來看待的，所以在達到命題或眞理之前，在觀念或名詞方面也已有知識。並且我們可以說，那注意地看了更多動植物的圖片，更多器械圖樣，更多關於房屋或堡壘的描寫或表現，讀了更多精彩的小說，聽了更多奇異的故事的人，這樣一個人，我說，就比另一個人更有知識，即使人家向他描繪或敘述的這一切，沒有一個字是眞的；因爲，他所具有的在心中呈現出很多明確而現實的概念或觀念的習慣，就使他更適於來設想別人向他提出的東西，並且他肯定會比另一個什麼也沒有看過、讀過或聽過的人更有教養和更能幹，只要在這些故事和表現中，他不要把並不是眞的東西當作眞的，以及這些印象不會妨礙他來分辨實在的和想像的，或現存的和可能的。就因爲這樣，宗教改革時期多多少少屬於拉梅（Pierre de la Ramée）派①的有些邏輯學家的說法是一點也沒錯的，他們說，那些推論法

① 拉梅（Pierre de la Ramée，拉丁名 Petrus Ramus, 1515-1572），法國的哲學家和邏輯學家，竭力反對經院哲學家所講的亞里斯多德的邏輯，想制定一種把邏輯和修辭結合起來的更簡單而更有根據的邏輯學。在他之後邏輯學家就長期分爲「拉梅派」和「反拉梅派」。也有一些「半拉梅派」，如亞爾斯台德（Alsted, 1588-1638）等。這裡所指的也許就是亞爾斯台德，他就把 argumentum 分爲 argumentum simplex（即萊布尼茲所說的 Thème incomplex——不複雜的論題）和 argumentum complexum（Thème complexe——複雜的論題）。

（Topiques②）或發明的順序（lieus d'inventions）（他們稱之爲 argumenta——「論證」），對於解釋或很詳細地描述一個不複雜的論題，即一件事物或一個觀念，和對於證明一個複雜的論題，即一個論綱（Thèse），命題或眞理，是一樣有用的。甚至一個論綱，也可以加以解釋以使人很好地認識其意義和力量，而並不涉及它的眞理或證明，如我們看到的那種解釋《聖經》的某些段落的說教或佈道的講演，或者那些關於民法或教會法的某些條文的講義或講話就是這樣，它們的眞理性是預先已假定了的。我們甚至可以說，有些論題是介乎觀念和命題之間的。這就是有些只問是或否的問題；這些是最接近於命題的。但也有一些是問如何以及有關情況之類的，這些要成爲命題就有更多要補充的。我們可以說，在描述③（即使是對純粹理想的東西的描述）中，是有一種對可能性的默認的肯定，這是眞的。但同樣也眞的是我們也可以來從事於解釋和證明一種假的東西，這有時是可以用來駁斥它的最好的方法，因此，

② Topiques 一詞源出希臘文 Τοπίξω，本義通常是指有關於位置或地位的，亞里斯多德的一篇邏輯著作名爲 "*Topiques*"，通常譯作《正位篇》，據他自己說這是指從得到一般認可或概然的事物得出結論的方法或理論。這裡姑且譯作「推論法」。

③ 這裡所說的「描述」，是就所謂「名義的定義」的意義下來說的，對實際不可能的東西也可以下「名義的定義」。參閱本書下冊第三卷第三章 §18「德」（第45-47頁）。

描述④的技術有時也可以落在不可能的東西上。這就像在阿里奧斯托（Ariosto）所依照的斯坎底亞諾伯爵（Comte de Scandiano）⑤的虛構小說中所看到的情況，還有在《高盧的阿瑪迪斯》⑥或其他一些老的騎士小說中，在近幾年來重新時興起來的那些童話故事中，在琉善的《眞的故事》⑦中和在西拉諾（Cyrano de Bergerac）的《遊記》⑧中所看到的也是這樣；就不必說有些畫家畫的那些光怪陸離的景象了。我們也知道，在修辭學家們那裡，童話寓言是屬於

---

④ 同前註。

⑤ 斯坎底亞諾伯爵（Comte de Scandiano），據英譯者註係指 Matteo Maria Boiardo，約一四三四至一四九四年，是"*Orlando Innamorato*"（《奧蘭多・英納莫拉多》）一書的作者，該書有人認爲是「文藝復興時代最合乎騎士風的詩歌」，是「一部創造發明天才的傑作」，它就是阿里奧斯托（Ariosto, 1474-1533，義大利作家）的"*Orlando Furioso*"（《奧蘭多・富利奧索》）一書所據的藍本。

⑥ *Amadis de Gaula*，被認爲是中世紀騎士小說中最好的，據說是葡萄牙國王約翰一世宮廷中的一個騎士羅貝拉（Vasco de Lobeira）所作，約發表於一三九〇年。原書已佚，現在留下的最老版本是西班牙文的散文譯本，有義、德、英等各國文字譯本。

⑦ 琉善已見本書下冊第三卷第九章末註（第135頁註⑩），所謂《眞的故事》（'Αληθοῦς ἱστορίας λόγος—*Veræ Historiae*）是一部很機智的諷刺作品，所寫的完全是不可能存在的一些故事，對以後拉伯雷、斯威夫特、西拉諾等人的同類作品很有影響。

⑧ 西拉諾（Cyrano de Bergerac）及其"Voyages"，見本書上冊第二卷第二十三章§13「德」及註（第310頁註⑪）。

progymnasmata⑨或「預備體操」之列的。但就一種較狹的意義來看知識，也就是就對於眞理的知識來看，如您在這裡所作的，先生，我說，眞理永遠是基於觀念之間的符合或不符合，這是很對的，但說我們對眞理的知識是對這種符合或不符合的一種知覺，則一般地說是不對的。因爲當我們只是經驗地認識眞理時，即只是經驗到它，而並不知道我們所經驗者之中所具有的事物的聯繫和理由時，我們是並沒有對這種符合或不符合的知覺的，除非這只被理解爲我們只是混亂地感覺到它而並沒有察覺它。可是您的例子似乎表明您始終要求一種知識，其中我們是察覺到那聯繫或對立的，而這是我所不能同意的。還有，我們也可以這樣來處理一個複雜的論題，即不只是尋求其眞理性的證明，而且還照著推論的順序（lieux topiques⑩），來解釋它和用另一種方式來說明它，如我已經指出的那樣。最後我對您的定義還有一點要指出的，就是這定義似乎只適合於那些直言的眞理，其中只有兩個觀念，即主語和謂語的；但還有一種知識是關於假言的眞理或可以還原爲假言眞理的（如選言的以及其他的），裡面有前件的命題和後件的命題之間的聯繫；因此，其中可以有不止兩個觀念。

§3 斐 〔這裡讓我們只限於對於眞理的知識，並且把有關觀念的聯繫所說的也應用於有

⑨ 拉丁文，意即「預備體操」。

⑩ 參閱本節以上關於 Topiques 的註（第172頁註②）。

關命題的聯繫，以便把直言的和假言的都一起包括在內。）而我認爲我們可以把這種符合或不符合歸結爲四種，這就是：(1)同一或差異，(2)關係，(3)共存或必然的聯繫，(4)實在的存在。§4因爲心靈直接察覺到一個觀念不是另一個觀念，白不是黑。§5然後它把它們放在一起加以比較而察覺它們的關係；例如：兩個三角形底邊相等並夾在兩條平行線之間的，是相等的。§6在這以後，有共存（或毋寧說聯繫），如固定性永遠伴隨著黃金的其他觀念。§7最後有心外的實在存在，如當我們說「上帝存在」時就是這樣。

德　我認爲我們可以說，聯繫無非就是一般來看的關係或關聯。而我以上已指出過，一切關係，或者是比較（comparaison）的，或者是協同（concours）的。比較的關係給人以差異和同一，或者是全部的，或者是部分的；這就造成同或異，相似或不相似。協同包含著您所說的共存，也就是存在的聯繫。但當我們說一件事物存在，或它有實在的存在時，這存在本身就是謂語，也就是說，它有一個概念和所涉及的觀念相結合，而在這兩個概念之間有一種聯繫。我們也可以把一個觀念的對象的存在，設想爲這對象和我的協同。因此，我認爲我們可以說只有比較或協同；只是那表明同一或差異的比較，以及事物和我的協同，是值得和其他關係區別開來而突出出來的兩種關係而已⑪。我們也許可以作一些更精確、更深入的研究；但我在這裡只

⑪　萊布尼茲把洛克的四種符合或不符合歸結爲「比較」和「協同」兩種，因而對「關係」作了進一步的概括，並把存在看作對象和自我的協同。這種協同的關係，萊布尼茲是用「前定和諧」的學說來說明的。

滿足於指出這樣幾點了。

§8 斐 有一種現實的知識，那是對觀念的關係的當前的知覺，又有一種習慣的知識，當心靈如此明顯地察覺到觀念的符合或不符合，並以這樣的方式放在它的記憶中，以致每當它來反省一個命題，它就立即肯定這命題所包含的眞理性而無絲毫懷疑，【這時就有這種習慣的知識。】因爲人們既然一次只能明白清楚地想著單獨一件事物，如果只認識他們思想中現實的對象，那人們就會全都太無知了；而那最有知識的人，也會只認識單單一個眞理。

德 的確，我們的科學知識，即使是那最屬於推證性質的知識，既然往往是得經過一長串的推理步驟而得到的，就得包含著對過去的推證的記憶，這種過去的推證，當結論已達到時，就不再清楚地在我們眼前了；否則就得老是重複這推證。並且即使當這推證過程正在持續進行時，我們也不會一下子全部都把握到它的；因爲它的所有各部分不會是同時呈現在心中的；這樣，老是要把在先的部分重新喚到眼前來，我們就會永遠不能前進以達到那得出結論的最後部分。這也就使得我們如果不用書面寫下來就很難建立科學；因爲記憶總不是十分靠得住的。但把一個長的推證，例如：像阿波羅尼奧斯（Apollonius of Perga）⑫的推證那樣的，寫了下來，並且對它的所有各部分作了覆核，就像我們把一條鏈條逐環加以考察那樣，這樣人們就能肯定

⑫ 見本書上冊第一卷第三章§24「德」，及有關的註（第73頁註⑲）。

他們的推理是可靠的；試驗對此也是有用的，而最後成功的結果就證實了全部推理的正確。可是我們由此看到，全部信心既建立在對證明或推理的過去觀察的記憶上，則相信或不相信就既是我們所無能爲力也是我們所不能做主的，因爲記憶並不是以我們的意志爲轉移的東西。

§9　斐　的確，我們的習慣知識是有兩類或者兩個等級的。有些時候，那些好像儲藏在記憶中的眞理，一到心靈看到有關聯的觀念之間的關係時，就立即呈現於心中；但有些時候心靈只滿足於記得那確信而並沒有記住那些證明，甚至當它想要重新來作證明時也往往不能再證明了。我們可以想像著這毋寧是相信他的記憶而不是實在認識所涉及的眞理；而我以前也曾覺得這是一種介乎意見和知識之間的東西，並認爲這是一種確信，超過那種僅根據旁人的作證的單純信念的。可是在經過仔細思考以後，我發現這種知識是包含著完全的確定性的。我記得，這也就是說我知道（因爲記憶無非是重新喚起一件過去的事物）我有一次曾確知三角形三內角之和等於兩直角這一命題是眞的。而同樣的不變事物之間的同樣關係的不變性，現在是那種**媒介觀念**，它使我看到，如果它們曾有一次是相等的，今後也還會相等。就是以此爲根據，在數學中，那些**特殊的**證明提供了一般的知識；否則的話，一位幾何學家的知識就不會擴展到他在證題時所畫的這一特殊圖形之外。

德　您所說的**媒介**觀念，先生，假定著我們記憶的忠實性；可是我們的記憶有時是會欺騙我們的，並且我們其實並未曾做一切必要的努力，雖然我們現在相信是做了。這一點在稽查帳目方面就可以看得很清楚。有時有些官方的稽查員，像我們哈爾茨（Harz）煤礦的那些，爲了使有些特殊煤礦的收煤者更加小心注意，他們對每算錯一筆帳就課以一筆罰款，可是儘管這樣他們還是發現有錯帳。不過我們越是小心，就對我們過去的推理【計算】越可信賴。我曾設計過一種記帳的方式，辦法是結算各欄的總數的人讓他計算過程的筆跡留在紙上，這樣他就不會白算。他永遠可以複查，並且可以改正後面的錯誤而不影響前面的；別人要來稽查時用這辦法就也不必費什麼事，因爲他只需用眼一看來查他原來留下的那些筆跡就行了。此外，還有檢驗每一筆帳的辦法，是用一種很方便的證明，而不用大量增加算帳的工作。所有這一切都使人看到人們可以有寫在紙上的許多嚴格的推證，而這種推證無疑是無限多的。但若不記得曾用了一種完全的嚴格性，我們心中就不會有這種確定性。這種嚴格性就在於一種規則，每一部分都遵守這種規則就保證全體是可靠的；正如在檢驗一個由許多環構成的鏈條時，每一環都拿來看看是否結實，並且用手摸著不讓跳過一環，我們就確信這鏈條是好的。而用這辦法我們就有了人類的事情所能有的全部確定性。但我不同意說在數學中，對人們所畫的圖形的**特殊推證**，提供了這種一般的確定性，如您似乎以爲的那樣。因爲要知道，在幾何學家那裡，給予證明的並不是那些圖形，儘管表現的方式使人以爲是這樣。證明的力量是不依賴於那所畫的圖形的，這圖形只不過是用來使人容易理解所要說的是什麼並用以使注意力得到固定的；是那些普遍的命題，也就是那些定義、公理和已證明了的定理，造成了推理，並支持這推理，雖無圖形也可。

就因爲這樣，一位學有素養的幾何學家如舍伯爾（Johann Scheybl）⑬，曾給人歐幾里得的那些圖形而不要那些字母，這些字母本來是能把這些圖形和他以之相結合的那種證明聯繫起來的；而另一位幾何學家如赫林諾斯（Christian Herlinus）⑭則曾把同樣這些證明還原爲一些三段論和那種結論被用作另一三段論中之前提的三段論（prosyllogismes）。

⑬ 舍伯爾（Johann Scheybl，拉丁名 Scheubelius, 1494-1570），是德國圖賓根大學的數學教授。

⑭ 赫林諾斯（Christian Herlinus），生平不詳，萊布尼茲在 *Meditationes de Cog, verit.et ideis* 的末尾曾提到他和達西波德（Conrad Dasypodius, 1532-1600，史特拉斯堡大學數學教授）合編 *Analysis geometriae sex librorum Euclidis, etc.*（《歐幾里得六卷幾何分析》）一書。

第二章　論我們的知識的等級

§1 斐　當心靈就兩個觀念本身，並不插入任何其他觀念，直接察覺到它們的符合時，那麼這知識就是直覺的。在這場合，心靈不用費什麼力來證明或檢驗其眞理性。就像眼睛看到光一樣，心靈也看到白不是黑，一個圓不是一個三角形，三是二加一。這種知識是最明白的，也是人類的脆弱能力所能有的最可靠的知識；它以一種不可抗拒的方式起作用，而不容心靈有所遲疑。這是認識到觀念就像自己所察覺到的那樣在心靈之中。有誰要求比這更大的可靠性，就是不知道他要求的是什麼。

德　由直覺所認識的原始的眞理，和派生的眞理一樣也有兩種。它們或者是屬於理性的眞理之列，或者是屬於事實的眞理之列。理性的眞理是必然的，事實的眞理是偶然的。原始的理性眞理是那樣一些眞理，我用一個一般的名稱稱之爲同一的（identiques），因爲它們似乎只是重複同一件事而絲毫沒有教給我們什麼。它們是肯定的或者是否定的；肯定的是像下列的一些：每一事物都是它所是的。以及其他許許多多例子，你要多少有多少，A是A，B是B。我將是我所將是的。我已寫了我所已寫了的。在詩歌方面和在散文方面一樣沒有什麼，這就是沒有什麼或算不得什麼。等邊的矩形是一個矩形。理性的動物永遠是一個動物。以及這種假言命題：如果正四邊形是一個等邊矩形，則這個圖形是一個矩形。[①]連接的（copulatives）、選

① E本和J本無“est un rectangle. L'animal raisonnable est toujours un animal. Et dans les hypothetiques: Si la figure reguliere de quatre costés est un rectangle equilateral”即只有「等邊的矩形，這個圖形是一個矩形」，而無中間的詞句。

言的以及其他一些命題也易有這種同義反覆（identicisme），而我把以下這些也算在肯定的之內：非-A是非-A。以及這種假言命題：如果A是非-B，則A是非B。還有，如果非A是BC，則非A是BC。如果一個沒有鈍角的圖形可以是一個直角三角形，則一個沒有鈍角的圖形可以是一個直角圖形。我現在來談否定的同一性眞理，它們或者是屬於矛盾律的，或者是屬於異類的（disparates）。矛盾律一般就是：一個命題或者是眞的或者是假的；這包含著兩個眞的陳述：一個是眞和假在同一個命題中是不相容的，或者一個命題不能同時既眞又假；另一個陳述是：眞和假的對立面或否定是不相容的，或者在眞和假之間沒有中項，或者毋寧說：一個命題既不眞又不假是不可能的。而這一切對於一切可想像的特殊的命題也是眞的，如：是A的不能是非-A。還有，AB不能是非-A。一個等邊的矩形不能是非矩形。還有，所有的人都是動物是眞的，那麼有人發現他不是動物就是假的。②我們可以用很多方式來變化這些陳述的花樣，並把它們應用於連接的，選言的以及其他的命題。至於那異類的，是說一個觀念的對象不是另一個觀念的對象這樣一些命題，如說熱不是和顏色同樣的東西；還有，人和動物不是同樣的，雖然

② E本和J本無"Item AB ne saurait estre non-A. Un rectangle equilateral ne sauroit estre non-rectangle. Item il est vray que tout homme est un animal donc il est faux"，而最後四個詞作"Item il est vray"etc.即作：「還有，有人發現他不是動物是眞的。」而無「還有，AB不能是非A……非矩形」等詞句，最後一句也有不同。

所有的人都是動物。這一切都可以獨立地加以斷定而不依賴於一切證明，或依賴於歸結到對立或歸結到矛盾律，只要這些觀念是被充分理解而無須在這裡分析的；否則它們也易被誤解；因爲，說三角形和三邊形不是一樣的，我們就錯了，因爲仔細考慮一下就會發現三條邊和三個角永遠是在一起的。說直角四邊形和矩形不是一樣的，我們也錯了。因爲可以發現只有四邊的圖形才能所有的角都是直角。但是我們抽象地永遠可以說三角形不是三邊形，或者說三角形和三邊形的形式的理由是不一樣的，如哲學家們所說的那樣。這是同一件事物的不同關係。有人在耐心地聽了我們到此爲止所說的一切以後，最後會悵然若失，並且會說我們是用一些瑣屑的說法在搞遊戲，還會說一切同一性眞理都是毫無用處的。但人們作出這樣的判斷，是由於對這些問題缺乏足夠的思考。例如：邏輯的演繹，就要用同一律來作推證；而幾何學家們那種歸結到不可能的證明③就需要矛盾律。讓我們在這裡只滿足於來指明這些同一性眞理在邏輯演繹的證明中的用處。那麼，我說，要用三段論的第一格來證明第二格和第三格，單只要矛盾律就夠

③這就是所謂間接的證明法，辦法是暫且假定與待證的命題相矛盾的命題是眞的，然後，在發現了這假定是不可能的以後，就藉助於矛盾律，得出結論，肯定待證的命題是眞的。

了。例如：我們可以歸結到第一格，Babara 式④：

所有的B是C

所有的A是B

因此所有的A是C。

---

④ 傳統邏輯將三段論分爲四個格，共十九個式，各有名稱，如下：

第一格	第二格	第三格	第四格
Babara（AAA）	Cesare（EAE）	Darapti（AAI）	Bramantip（AAI）
Celarent（EAE）	Camestres（AEE）	Disamis（IAI）	Camenes（AEE）
Darii（AII）	Festino（EIO）	Datisi（AII）	Dimaris（IAI）
Ferio（EIO）	Baroko（AOO）	Felapton（EAO）	Fesaro（EAO）
		Bocardo（OAO）	Fresison（EIO）
		Ferison（EIO）	

中世紀經院邏輯學家定了這些名稱並把它們編成一首拉丁文的詩，以便記憶。這些名稱並無別的意義，只是取其中所包含的三個元音字母以表示該三段論式的大前提，小前提，結論這三個命題各屬於哪一類的判斷，其中A是全稱肯定判斷，E是全稱否定判斷，I是特稱肯定判斷，O是特稱否定判斷。

讓我們假定這結論是假的（或者說有些A不是C是眞的），那麼前提中就也有一個是假的。假定第二個前提是眞的，那麼第一個即主張所有的B是C這個前提就是假的。那麼它的矛盾命題，即有些B不是C，就將是眞的。而這將是一個新的論證的結論，這新的論證是從前一論證中結論的假和一個前提的眞得出來的。這新的論證如下：

有些A不是C

這是前一論證中被假定爲假的結論的對立命題。

所有的A是B

這是前一論證中被假定爲眞的前提。

因此有些B不是C。

這是現在的眞的結論，是前一論證中假的前提的對立命題。

這個論證是第三格中的Disamis式，它就這樣只要用矛盾律，就從第一格的Babara式顯然地而且瞬即得到證明了。而我在年輕時，當我細察這些問題的時候，曾注意到，第二格和第三格的所有各個式，都可以單只用這樣的方法從第一格中得出來，就是假定第一格的式是對的，然後假定結論是假的，或其矛盾命題被作爲是眞的，並且前提之一也被作爲是眞的，則另一前提的矛盾命題就得是眞的。的確，在教邏輯的學校裡，他們喜歡用換位法把那些**非主要的格**從**主要的**第一格得出來，因爲這樣似乎較適合於學生。但對於尋求證明的理由的人來說，這裡得用盡可能最少的假定，因此，對於只要用原始的原則——這就是矛盾律，並且是沒有假定什麼的——就能證明的東西，就不要用換位的假定來證明。我甚至曾作了這樣一種似乎值得注意的觀察，即只有那些被稱爲**直接的、非主要的格**，也就是第二格和第三格，才能單單用矛盾律來證明；而那**間接的非主要的格**即第四格——阿拉伯人把這第四格的發明歸之於蓋倫（Claudius Galenus）⑤，雖然我們從他留給我們的著作中以及其他希臘作家的作品中都找不到這方面的東西——這第四格，我說，有這樣一個不利之處，即它不能單用這方法從第一格或主要的格得出來，而是還得用另一個假定，即換位；所以它是比第二格和第三格更遠一層的，第二格和第三格是處於同一水準，離第一格同樣遠的；反之第四格則還需要第二格和第三格才能得到證明。因爲我們發現它所需要的換位本身用第二格或第三格來證明是極合適的，第二格和第三格則可

---

⑤ 蓋倫（Claudius Galenus 或 Galène，約西元130至約201年），希臘的著名醫學家，也寫過很多哲學和邏輯的著作，大都已散佚，其醫學著作中也包含有許多有關哲學和邏輯的論述。關於三段論第四格的發明，是由阿拉伯的著名哲學家阿威羅伊（Averroes, 1105-1198）歸之於蓋倫的，但並無充分根據。

以不靠換位而得到證明，如我剛才已表明的那樣。正是拉梅[⑥]已指出過換位可以用這兩個格來證明；並且（如果我沒有弄錯）他還曾責備那些邏輯學家用換位來證明這些格是循環論證，雖然他應該責備他們的倒不是循環論證（因爲他們並沒有反過來又用這些格來證明換位），而毋寧是 hysteron proteron[⑦]或顛倒（le rebours）；因爲毋寧是換位當用這些格來證明而不是這些格用換位來證明。但由於這種換位的證明也表明許多人以爲純屬瑣屑不足道的那些肯定的同一性眞理的用處，因此，把它放在這裡是更適宜的。我只想說到沒有換質換位的那些換位，這對我在這裡已夠了，而這種換位或者是簡單的換位，或者如他們所說是有限制的（par accidant）換位。簡單的換位有兩種，一種是全稱否定判斷的換位，如：沒有正方形是鈍角的，因此，沒有鈍角的是正方形；另一種是特稱肯定判斷的換位，如：有些三角形是鈍角的，因此，有些鈍角的是三角形。但如人們所稱的有限制的換位是關於全稱肯定判斷的，如：所有的正方形是矩形，因此，有些矩形是正方形。我們在這裡永遠把矩形理解爲所有的角都是直角的圖形，而把正方形（quarré）理解爲就是正四邊形。現在的問題就是要來證明這三種換位，它們就是：

1. 沒有A是B，因此沒有B是A。

---

⑥ 見本書下冊第四卷第一章§1和§2，「德」註（第171頁註①）。

⑦ 拉丁文，意即：「顛倒」。

2. 有些A是B，因此有些B是A。

3. 所有的A是B，因此有些B是A。

證明第一種換位用Cesare式，屬於第二格。

沒有A是B
所有的B是B
因此沒有B是A。

證明第二種換位用Datisi式，屬於第三格。

所有的A是A
有些A是B
因此有些B是A。

證明第三種換位用Darapti式，屬於第三格。

所有的A是A

所有的A是B

因此有些B是A。

這使人看到，那些最純粹並且顯得最無用的同一性命題，在抽象的和一般的方面也是有相當大的用處的，而這可以告訴我們，不應該輕視任何眞理。至於說到您也曾引作直覺知識的一個例子的**三是二加一**這個命題，我要對您說，先生，這只是三這個名詞的定義，因爲數的最簡單的定義就是以這種方式形成的：二是一加一，三是二加一，四是三加一，以及如此類推。的確，這裡面有我已指出過的一個掩蓋著的陳述，這就是這些觀念是可能的；而這在這裡是**直覺地**被認識的；所以我們可以說，當定義的可能性立即顯示出來時，其中就包含著一種直覺的知識。而照這種方式，一切**貼切的**（adéquates）定義都包含著原始的理性眞理，並因此包含著直覺知識。總之可以一般地說，一切原始的理性眞理都是直接的，這直接是屬於一種**觀念的直接性**（immediation d'idées）。

至於說到**原始的事實眞理**，它們是一些內心的直接經驗，這直接是屬於一種**感受的直接性**（immédiation de sentiment）。而正是在這裡，笛卡兒派或奧古斯丁的**我思故我在**，也就是說我是一個思想的東西這條第一眞理才適得其所⑧。但要知道，正如這些同一性命題或者是一般的或者是特殊的，並且兩種是一樣明白的（因爲說A是A和說一件事物是它所是的是一樣明白的），同樣那些原初的事實眞理也是這樣的。因爲不僅我思想對我來說是直接地明明白白的，而且我有不同的思想，以及有時我想著A，有時我想著B，如此等等，也都對我來說是完全一樣明明白白的。因此，笛卡兒的原理是對的，但它並不是它這一類中唯一的原理。由此可見，一切理性的或事實的原始眞理都有這一共同點，即它們是不能用某種更確實可靠的東西來證明的。

§2　斐　我很高興，先生，您把我在直覺知識方面只是稍一觸及的東西推進到更遠了。而推證的知識（connoissance démonstrative）無非是在中介觀念的種種聯繫中的一連串直覺知識的一種連接。因爲心靈常常不能直接地把一些觀念彼此加以結合、比較或適應，這就迫使人

---

⑧ 奧古斯丁在其正準備改信天主教時期所寫的《獨白》（*Soliloques*）II.1，中，已有類似於笛卡兒的「我思故我在」這一思想的論述，但笛卡兒事先並不知道，以後從阿爾諾（Arnauld, 1612-1694）、梅賽納（Mersenne, 1588-1648）等人對他的批評中才知道。

萊布尼茲在這裡說他們的這條「第一眞理」、「正是在這裡……才適得其所」，意思就是說這條原理是「原始的事實眞理」而不是「理性眞理」。

要用其他中介的觀念（一個或多個）以便來發現所尋求的符合或不符合；而這就是人們所說的推理。如在證明一個三角形的三內角等於兩直角時，我們就找出其他一些我們看到和這三角形的三內角以及和兩直角都相等的角來。§3我們所插入的這些觀念，就叫做證明⑨，而心靈能來發現它們的稟賦就叫做機敏（sagacité）。§4並且即使當它們被發現時，也不是不用費力和不用注意的，也不是匆匆一瞥就能得到這種知識；因爲這必須按部就班地來從事於觀念的逐步推進。§5並且在推證以前是有懷疑的。§6它也沒有像直覺知識那樣明白，就像用許多面鏡子一面對著另一面反覆映照出來的影像那樣，每照一次就逐漸減弱一些，以致不再立即看得清了，尤其對視力不強的眼睛更是這樣。由很長的一系列證明所產生的知識也就和這是一樣的。§7雖然理性在作推證時的每一步驟，都是一種直覺知識或簡單的觀察，可是由於在這長長的一系列證明中，記憶並不能精確地保存這種觀念的聯繫，人們就常常會把一些謬誤推論當作推證。

---

⑨「證明」原文爲 preuves，洛克的英文原文爲 proofs，雖照通常譯法譯作「證明」，但這裡原意並不是指證明的過程而是指那些「中介觀念」，只是證明過程中的一個環節或一個步驟，與 démonstration 是有區別的。Démonstration 通常也譯作「證明」，是指用演繹推理來對一個原理或命題等進行證明的過程，如對一條幾何定理的證明那樣。爲求區別計，這裡將 démonstration 及其動詞形式 démontrer 均譯作「推證」，但在並不引起混淆的地方，有時仍將"démonstration"也譯作「證明」。

德　除了自然的或由鍛鍊獲得的機敏之外，還有一種發現中介觀念（le medium——媒介）的技術，這種技術就是分析。而在這裡考慮一下這一點是好的，就是：有時所涉及的是要找出一個已知命題的眞或假，這無非是要回答 An[10] 的問題，也就是這究竟是是還是否？有的所涉及的是要回答一個較困難的問題（caeteris paribus）[11]，這裡是要問例如由誰和如何？並且是有更多要補充的。而只有這些問題，在命題的一部分中留下空白的，數學家們才叫做問題（problèmes）。如當我們要求找出一面鏡子，把太陽的所有光線都集中到一點時，也就是要問它的圖形是什麼樣的或這是如何造成的時，【就是這樣的。】至於第一類的問題，其中只涉及眞和假，並且在主語或謂語中都沒有什麼要補充的，這裡就較少發明，不過也有一些；而僅僅判斷力是不夠的。的確，一個有判斷力的人，也就是說，能夠注意和保持，並且有閒暇、耐心和必要的心靈自由的人，是能夠理解最困難的推證的，要是這推證是恰當地被提出來的話。但世上最明斷的人，要是不藉助於別的，也不會永遠能找出這種推證。因此，在這方面也還是要有發明才能的。而在幾何學家們那裡，過去的比現在的這種發明才能還更要多些。因爲當分

⑩ 拉丁文，意即：「是否」。

⑪ 拉丁文，意即：「其他類此的」。

析還不大發達時，就需要更多的機敏才能達到這一點，而就是由於這樣，還有些屬於老派⑫的幾何學家，或其他一些對新方法還沒有充分開竅的幾何學家，當他們找到了別人已經發明的某一定理的推證時，還自以爲完成了什麼了不起的事。但在這種發明的技術方面很內行的人就知道什麼時候那是值得讚許的或否；例如：要是有人發表了包圍在一條曲線和一條直線之中的一塊空間的求積法（quadrature），它在這空間的所有弓形截片（segmens）上都成功了，並且是我所說的一般的，則照我們的方法就永遠能找出它的推證，只要我們願費這個氣力。但有一些對於某些特定部分的特殊的求積法，事情可能太錯綜複雜，迄今爲止還不是始終有能力（in potestate）把它闡發清楚的。也會發生這樣的情況：歸納已爲我們呈現出在數和形方面的一些眞理，而我們還沒有發現它們一般的理由。因爲還要做很多工作，在幾何學和數方面的分析才能達到完善的地步，如許多人對有些人的自誇所想像的那樣，這些人在別方面是很卓越的，但太匆忙或者野心太大了一點。但要發現重要的眞理，是比發現別人已發現的眞理的推證困難得多的，而要找出產生所尋求的東西——當它是正確地被尋求時——的辦法則還要更困難。我們常常是通過綜合，從簡單到複雜，而達到一些美好的眞理；但當問題涉及正確地找出造成所提出的東西的辦法時，綜合通常是不夠的，並且要想作所要求的全部組合，往往簡直是等於要竭

⑫「老派」，G本原文作"vieille roche"，E本和J本作"vieille race"。

乾大海，雖然我們常常可以藉助於**排除法**⑬，來除去一大部分無用的組合，並且自然也往往不允許有其他的方法。但我們也不是永遠有辦法來遵循這個方法的。因此，就要靠分析在可能時來給我們一條探索這迷宮的線索，因爲是有這樣一些情況，其中問題的性質本身就要求我們到處摸索，簡略的辦法並不是永遠可能的。

§8 斐 而由於在作推證時，永遠假定了直覺知識，這，我認爲就給予機會產生了這樣一條公理，即「一切推理都來自先已知道和先已同意的東西」（ex praecognitis et praeconcessis）⑭。但到我們談到那些被不適當地作爲我們知識的根據的**公則**（maximes）時，我們將有機會來談這一公理中所包含的錯誤。

德 我倒很想知道您在顯得如此合理的這樣一條公理中能找出什麼樣的錯誤。如果永遠得把一切都還原爲直覺知識，推證就會常常是冗長得叫人受不了。正因爲這樣，數學家們就曾巧

---

⑬ méthode des exclusions，據英譯本轉採德譯者夏爾許米特的註是指這樣的方法，例如：A是B，C，D，E。在這公式中，B，C，D，E必須包括A的所有可設想的規定性。在A究竟是B，還是C還是D，還是E？這樣一個問題中，來證明A不是C，D，E，則在這種情況下A必須是B；或者證明了A不是B，D，E，則它就必須是C，如此類推。

⑭ 括弧內拉丁文意即「出於先已知道的和先已同意的東西」。參閱亞里斯多德《後分析篇》I.1, 71a, 1。

妙地把那些難點分割開來，並把那些插入的命題分開單獨加以推證。而在這裡也有技術的；因爲由於那些中介的眞理（以其顯得離題，被稱爲 lemmes——補題），是可以用多種方式選定的，因此，爲有助於理解和記憶起見，最好在它們中間選擇那些可以大大使過程縮短的，以及顯得好記的和本身就值得加以推證的。但還有另一種障礙，這就是要推證所有的公理以及把推證完全還原爲直覺知識是不容易的。而如果想等達到這一點再來進行下一步，那也許我們至今都還不會有幾何學這門科學。但這一點是我在先前的談話中已談過了的，並且我們將有機會來再談到它。

§9　斐　我們馬上就會來談到它；現在我將指出我已不止一次觸及過的一點，即這是一種普通的意見，認爲只有數學科學才能有一種推證的確定可靠性；但既然能被直覺地認識的符合和不符合並不是單只屬於數和形的觀念的一種特權，因此，也許只是由於我們方面的缺乏勤勉，才使得單只有數學家們達到了這種推證。§10 有多種理由在這方面同時起作用。數學科學是用處非常廣泛的；在數學中，最少一點差別就很容易被認識到。§11⑮這些其他的簡單觀念，是在我們心中產生的一些現象或情景，它們的不同的程度是沒有任何精確的度量可來衡量的。

⑮ §11 和 §12 在 E 本和 J 本均作 §17。

§12 ⑯但當例如這些可見性質的區別大到足以在心中刺激起明白地區別開的觀念，如藍和紅的觀念那樣時，它們也就和數及廣延的觀念一樣能夠加以推證。

德　〔在數學之外也有相當大量的這種推證的例子，而且我們可以說亞里斯多德在他的《前分析篇》中就已經給了這樣一些例子了。事實上邏輯也是和幾何學一樣可做推證的，而且我們可以說幾何學家的邏輯，或歐幾里得在談到命題時所解釋和建立的那些論證方式，就是一般邏輯的一種特殊的擴充或推進。阿基米德（Archimedes）⑰是第一個人，我們有他的作品，可看到曾在他處理物理學問題時有個地方運用了推證的技術的，如他在論平衡的書中所做的那樣。還有，我們可以說法學家們也有許多很好的推證，尤其是那些古代羅馬的法學家，他們的殘篇還在《查士丁尼法典》（*pandects*）中爲我們保存著。我完全同意洛倫佐・瓦拉（Laurentius Valla）⑱的意見，他對這些羅馬法學家的欽佩讚嘆簡直沒個夠，除了別的原因之

---

⑯ §12在洛克原書爲§13。

⑰ 阿基米德（Archimedes，西元前287至前212年），是希臘最偉大的科學家之一，尤以在流體靜力學和水力學及其他方面的一些重大發現聞名，他是第一個把工程科學放在堅實的數學基礎上的人。

⑱ 洛倫佐・瓦拉（Laurentius Valla——Lorenzo della Valle——約西元1407至1457年），義大利文藝復興時期的一位人文主義者和語言學家，激烈反對經院哲學和傳統權威，也是一位傑出的拉丁語言學家。

外就因爲他們全都以如此正確又如此簡潔的方式說話，並且事實上他們說理的方式非常接近推證，而且常常就完全是推證。我也不知道除了法律和軍事科學之外，還有別的什麼科學，其中羅馬人在他們從希臘人那裡接受來的之外還增加了點什麼值得重視的東西。

Tu regere imperio popolos Romane memento:
Hae tibi erunt artes pacique imponere morem,
Parcere subjectis, et debellare superbos. ⑲

這種精確的說明方式，使得《查士丁尼法典》中所引述的這些法學家，雖然有時在時間上彼此相隔相當遠，卻看起來全都像只是同一個作者，並且若不是每一段摘引的文字頭上寫明了作者的名字，就很難把他們區別開；正如我們在讀歐幾里得、阿基米德和阿波羅尼奧斯對於彼此同樣觸及的那些問題的推證時，很難把他們區別開來一樣。必須承認，希臘人曾以數學中所可能的最正確的方式進行了推理，並且留給了人類推證技術的模範；因爲如果說巴比倫人和埃及人

---

⑲ 維吉爾：*En.*6.851-853。大意是：「羅馬，你要記住，你替人民治理的國家是：寬恕臣服者，挫敗桀驁不馴者，創造安居樂業的環境，這些就是你的藝術。」

也曾有過一種稍稍超出經驗的幾何學的話，至少這種幾何學什麼也沒有留下來；可是令人驚奇的是，同樣的這些希臘人，只要稍稍離開了數和形而來到哲學的領域，就立即大大地掉下來了。因爲奇怪的是，在柏拉圖和亞里斯多德（除了他的《前分析篇》之外）以及所有其他古代哲學家那裡，我們都看不到推證的影子。普羅克洛（Próklos）是個好的幾何學家，但當他來談哲學時，簡直就像是另一個人了。使得在數學方面比較容易作這種推證式的推理的原因，大部分是由於在數學方面，經驗每時每刻都能保證著推理，正如在三段論的格方面的情形也是這樣。但在形上學和道德學方面，就不再有這種理性和經驗的平行了；而在物理學方面，實驗是要求勞力和花費的。然而人們一旦失去了這種經驗的忠實引導，就立即鬆弛了他們的注意力並因此陷入迷途了，這種經驗在人們行進時能幫助並支援他們，就像那種小小的滾動的機械防止小孩在走路時跌倒那樣。這裡有某種 **succedaneum**[20]，但人們過去沒有現在也還沒有足夠考慮到它。我將在適當地方來談到它。此外，藍和紅是不能以我們對它們所具有的觀念來爲推證提供材料的，因爲這些觀念是混亂的。這些顏色，只有當我們依靠經驗發現它們伴隨著某種清楚的觀念時，才爲推理提供材料，但這裡這種清楚觀念和它們本身的觀念之間的聯繫並沒有表現出來。〕

---

⑳ 拉丁文：意即「代替物」、「代用品」，是後期羅馬法學家常用的一個名詞。

§14　斐　除了**直覺**和**推證**——這是我們知識的兩個等級——之外，所有其餘的都是**信念**或**意見**，而不是知識，至少對於一切**一般**的眞理來說是這樣。但心靈還有另一種知覺，是關於我們之外的有限存在物的特殊存在的，這就是**感性知識**（connoissance sensitive）。

德　〔基於**似然**的意見，或許也值得稱爲知識的；否則幾乎一切歷史知識以及別的許多知識都將垮臺了。但是，不要來爭論名稱，我主張關於**概率**的研究是非常重要的，而我們還缺少這種研究，這是我們的邏輯學的一大缺點。因爲當我們不能絕對地確定問題時，我們永遠可以ex datis㉑來決定似然性的程度，並因此可以合理地來斷定哪一方面是顯得最可能的。而當我們的道德學家（我的意思是指那些最賢明的，如當代的耶穌會會長㉒那樣）把最可靠的和最概然的結合起來，並認爲最可靠的比概然的更可取時㉓，他們事實上也並沒有離開那最概然的，因

㉑ 拉丁文，意即「根據所有材料」。

㉒ 據英譯者註，可能是指蒂爾索·貢薩雷斯（Tirso Gonzalez），他在一六八七至一七〇五年間任耶穌會會長，並寫過一部關於道德上的概然論的著作。

㉓ 道德上的概然論，是十七世紀在道德神學上一個討論得最熱鬧的問題，也是詹森派（Jansenistes）和耶穌會派之間爭論的最主要問題之一。這種道德上的概然論的目的，就是要在那不可能有確定性而只能有概然性的道德領域內找到某種決定行爲的準則。所謂**概然**的意見就是有一定數量的論據有利於它的意見，這種論據或者是**內在**的，即基於理性、判斷的，但限於受過適當教育或長於道德神學的人的判斷；或者是**外在**的，即基於某種外界的權威，如著名神學家的意見的；而**可靠**的意見則是指符合於道德律的。

為可靠性的問題在這裡也就是一種要害怕的惡的極少概然性的問題。而那些在這個問題上顯得鬆弛的道德學家的缺點，大部分在於對概然性所具有的概念太狹隘、太不充分了，他們把概然性和亞里斯多德的 Endoxe㉔或可取性（opinable）混同了起來；因為亞里斯多德在他的《正位篇》中想說的只是適合旁人的意見，如那些演說家和智者所做的那樣。Endoxe 在他就是指為最大多數或最有權威的人所接受的；他把他的《正位篇》只限於這一點上是不對的，而這種觀點就使他只專注於那些大部分是很空泛的、公認的公則，好像只想憑俏皮話㉕或諺語來推理似的。但概然的是範圍更廣的：它必須從事物的本性中抽引出來；而有重大權威的人們的意見，是能有助於使一種意見成為似然的一種東西，但它並不是完成了全部似眞性㉖的。當哥白尼還幾乎只是單獨一個人持著他的意見時，他的意見也始終是比全人類所有其餘的人的意見具有大得無比的似然性。然而我不知道確立估計似眞性的技術是否比我們的推證的科學知識中的一大

㉔ 參閱亞里斯多德《正位篇》（*Topiques*）I., 1, 100^{b}21 Endoxe 來自希臘文 ἔνδοξα，有「隨大流」、「採取旁人的意見」等意思，法文 opinable 也有這種意思。

㉕ 原文為 quolibet，來自拉丁文 quolibetum，本來是指中世紀經院哲學中那種供學生練習的煩瑣論證，內容多半是極瑣屑無聊的概念遊戲，因此，轉義為一種嘲弄、開玩笑的俏皮話等意思。

㉖ 「似眞性」原文為 vérisimilitude 和「似然性」（vrasemblance），「概然性」（probabilité），所指的其實是一回事，英譯本有時就也都譯作 probability（「概然性」）。

部分還更有用，我曾不止一次地思考過這個問題。」

斐　感性知識，或確立在我們之外的特殊事物的存在的知識，是超出單純的概然性之外的；但它沒有我們剛才談到的那兩個等級的知識的全部確定性。我們從一個外界對象所接受的觀念是在我們心中，沒有比這一點更確定的了，而這是一種直覺知識，但要想知道從這裡我們是否能確定地推論出有任何在我們之外，和這觀念相適應的東西存在，這是某些人認爲可加以疑問的，因爲當沒有什麼這樣的東西實際存在時，人們也能在心中有這樣的觀念。就我來說，我卻認爲這裡有一種程度的顯明性使我們超出懷疑之上。人們不可克服地深信：在人們白天正看著太陽時所具有的知覺，和夜間想著這天體時的知覺之間，是有很大差別的；而藉助於記憶重新喚起的觀念，是和通過感官實際來到我們心中的觀念很不相同的。有人會說，一場夢也可以造成同樣的效果，我回答說：首先，我撇開這種懷疑是沒有什麼要緊的，因爲如果一切都不過是一場夢，則眞理和知識既然也都根本不算什麼，推理也就毫無用處了。其次，在我看來，他也會承認在夢見在火堆中和實際在火堆中之間是有區別的。而如果他堅持要表現是個懷疑論者（skeptic），我將對他說，只要我們可靠地發現，隨著某些對象——不論是眞的或夢見的——作用於我們，就產生快樂或痛苦，並且這種可靠性是和我們的幸福或不幸一樣大，這就夠了；幸福和不幸是我們所關心的僅有的兩件事，除此之外我們都絲毫不感興趣。因此，我認爲我們可以說有三種知識：直覺的、推證的和感性的。

德　〔我認爲您是對的，先生，我甚至想著，在這幾種可靠性或可靠知識之外您還可以加上似然的知識；這樣就將有兩類知識，正如有兩類證明（preuves）一樣，其中有一些產生可靠性，而另一些只歸結於概然性。但讓我們來談談懷疑論者對獨斷論者關於在我們之外的事物的存在問題上的這種爭論。我們已經觸及過這個問題，但在這裡必須又回到這問題上來。我從前曾在口頭上和書面上跟已故的修道院長傅歇（Simon Foucher）㉗就這問題進行過激烈爭論，他是第戎（Dijon）的教士，是一位有學問並且很精細的人，只是有點太固執於他的亞加德米派，他很想把這學派復活起來，就像伽森狄把伊比鳩魯的學派重新推上了舞臺一樣㉘。他對《眞理的追求》的批評，以及接著發表的其他一些小論文，已使它們的作者相當著名。當我經過多年的醞釀而發表了我的「前定和諧系統」以後，他也曾在《學者雜誌》上對它提出了反駁；只是死亡使他未能對我的回答再作出答覆。他總是教人要注意提防偏見和要有極大的精確

㉗ 傅歇（Simon Foucher, 1644-1696），一位致力於研究柏拉圖哲學的僧侶，並因此被稱爲「亞加德米派哲學的復活者」，曾站在中期亞加德米派的懷疑論立場批評笛卡兒派的馬勒伯朗士的《眞理的追求》，並遭到馬勒伯朗士的反批評。傅歇也曾反對萊布尼茲的「前定和諧系統」，萊布尼茲曾在萊比錫的《學者雜誌》上加以答覆。見G本第一卷第424頁和第四卷第487頁、E本第129頁及G本第四卷第493頁及E本第131頁。又傅歇和萊布尼茲的通信，見G本第一卷第363頁以下。

㉘ 見本書上冊第一卷第一章開始處的註（第5頁註④）。

性，但除了他自己並未承擔責任來執行他對旁人的勸告——這一點在他是足可原諒的——之外，我覺得他也並不注意別人是否這樣做了，無疑是預感到沒有人會這樣做的。而我曾向他指明，感性事物的眞實性只在於現象的聯繫，這種聯繫當有它的理由，而這正是使這些現象有別於夢境的東西；但我們的存在的眞實性以及現象的原因的眞實性是屬於另一種性質，因爲它確立了實體，而懷疑論者把他們說得對的推進得太遠，從而把它弄壞了，他們甚至想把他們的懷疑擴大及於直接經驗，和及於幾何學上的眞理（這卻是傅歇先生沒有做的）以及其他理性的眞理，這他就做得有點過分了。但回頭來談您，先生，您說在感覺和想像之間通常有區別，這是對的；但懷疑論者會說多一點和少一點並不引起種類上的變化。此外，雖然感覺慣常是比想像更生動鮮明，但事實上在有些情況下，那些富於想像的人受他們的想像所打動，比起別人之受事物的眞實性所打動來是一樣的，並且也許還有過之而無不及；所以我認爲在感覺對象方面的眞正的**標準**，是現象間的聯繫，也就是在不同的地點和時間，在不同的人的經驗中所發生者之間的聯繫，而人們本身，這些人對於另一些人來說，在這方面也就是很重要的現象。而現象間的聯繫，它保證著關於在我們之外的感性事物的**事實的眞理**，是通過**理性的眞理**得到證實的；正如光學上的現象通過幾何學得到闡明一樣。可是必須承認，這整個可靠性並不是屬於最高級的，正如您已很好地認識到的那樣。因爲以形上學來說，一場夢就像一個人的生命一樣連續和持久，這並不是不可能的；不過這事也許就像幻想把一些印刷用的字母任意亂七八糟地放在一起就可以成一本書一樣是違反理性的。還有，只要現象是聯繫著的，則不論我們叫它們是夢與否並不要緊，這也是眞的，因爲經驗表明，當現象是按照理性的眞理得到把握時，我們在對現象所採取的措施上就不會弄錯。㉙〕

§15 斐 此外，雖然觀念可能是明白的而知識並不總是明白的。一個人雖對三角形的三內角以及等於兩直角具有和世上任何數學家一樣明白的觀念，而對兩者的符合卻可能只有極模糊的知覺。

德 〔通常當觀念得到澈底的了解時，它們的符合和不符合就顯出來了。不過我承認，有時有些觀念是如此複雜，以致要把它們所掩蓋著的東西發揮出來是需要極大的細心；而在這方面某些符合或不符合可能仍舊是模糊的。至於您所舉的例子，我要指出，我們在想像中有三角形的諸內角，並不因此就對它們有明白的觀念。想像並不能爲我們提供一個爲銳角三角形和鈍角三角形所共同的影像，而三角形的觀念卻是爲它們所共同的：因此，這觀念並不在於影像之中，而澈底了解一個三角形的諸內角，並不如人們可能設想那樣容易。〕

㉙ 參閱本書下冊第三卷第四章§2「德」及本書下冊第四卷第十一章§10「德」。

第三章　論人類知識的範圍

§1 斐 我們的知識不超出我們觀念的範圍，§2也不超出對觀念之間符合或不符合的知覺的範圍。§3它不會始終是直覺的，因爲我們並不永遠能將事物直接地加以比較，例如將兩個同一底邊、相等而形狀極不相同的三角形的大小直接作比較。§4我們的知識也不會始終是推證的，因爲我們並不是總能找到中介的觀念。§5最後，我們的感性知識只是關於實際觸動我們感官的那些事物的存在的。§6因此，不僅我們的觀念是極受限制的，而且我們的知識比我們的觀念還更受限制。但我並不懷疑人類的知識是能夠大大推進到更遠的，只要是人們願意以完全的心靈自由，並以他們用來文飾或支持謬誤、維護他們所宣布的一個系統，或他們所參與的某一黨派或涉及的某種利益的那全部專心和全部勤勉，來眞誠地致力於找到使眞理完善的方法。但我們的知識畢竟是永不能包括涉及我們所具有的觀念方面我們可能希望認識的全部東西。例如：我們也許就永遠不能找到一個圓和一個方相等，也不能確實知道是否有這樣的東西。

德 （有些混亂的觀念，我們是不能自許在這裡有一種完全的知識，如有些感覺性質的觀念就是這樣。但當它們是清楚的時，則有餘地來希望一切。說到與圓相等的方，阿基米德就已經表明是有的。因爲其邊爲半徑與半圓周的比例中項的方就是。他甚至曾用一根直線和螺線相切的辦法來決定一根與圓周長度相等的直線，就像別人用拋物線的切線那樣；這種化圓爲方的方法是克拉維烏斯（Christopher Clavius）①完全感到滿意的；就不必說用一根線貼緊圓周然

① 克拉維烏斯（Christopher Clavius, 1537-1612），是一位耶穌會士和傑出的數學家，羅馬的數學教授，教皇額我略十三世曾任用他來改革曆法，「額我略曆」的主要計算工作就是他做的，有「十六世紀的歐幾里得」之稱。

後把它拉直，或用圓周滾動畫出擺線再把它變成直線那種方法了。有些人要求只用直尺和圓規來解決這樣的作圖問題；但大部分幾何問題是不能用這辦法來作圖的。因此，問題毋寧是要找出方與圓之間的比例。但這比例既不能用有限的有理數來表現，因此，爲了只用有理數起見，就必須用這些數的一個無窮級數來表現這個比例，這級數我曾用一種相當簡單的方法來加以確定②。現在我們將很想知道是否沒有某種有窮的量，雖然只是一種無理數，或不只是無理數，卻能表示這個無窮的級數，也就是說，我們是否能正確地爲它找到一個簡短的式子來表示。但

---

② 據英譯本轉引德譯者夏爾許米特的註說，萊布尼茲的這個無窮級數，就是$\frac{\pi}{4}=1-\frac{1}{3}+\frac{1}{5}-\frac{1}{7}+\frac{1}{9}-\frac{1}{11}+\frac{1}{13}\cdots\cdots$，它表示著圓和外接正方形之間得到的比例。這無窮級數是萊布尼茲在認識惠更斯之前，也在他發明微積分之前就發現的（參閱本書上冊第一卷第一章§23「德」和第21頁註㉚）。

萊布尼茲這裡所說的問題，就是求出和曲線等長的直線的方法以及「化圓爲方」即求出和一個圓的面積精確地相等的正方形的方法問題，或π的計算和作圖問題。對此他把一種「通常的」或代數的和一種「非常的」或現在所謂「超越」（transcendental）方程區別開。問題是要證明π不能是任何有整數作爲係數的方程的根，或者說π是非代數的。「化圓爲方」很久以來就已知道是一個不可解的問題，萊布尼茲當然也知道這一點，但它的不可解只是到後來才得到證明的。因爲當時高等代數還未發展到這一步。直到一八八二年，柯尼斯堡的林德曼（Lindemann）才第一次確切證明了π的非代數的性質，並證明了用直尺和圓規做出和一個已知的圓面積相等的正方形是不可能的。

有窮的式子，尤其是無理數的式子，如果我們把不盡式推進到最長的程度，則變化方式就可能太多，以致我們無法加以如數列舉和把一切可能的容易地加以決定。如果這種無理數的性質能用一個通常的方程來表明，或甚至用一種非常的方程來表明，其中的指數中引進了無理數甚至未知數，則也許會有辦法來做到上述一點，雖然還是得要做大量的演算來完成這一點，並且不是很容易加以解決的，要不是我們有朝一日找到一種簡便方法從中跳出來的話。但要排除一切有窮的式子是不可能的，因爲我自己就知道這一點，並且要正確決定什麼式子最好，也是一件極巨大的工作。所有這一切使我們看到，人的心靈向自己提出了多麼奇怪的問題，尤其是當無限性進入其中時更是這樣，所以如果要達到結果有困難也就絲毫不應驚奇；尤其是因爲在這些幾何學問題上往往全靠一種簡便方法，而這種方法並不是我們總能擔保會找到的，正如我們並不是總能把分數約到最小的數或總能找到一個數的各個除數一樣。誠然這些除數只要是可能的，我們總會有的，因爲它們的總數是有限的；但當我們須加考察的東西變化無窮並且越來越升級時，對此就不由我們做主了，儘管我們想能夠做主，而要把爲了有方法地企圖達到簡便辦法或達到能使我們免於再進行到更遠的那種進行規則所必需的一切工作都做完，是太麻煩了；並且由於用處和所費的勞力不相稱，我們就把這種成就留給後人去完成，當由於時間可能提供的各種準備工作和新的著手辦法使這種勞苦或繁冗得以減輕時，後人就將能享受這種成就。除非不時地致力於這些研究的人們決心恰當地完成爲進一步的發展所必需的工作，我們不能希望在短時期內有很大的進展。而我們也不應該以爲一切工作都做完了，因爲甚至在普通的幾何學中，當問題稍爲複雜一點時，我們就還無法決定什麼樣的是最好的作圖法。要獲得較好的成功，就得將某種綜合的進程和我們的分析混合起來。而我記得曾聽說德・維特（Jean de Witt）③行政長官（le Pensionaire）曾對這個問題作過一些思考。〕

斐　要想知道一個純粹物質性的存在物能否思想④，確是另一個難題，也許我們永遠也不能知道這一點，雖然我們具有對於物質和思想的觀念，【其所以不能知道的】理由是：單憑對我們自己的觀念的默察而沒有天啓，我們就不可能發現：上帝是否不曾賦予某種適當地安排好的物質團塊以知覺和思想的能力，或者他是否不曾把這樣安排好的物質和一種能思想的非物質性實體結合起來。因爲對於我們的概念來說，設想上帝要是高興的話就能在我們的物質觀念上加上思想的功能，比之於設想他把物質和另一種具有思想功能的實體結合起來，並不更困難，

---

③ 德・維特（Jean de Witt, 1625-1672），十七世紀荷蘭的著名政治家，堅決反對奧蘭治王室，後在一次政變中和他的兄弟 Cornelius 一起被殺。德・維特兄弟都是當時荷蘭的民主政治家。他曾領導尼德蘭共和國達二十年，與斯賓諾莎也有交往。

④ 參閱本書〈序言〉第十六段以下。這個問題是萊布尼茲和洛克之間所爭論的主要問題之一，也是唯物主義和唯心主義兩條路線鬥爭的重要問題之一。洛克的觀點雖基本傾向唯物主義，但十分含糊、動搖，很不澈底，而萊布尼茲的觀點則是澈底唯心主義的。

因爲我們既不知道思想在於什麼，也不知道這全能的存在覺得把這種能力賦予哪一種實體爲適宜，這種能力在任何被創造的存在物中，都只是由於造物主的樂意和恩惠。

德　〔這個問題無疑是比前一問題無比地更重要；但我敢對您說，先生，我但願觸及靈魂以便爲它們帶來好處，以及治癒身體的疾病這樣的事會和我們有能力來決定這個問題一樣容易。我希望您至少將會承認，我能提出這一點而不會違反謙遜態度，也不會毫無正當理由而儼然以大師的態度說話；因爲除了我只是照著一般人所接受的和尋常的意見說話之外，我想我還曾對這問題給予不尋常的注意。首先，我向您承認，先生，當人們如通常情況那樣對思想和物質只有混亂的觀念時，則就無怪乎看不到解決這樣一些問題的辦法。這就像我在稍前所指出的，一個人若只是像通常情況那樣具有對三角形的諸內角的觀念，是絕不會想到發現它們永遠等於兩直角的。必須考慮到，物質，作爲一種完全的東西（也就是和初級物質相對立的次級物質，初級物質是某種純粹被動的東西，並因此是不完全的）來看，只是一種堆集，或作爲由堆集所產生的結果的東西，而一切實在的堆集都得假定有一些單純的實體或實在的單元⑤，而當我們又考慮到那屬於這些實在單元的本性的東西，即知覺及隨知覺而來的東西時，我們就可

---

⑤「單元」原文爲 unité，通常譯作「統一性」或「統一體」，在萊布尼茲的哲學中，實即指「單子」，姑譯作「單元」，以暗示其與「單子」實爲同一個東西。

以說轉移到實體的可知世界⑥之中了，反之在此之前我們是只處在感覺的現象之中的。而這種對物質內部的認識，足以使我們看到，物質自然地能夠做什麼，以及看到，每當上帝給它適於表現推理作用的器官時，那作推理的非物質實體，由於這種和諧——這也是實體的一種自然的後果——，也不會不同時給予它的。物質不會沒有非物質性的實體即單元而繼續存在；在這以後，我們就不應該再問，上帝有自由來給物質這些實體與否。而如果這些實體本身沒有我剛才所講的這種符合或和諧，那上帝就不是照自然秩序行事了。完全簡單地只是說給予或賦予能力，那就是回到經院哲學家們所講的那種赤裸裸的功能去了，並想像著有一些自己存在的小東西，能夠進進出出，就像鴿子進出鴿籠那樣。這就是把它們變成了實體而並沒有想到這一點。原初的能力構成了實體本身，而派生的能力，或者您願意也可以說就是功能，只是一些存在的樣式，是當從實體派生出來的，而它們不是從物質派生出來的，要是物質只是機器，也就是說，要是我們只是憑抽象把它看作初級物質的不完全存在物或純粹被動的東西的話。這一點我想您，先生，是會同意的，一種赤裸裸的機器是沒有能力產生知覺、感覺、理性的。因此，它

---

⑥ le monde intelligible des substances，「可知」也譯作「可理解的」，與「可見的」或「可感覺的」相對。如柏拉圖的「理念世界」就是與「可見世界」即感性的物質世界相對的「可知世界」。這裡也顯然表明萊布尼茲的哲學是和柏拉圖的客觀唯心主義一脈相承的。

們必須是從別的某種實體性的東西產生出來的。要想上帝照別的方式行事，並給予事物一些偶性，這些偶性不是從實體派生出來的存在樣式或樣態，那就是求助於奇蹟和求助於經院哲學家們所說的服從的能力，這用的是一種超自然的抬高的方式，就像當某些神學家以爲地獄裡的火焚燒了離開肉體的靈魂時那樣；在這種情況下，人們甚至可以懷疑，這究竟是火幹的事還是上帝代火行事而自己造成這結果。〕

斐　您的這些說明使我有點驚訝，並且我將要對您談的關於我們知識的侷限性的許多事，您都預先已經談了。我當已對您說過，我們並不是處在如神學家們所說的神見狀態⑦；信念和概然性，就許多事情來說，特別是就靈魂的非物質性這個問題來說，對我們應該就夠了；道德和宗教的一切偉大目標，都建立在足夠好的基礎上而並未求助於從哲學中得出的關於這種非物質性的證明；並且顯然那曾開始使我們作爲能感覺和有理智的東西存在在這裡，又使我們多年保持在這狀態的【造物主】，是能夠並且願意使我們在另一生也享受同樣的能感覺狀態，並使我們能夠接受他按照人們在這一生中的行爲而注定給予的果報；最後，我們由此可以斷定，決定擁護和反對靈魂的非物質性這種必要性，並不是如那些過於熱情地維護自己的意見的人所願深信的那樣大的。〔我將要向您談到這一切，並在這方面還要談到更多的東西，但我現

⑦ Etat de vision，這是指有些宗教迷信者那種自以爲直接見到了上帝或神靈的神祕狀態。

在看到，說我們是自然地能感覺、有思想和不死的，和說我們只是由於奇蹟而成爲這樣，是多麼不同。如果靈魂不是非物質性的，我知道我必須承認事實上這是一個奇蹟；但這種關於奇蹟的看法，除了毫無根據之外，在許多人心中也不會產生足夠好的效果。我也看得很清楚，照您理解這事的方式，我們就可以合理地對現在的問題作出決定，而不必去享受那神見狀態以及去和那些高級的精靈爲伍，他們能很深入地洞察事物的內部構造，並且他們那敏銳而深入的眼光以及廣闊的知識領域可以使我們憑推測想像到他們當是享受著何等的幸福。〕我曾認爲，要「把感覺和一種廣延的物質結合起來，以及把存在和一種絕對沒有廣延的東西結合起來」，是完全超出我們的知識範圍。就因爲這樣，我曾深信，那些擁護這裡這一派的人，是遵循著這樣一些人的不合理的方法，他們看到一些事從某一方面看來是不可理解的，就立即悶著頭冒冒失失地投向對方，儘管對方也是一樣不可理解的；這在我看來是由於一些人心靈可說是太深埋在物質之中了，就不能給不是物質的東西以任何存在；而另一些人又因爲看不到思想被包括在物質的自然功能裡面，就得出結論認爲上帝本身也不能把生命和知覺給予一種有形體的實體而不放進某種非物質性的實體，反之現在我看到，如果他這樣做了，那就是出於奇蹟，並且看到，靈魂和身體的結合或感覺和物質的結合的這種不可理解性，由於您的關於不同實體之間的前定和諧的假說，似乎已不再存在了。〕

德 〔事實上在這新的假說中絲毫沒有什麼不可理解的東西，因爲它只給予靈魂和身體一些樣態，這些是我們在自身中和在它們之中都經驗到的；它只是使它們顯得比迄今人們所認爲的更有規律、更有聯繫。只有對那樣一些人還有困難，他們硬要對那只能理解的東西來進行想像⑧，就好像他們想要看到聲音或聽到顏色似的；而正是這樣一些人對一切不是有廣延的東西都拒不承認其存在，這就會迫使他們對上帝本身也拒不承認其存在，這也就是拋棄了變化和這樣一些變化的原因和理由：這些理由既不能來自廣延和純粹被動的自然，甚至也不能來自特殊的和較低級的能動的自然而沒有最高實體的純粹而普遍的現實活動（l'acte）。」

斐　關於有些事物其物質自然地能有感受這個問題上，我還有一條反對意見。物體，就我們所能設想的來說，只能打動和影響一個物體，而運動也不能產生別的只能產生運動；所以當我們設想身體產生快樂或痛苦，或者一種顏色或聲音的觀念時，我們似乎就不得不放棄我們的理性和超出我們自己的觀念之外，而把這種產生僅僅歸之於我們創造主的善心樂意。那麼我們有什麼理由來得出結論，認爲物質中的知覺不也是一樣的呢？我差不多已看到您對這問題能怎樣答覆了，並且雖然您對此已不止一次地說過一些，我現在也比以往較能懂得您的意思了，可

---

⑧ 這裡所謂「想像」（imaginer），就是指所謂「形象思維」或「圖畫式的思想」，是與「理解」即抽象的理論思維相對立的。萊布尼茲的意思是他的「前定和諧」學說和「單子」之類都只能靠抽象的理論思維來把握而不能用「形象思維」來把握的。

是，先生，我將很高興再聽聽您在這一重要場合將如何回答。

德　〔您判斷得很對，先生，我要說物質是不會在我們之中產生快樂、痛苦或感覺思想的。是靈魂本身和在物質中所發生者相符合地產生了它們。而現代人中有些高明人士已開始宣稱他們只是和我一樣來理解那種偶因⑨了。然而這一點一經確立，就絲毫沒有什麼不可理解的了，只除了我們無法把進入我們混亂知覺中的一切都分解開，這是包含無限的，並且是在身體中所發生的事的細節的一些表現；至於說到造物主的善心樂意，應該說他是按照事物的本性受到規範的，所以他只產生和保持那適合於它們並且至少一般地能用它們的本性得到解釋的東西；因爲細節往往是超出我們能力範圍之外的，就像要有細心和能力來把沙堆成的整座山的沙粒照其形狀的秩序來加以排列是超出我們能力範圍之外的一樣，雖然這裡並沒有什麼難以理解的東西，但只是數量太多。否則，如果這種知識本身就超出我們的能力，並且如果我們甚至一般地設想靈魂和身體的關係的理由都不可能，最後如果上帝給了事物一些脫離它們的本性，並

---

⑨ les causes occasionnelles，這本是指以笛卡兒派的唯心主義者馬勒伯朗士等爲代表的所謂「偶因論者」的觀點，按照這種觀點，身體和靈魂是不能相互影響的，是上帝藉身體做某種運動的機會在靈魂中引起某種思想或觀念，又或藉靈魂中產生某種思想的機會在身體中引起某種運動，因此，身體對於靈魂或靈魂對於身體都只起「偶因」的作用，只有上帝才是眞正的原因。

因此背離一般理性的偶然的能力，那就會打開了後門，重新引進那些任何心靈都不能理解的太隱祕的性質和那些不能有理性的功能的小幽靈。

Et quidquid schola finxit otiosa:⑩

這些很有幫助的幽靈，就像舞臺上的神靈或阿瑪迪斯⑪的仙女那樣來出現，並且在需要時將會來做一個哲學家所想要的一切，不用儀式也不用工具。但把它的起源歸之上帝的善心樂意，這對於作爲最高理性的上帝似乎是不太合適的，在他那裡一切都是有規律、有聯繫的。如果在上帝的能力和智慧之間沒有一種永久的平行，那這種善心樂意就甚至將會既不是善心也不是樂意了。」

§8 斐 我們關於同一性和差異性的知識，範圍和我們的觀念一樣寬，但對於我們的觀念的聯繫的知識，§9 §10 關於它們在同一主體中的共存的，是很不完全並且幾乎什麼也沒有的，§11 尤其是關於顏色、聲音和滋味等第二性的性質的更是如此，§12 因爲我們不知道它們和第一性

⑩ 拉丁文，意即：「以及所有那些經院中捏造出來的無聊玩意兒」。

⑪ 見本書下冊第四卷第一章§1「德」及註（第173頁註⑥）。

的性質的聯繫，也就是說§13不知它們是怎樣依賴於大小、形狀或運動的。§15我們對這些第二性性質的不相容性知道得稍多一點；因爲一個主體例如不能同時有兩種顏色，而當我們在蛋白石或萆菜木（lignum nephriticum）溶液中似乎看到兩種顏色時，那是在對象的不同部分。§16對於物體的主動能力和被動能力來說也是這樣。我們在這方面的研究必須依賴經驗。

德 〔對於可感覺性質的觀念是混亂的，而能產生這些觀念的那些能力因此也只提供一些包含著混亂的觀念；這樣，我們若要憑經驗之外的方式來認識這些觀念的聯繫，就只有把它們還原爲伴隨著它們的清楚的觀念才行，就像我們例如對於虹的顏色和分光鏡所做的那樣。而這種方法提供了分析的某種開端，這種分析在物理學上是有很大用處的；而遵循這種方法，我毫不懷疑醫學將會隨著時間的進程而取得相當大的進展，尤其是如果公眾對它比直到現在更關心一點的話。〕

§18 斐 說到關於關係的知識，這是我們知識的最廣闊的領域，並且很難確定它一直能擴展到多遠。其進展取決於找出中介觀念的機智。那些不知道代數學的人，是想像不到人們利用這門科學在這類事情上所能造成的令人驚奇的東西。而我看不出會容易決定一個深思敏察的心靈還能發明出什麼樣的新方法來完善我們知識的其他那些部分。至少那些有關量的觀念並不是僅有的能加以推證的；還有其他也許是我們思維的最重要部分也將能推演出確定可靠的知識，只要罪惡、情慾和專橫跋扈的利慾不來直接阻擋這種所企望事業的實行。

德　〔沒有比您這裡所說的更對的了，先生。別的什麼，就算它是眞的，難道還有比我認爲我們關於以下這些問題所已確定了的東西更重要的嗎？【這些問題就是：】關於實體的本性，關於一和多，關於同和異，關於個體的構成，關於虛空和原子的不可能性，關於黏合的起源，關於連續律和其他的自然規律，但主要的是關於事物的和諧，靈魂的非物質性，靈魂與身體的結合，靈魂以及甚至動物的靈魂在死後的保存。而在所有這一切中，我認爲沒有什麼不是已作了推證或可以推證的。〕

斐　〔的確，您的假設顯得極爲連貫並且有一種很大的簡單性；法國有一位高明人士本想駁斥它的也公開承認對它懷有深刻印象。而這種簡單性就我所見的來說又是極其富於成果的。把這種學說逐步發揚光大是很好的。但說到對我們最重要的事情，我曾想到了道德學，這我承認您的形上學爲它提供了很了不起的基礎；但雖沒有挖掘得很深，它的基礎卻是相當堅實的，儘管也許不那麼廣闊（如我記得您曾指出過的那樣），要是沒有像您的那樣一種自然神學作爲其基礎的話。可是僅僅對這一生的善的考慮已有助於確立一些重要的結論來規範人類社會了。我們可以像在數學中一樣無可爭辯地來判斷正義和不正義；例如這一命題：凡是沒有所有權的地方就不會有不正義，是和歐幾里得書中的任何推證一樣確定可靠的；因爲所有權是對某種物的權利，而不正義就是對一種權利的觸犯。這樣一個命題也是同樣的：沒有任何政府會允許一種絕對的自由。因爲政府就是確立它所要求執行的某些法律【的機構】，而絕對的自由就是每

個人所具有的喜歡做什麼就做什麼的權力。〕

德　〔人們對所有權（propriété）這個詞的通常用法和您有點不一樣，因爲人家是把它了解爲一個人對物的權利而排斥另一個人的權利。這樣，如果沒有所有權，好比一切都是公共的，卻還是可能有不正義的。在所有權的定義中的所謂物，您也應該理解爲還包括行動；因爲否則如果沒有對物的權利，阻止人們在他們有必要的場合從事行動也始終會是一種不正義。但照這樣解釋就不可能沒有所有權了。至於說到政府和絕對自由的不相容性那一命題，它是屬於一種系論，即只要指出來就夠了的一種命題。在比較複雜的法學中就有這樣一些命題，例如：在那涉及所謂 jus accrescendi⑫的，涉及身分以及其他許多問題的法學中就有；我在青年時期所發表的關於身分的論文中就曾表明這一點，其中我曾證明了若干這樣的命題。而我如果有空閒，本來還會再回頭來把它們重搞一下的。⑬〕

---

⑫ 拉丁文，意爲「遞增法」。這是指這樣一種法律：例如一個人生前已立下遺囑將遺產分給他的四個子女，而其中一個子女在他死之前就死了，則已死的遺產繼承人所應得的一份，就由其他三個子女按本身應得份額的比例繼承，即分別按比例「遞增」了那一份中的一部分。這就叫「遞增法」。

⑬ 萊布尼茲這裡是指他的《論身分》（*De conditionibus*）這一學位論文，這是他一六六五年在萊比錫，在舒溫登道夫（L. Schwendendörfer）教授主持下進行答辯的。原稿已遺失，現存的是他在一六七二年經過修訂的稿子。在他關於法學的一個集子中可以找到。見 Dutens 編的《全集》第四卷第三部分。

斐　〔這會使好奇的人很高興，並且可以用來預先對付那可能未經修訂就加以重印的人。〕

德　〔對我的《論組合術》（*Dissertatio de Arte Combinatoria*）⑭就發生過這樣的事，正如我已表示過不滿的那樣。這是我最初少年時期的一個成果，可是有人在很久以後把它重印出來，既未和我商量，甚至也未標明這是第二版，這就使得某些人有了對我很不利的看法，想著我竟能在成熟年齡發表這樣一篇東西；因爲雖然其中有些重要思想是我現在也還贊成的，但也有一些是只適合於一個青年學生的。〕

§19　斐　我發現圖解是糾正語詞的不確定性的一種很好方法，而這在道德觀念方面是不可能有的。大多數道德觀念都比人們通常在數學中所考慮的圖形要更複雜；因此，當必須作很長的演繹時要以一種必要的完全的方式記得道德觀念中所包含的東西的精確組合對心靈是有困難的。而在算術中如果人們不是把演算中各個不同的步驟用已知其意義的記號寫下來，並繼續保留在眼前，那要做大數量的計算就幾乎是不可能的。§20在道德學中，那些定義，只要人們用它

⑭《論組合術》（*Dissertatio de Arte Combinatoria*），見G本第四卷第27頁以下，E本第6頁以下，是萊布尼茲一六六六年在萊比錫發表的。這裡所說的盜印本是一六九〇年在法蘭克福出現的，萊布尼茲在一六九一年二月號的"*Acta Erud.*"上對它作了評論。

們時保持經常不變，就可以給人某種糾正方法。此外，也不容易預見用代數或其他某種這一類性質的工具還可能提出什麼樣的方法來克服其他一些困難。

德　〔已故的埃哈德·韋格爾（Erhard Weigel）⑮先生，是圖林吉（Thuringe）的耶拿的數學家，曾精明地發明了一些代表道德事物的圖形。而當他的學生，已故的塞繆爾·普芬道夫（Samuel Pufendorf）⑯先生發表他的相當符合韋格爾先生的思想的《普遍法學要義》時，又在耶拿版中加進了這位數學家的道德的圓球形。但這些圖形是一種譬喻的方式，有點像克貝（Cebes）⑰的圖表似的，雖然比較不那麼出名，並且毋寧更多的是有助於記憶以便牢記和安

---

⑮ 埃哈德·韋格爾（Erhard Weigel, 1625-1699），德國數學家和天文學家，一六五三年以後在耶拿任數學教授，一六六三年萊布尼茲在耶拿學習時，他是萊布尼茲的第一位數學老師。韋格爾也是一位哲學家和道德學家，曾以畢達哥拉斯派的原則爲依據，認爲數是一切事物的本質，從而企圖以一種數學方法來闡述道德哲學。

⑯ 塞繆爾·普芬道夫（Samuel Pufendorf, 1632-1694），德國史學家和法學家，公法學的奠基人之一。他也曾在耶拿就學於韋格爾，並與他有密切友誼，在治學方法上深受他的影響。萊布尼茲曾對普芬道夫及其作品作了尖銳批評，在自然法和公法的觀點上和他有分歧，但也受其影響。

⑰ 克貝（Cebes），希臘哲學家，是蘇格拉底的門徒之一，原屬畢達哥拉斯派，蘇格拉底死時在場的人之一，見柏拉圖《斐多篇》59c、60c 以下等處。他的「圖表」據策勒（Zeller）的《希臘哲學》認爲「肯定是僞造的」。

排觀念，而不是有助於判斷以獲得推證的知識。它們對於喚起心靈活動也還是有它們的用處。幾何學上的圖形似乎顯得比道德上的事物簡單些；但實際並不如此，因爲連續體是包含著無限的，其中必須加以選擇。例如：要用兩條彼此垂直的直線來把一個三角形作四等份，這個問題看來好像簡單其實是夠困難的。道德上的問題就不是這樣，因爲它們是單憑理性就能決定的。此外，這裡不是來談 de proferendis scientiae demonstrandi pomoeris⑱和提出把推證的技術擴大到老的界限以外的眞正方法的適當場所，這些界限直到現在都還和數學領域的界限幾乎是一樣的。如果上帝給我必需的時間，我希望有一天能發表關於這個問題的一篇論文，使這方法能有實際有效的用處而使我不侷限於一些規則上。〕⑲

斐　〔如果您像您所應該做的那樣實現這個計畫，那您將會使得像我這樣的斐拉萊特即眞誠地希望認識眞理的人，無限感奮。〕而眞理是自然地使心靈感到合意的，並且沒有什麼比謊

---

⑱ 拉丁文，按字面意思爲「關於推證城牆內外空地的高級科學」，意指煩瑣的推證。

⑲ 萊布尼茲曾計劃要把推證的科學或邏輯學中有關證明的方法那部分加以擴大和改進。邏輯中的證明方法部分，他覺得到他那時爲止都太狹窄，並且實際上和數學方法是一樣的。他這計畫和他要搞一種「普遍的文字」的計畫是密切聯繫的，但並不是一回事。可是他的計畫始終並沒有實現，只留下了一些初步的綱要式的草稿，可看出他的一些想法。可參看其《推進科學的規則》（*Préceptes pour avancer les sciences*），見E本第165-171頁，G本第七卷第157頁以下（較完全）。

言更醜陋和更與理智不相容的了。可是不能希望人們會大力從事於這些發現，因爲對財富或權力的欲望和推崇會使人們死抱住爲時尚所許的意見，並隨之來找出一些理由，或用以使它們被看作是美好的，或用來文飾或掩蓋其醜陋。而當各個不同的黨派使所有能受它們權力支配的人接受它們的意見也不考察其眞假時，我們還能希望屬於道德方面的科學中有什麼新的光明呢？人類中受束縛的這一部分，就得期待在世界上大部分地方不是這種光明而是和埃及的一樣的黑暗，要是天主的光明本身不是呈現在人們心中的話⑳，這神聖的光明是人類一切能力都無法完全熄滅的。

德　〔我並不絕望，在某個較太平的時期或在一個較太平的國度裡，人們會比以往所做的較能獻身於理性。因爲其實我們對什麼都不應絕望；而且我相信是爲人們保留著向壞方面或向好方面的巨大變化，而最終向好方面總會超過向壞方面的變化。假定我們有朝一日看到某一位偉大的君主，像亞述或埃及的古代國王那樣的，或者就像另一位所羅門，在一種太平盛世長期在位，並且這位君主，既愛德性和眞理又有偉大而健全的心靈，一心想使人們更幸福和彼此更和好，並更有能力支配自然；他將會在短短幾年內做出多麼了不起的事情呢？因爲在這種情況下十年間所完成的事，肯定比讓事情像通常那樣進行在一百年或甚至一千年間所完成的還要

⑳ 參閱《舊約・箴言》第二十章第二十七節：「人的靈是耶和華的燈，鑒察人的心腹。」

多。但即使沒有這樣，只要道路一旦已經開闢，許多人就會進入其中，就像幾何學家們的情況那樣，即使這只是出於他們的喜好或爲了獲得榮譽也罷。更文明的公眾有朝一日將會比迄今更轉向推進醫學；一切國度的自然史都會出版出來，就像那些曆書或《優雅信使》（*Mercure Galant*）㉑那樣；任何好的觀察都不會被放過而不加以記載登錄；致力於這種觀察的人將會得到幫助；做這種觀察的技術將會得到改進完善，還有用這些觀察來確立格言的技術也是這樣。會有一個時候，好醫生的數量將變得更多，而從事那時比較不需要的某些職業的人數將會按比例減少，公眾將會處於更加鼓勵研究自然的狀態；尤其是鼓勵推進醫學；而這門科學那時將立即發展到遠遠超出現在的狀態並飛速成長起來。我相信這一部分公安事務當將成爲統治者僅次於德行的最大關心對象，而良好道德或政治的最大成果之一將是使我們有一種更好的醫學，當人們開始變得比現在更明智，並且當大人物們將學會更好地運用他們的財富和權力來求得他們自身的幸福時【就會這樣】。〕

§21　斐　至於有關**實在存在**的知識（這是第四種**知識**），必須說我們對**我們自己的存在**有

㉑《優雅信使》（*Mercure Galant*），是好幾種期刊的名稱，內容有政治的、文學的和各種消息、廣告。特別是一六七二年由 De Visé 創辦的一種期刊，以後除短期中斷外，曾一直延續到一八五三年。萊布尼茲在給人的一封信中表明曾想蒐集到他那時爲止的全套這種期刊。

一種直覺的知識，對上帝的存在有一種推證的知識，而對其他的事物有一種感性的知識。我們將在以下充分地來談談這些〕。

德 〔沒有比這說得更正確的了。〕

§22 斐 現在既經談過了知識，爲了更好地發現我們心靈的當前狀態，我們考慮一下黑暗面，並認識到我們的無知，似乎是適宜的；因爲無知比我們的知識無限地更大。這種無知的原因是：(1)我們缺乏觀念；(2)我們不能發現我們所具有的觀念之間的聯繫；(3)我們忽視了追尋和確切地考察這些觀念。§23至於說到觀念的缺乏，我們所有的簡單觀念只是那些來自〔內部或外部〕感官的簡單觀念。因此，對於宇宙間無限的創造物以及它們的性質來說，我們就像盲人之於顏色一樣，甚至連認識它們所必需的功能也沒有；而照一切現象看來，人在一切有理智的存在物中是處於最末尾的地位。

德 〔我不知道是否就沒有比我們更低的。爲什麼我們要不必要地貶低自己呢？也許我們在理性動物中還處於足夠可尊敬的地位呢！因爲那些高級的精靈可能具有另一種方式的身體，所以動物這個名稱可能並不適用於他們。我們無法說我們的太陽在大量其他太陽中的位置，是否在它之上的比在它之下的要多，而我們在太陽系中所處的位置是很好的；因爲地球是處在各大行星的當中的地位，而它的距離似乎是經過很好選擇，適於一種瞻望默想的動物在上面居住的。此外，我們也有無比地更多的理由來慶賀我們的命運而不是抱怨我們的命運，因爲我們大部分的壞事都當歸咎於我們的缺點。尤其是我們既然對仁慈的自然提供給我們的知識利用得這樣少，如果還抱怨缺乏知識，那就將是很大的錯誤。〕

§24 斐 可是的確，展現在我們眼前的世界幾乎所有各部分都離我們極遠，這就使我們無法認識它們，而看得見的世界顯然只是這廣大無垠的宇宙的一小部分。我們是侷限於空間的小小一角；就是說侷限在我們的太陽系中，而且甚至對像我們的地球一樣環繞著太陽旋轉的其他行星上發生的事情我們也不知道。§25 我們之所以無法具有這些知識是因爲大和遠，但另外一些物體之所以對我們掩蓋著則是因爲它們太小，而這些又是對我們的認識可能最重要的；因爲從它們的組織構造我們可以推論出那些可見物體的用處和作用，並知道爲什麼大黃能瀉肚，毒藥能殺人，而鴉片能使人沉睡。因此§26不論人類的勤勉能使對物理事物的實驗哲學推進到多遠，我只能傾向於相信我們永遠不能達到對這些問題有一種科學的知識。

德 〔我完全相信我們永不能進到我們所希望的那樣遠；可是我覺得隨著時間的進展我們在對某些現象的解釋方面將能有相當大的進步，因爲我們被引導去做的大量實驗可以爲我們提供足夠有餘的材料，以致所缺的只是利用這些材料的技術，對這技術我也絕不絕望：無窮小的

分析[22]已給了我們一種工具來把幾何學和物理學結合起來，並且**動力學**已爲我們提供了自然的一般規律，從此以後，人們將會把這種技術的小小開端推向前進。〕

§27　斐　精神還要更加遠離我們的知識；我們對它們不同的等級秩序都無法形成任何觀念，可是**理智的世界**是肯定比物質世界更大和更美的。

德　〔這兩種世界就動力因來說是始終完全平行的，但就目的因來說則不是這樣。因爲按照精神支配物質的程度，它們就在物質中產生奇妙的安排。這一點由人們爲了美化地球表面所造成的那些變化就顯示出來，人們就好像一些小的神靈，模仿著偉大的宇宙建築師，雖然這還只是運用著一些物體和它們的規律。對於那無比眾多的超過我們的精靈，有什麼是我們不能猜想的呢？而由於這些精靈一起形成了上帝治下的一種國家，它的統治是完美的，我們遠不能了解這可知世界的系統，不能設想其中爲那些照最確切的理由當受賞罰者所準備的賞罰，也不能想像那任何眼睛都未看到過，任何耳朵都未聽到過，並且從來未曾進入過人的心中的東西。

---

[22] 萊布尼茲這裡用的名詞是 l'analyse infinitésimale（「無窮小的分析」）實即指微積分。萊布尼茲和牛頓誰是微積分的最初發明人的問題曾經長期爭論不休，現在已可確定兩人是各自獨立發明的。本書英譯本註認爲是牛頓繼伽利略以其關於落體的加速度的定律爲萬有引力的學說開闢了道路之後，在其《原理》中第一次將微積分系統地應用於物理學。

可是所有這一切都使人認識到我們是有爲認識物體和精神所必需的一切清楚觀念的，但只是沒有足夠的事實細節，也沒有敏銳到足以分辨混亂觀念，或廣闊到足以察覺所有這種觀念的感官。〕

§28　斐　至於說到我們並無認識的那種在我們所有觀念之中的聯繫，我將要告訴您，物體的機械作用，和那些色、聲、香、味以及苦、樂的觀念是沒有任何聯繫的；而它們的聯繫只取決於上帝的樂意和任意。但我記得您認定其中是有一種完全的符合的，雖然這並不始終是一種完全的相似。可是您承認其中所包含的微小事物的過繁的細節，妨礙了我們去分辨出其中掩蓋著的東西，雖然您還是希望我們將能大大地前進；而因此您不願人們和我那位著名作者在§29中所說的那樣說從事於這樣的研究是白費力氣，只怕這樣的信念不利於科學的成長。我當也曾對您談到過在解釋靈魂與身體之間的聯繫方面我們迄今所有的困難，因爲我們無法設想一種思想怎麼在身體中產生一種運動，也無法設想一種運動怎麼在心靈中產生一種思想。〔但當我了解了您的前定和諧假說以後，人們感到絕望的這種困難對我似乎一下子像變魔術似的就解除了。〕§30那麼剩下的就是我們無知的第三種原因，這就是我們不去追尋我們所具有或能夠具有的觀念，以及不去盡力找出那些中介觀念，就因爲這樣我們就不知道那些數學的眞理，雖然在我們的功能方面並無任何缺點，在事物本身也並無任何不確定性。語詞的誤用在阻礙我們去找出觀念之間的符合或不符合方面起了最大的作用；而數學家們不靠名稱來形成他們的思想，並且習慣於將觀念本身而不是聲音顯現於自己心中，因此，就避免了一大部分的麻煩。如果人們在有關物質世界的發現方面，也像他們在有關理智世界方面所慣於採取的那種方式行事，並且如果他們完全陷入那種意義不確定的名詞的混亂狀態中，那他們就會對地帶、海潮、造船、航路這些事爭論得沒完沒了；人們將永遠也不會到地平線以外去，而對蹠地將會還是和主張有對蹠地的人就會被宣布為異端的那時候一樣不為人所知。

德　〔我們無知的這第三種原因是唯一當受責備的。而您看到，先生，那種對於再向前進的絕望就包含在它之中的。這種洩氣非常有害，而有些精明和重要的人物，由於錯誤地深信在醫學方面的工作是白費力氣，就阻礙了醫學的進步。當您看到過去的亞里斯多德派哲學家們談到氣象，例如：談到虹時，您將會發現他們認為不應該只是想著清楚地解釋這種現象的；而莫羅利科（Francesco Maurolico/Maurolycus）㉓以及以後馬可・安東尼・德・多米尼斯（Marc

㉓ 莫羅利科（Francesco Maurolico/Maurolycus, 1494-1575），義大利的著名數學家，他的父親原是希臘人，在義大利各地教授數學。他曾研究了眼球構造，尋求解釋視覺現象，並正確地描述了光線通過角膜、水晶體等的過程，但當他發現他的理論將導致承認在視網膜上的物像是顛倒的時，就大為驚駭而停止研究了。萊布尼茲這裡所指的是他關於透視和虹的一篇論文：*Problemata ad perspectivam et iridem pertinentia*，（《關於透視和虹的問題》）附載於他的 *Theoremata de lumine et umbra ad perspectivam radiorum incidentium*（《關於火光的明暗及透視的理論》），威尼斯，一五七五年。

Antoine de Dominis）㉔的企圖在他們看來就像是伊加利（Icare/Icarus）㉕的飛翔。但其後果曾矯正了世人在這問題上的謬妄。的確名詞的誤用曾引起了我們知識中的一大部分混亂，不僅在道德學和形上學，或在您所說的理智世界中是這樣，而且在醫學中也是這樣，醫學中的這種名詞誤用也越來越增加了。我們並不能像在幾何學中那樣始終藉助於圖形；但代數學使人看到，我們不必永遠求助於事物的觀念本身也能作出許多大的發現。關於認爲有對蹠地是所謂異端邪說的問題，我順便說一說，的確，美茵茲的大主教聖波尼法爵（Boniface）㉖在寫給教皇的一

㉔ 馬可・安東尼・德・多米尼斯（Marc Antoine de Dominis, 1566-1624），是義大利的哲學和自然科學教授，也是一個大主教，但在教會政治觀點上卻是個共和派，強烈反對教皇權力至上的理論，因而他的書被宣布爲異端，本人被投入監獄，可能是被毒死的。他也曾第一次企圖提出關於虹的理論，正確地論述了光線通過雨點折射的情況，因而曾受到牛頓的稱讚。但他還未能正確地說明觀察者看到虹的光線的角度問題。

㉕ 伊加利（Icare/Icarus），希臘神話傳說中的人物，曾以蠟黏羽翼飛上高空，因太近太陽，蠟熔化，羽翼脫落，墮入愛琴海而死。常用以比喻計畫野心過大，因而失敗犧牲的人。

㉖ 聖波尼法爵（Boniface），本名 Winfrid，是盎格魯—撒克森的本篤會僧侶，教皇額我略二世（Gregorius PP. II）賜名爲 Bonifacius（680-755），是被派往日耳曼人中的使徒，在七四八年被任爲美茵茲（Mayence 即 Mainz）的大主教。

封信中曾就這個問題控告了薩爾茲堡的維吉爾（St. Fergil）㉗，而教皇給他回信用的方式表明教皇對這名詞的用法是十足照聖波尼法爵所用的意義的；但我們沒有發現這控告有什麼結果。維吉爾始終還是堅持他的意見。這兩位對抗者都被看作是聖徒，而巴伐利亞的學者們，把維吉爾看作是卡林西亞及其附近國度的一位使徒，證明了對他的紀念是正當的。

㉗ 維吉爾（St. Fergil），以其拉丁化名字 Virgilius 爲人所知，本是愛爾蘭的一位教士，來到巴伐利亞，最初爲薩爾茲堡（Salzbourg）的聖彼得修道院院長，最後在七五五年聖波尼法爵殉教，又在薩爾茲堡的主教約翰死後，於七六六或七六七年被任命爲薩爾茲堡的主教。死於七八九年。他作爲主教的最後一次活動就是訪問他的整個主教管區，曾在卡林西亞（Carinthia）作了長期訪問。他和聖波尼法爵之間在兩個問題上曾有衝突。一個是關於一種儀式不完備的非正式的洗禮是否有效的問題，維吉爾主張有效，聖波尼法爵認爲無效。另一個就是關於「對蹠地」的問題，維吉爾發表了一篇哲學論文，主張大地是球形的，因此有地球對面的「對蹠地」、「對蹠人」，聖波尼法爵認爲這會意謂著有兩個人類，其中一類人不是亞當的子孫，因此沒有「原罪」，也就無需乎「救贖」，所以這學說當被宣布爲異端。教皇札克利（Zachary）在給聖波尼法爵的一封信中也肯定認爲有另一世界和地下的另一人類的學說是異端。但維吉爾表明他的思想完全是科學上的，根本不涉及神學上的「原罪」和「人類的統一性」問題，因此得免於被判爲異端，並在一二三三年由教皇額我略九世追認爲「聖徒」。

第四章　論我們的知識的實在性

§1①斐　有的人沒有懂得具有正確觀念的重要性和了解它們的符合和不符合的重要性，會以爲我們在那上面如此細心地進行推理是在建造空中樓閣，而在我們的整個系統中只有理想的和想像的東西。一個頭腦發熱的狂想者，會更加具有更生動和更大量的觀念；因此，他也就會有更多的知識。在一個狂信者的幻覺中也會和一個理智健全的人的推理中具有同樣的可靠性，只要這狂信者說話前後一貫；而說一個鳥身女面怪不是一個半人半馬怪也會和說一個方不是圓一樣眞實。§2我答覆說我們的觀念是和事物相符合的。§3但人們還要求它的標準。§4我又回答說，第一，就我們心靈的簡單觀念說，這種符合是很顯然的，因爲心靈既不能自己形成這些簡單觀念，則它們一定得是由作用於心靈的事物所產生的；第二，§5我們的一切複雜觀念（除了實體觀念之外）既是心靈自己形成的原型，不是要使它們成爲任何東西的摹本，也不是關聯到作爲它們的原本的任何東西的存在，它們就不能不與一種實在知識所必需的那些事物完全符合。

德　（如果簡單觀念除了來自感官的基礎之外就沒有其他的基礎，那我們的可靠性就將是很小的或毋寧說根本沒有。您忘了，先生，我曾怎樣指出，觀念是原本在我們心中的，甚至我們的思想也是從我們自己心中來的，並沒有別的創造物能對靈魂有直接的影響。此外，我們關

① E本作§2，誤。

於普遍永恆眞理方面的可靠性，其基礎是在觀念本身之中，不是靠感覺，也正如純粹的和可理解的觀念，例如：是、一、同等等的觀念，不靠感覺一樣。但可感覺性質的觀念，如顏色、滋味等等（這些其實只是一些幻覺②），是從感覺來的，也就是從我們的混亂知覺來的。而關於偶然的和單個的事物的眞理，其基礎在於得到成功，使感覺現象如可理解的眞理所要求的那樣正確地聯繫起來③。這才是我們應該作的區別，反之您在這裡所做的關於簡單觀念和複雜觀念之間，以及屬於實體的和屬於偶性的複雜觀念之間的區別，在我看來是沒有根據的，因爲一切可以理解的觀念都在事物的永恆可能性中有其原型。〕

§5 斐 的確，我們的複雜觀念，只有當問題涉及一個現實存在的實體，在我們之外實際把構成這些複雜觀念的簡單觀念結合起來時，才需要心靈之外的原型。對於數學眞理的知識是實在的，雖然它只是在我們的觀念上運轉，並且我們在任何地方也找不到精確的圓。可是我們

② 參閱本書下冊第三卷第三章 §18「德」，那裡「幻覺」用的是"phantasies"，這裡用的原文是 phatômes，意義近似，都是指由感覺在心中產生的一種樣態，但並無外界對象與之相符合，即指純粹主觀的現象，它作爲主觀現象是實在的，但既無客觀實在對象與之相符合，因此，也有「幻覺」的性質，但須注意與那種病態的「幻想」有別。這裡萊布尼茲把感覺觀念說成都只是主觀的「幻覺」，顯然是唯心主義的觀點。

③ 參閱本書下冊第四卷第二章 §14「德」(2)。

可以靠得住現實存在的事物將會和我們的原型相符合，只要我們所假定的，被發現是現實存在的。§7這也可用來維護道德事物的實在性。§8而西塞羅（Cicero）所講的那些職責，也並不因為世界上沒有人確切地照西塞羅為我們描繪那樣的一個好人的模範來規範自己的生活，就比較不那麼符合於眞理。§9可是（有人會說）如果道德觀念是我們憑空造出來的，那我們對於正義和對於節制將會有多麼奇怪的概念呢？

§10　我回答說，這種不確定性只是在語言方面的，因為人們並不始終理解他所說的，或者對它的理解並不是始終如一的。

德　〔您還可以回答，先生，並且在我看來這樣回答還更好，說關於正義和節制的觀念並不是我們憑空造出來的，也正如圓和方的觀念不是我們憑空造出來的一樣。我認為我已經充分表明過這一點了。〕

§11　斐　說到關於存在於我們之外的實體的觀念，我們的知識就其符合於這些原型的範圍內來說是實在的；而在這方面，心靈不應該把那些觀念任意武斷地結合起來，尤其是當只有極少觀念我們能肯定它們能否在由感覺觀察所顯現者之外在自然中一起存在時，更是這樣。

德　如我不止一次地已說過的那樣，這是因為這些觀念，當理性不能斷定它們的相容性或聯繫時，是混亂的，就像這些特殊的感覺性質的觀念那樣。

§13　斐　在關於現存的實體方面，不要侷限於名稱，或侷限於人們假定為用這些名稱所確立了的物種，這也是好的。這又使我回到我們已經屢次討論過的關於人的定義問題。因爲談到一個傻子④，活了四十歲也絲毫未顯出一點有理性的樣子，難道不能說他是處在人與獸之間的地位嗎？這也許會被看作很大膽的悖論，或甚至是具有非常危險後果的錯誤看法。可是我以前曾認爲，而我的朋友中有些人現在也還認爲——我現在也還未能糾正他們的看法——這只是由於根據這樣的錯誤假定的一種偏見，就是假定人和獸這兩個名稱，是意指著由自然中的實在本質很明確地標明的各別的種，以致沒有任何其他的種能插入其間，就好像一切事物都照著這些本質的確切數目放進模子中【鑄造出來的】。§14當人們問這些朋友，這些傻子，如果既不是人又不是獸，那該是屬於什麼種的動物時，他們回答說，這些就是傻子，這就夠了。如果人們又問：那他們在來世會變成什麼呢？我們的朋友們就回答說，要知道這一點或研究這一點，都與他們無關。他或站住，或跌倒自有他的主人在（《羅馬書》第十四章第四節），這主人是慈善而忠誠的，並且不是照著我們的特殊思想或意見的狹隘界限來處置他的創造物，也不是照著由我們高興憑空想出來的名稱和物種來區別它們的；只要那些能受教育的人會被召喚來就他們的行爲算帳，並且將會叫各人按照本身所行的，或善或惡受報（《哥林多後書》第五章

④ 原文爲 innocent，即「無知者」。按洛克原書是用的"changeling"這個詞，中譯本譯作「易子」，是指西方古代傳說中所說的神仙把一個小孩偷走後留下的一個又醜又笨的孩子。

第十節），這對我們來說就夠了。§15我還將給您轉述他們的推理的其餘部分。（他們說）那些傻子是否當被剝奪了一種來世狀態這個問題，是基於兩個同等虛妄的假定：第一，凡是具有人的外表形狀的東西都注定在此生之後有一種不朽的狀態；以及第二，凡是人所誕生的都當享受這種特權。除去這些空想，您就會看到這類問題是可笑的和毫無根據的。事實上我認爲人們會否認第一個假定的，並且也不會有人心靈如此沉埋於物質之中，竟會認爲永生當歸之於一種物質團塊的任何形狀，以致那團塊因爲曾在這樣形狀的一個模子中被鑄造出來，就當永恆地具有感覺思想。§16但第二個假定來幫忙了。人們會說這個傻子是由有理性的父母生出來的，因此，他一定得是有理性靈魂的。我不知道憑什麼樣的邏輯規則能得出這樣的結論，並且在這樣以後人們怎麼還敢毀滅那些畸形的或不像樣子的產物。人們會說：啊！這些是怪胎！好吧，就算是這樣。那麼那始終對他不好辦的傻子又將是什麼呢？難道在身體上有缺陷就是怪胎，而在心靈上有缺陷就不是嗎？這是又回到了已被駁斥了的第一個假定，即只要外表就夠了。一個形狀端正的傻子是一個人，照人們相信的他就有一個理性靈魂，儘管它沒有表現出來。但使得耳朵比平常的更長一點，更尖一點，鼻子更扁平一點，您就開始遲疑起來了。使得臉龐更狹、更扁和更長；這一來您立刻就完全決定了。而如果頭完全是某種動物的頭，這無疑是怪胎，而這對您來說就是證明他沒有理性靈魂和應該被毀掉。現在我問您，到哪裡去找正確的尺度和最後的界限，可確定其具有理性靈魂的呢？有一些人的胎兒，一半是獸，一半是人，另外還有一些三分是這個一分是那個的。怎麼來確定那標誌著理性的正確界線呢？還有，這**怪胎**就不會是人與獸之間中介的種嗎？而所說的**傻子**也就是這樣的。

德　〔我很驚訝您又回到我們已經充分考察過的這個問題，而且已考察過不止一次，而您竟未能更好地把您的朋友用教理問答的方式把他們教育過來。如果我們用推理的功能來區別人和獸，是沒有中介的種的，所涉及的這種動物，一定得要就有要就沒有這種功能；但由於這種功能有時不表現出來，我們就憑一些並非可用來對眞理作推證的徵象來判斷它，直到那理性自行顯示出來爲止；因爲我們憑那些曾失去理性或最後又得以行使理性的人的經驗知道，理性的作用是可能暫時中止的。出生和形狀可讓人對那掩蓋著的東西作出推定。但關於出生的推定被那極端不同於人的形狀抹去（eliditur）了，就像利文・李曼（Livin Lemmens）⑤（第一卷第八章）所說的那個西蘭（Zealande）的婦女所生的那個動物那樣，它有鉤形的鳥嘴，長而圓的脖子，發光的眼睛，尖尖的尾巴，並且很敏捷，一生下來馬上就在房間裡跑。但您會說有些怪胎或**倫巴底的弟兄們**（以前醫生們是這樣稱呼的，因爲據說倫巴底的婦女們很容易生這樣的怪

---

⑤ 利文・李曼（Livin Lemmens，拉丁名 Levinus Lemnius, 1505-1568），一位荷蘭的醫生，在當時是很出名的。他在他所著的 *De miraculis occultis naturae*（《論自然的隱祕奇蹟》）第一卷第八章中敘述了這件奇事，據說是這位婦女剛剛恢復健康就自己告訴他的，但其中一定有些騙人的東西。

胎）越來越像人形。好吧，就算這樣。那麼怎樣（您會說）能決定形狀的正確界線，表明過此就當被看作是人呢？我回答說，在猜測的事情上是沒有什麼精確的東西的。事情這樣就完了。您反駁說，傻子沒有顯出理性卻被看作是人，但要是他有一個怪胎的形狀就不被當作人看，這樣人們豈不是更重視形狀而不重視理性嗎？但這怪胎顯出有理性了嗎？無疑沒有。那麼您看到它比傻子缺的更多。缺乏行使理性往往是暫時的，但那些長著一個狗頭的是永遠不會行使理性的。此外，如果這個人形的動物不是人，那麼當它的命運未確定的時期把它保存下來也沒有什麼大壞處。而不管它是否有一個有理性的靈魂，上帝總不會是毫無所爲地造了它的，並且對於那些永遠活得像初生嬰兒那樣的人，我們可以說他們的靈魂的命運也將會和那些搖籃中就死了的嬰兒的靈魂一樣。

第五章　通論眞理

§1　多少個世紀以來，人們早已在問：「什麼是眞理？」§2我們的朋友們認爲眞理就是隨著事物本身彼此間的符合或不符合而定的記號的結合或分離。所謂記號的結合或分離，當理解爲人們換個方式所說的命題。

德　但一個帶形容詞的稱號（epithète）並不構成一個命題；例如說賢明的人。可是這裡卻有兩個名詞的結合。否定也和分離不是一回事；因爲說人，然後停頓一下，再說賢明的，這並不是否定。符合，或者不符合，眞正說來也不是人們用命題所表示的東西。兩個雞蛋是符合的，而兩個敵人是不符合的。這裡涉及的是完全特殊方式的一種符合或不符合。因此，我認爲這個定義完全沒有說明問題所在的要害之點。但我在您的眞理定義中發覺最不合我心意的，是您在語詞中去尋找眞理。這樣，同一個意思，用拉丁語、德語、英語、法語來表示，就會不是同一眞理了，而且我們就得和霍布斯一樣說眞理是隨人的樂意而定的①；這是非常奇怪的一種

① 霍布斯在他的《利維坦》（第一部分第四章）中有這樣的一些話：「『眞』和『假』是語言的屬性而不是事物的屬性……。」；「有鑒於眞理就在於我們的肯定【命題】中諸名稱的正確安排，因此一個尋求確切眞理的人必須記得他所用的每一個名詞代表著什麼，並把它放在正確的位置上。」萊布尼茲曾認爲「奧康本人也未嘗比現在的湯瑪斯·霍布斯更是一個唯名論者，我覺得其實霍布斯比一個唯名論者還有過之而無不及。」（參閱G本第四卷，158，E本第69頁b）總之，霍布斯雖在當時是個比較澈底的機械唯物主義者，但由於其唯名論的觀點，在認識論上許多地方常常背離了唯物主義而陷入唯心主義。並且在經驗論和唯理論的鬥爭中，他雖然基

（續下頁）

說法。人們甚至把眞理歸之於上帝，他，您將會承認（我相信）是不需要記號的。最後，我已不止一次地表示過奇怪，您的朋友們總喜歡把本質、物種、眞理弄成是名義的。

斐　不要進得太快。他們在記號之下包括了觀念。因此，眞理將或者是心理的，或者是名義的，隨記號的種類而定。

德　〔如果眞理須以記號來區分，那麼我們將還有書面的眞理，這又可以分爲寫在普通紙上的眞理和寫在羊皮紙上的眞理，用普通墨水寫的眞理和用油墨印的眞理。所以還是把眞理放在觀念的對象之間的關係上比較好，這種關係使一個觀念包含或不包含在另一個觀念之中。這完全不依賴於語言，並且是我們和上帝以及天使所共同的；而當上帝爲我們顯示出一個眞理時，我們就獲得了那在他理智中的眞理，因爲雖然就圓滿性及廣闊程度來說，在上帝的觀念和我們的觀念之間有無限的不同，但卻永遠的確是在同一關係中彼此相符合的。因此，是應該把眞理放在這種關係中，並且我們可以把不以我們的樂意與否爲轉移的眞理，和我們所發明而認爲是好的表述加以區別。

本上是站在經驗論的立場，但也表現出折衷主義的傾向，容納了許多唯理論的觀點。他的學說中是包含著許多矛盾的。萊布尼茲雖然是個唯心主義者，但由於有些辯證法觀點，有時倒是能抓住霍布斯以及洛克等經驗論者一些形上學觀點的弱點。像這裡也是一個例子。這樣的例子在本書中其他地方也有不少。

§3　斐　人們甚至在他們的心中也以語詞代替了事物，尤其當觀念是複雜的和不決定的時是這樣，這一點只能說是太眞的了。但正如您所已指出的，這也是眞的，即那時心靈就滿足於只是標記出眞理而當下並未理解它，深信這全取決於它本身，只要願意時就可以來理解它。此外，對於人在作**肯定**或**否定**時所從事的活動，反省一下那在我們心中發生的情況，還比較容易設想，而要用言語來說明就比較不容易。所以，因爲沒有更好的說法，我們就說**結合在一起**或**分離**，您也不要覺得不好。§8您也會同意，命題至少可以被叫做是**口頭上的**，而當它們是眞的時，它們就既是口頭上的也是**實在的**，因爲§9假就在於各個名稱不是照它們的觀念的符合或不符合而是按別的方式結合起來。至少§10語詞是眞理的**巨大負載者**（vehicules）。§11也有一種**道德上的眞理性**，它就在於照我們心靈中的深信來說話；最後有一種**形上學的眞理性**，這就是符合於我們所具有的觀念的、事物的實在存在。

德　（道德上的眞理性，有些人就叫做**眞誠**（Véracité），而形上學的眞理性被形上學家們通俗地當作是存在的屬性，但這種屬性是非常無用而且幾乎空無意義的。讓我們滿足於在心中的命題和所涉及的事物之間的符合中來尋找眞理性吧！的確我也曾把眞理性歸之於觀念，說觀念是眞的或假的；但那時我其實是把它理解爲肯定觀念對象的可能性的那些命題的眞理性。而在這同一意義下我們也還可以說**一個存在物**是眞的，這就是說那肯定其實際的或至少是可能的存在的命題是眞的。」②

---

② 參閱本書上冊第二卷第三十二章；本書下冊第三卷第三章§18；本書下冊第四卷第一章§1。

洛克在本書上冊第二卷第三十二章中是和亞里斯多德在《前解釋篇》I，16^a，12中所說的觀點一樣，主張眞和假不能對單個觀念而言而只能是就觀念在判斷或命題中的結合而言的；而萊布尼茲在這一段本質上也是持同樣的觀點的，他說他歸之於觀念的眞理性，其實是指肯定觀念對象的可能性的那命題的眞理性，就是表明這個意思。這樣的「眞」或「假」的觀念，應該被看作只是一個縮短了的命題，或者看作是隱含著命題的。如「正十邊形」（參閱本書下冊第三卷第三章§15「德」）這樣一個觀念，就是假的，雖然我們可以有它的名義的定義，但這圖形是不可能的。

第六章　論普遍命題及其眞假和確定性

§2　斐　我們的一切知識都是關於一般的眞理或特殊的眞理。前一種【即一般的】眞理是最重要的，對於它們，除非是用語詞來設想和表現，我們就永遠無法使別人很好理解，而且我們自己對它們的理解也只是極罕見的。

德　〔我認為也還有其他標誌能產生同樣的這種效果；我們從中國文字就看到這一點。而且我們還可以引進一種很通俗並且比中國文字更好的普遍文字①，如果我們用一些小小的圖形來代替字，它們用輪廓線條來表現那些可見的事物，並且對那些不可見的事物也用伴隨著它們的可見事物來表現，再加上某些其他的符號以便使人懂得那些語形變化和質詞【所代表的意思】的話。這首先就可以有助於和隔得很遠的民族容易地相溝通；但如果我們在我們自己人之間也引進這種文字而又不放棄通常的寫法的話，這一種書寫方式也會有很大的用處，可以豐富想像，並可以給人一些不像我們現在所有的思想那樣無聲的②和口頭上的思想。的確，由於這種畫圖的技術不是所有的人都知道的，因此，除了照這種方式印成的書（這是人人都馬上就能學會來讀的）之外，每個人要能用這種文字就沒有別的辦法，只能用一種印的方式，也就是事先全都準備好一些刻好的圖形，用時就把它們印在紙上，然後用筆加上一些表示語形變化或質

① 參閱本書下冊第三卷第九章§19「德」註（第134頁註⑨）。
② 參閱本書上冊第二卷第二十一章§31「德」註（第251頁註㉑）。

詞的記號。但隨著時間的進展，每個人都會從小就學會這種畫法，這樣也就不會有這種圖形文字的不合適的地方，這種文字將眞正是對眼睛說話的，並且將會使人民非常中意，因爲事實上如鄉下人就已經有某些曆書，不用語詞而告訴了他們很大一部分他們所要求知道的事情；我也記得還曾看見過一些銅版印的諷刺性的印刷品，有點像謎語的性質，其中有一些本身就表示意義的圖形，混雜著一些字③，而我們的字母以及中國文字都只是由人的意志確定其意義的（ex instituto④）。

§3　斐　〔我相信您的想法有朝一日是會實現的，我覺得這種書寫法非常合意而且自然；並且它對於增加我們心靈的完善性以及使我們的概念更實在，也似乎不是不重要的。〕但回頭來談一般的知識及其確定性，我們指出有一種眞理的確定性，也有一種知識的確定性，這將是適宜的。當語詞在命題中以這樣的方式結合起來，得以確切地如實表明其符合或不符合時，這就是一種眞理的確定性；而知識的確定性則在於察覺在命題中所表明的觀念的符合或不符合。這就是我們通常所說的一個命題是確定的。

德　〔其實這後一種確定性不用語詞也會夠了，而且它不外乎就是對眞理的一種完全的知

---

③ 也許是一種「謎畫」（Rebus）。

④ 拉丁文，意即：「出於制定的」。

識；而前一種確定性則似乎無非就是眞理本身。〕

§4 斐　然而由於我們對於任何一般命題，除非知道它由以構成的那些名詞的意義的確切界限，對它的眞實性就靠不住，因此，我們就必須知道每一物種的本質，這對於簡單觀念和樣式方面來說是並不困難的。但在實體方面——其中一種不同於名義本質的實在本質，被假定是決定著物種的——那一般名詞的範圍是很不確定的，因爲我們並不認識這種實在本質；而因此，在這意義下，我們對於就有關這些實體的問題上所作的任何一般命題都是靠不住的。但我們若假定實體的種無非就是把一些實體性的個體歸於若干的類，按照這些類符合於我們用一些名稱來指示的不同抽象觀念而把它們安排在那些不同名稱之下，這時我們就不能懷疑一個如所應有那樣很好認識了的命題是眞的與否。

德〔我不知道，先生，您爲什麼又回到我們已經充分爭論過，並且我認爲是已被清除了的這一點上來。但我畢竟還是很高興，因爲您給了我一個（我覺得）很適當的機會來再一次重新解除您的困惑。那麼我要告訴您，我們對於例如金子或這樣一種物體能夠靠得住有成千條的眞理，這種物體的內部本質是通過我們在這世上所已知的最重的重量，或最大的延性，或其他的標誌而使人認識的。因爲我們可以說有已知的最大延性的物體也是一切已知物體中最重的。的確也不是不可能：我們迄今在金子中所已注意到的一切，有一天會在能用其他新的性質加以辨別的兩種物體中發現，並因此金子就不再如我們迄今暫時認爲那樣是最低級的種了。也可能有一種仍舊很稀少，而另一種則很普通，因此，人們認定宜把眞正的金子這個名稱保留給唯一的稀少的一種，以便通過適合於它的新的化驗辦法保持它作爲貨幣的用途。這樣以後人們也不會懷疑這兩個種的內部本質是不同的；而即使對於一種實際存在的實體的定義，並不是在一切方面都很好決定的（如事實上人的定義就外表形狀方面說就不是很好決定的），我們對這主體也還是會有無數遵照著理性或我們在它之中所認識的其他性質的一般命題。我們對這些一般命題所能說的一切，就只是：在我們把人看作最低級的種，並把他限於亞當的種族的情況下，我們不會有那種所謂 **in quarto modo** 的人的特性，或者說我們不能用一種相互的或簡單地可換位的命題來對他作宣告，如說：「人是唯一的理性動物」，除非是暫時的⑤。而把人當作屬於我們這一種族的動物，這暫時性就在於假定他是我們所已知的動物中唯一有理性的動物；因爲

---

⑤ **in quarto modo** 這個名詞，詞義即「屬於第四種樣式的」，是由一種關於特性（propria）的分類法來的。這種方法在中世紀以不同的方式流行，據說最初在波爾費留（Porphyrius, 233-304）的時期就已存在，因爲波爾費留講了這種分類法，雖然他自己並不接受這種分類法。它可能是由一位早期的逍遙學派人來的。根據波爾費留所講的這種分類法，特性分爲四類：(1)單只屬於一個種，但並不屬於這個種的每一個體的，如「懂語法的」對於人；(2)屬於一個種的每一個體，但並不是單只屬於這個種的，如「兩足的」對於人；(3)單只屬於一個種，並屬於其中每一個體，但並非始終如此的，如「白髮的」對於人；(4)單只屬於一個種，並屬於其中每一個體，而且始終如此的，如「能笑的」對於人。

（續下頁）

也許可能有一天會有別的動物，就我們迄今所已注意到的一切方面來說都和現在的人的後裔是共同的，但卻是出於別一來源。這就好比那些想像中的澳洲人來充斥了我們的國度，看起來那時我們將會找到某種辦法來把他們和我們區別開。但如果情況不是這樣，並假定上帝曾禁止這些種族的混雜而耶穌基督所救贖的只是我們這個種族，那就得盡力造成一些人爲的標誌以便把這些種族彼此區別開。無疑其間是會有一種內在的區別，但由於它不會使自己可以被認識，我

這第四種樣式（quartus modus）的特性，每一個都是和它的主體範圍一樣廣的，並且雖然它所述說的並不是種的本質——因爲例如人，雖然沒有「能笑的」這種特性，也仍舊是人——而事實上是始終屬於一個種的每一個體而不屬於任何別的種的任何個體的。述說這種特性的命題是全稱肯定命題，照湯姆森（Thomson）大主教的說法是屬於「普通的鹽是蘇打的氯化物」這種類型，並且當然是可換位的。只有這第四種的特性是和它的主體外延相重合的，並因此可以用一種可相互換位的全稱肯定命題來述說的。而其餘的三種特性，則中世紀許多經院哲學家們就稱爲「偶性」（accidentia）。

這裡萊布尼茲的意思是：在把「人」當作最低級的種，並把他限於亞當的種族的情況下，是沒有如上所說的這「第四種樣式的特性」的，除非是暫時的。如「唯一的理性動物」暫時地可以說是人的這樣一種特性，因爲迄今爲止就我們所知，沒有一個人沒有這種特性，也沒有任何其他的種的任何個體有這種特性的。但這只是「暫時的」，因爲將來可能會發現例如其他某種動物也有理性，因而「唯一的理性動物」和「人」並不是外延完全重合的概念。

們將弄得只有一種依據出生的從外附加的命名，對此我們將盡力設法伴隨以一種持久的人爲的標誌，這將會給人一種內在固有的命名，以及一種經常的辦法可以將我們的種族和其他種族區別開來。所有這一切都是些空想，因爲我們既然是這地球上唯一的有理性的動物，就沒有必要求助於這些區別。可是這些空想可有助於認識實體觀念的本性以及有關實體的一般命題的本性。可是如果人不是被當作最低級的種，也不是被當作亞當的種族的有理性動物這個種，並且如果相反地人是指爲幾個種所共同的一個屬，這些種現在是屬於唯一的已知的種族，但也有可能屬於其他一些可以憑出生或甚至憑別的自然標誌區別開來的種族，就像例如那假想的澳洲人那樣；那麼我說，這個屬就會有一些可相互換位的命題，而現在的對於人的定義就會不是暫時的了。對於金子來說也是一樣；因爲假定有一天有了兩種可以辨別的金子，一種是稀少的和迄今已知的，而另一種是普通的和也許是人造的，是在時間的進程中被發現的；那時假定金子這名稱得保留給現在的這一種，即自然的稀有的金子，以便保持那種由它而來的、基於這種物質的稀罕的、金鑄貨幣的便利，那麼它那迄今所知的憑內在固有的命名法所下的定義，就會只是暫時的，並當加上人們將發現的一些新的標誌以便把稀有的金子或老的一種金子和新的人造的金子區別開來。但是，如果金子的名稱那時得保留爲兩個種所共有，換句話說，如果我們把金子理解爲一個屬，對它我們迄今還不知道其下屬子目而我們現在把它當作最低級的種的（但只是暫時的，到我們知道其下屬子目爲止），並且如果我們有朝一日找到了它的一個新種，即一種很容易造的和可能變得很普通的人造金子；我說，在這種意義下，這個屬的定義就不應該被看作是暫時的，而應該是永久的。並且甚至不必費心去管什麼人或金子的名稱，不論人給予屬或最低級的種什麼名稱，並且即使不給它們任何名稱，剛才所說的對於觀念、屬或種來說都永遠是眞的，而那些種有時只是暫時地用屬的定義來下定義的。但這將永遠是可允許的並且合理的，就是用一種可彼此換位的命題假定有一種內部的實在本質，或者屬於屬，或者屬於各個種的，這本質通常是通過外部標誌使人認識的。我到此爲止曾假定種族是不蛻化或改變的；但如果這同一種族過渡到另一個種了，那我們將更不得不求助於其他的標誌以及內在固有的或從外附加的命名，而不固執於這種族。

§7　斐　我們給予各種實體的名稱所表明的那些複雜觀念，是某些性質的觀念的一些集合體，這些性質是我們注意到在一個我們叫做實體的不知道的支撐物中共存著的。但我們不能確定地知道有什麼其他的性質和這樣一些組合必然地共存著，除非我們能發現它們就第一性的性質方面來說的依賴關係。

德　我以前已指出過，在本性有點奥妙難解的一些偶性的觀念中也有這同樣的情況，例如有些幾何圖形就是這樣；因爲例如當問題涉及一面鏡子的圖形，這鏡子把所有平行的光線都集中到一個焦點上⑥，這時我們在認識其構造之前就能發現這鏡子的若干特性，但我們對它可能

⑥ 按這鏡面的圖形就是拋物面，可參閱本書下冊第三卷第十章§19「德」及註（第149頁註⑫）。

有的其他很多關係則不能確定，除非到我們在它之中發現了那和實體的內部構造相應的東西，也就是這鏡子圖形的構造，這就好比是後來的知識的鑰匙。」

斐　但當我們認識了這物體的內部構造時，我們也只是發現了那些第一性的，或您叫做明顯的性質可能具有的對它的依賴關係，也就是說，我們將知道什麼樣的大小、形狀和運動的力是依賴於它的；但我們將永遠不知道它們和那些第二性的性質或混亂的性質，也就是和顏色、滋味等等感覺性質，可能有什麼樣的聯繫。

德　這是因爲您還是假定這些感覺性質或毋寧說我們對它們所具有的觀念，並不是自然地依賴於形狀和運動，而只是依賴於上帝的樂意給我們這些觀念。那麼您似乎已經忘記了，先生，我不止一次地告訴過您的、反對這種意見的話，爲的是使您毋寧斷定：這些感性觀念是依賴於形狀與運動的細節，並確切地表現了它們的，雖然我們不能把在混亂狀態中的這種細節分清，因爲其中那些打動我們感官的機械作用太多又太小了。可是假定我們能夠達到某些物體的內部構造，我們就也會看到當這些物體有這些性質時，這些性質本身也將歸結爲它們的可理解的理由；即使我們永遠沒有能力在這些感覺觀念中以感覺的方式來認識這些理由；這些感覺觀念是物體對我們的作用所產生的一種混亂的結果，正如現在我們已能完全把綠分析爲藍和黃⑦，

⑦　參閱本書下冊第三卷第四章§4 §5 §6「德」，及萊布尼茲給 Th. Burnett 的一封信，見G本第三卷第256頁。

並且對此已幾乎再沒有什麼可要求的了，除非是要求再分析這些組成成分，而我們對於在綠這個感性觀念中的藍和黃的觀念卻不能再加以分清了，正因爲這是一種混亂觀念。這就差不多像我們也不能分清在一種人爲的透明狀態的知覺中的輪齒的觀念，即這種狀態的原因一樣，這種人爲的透明狀態，我在鐘錶匠那裡看到，是由那種齒輪的迅速旋轉造成的，這種旋轉使那些輪齒不見了，卻顯出一種想像中的連續的透明狀態，這是由輪齒及其間隙的接連出現構成的，但其中的連接如此迅速，以致我們的幻覺就無法加以分辨。因此，我們在對於這種透明狀態的清楚概念中是完全能找到這些輪齒的，但在那混亂的感性知覺中則不然，這種知覺的本性就是要混亂並繼續保持混亂；否則如果這混亂狀態停止了（好比說那旋轉運動很慢以致我們能夠觀察到各個部分及其連接），那就不再是它了，也就是說，就不再是這種透明狀態的幻覺⑧了。而由於我們毫無必要想像著上帝是由他樂意給了我們這種幻覺，並且是不依賴於輪齒及其間隙的運動，也由於相反地我們想著這只是這運動中所發生的事的一種混亂表現，這種表現，我說，是在於那些接連的事物在一種顯出是同時的狀態中混合起來了；因此不難判斷，關於其他我們還沒有這樣完全的分析的感性幻覺，如顏色、滋味等等，情形也是一樣的，因爲，說眞的，這些與其叫做性質或甚至觀念，不如說該叫做幻覺。並且對於它們在一切方面都和這種人爲的透

⑧ 參閱本書下冊第四卷第四章§1-§5「德」註（第238頁註②）。

明狀態一樣來理解，對我們來說也就夠了，硬要對它們知道得更多些是既不合理也不可能的；因爲既要想這些混亂的幻覺繼續保持著，卻又想憑這種幻覺作用本身來分清其組成成分，這是自相矛盾的，這就是既想具有受一種悅人的景象欺騙的愉快，卻又想同時眼睛能看清這欺騙，這就會把它弄壞了。最後，就是這樣一種情況，其中

nihil plus agas

Quam si des operam, ut cum ratione insanias.⑨

但人們常常是在蘆葦中去找節⑩，在沒有困難的地方弄出一些困難來，要求一些不可能的事情，然後又來抱怨自己的無能和自己的光明的侷限性。

§8　斐　一切金子都是固定的，這個命題的眞假是我們不能確定地知道的。因爲如果金子意指憑著由自然給予的一種實在本質區別開的一個物種，我們並不知道什麼樣的一些特殊實體

---

⑨ 拉丁喜劇詩人德倫斯（Terence，西元前194至前159年）的 Eun. I. 1.17, 18，意即：「你的活動不會超過你的實際成就，除非你失去理智。」

⑩ chercher nodum in scirpo，參閱本書上冊第二卷第二十三章 §1「德」(2)註（第306頁註⑤）。

是屬於這個種的；因此，我們不能確實地加以肯定，儘管這可能是金子。而如果我們把金子當作一種物體，賦有某種黃的顏色，是可展的、可熔的，並且比其他已知的物體更重，那就不難知道這是或不是金子；但儘管有這一切，沒有任何其他性質能夠被肯定或否定是屬於金子的，只除了那依照我們能發現的一種聯繫或一種不相容性而與這一觀念有一種聯繫的【性質】⑪，然而固定性既與我曾假定爲構成我們對金子所具有的複雜觀念的顏色、重量以及其他簡單觀念沒有任何已知的聯繫，因此，我們要能確定地知道一切金子都是固定的這一命題的眞假是不可能的。

德　我們確定地知道在這世上已知的一切物體中最重的物體是固定的，也和我們確定地知道明天會有白天差不多一樣。這是因爲我們千萬次地經驗到過這一點，這是一種經驗的和事實的確定性，雖然我們並不知道這種固定性和這物體的其他性質的聯繫。此外，也不應把互相一致並等於一樣的兩件事對立起來。當我想著一種同時是黃的、可熔的而又難以用坩堝冶煉的物體時，我是想著這樣一種物體，它的特種本質，雖然其內部是我們不知道的，但使這些性質從它內部發出，並用它們使人至少混亂地能認識它的。我看不出這有什麼不好，也看不出有什麼

---

⑪ 照G本和E本。Jacques和Janet本後半句均作："que ce qui a avec cette idée une connexion ou une incompatibilité qu'on peut decouvrir"，即「只除了那與這一觀念有一種我們可發現的聯繫或不相容性的【性質】。」

值得您這樣常常回到這件事上來，再三要來攻擊它。

§10 斐 對我來說，現在只要這種對最重物體的固定性的知識，不是我們通過觀念的符合或不符合而知道的，這就夠了。在我看來，我認爲在物體的那些第二性的性質以及與之相關的能力之中，我們不能指出兩個，它們的必然共存或不相容是能夠確定地被認識的，除非是那些屬於同一種感官並且必然互相排斥的性質，如當我們可以說白的不是黑的時那樣。

德 我卻認爲也許是找得到這樣的性質的；例如：一切摸得著的（或能用觸覺感知的）物體都是看得見的。一切硬的物體，當我們在空氣中敲擊它時都發出聲音。弦或線發出的聲音是和造成弦的張力的【砝碼】重量的平方根成正比的⑫。的確，您所要求的，只有您設想清楚觀念和混亂的感覺觀念結合在一起時才辦得到，【否則是辦不到的。】

§11 斐 永遠不應想像著物體不依賴於其他事物單憑它們本身就具有它們的性質。一塊金子和一切其他物體的印象和影響分離開，立即就會失去它黃的顏色和重量；也許它也會變得很脆而失去它的可展性。我們知道植物和動物是多麼依賴於土地、空氣和太陽；怎麼知道那些很遠的恆星是否對我們也有影響呢？

德 指出這一點是非常好的，而即使某些物體的組織結構爲我們所知時，要是不知道那些

---

⑫ 按弦發出的聲音即指弦的振動頻率，據物理學上的實驗所得的公式，$f=k\frac{\sqrt{p}}{l}$。f 爲弦的振動頻率，p 爲弦的張力，l 爲弦的長度，k 是一個比例係數，弦的張力和緊拉弦的砝碼的重量是相等的。這裡 f 與 $\sqrt{p}$ 成正比。

和它們接觸以及穿插滲透的物體的內部情況，我們也不能充分判斷其結果。

§13　斐　可是我們的判斷可以比我們的知識走得更遠。因爲盡心竭力於觀察的人們能夠深入到更遠的地步，並且利用由精確觀察得來的某種概然性以及適當結合的現象，常常能對經驗還未曾向他們揭示的事物作出正確的推測；但這始終只是推測。

德　但如果經驗以一種經常不變的方式證明了這些結論的正確，您不就發現我們能夠用這方法獲得一些確定的命題嗎？我說是確定的，至少和例如那些肯定我們最重的物體是固定的，以及次於它的最重的物體是能揮發的等命題一樣確定；因爲我覺得我們單靠經驗而不是靠對觀念的分析和聯繫所學得的這些命題的*確定性（當理解爲道德的或物理的）*但不是*必然性（或形上學的確定性）*，是在我們之中確立了的並且這樣確立是有道理的。⑬

---

⑬ 按照萊布尼茲的觀點，形上學的確定性和道德的或物理的確定性的區別，就如理性的眞理和事實的眞理的區別。理性的眞理是以思想的必然性爲基礎，因此它們的確定性是絕對的。事實的眞理，照萊布尼茲看來，是基於上帝的最好選擇，只有一種相對的顯明性，並且是藉助於經驗而得到確立的；因此，它們的必然性只是假設性的。參閱本書上冊第二卷第二十一章§8、§13。萊布尼茲的這整套看法所根據的原則，其實就是中世紀經院哲學中所作的上帝的理智和上帝的意志之間的區別。這原則是萊布尼茲常常援引的，特別是爲了用來維護其世界的偶然性的觀點，以及爲了避免斯賓諾莎的那種普遍的定命論。按照這個原則，上帝的理智是必然眞理的源泉，而上帝的意志則爲偶然眞理的源泉。由此可見，萊布尼茲的這套觀點，不僅鮮明地表現出了他片面抬高理性而貶低經驗的唯理論的立場，而且是有濃厚的僧侶主義色彩的。

第七章　論稱爲公則或公理的命題

§1　斐　有一種命題，在**公則**（Maximes）或**公理**（Axiomes）的名稱之下，被當作科學的原則，並因爲它們是**自明的**，人們就滿足於稱它們爲**天賦的**，就我所知還從來沒有一個人曾致力於使人看出，它們那迫使我們可以說不得不給予同意的極端顯明性，其理由和根據何在。可是，進入這方面的研究，並且看一看這種巨大的自明性是否只是這些命題所特有的，以及也考察一下它們對我們其他知識的貢獻達到什麼地步，這不是沒有用處的。

德　這種研究是非常有用並且甚至很重要的。但您不應該以爲，先生，它們曾被完全忽視。您可以千百處地在經院哲學家們那裡發現，他們說這些命題是 ex terminis①自明的，即懂得了名詞就立即明白的，以致他們相信，這種深信的力量是基於對名詞的理解，也就是在它們的觀念的聯繫之中。但幾何學家們則更大大進了一步：他們曾常常企圖來對它們加以證明②。普羅克洛已說過，泰利斯（Thales），已知的最古老的幾何學家之一，就曾想把歐幾里得

① 拉丁文，意即「根據名詞」。

② 參閱本書上冊第一卷第三章之末、§24「德」。萊布尼茲在本書及其他著作中常常提到公理的可證明性問題。這是他所重視的一個思想，同時也是對數學和邏輯的發展有重大關係的思想。

以後假定爲自明的那些命題加以證明。③據說阿波羅尼奧斯④曾證明過其他的公理，而普羅克洛也這樣做過。已故的羅伯伐爾（Gilles Personne de Roberval）先生，已經八十高齡或差不多那個年紀了，還曾想發表新的幾何學原本，這我已經對您講到過了⑤。也許阿爾諾⑥先生的新的〈幾何學〉原本，那時曾激起一陣喧鬧的，也曾對此有所貢獻。他在皇家科學院發表了其中的一些東西。他在假定了等量加等量其和相等這一公理的前提下，證明了被認爲同樣自明的另一條公理：等量減等量其差相等，而有些人認爲這是有可非難的。他們說，他應該兩條都假

③ 普羅克洛見本書上冊第一卷第三章§24「德」及註（第73頁註⑳）。泰利斯是古希臘哲學的奠基人，也是天文學和幾何學的奠基人。普羅克洛在其 *In primum Euclids Ele mentorum lib. Commentari*（《歐幾里得〈幾何原本〉注釋》）命題十五，定理八中引述了泰利斯。

④ 見本書上冊第一卷第三章§24「德」註（第73頁註⑲）。

⑤ 見本書上冊第一卷第三章§24「德」註（第73頁註⑱）。

⑥ 阿爾諾（Antoine Arnauld, 1612-1694），是法國著名的數學家、哲學家、邏輯學家和神學家，在當時詹森派和耶穌會派的鬥爭中，他是詹森派的主將之一。作爲一個熱心的天主教徒，他曾屢次企圖勸使萊布尼茲改信天主教。萊布尼茲和他曾多次通信，在這些通信中也討論了重要的哲學問題。有人曾把這些通信作爲專書出版。G本收入第二卷第11-138頁。阿爾諾曾對馬勒伯朗士的「表象說」進行反駁。他也是著名的《王港邏輯》的作者之一。萊布尼茲這裡提到的《新幾何學原本》（*Nouveaux elemens de Géometrie*），一六六一年出版於巴黎。

定，或者兩條都加以證明。但我不同意這種看法，我認爲公理的數目始終是越減少越好。而加法無疑是先於減法並比減法更簡單的，因爲在加法中兩個名詞的用法是彼此一樣的，在減法中就不是這樣。阿爾諾先生的做法和羅伯伐爾先生相反。他假定的比歐幾里得還多。至於說到公則，人們有時把它們當作是確立了的命題，而不管它們是自明的與否。這對於爲遲疑所阻的初學者可能是好的；但當問題涉及科學的建立時，就是另一回事了。在道德學中人們就往往是這樣來看待公則的，甚至邏輯學家在他們的論題（Topiques）中也是這樣，這些論題中有很好的儲備，但也有一部分包含著相當空泛、模糊的東西。此外，很久以來，我就公開地和在私人間說過，對我們通常所用的一切次級的公理都加以證明將是很重要的，辦法是把它們還原爲原初的公理或直接的和不可證明的公理，這些我最近在別處稱之爲同一性命題（identiques）。

§2　斐　當觀念間的符合或不符合是被直接地察覺時，知識就是自明的。§3但有一些人們並不承認爲公理的眞理也是同樣自明的。讓我們來看一看，我們在不久前已說過的（第一章§3和第三章§7）那四種符合，即同一、聯繫、關係和實在存在，是否爲我們提供了這樣的眞理。§4至於同一和差異，我們有多少清楚觀念，就有多少自明命題，因爲我們可以用一個來否定另一個，好比說人不是馬，紅不是藍。還有，說一個人是一個人，和說凡物是則是（Ce qui est, est——或可譯「存在者存在」——譯者）是一樣自明的。

德　這是眞的，並且我已經指出過，直觀地（ecthétiquement）以特殊的方式說A是A，和以一般的方式說他是他所是的，是一樣自明的。但正如我也指出過的那樣，並不是永遠靠得住可以在不同觀念的主體之間以一個來否定另一個的；好比有人想說，三邊形（或有三條邊的）不是三角形那樣，因爲事實上三邊並不是三角；還有，如果有人說，斯盧茲（René François Walter de Sluse）的「珍珠線」（我不久前向您談起過的）不是一些立方拋物面組合成的曲線[⑦]，他就弄錯了，可是這對許多人來說可能顯得是自明的。已故的哈代（Claude Hardy）[⑧]先生，是巴黎裁判所的顧問，傑出的幾何學家和東方學者，並且在對於古代幾何學家方面很內行，他曾發表過馬里努斯（Marinus）[⑨]對歐幾里得的資料的注釋，就這樣先入爲主地認爲圓錐體的斜切面，被稱爲橢圓形的，是和圓柱體的斜切面不同的，而塞里納斯（Serenus）[⑩]的證明他覺得是謬誤的，我曾對他再三陳說卻毫無所得：當我見他時，他差不多

---

⑦ 見本書下冊第三卷第十章§21「德」及註（第152頁註⑯）。

⑧ 哈代（Claude Hardy），生於十六世紀末，死於一六七八年，職業是律師，於一六二六年成爲 Conseiller au Châtelet de Paris（巴黎裁判所顧問）。他通曉三十六種古代和近代語言，又對數學有很深研究。笛卡兒曾選擇他作爲裁判來仲裁他和費馬的爭論。

⑨ 馬里努斯（Marinus），新柏拉圖主義者，生活在五世紀，是普羅克洛的門徒和繼承人。哈代曾發表希臘文本的歐幾里得的資料，附有拉丁譯文及馬里努斯的註解。

⑩ 塞里納斯（Serenus），希臘幾何學家，生活在四世紀，是有關圓柱體和圓錐體的切面的兩篇論文的作者。

也和羅伯伐爾一樣年紀了，而我當時是個很年輕的人，這種【年齡的】差別使我對他不能有說服力，雖然在其他方面我和他是很好的。這個例子順便也可表明先入之見即使對於很高明的人士也能造成怎樣的結果，因爲他確實是很高明的人，而且在笛卡兒的書信中是曾以評價很高的方式談到哈代先生的⑪。但我引這個例子，只是爲了表明：當人們在需要的地方沒有作足夠的深入研究時，用一個觀念來否定另一個觀念是多麼可能弄錯。

§5　斐　關於**聯繫或共存**方面，我們只有極少數的自明命題；但這種命題是有的，而**兩個物體不能處於同一位置**似乎就是一個自明的命題。

德　很多基督徒都不同意您這一點，如我已經指出的那樣，甚至亞里斯多德以及那些照他一樣承認有實在和確切的凝聚把同一個整個物體縮入比它以前所占的較小的位置中的人，還有像已故的康門紐斯（John Amos Comenius）⑫那樣的人，他在一本專門講這問題的小書中，自

⑪　據英譯本轉引本書德譯者夏爾許米特的意見認爲，萊布尼茲這裡可能是把哈代和羅伯伐爾搞混了，笛卡兒在書信中雖多次提到哈代，並曾請他仲裁笛卡兒和費馬的爭論，無疑對他評價也很高，但並未明確地正式稱頌過他，而在其書信集第三卷第五十六封信中則有明確稱頌羅伯伐爾的話。

⑫　康門紐斯（John Amos Comenius, 1592-1671），是摩拉維亞和波希米亞兄弟會的最後一位主教，主要致力於公共教育的改革，寫了許多有關教育學的書，也在自然科學方面做過一些工作。

以爲用氣槍的實驗推翻⑬了近代自然哲學，他們也都不會同意您這一點。如果您把物體看作一種不可入的團塊，您的說法是對的，因爲它將是同一性命題或近乎是這樣的；但人家會向您否認實在的物體是這樣的。至少人家會說上帝可以使它不是這樣，所以人家將會僅只承認這種不可入性是符合上帝已確立的事物的自然秩序，以及經驗已使我們確信的，儘管此外也得承認它也很符合理性。

§6 斐 至於樣式間的關係，數學家們僅就相等這一關係就曾形成了很多條公理，如您剛才談到過的這一條：相等的東西減去相等的東西，餘下的也相等。但我想一加一等於二也是同樣自明的，還有如從一隻手的五指中減去兩個，又從另一隻手的五指中減去另兩個，餘下的手指數也將相等。

德 一加一等於二，這眞正來說並不是一條眞理，而是二的定義；雖然這是一件可能的事物的定義這一點是眞的和明顯的。至於說到歐幾里得的公理應用於手指頭，我願承認，設想您對於指頭所說的，和從A和B的情況看到這一點是一樣容易的；但爲了不用常常來做同樣一件事起見，我們就以概括的方式來表示它，而在這樣做了以後，只要做一些把各種特例加以歸類的工作就夠了。否則的話，這就好像我們寧願要特殊數目的演算而不要普遍規則似的；這將

⑬ E本和J本均作"renverser"（「推翻」），譯文從之，G本作"reserver"（「保存」），疑是手稿或排印之誤。

會比我們本來可能的所得更少。因爲，來解決這樣一個一般的問題：「求兩個數，使其和爲一已知數，其差也爲一已知數」，比之於僅僅求兩個數，使其和爲10，而其差爲6，要更有價值。因爲，如果我就第二個問題，用一種數字的代數學的方式，雜以一種貌似【代數】的東西（spécieuse），來進行演算，就會是這樣：令 a+b=10, a-b=6；將左邊和左邊、右邊和右邊各自相加，我就得到：a+b+a-b=10+6，這就是（因爲+b和-b彼此消去）2a=16，或 a=8。又把左邊和左邊、右邊和右邊各自相減（因爲減去 a-b，就是加上 -a+b），我就得到 a+b-a+b=10-6，這就是 2b=4，或 b=2。這樣我就會眞的有了我所要求的 a和 b，就是8和2，是滿足這個問題的要求的，也就是說，它們的和是10而差是6；但我並未因此就有了適用於別人希望或可能提出用以代替10和6的其他數字的一般的方法；這種方法卻是我可以和8和2這兩個數的一樣容易地找得到的，只要用 x和 v來代替10和6就行了。因爲和以前一樣進行，就會有 a+b+a-b=x+v，也就是 2a=x+v，或 $a=\frac{1}{2}$（x+v）；再就是 a+b-a+b=x-v，也就是 2b=x-v，或 $b=\frac{1}{2}$（x-v）。而這一演算就給出了這樣一個一般的定理或規則：當我們要求兩個數，其和與差均爲已知數時，我們只須將已知的和與差相加所得的和的一半作爲所要求的兩個數中較大的數，而將已知的和與差相減所得的差的一半，作爲所要求的兩個數中較小的數。您看到我也可以不用字母，要是我把數字當作字母一樣來處理，換句話說，要是我不寫 2a=16 和 2b=4 而寫作

2a=10+6 和 2b=10-6，這就會給我 $a=\frac{1}{2}$（10+6）和 $b=\frac{1}{2}$（10-6）。這樣，在這特殊的演算本身我就會有一般的演算，把10和6這兩個數字當作一般的數，就好像它們就是 x 和 v 一樣；為了有一種更一般的眞理或方法，並把10和6同樣這些數字又當作它們通常所指的數，我就會有一個可感覺得到的例子，它甚至可用來作驗算（epreuve）。而正如韋達⑭，曾以字母來代替數以便有更大的一般性，我曾想重新引進數字，因為它們在貌似代數的那種方法（Specieuse）本身之中是比字母更合適的。我發現這在那些大量的演算中有很大用處，可以避免錯誤，甚至可用於驗算，好比在計算中途就見九即捨（abjection du novénaire）⑮，而不必等到結果出來，當只有數字而沒有字母時就可以這樣；當我們在設定中運用技巧，使所設定的在特例中是眞的

---

⑭ 韋達（François Viète，拉丁名 Vieta, 1540-l603），法國傑出的數學家，常被看作近代代數學的奠基人，就是他最初引進字母作為符號來代表一般的量，為高等數學分析開闢了道路，以後笛卡兒及其他人就在這條道路上繼續發展了高等數學。他也是許多方程解法的發明者。

⑮ 這可能就是指所謂「捨九法」，這是一種簡便的檢驗乘法結果的方法。例如：122×304=37088，可以檢驗如下：122=13×9+5，即除以9後，商為13，餘為5，即將 13×9 捨去（見九即捨，捨去了13個9），同樣，304=33×9+7，捨去 33×9，然後將5與7相乘，得35，再除以9，得商3餘8，仍只留下餘數8；最後 37088 也除以9，得商為 4120，餘數仍為8，這兩個餘數相同，就證明這乘法是對的。

時，上述情況往往是可能的，此外還有的用處就是可以看出聯繫和次序，那是單單那些字母不能永遠使心靈很好分清的，如我在別處已指出的那樣，我發現好的標誌符號（caractéristique）是人類心靈最大的幫助之一。

§7　斐　關於實在的存在，我算作我們在觀念中能注意到的第四種符合，它不能提供給我們任何公理，因爲我們對於我們之外的存在並沒有推證的知識，只有上帝除外。

德　我們永遠可以說，我存在這個命題是最自明的，因爲它是一個不能用其他命題來證明的命題，或者毋寧說是一條直接的眞理。而說我思故我在，這眞正說來並不是用思想來證明存在，因爲思想和在思想是同一回事；而說我在思想，已經是說我在了。可是您可以有某種理由不把這個命題算在公理的數內，因爲這是一個事實的命題，基於一種直接經驗的，它不是我們在觀念的直接符合中看到其必然性的那樣一種必然的命題。相反地，只有上帝才看到，我和存在這兩個名詞是怎麼聯繫起來的，換句話說，爲什麼我存在。但如果把公理更一般地看作一種直接的或不能證明的眞理，那我們就可以說，我存在這個命題是一條公理，並且無論如何我們可以肯定這是一條原初的眞理，或毋寧說是unum ex primis cognitis inter terminos complexos⑯，也就是說，這在我們知識的自然秩序中來理解是最初的被認識的陳述之一，因爲很可能一個人

⑯ 拉丁文，意即：「在複雜名詞中得出的一種最初的認識」。

從未想到要明確形成這個命題，但它對他來說卻是天賦的。

§8　斐　〔我本來始終認爲公理對我們知識的其餘部分很少影響。但您已經糾正了我的錯誤想法，因爲您確已表明那些同一性命題有一種重要的用處。可是，先生，請容我仍舊把我對這問題在心中所想的向您表白一下，因爲您的說明可能對於使別的人們從他們的錯誤道路上回頭也還是有用的。〕§8在經院哲學中有一條有名的規則，就是一切推理都來自先已知道和先已同意的事物，**ex praecognitis et praeconcessis**⑰。這一規則似乎使人把這些公則看作是在別的眞理之前先爲心靈所認識的眞理，而把我們知識的其餘部分看作是依賴於公理的眞理。§9〔我認爲我已指出（第一卷第一章），這些公理並不是首先被認識的，兒童認識我向他揚起的棍棒不是他所嘗到的糖果，要比認識不論您喜歡說的什麼公理都早得多。但您已區別開個別的知識或事實的經驗，和一種普遍、必然的知識（而這裡我承認是必須求助於公理的）的原則，正如您也區別開偶然的秩序和自然的秩序一樣。〕

德　我還曾加上一點：在自然的秩序中，說一個東西是它所是的，是先於說它不是別的東西的，因爲這裡所涉及的不是我們的發現的歷史，那是在不同的人各自不同的，而是眞理的聯

---

⑰ 拉丁文，意即：「出於先已知道和先已同意的東西」。

繫和自然秩序，那是始終如一的。⑱但您所指出的一點，即兒童所見到的，只是值得再進一步加以思考的一個事實；因爲感覺經驗是不能給人絕對確定的眞理的（正如您，先生，不久前自己也已注意到的那樣），它也不能完全免於陷入幻想的危險。因爲如果允許作形上學可能的虛構的話，糖果也可能不知不覺地變成了棍棒，以便兒童要是頑皮的話就用來懲罰他，正如水在耶誕節前夕對我們就變成了酒一樣，要是它曾善加薰陶（morigené）的話。但無論如何那棍棒印入的痛苦（您會說）總絕不會是糖果所給予的快樂。我回答說，兒童之想到對它作出一個明確的命題，也不會早於他的注意到這一公理，即我們不能眞的說：是這樣的東西，同時又不是這樣，雖然他可能很好地察覺到快樂與痛苦之間的區別，正如察覺到察覺與不察覺之間的區別一樣。

§10　斐　可是還有大量其他的眞理，是和這些公則一樣自明的。例如：一加二等於三，這

---

⑱ 萊布尼茲在這裡提出的是一個很重要的區別，即我們認識的歷史順序，和自然的或邏輯的順序之間的區別。在他看來，認識的歷史發展過程只是個人的事，是因人而異的，而眞理的「自然秩序」或「邏輯順序」則是始終不變的，普遍必然的。這種離開人的具體認識發展過程去追求始終不變的、普遍必然的眞理性認識的思想，正是唯理論者陷入唯心主義先驗論的關鍵之一，也是唯理論者與經驗論者主要分歧點之一。但像洛克那樣的經驗論者，或舊唯物論者，離開人類的社會實踐，單從個人的經驗著眼，是無法說明普遍必然的知識，無法正確解決這整個問題，因而也無法戰勝唯心主義先驗論的。

個命題就和全體等於其所有各部分的總和這個公理一樣自明。

德　您似乎已忘了，先生，我曾怎樣不止一次地向您指出，說一加二是三，只是三這個名詞的定義；所以說一加二等於三，就無異於說一個東西等於它自身。至於說到全體等於其所有各部分的總和這條公理，歐幾里得並沒有明確地用它。這條公理也是需要加以限制的，因爲還必須加上一點，這些部分本身彼此不能有共同的部分，因爲7和8都是12的部分，但它們合起來就不止12。半身和軀幹合在一起也多於一個人，因爲胸部是雙方所共同的。但歐幾里得說，全體大於它的部分，這就絲毫沒有什麼靠不住的。而說身體大於軀幹，這和歐幾里得的公理只有這一點區別，即這公理只限於恰恰所必需的；但以身體來作爲它的例子和披上身體這件外衣，這就使那可理解的又變成可感覺的了，因爲說一個這樣的全體大於它這樣的部分，這事實上就是全體大於它的部分這個命題，只是它的面貌被賦予了某種色彩或外加的東西；這就好比誰說了AB就說了A一樣。因此，這裡不應把公理和它的例子作爲在這方面不同的眞理對立起來，而應把公理看作是體現在例子之中，並使例子成爲眞的。如果在例子本身之中看不出自明性，而對例子的肯定，乃是由普遍命題推論出來的一個結論，而不僅僅是一種歸類（subsomption），如在關於公理方面也可能發生的那樣，那就是另一回事了。

斐　我們那位高明的作者在這裡說：我很想請問主張所有其他知識（不是關於事實的）都依賴於天賦和自明的一般原則的這些先生們，他們需要什麼樣的原則來證明二加二是四呢？因爲我們認識（據他說）這類命題的眞實性是無需求助於任何證明的。您對此怎麼說呢，先生？

德　我說我早已準備好了等著您咧！二加二是四並不是一條完全直接的眞理；假定四意指三加一。那麼我們就可加以證明如下：

定義：(1)二，是一加一。

(2)三，是二加一。

(3)四，是三加一。

公理：以相等之物代替，仍保持相等，

證明：2加2是2加1加1（據定義1）……………………2+2

2加1加1是3加1（據定義2）……………………{2+1}+1

3加1是4（據定義3）……………………{3+1} 4

因此（據公理）：2加2是4。證訖。

我也可以不說2加2是2加1加1，而說2加2等於2加1加1，以及如此類推。但我們也可以把這些全都略去以縮短這過程；而那樣是根據另一條公理，就是說一個東西等於它自身，或者說是同一個東西的，是相等的。

斐　〔這個證明，雖然對於它那大家都知道得太清楚的結論來說沒有什麼必要，但可以用來表明眞理是怎樣依賴於定義和公理的。這樣我就可以預見到對於人家提出反對公理的用處的許多意見，您將如何回答了。或反駁說將會有多得數不清的原則；但那是把藉助於某種公理從定義得出的係都算在原則裡面了。而既然定義或觀念是數不清的，那麼原則在這意義下也就會多得數不清，並且假定和您一樣認爲那些不能證明的原則就是同一性的公理的話。它們通過舉例也會變得數不清，但歸根到底我們可以把A是A和B是B算作披上不同外衣的同一條原則。

德　還有，在自明性方面的這種程度上的不同，使我不同意您那位著名作者所說的，所有這些被稱爲原則，並因其如此接近於不可證明的原初公理而被當作自明的眞理，都完全是獨立不依並且不能彼此接受任何闡明或證明的。因爲我們永遠可以或者把它們還原爲公理本身，或者還原爲其他更接近於公理的眞理，如二加二是四這一眞理已爲您表明的那樣。而我剛才已告訴過您，羅伯伐爾先生曾怎樣減少了歐幾里得的公理的數目，有時把一條還原爲另一條。

§11　斐　曾經提供機會讓我們談論他的那位明斷的作家，同意這些公則有它們的用處，但他認爲這用處毋寧是可用來使固執己見的人閉嘴，而不是用來建立科學。他說，我將很高興有誰能爲我指出，這些科學中有哪一門是建立在這些一般的公理上，而我們不能表明它沒有這些公理也一樣站得住的。

德　幾何學無疑就是一門這樣的科學。歐幾里得在證明中就明確地用了公理，而這一公理：「兩個同質的大小，當一個既不大於也不小於另一個時，是相等的」，就是歐幾里得和阿基米德對於曲線的長短的證明所根據的基礎。阿基米德曾用了歐幾里得所不需要的一些公理；例如：有兩條線，各自始終向同一面凹進，則包圍著另一條的那條線是較長的。在幾何學中也不能不用那些**同一性**的公理，例如：矛盾律和那種導致不可能的證明法。至於其他那些可加以證明的公理，絕對地來說，是可以免除的，並且可以從那些同一性命題和定義直接引出結論；但要是永遠要重新從頭（ab ovo）開始的話，那就會陷入證明非常冗長並且要作無窮無盡的重複的境地，這就會引起可怕的混亂；反之，要是設定了一些已經證明了的中介命題，我們就能很容易地前進得更遠。而這種已知眞理的設定是很有用的，尤其對於公理方面是這樣，因爲常常發生這樣的情況，幾何學家們不得不時時用它們而並未加以引述，以致人們就會弄錯，以爲這裡並沒有這些公理，因爲人們也許沒有看到它們總是在邊上被註明。

斐　但他反對神學上的例子。我們對於這神聖宗教的知識是從天啓來的（我們的作者說），而若不藉助於天啓，那些公則是絕不能使我們認識它的。因此，那光明是來自事物本身，或直接來自上帝始終無誤的**眞誠**。

德　這就好比我說，醫學是根據經驗，因此，理性在這裡就毫無作用似的。基督教神學，就是眞正的靈魂的醫學，是根據天啓的，它就相當於經驗；但要使之成爲一個完全的整體，就得使它和自然神學結合起來，那是從永恆理性的公理引申出來的。**眞誠是上帝的一種屬**

性這一原則，您也承認天啓的可靠性是以它爲根據的，它難道不是從自然神學得來的一條公則嗎？

斐　我們的作者要人把獲得知識的方法和教授知識的方法加以區別，或者毋寧把教授和溝通加以區別。在人們建立了學校和設立教師來教授別人已發明的科學以後，這些教師就利用這些公則來把科學印入學生的心中，並利用公理來使學生深信某些特殊的眞理；反之那些最初的發明者則是利用那些特殊的眞理而不是一般的公則，來尋求眞理的。

德　我但願所說的這種程序能有某些特殊眞理的例子來證明它是這樣的。但對事情好好考慮一下，我們並不能發現在科學的建立中是實行了這種程序。而如果發明家只找到一個特殊的眞理，他就只算得半個發明家。如果畢達哥拉斯只是注意到了三邊各爲3、4、5的三角形具有斜邊的平方等於另兩邊的平方之和（也就是9+16=25）這一特性，他能因此成爲包括一切直角三角形並在幾何學家們那裡被作爲公則的這一偉大眞理的發明者嗎？的確，偶然碰到的一個例子，常常爲一個精明的人提供一個機緣，使他想到去尋求那一般的眞理，但這也常常還是要費力去找的事；此外，這種發明的途徑並不是最好的，也不是那些照次序和照方法來進行的發明家所最常用的，他們只是在缺少更好方法的場合才用它。這就像有些人曾以爲阿基米德的找出求拋物線圍成的圖形的面積的方法，是通過權衡一片做成拋物線形的木板的方法得到的，而這一特殊的實驗，使他找到了一般的眞理；但知道這位偉大人物的洞察力的人清楚地看到他並不需要求助於這樣的辦法。可是，即使這種特殊眞理的經驗的途徑曾經是一切發現的機緣，它對於給人這些發現也是不夠的；而發明家們本身，當他們能夠達到這些公則和一般眞理時，總是很高興注意到它們的，否則他們的發明就會很不完善。因此，我們所能歸功於學校和教師們的，只是他們曾蒐集和整理了這些公則和其他一般眞理，而要是上帝保佑他們曾更多做些這樣的工作並且能做得更細心，更有選擇些，科學也就不會是這樣零散和雜亂無章了。此外，我承認，人們用來教授科學的方法和用來發現它們的方法之間，常常是有區別的；但這不是問題所在。有時，如我所已指出的，偶然性曾給了發明以機緣。如果人們曾注意到這些機緣並對它們保存記憶留給後代（這會是非常有用的），這種細節會是技術史中很重要的一部分，但把它們造成系統是不合適的。有時發明家們也曾合理性地對眞理進行探求，但通過非常迂迴曲折的道路。我發現在有些重要的場合，如果作者在他們的著作中曾忠實地把他們從事試探的蹤跡都記下來，對公眾是會大有好處的；但如果科學的系統得建立在這樣的基礎上，那就好比在一所已造成了的房子中想把建築者在建造時所必需的腳手架之類的工具全都保存下來一樣。好的教授方法全都是這樣的，即通過它們的途徑，科學是一定能被發現的；而那時如果它們不是經驗的，換句話說，如果眞理是用從觀念得出的理由或證明來教授的，那就永遠會是用公理、定理、規則，以及其他像這樣的一般命題來教的。如果眞理是一些**箴言**（Aphorismes），就像希波克拉底⑲的那些箴言那樣，則是另一回事，換句話說，如果這些眞理是一些事實的眞理，或者是一般的，或者至少是在最通常情況下都是眞的，是由觀察得來或根據經驗，而並無完全能直接說服人的理由。但這不是這裡的問題所在，因為這些眞理不是通過觀念間的聯繫被認識的。

斐　我們精明的作者對於這些公則的必要性之被引進來的方式的想法是這樣的。學校裡曾設立了辯論，作為測驗人的才能的試金石，誰能繼續保持著戰場並且說最後一句話的，就被斷為勝利。但為了有辦法說服那些固執己見者，就必須確立一些公則。

德　哲學的學校，如果把實踐與理論結合起來，像醫學、化學和數學的學校所做的那樣，並給那做得最好的，尤其是在道德方面，而不是給那說得最好的人以獎勵，這樣無疑就會做得更好。可是由於在有些事情上，說話本身就是使人看出一個人的才能的一種效果，有時是唯一的效果和傑作，如在形上學的問題上就是那樣，因此，在某些場合，就根據人們在會議論壇上所取得的成功來判斷他們的才能，是有道理的。我們甚至知道，在宗教改革開始的時候，

⑲ 希波克拉底（Hippocrates，西元前460至前375年），是希臘的「醫學之父」，在西方，是第一個把醫學實踐建立在對自然的觀察和一種歸納哲學的原則上的人。他雖出身於巫醫家庭，但完全拋棄了傳統的迷信偏見而開始把醫學建立在對生物的自然規律的研究上。

新教徒們曾向他們的敵手挑戰，要他們來開會辯論；而有時由於這種辯論中的勝利，公眾就得出了擁護改革的結論。我們也知道，那種說話和擺道理並使理由堅強而有力的技術，以及如果我們可以這樣叫的話，那種辯論術，在一個關於國家政治和戰爭的會議上，在法庭裡，在醫生會診中，甚至在一場會談中，能起多大的作用。而在有些場合，涉及的是一種未來的事件或事實，要是要憑結果來了解眞相就會太晚了，就正是因爲這個理由，我們就不得不求助於這種辦法並只能滿足於言詞而不能靠事實。因此，那種辯論術或用講道理來進行鬥爭的技術（這裡我也包括引證權威和事例）是事關重大並且很要緊的；但不幸的是它安排得很不好，而且也就因此人們常常得不出任何結論，或者得出很壞的結論。這就是爲什麼我曾不止一次地打算對那些和我們有關的神學會議提些意見，爲的是指出其中可注意到的缺點，以及可以用的糾正辦法。在那些有關事務的商談中，如果那些有最大權力的人不是有極健全的心靈，則權威或雄辯通常就占上風，儘管它們是聯合在一起反對眞理的。總之，那種討論和辯論的技術需要整個加以改造。至於說到那說最後一句話的人的好處，那幾乎只有在自由談話中才會發生這種情形；因爲在會議上，投票表決是按次序進行的，不管是從名次排在最後的開始或到他結束。的確，通常是由主席開始和結束，也就是由他提議和作結論；但他是按照多數表決來作結論的。而在學術辯論中，是論文答辯者或提出者說最後一句話，而那戰場照一種確立的習慣幾乎總是由他保持的。這裡是要測驗他，而不是要搞昏他；否則就會是把他當敵人對待了。說眞的，在這些場合，幾乎根本不是什麼眞理的問題；甚至在同一講座上，在不同的時候就會主張正好相反的論點。有人曾給卡索朋（Isaac Casaubon）[20]指點著索邦（Sorbonne）[21]的大廳對他說，這裡就是人們在此爭論了好多個世紀的地方。他回答道：他們得出了什麼結論？

斐　可是人們的願望是要防止辯論進行得沒完沒了，而使得有辦法在旗鼓相當的爭論雙方之間作出決斷，以便使爭論不致陷入一種三段論的無窮序列之中。這辦法就是引進某些一般的命題，其中大部分是自明的，而它們既有爲所有的人都以完全的同意加以接受的性質，就應該被看作衡量眞理的一般尺度，並據有原則的地位（當辯論者並未設定其他的原則時），人們不能越出它們的範圍，並且辯論雙方都不得不遵守的。像這樣，這些公則既接受了人們在辯論中不能否認的原則的名稱，並且使爭論問題得以結束，因此，人們就錯誤地（照我的作者所說）把它們當作知識的源泉並當作科學的基礎。

德　但願上帝保佑人們在辯論中能這樣來用這些公則才好，這樣就再沒有什麼好說的了；因爲人們總得決定點什麼。而除了把那爭論問題，也就是有爭議的眞理，還原爲自明而無

---

⑳ 卡索朋（Isaac Casaubon, 1559-1614），一位著名的古典學者和編纂者，有人認爲他是他那時代除斯卡利傑（Joseph Scaliger）之外最博學的人。

㉑ 索邦（Sorbonne），巴黎大學所在地，常被作爲巴黎大學的代稱。

可爭議的眞理，人們還能做什麼更好的呢？難道這不就是以一種推證的方式來確立眞理嗎？又有誰能懷疑，結束了辯論的這些原則，在確立眞理的同時也就成爲知識的源泉呢？因爲只要推理是正確的，則不論人們是在書齋裡默默地進行的，還是在講座上公開宣講加以確立的，都無關緊要。而即使這些原則毋寧是一些假定而不是公理，把這些假定不是照歐幾里得那樣，而是照亞里斯多德那樣來看待，也就是看作一些人們願加以同意而等待著有機會來加以證明的假設，即使是這樣，這些原則也始終會有這樣的用處，即利用它，一切其他的問題都會被還原爲很少數的幾個命題。因此，我眞是天下最感驚訝的了，竟看到一件本來該讚許的事不知由於什麼先入之見卻受到責備，我們通過您那位作者的例子可以清楚地看到，最高明的人士由於不注意也易於沾染這種先入爲主的毛病。不幸的是人們在學術辯論中所做的完全是另一回事。人們不是來確立一般的公理，而是盡可能用一些空虛的、沒有弄懂的區別來加以削弱，並且喜歡用一些哲學的規則，有些大部頭的書就充斥著這種規則，但很少可靠，很少決定的，而人們在對這些規則加以區別的同時又喜歡推託、逃避這些規則。這不是結束辯論的辦法，而是用來使辯論沒完沒了，最後把對手拖得疲勞不堪的辦法。這就好像把對手引進暗處，然後把他亂打一頓，也沒有人能判斷是怎麼打的。這種發明，對於那些提出論文，要來維護某種論點的人

（Respondentes——論文答辯者），倒是很可讚賞的。這是一種伏爾甘（Vulcan）㉒的盾牌，能使他們不受傷害；這是 Orci galea㉓，普路托（Pluto）㉔的頭盔，可使他們隱身不見的。如果這樣他們還能被抓住，那他們一定是很笨拙，或者很不幸的。的確，有些規則，是有**例外的**，尤其是在那些包含很多複雜情況的問題上，如在法學中那樣。但爲了使它們的用處確實可靠，這些例外在數目和在意義方面都得盡可能加以確定：而那樣一來，就很可能這種例外本身又有它的**再例外**（sous-exceptions），也就是說，有它的答辯（replications），而這答辯又有**再答辯**（duplications），如此等等，但最後結算起來，所有這些很好確定了的例外和再例外，和那規則加在一起，應該是完成了普遍性。這是在法學方面有很可注意的例子的。但如果這一類滿載著例外和再例外的規則，進入了學術上的辯論，那辯論起來就得永遠手裡拿著筆，好像**會談**紀錄似的把雙方所說的都記下來。此外，在經常的形式上用很多三段論，不時地雜以一些區

㉒ 伏爾甘（Vulcan），羅馬神話中的火神，是眾神之王朱庇特（Jupiter）和茱諾（Junon）所生之子，生而奇醜，爲他母親從奧林帕斯山頂摔下，落在利姆諾斯（Lemnos）島上，成了跛子，就在埃特納（Etna）火山下建爐冶煉金屬，和獨眼巨人庫克洛普斯（Cyclops）一起在那裡工作。

㉓ 拉丁文，意即「奧爾古斯（即地獄之王普路托）的頭盔」。

㉔ 普路托（Pluto），羅馬神話中的地獄之王，是朱庇特的兄弟。

別，來進行辯論時，這辦法就更有必要，在那種場合，世界上最好的記憶力也會被弄混了的。但人們總不禁要給自己找這種麻煩，把那些形式上的三段論推進到很遠，並把它們記下來，爲的是來發現眞理，即使是毫無報償的也罷，而除非將那些區別加以排除或規範得較好，則即使你願意也是達不到結果的。

斐 可是的確如我們的作者所指出的，經院中的方法既經引進經院外的談話中來，也用以使那些好妄辯者閉嘴，這就造成了一種很不好的結果。因爲，只要我們有那些中介觀念，則不必求助於那些公則並在公則產生之前就有可能看到聯繫，而這對於誠實和好打交道的人來說就也夠了。但經院中的方法既然授權並且鼓勵人們來對抗顯明的眞理，直到他們被弄得陷於自相矛盾，或來攻擊已確立的原則，這就無怪乎在通常的談話中他們不恥於做那在經院中是光榮的並被當作一種德性的事。作者又說，分布在世界的其他部分、未被教育所敗壞的通情達理的人們，將會很難相信，這樣一種方法，竟會曾爲自稱愛眞理並且畢生研究宗教或自然的人們所遵循。我在這裡將不來考察（他說）這種訓育方式是多麼適於使青年人的心靈背離對眞理之愛和對眞理的眞誠追求，或毋寧說適於使他們懷疑世界上是否實際有什麼眞理，或至少是值得人們去致力於追求的眞理。但我所強烈地相信的（他又說），是除了那些容許逍遙學派哲學在它們的經院中統治了好多個世紀，除了辯論術之外沒有教人任何其他東西的地方之外，沒有什麼地方人們曾把這些公則看作是科學的基礎，和看作推進對事物的知識的重要幫助的。

德　您那位高明的作者想說只有那些經院被導致作出那些公則；但這卻是人類一般的並且非常合理的本能。您可以就那些格言來判斷這一點，這些格言是所有民族都在用的，而它們通常無非是公眾所深信的一些公則。但當有判斷力的人們說了某種顯得違反眞理的事時，我們應該對他們公平對待，估計更大的缺點是在他們的表達方式方面而不在他們的意思方面；這一點在這裡從我們的作者的情況也得到了證實，他那激起他反對公則的動機，我開始看到一點了，這就是在那並不涉及像在經院中那樣練習【辯論】的通常談話中，也要被說服才肯服輸，這實際上就是無理取鬧；此外，最常見的情況是人們更喜歡把那不言而喻的大前提略去，而滿足於用一些省略三段論，甚至，在心靈充分了解其聯繫而並不明白說出的情況下，往往用不著提出前提，只要放上簡單的 medius terminus（中詞）或中介觀念就夠了。而當這種聯繫是無可爭議的時，這樣也就很可以了；但您也會同意，先生，常常也會發生這樣的情況，就是在假定這種聯繫方面搞得太快了，因而產生了謬誤推理，所以與其求簡潔優雅，不如注意確實可靠，把它明確表達出來往往更好。可是您那位作者反對公則的先入之見，竟使他完全否定公則在確立眞理方面的作用，甚而至於把它們弄成是那種談話中的混亂狀態的幫兇了。的確，習慣於學院中的練習的青年人，有點太過於專門從事於練習，而從練習中得出應有的最大成果即知識則不足，他們要在世上擺脫這種習氣是有困難的。而他們的強詞奪理習氣表現之一就是不願向眞理服輸，除非人家已把眞理弄得讓他們完全摸得著了，雖然**眞誠**和甚至**禮貌**也本來該迫使他們不要等達到這樣的極端，這使他們變得很討厭並使人對他們有了一種很壞的輿論。必須承認這是有些文化人也常常沾染的毛病。可是錯處並不在於想把眞理歸結爲公則，而在於不合時宜和並無必要地想這樣做，因爲人的心靈一下子能看到很多，而想要迫使它每走一步都停下來並表明它所想的，這就束縛了它。這就恰恰好像跟一個商人或主顧算帳時，想硬要他每筆帳都扳著指頭來算以便更準確可靠一樣。而要這樣要求，那一定不是愚蠢就是任性胡來。事實上我們有時發現佩特羅尼烏斯（Gaius Petronius）㉕的話是有道理的，他說 adolescentes in scholis stultissimos fieri，㉖就是說青年人有時在本該是學會聰明的學校那種地方反而變得愚蠢甚至沒頭腦了。Corruptio optimi pessima。㉗而更常見的是他們變得好虛榮，使人混亂和自己被弄混亂了，輕率任性和討人厭，而這往往是取決於他們的老師的脾氣。此外，我發現在談話中還有比那要求過分的明白還更大得多的一些缺點。因爲通常人們陷於相反的毛病，不去弄明白或不要

㉕ 佩特羅尼烏斯（Gaius Petronius 或 Pétrone），西元一世紀的拉丁作家，在尼祿皇帝宮廷裡過豪華的驕奢淫逸生活，所寫的《諷刺詩文集》（*Satyricon*）對研究當時羅馬的風俗人情是很寶貴的文獻。

㉖ 見佩特羅尼烏斯的《諷刺詩文集》第一集，意即「青年人在學校裡變成了愚蠢的」。

㉗ 拉丁文，意即：「最好的變壞了就成爲最壞的」。據英譯本註在古典作家的作品中找不到這句話的出處，可能是亞里斯多德《政治學》Δ.2, 1289a, 39有類似的意思：「最優良而近乎神聖的正宗類型的變態一定是最惡劣的政體」（見中譯本第179頁）。

求充分弄明白。如果說一個毛病是討厭的，那麼另一個毛病就是有害而且危險的。

§12　斐　公則的應用，當把它們聯繫到一些假的、空泛的和不確定的概念時，有時也是這樣；因爲那時這些公則倒可用來確認我們的錯誤，甚至用來證明那些矛盾的東西。例如：有人和笛卡兒㉘一樣，對他叫做物體的形成一個觀念，認爲它就只是一種有廣延的東西，他就可以很容易地用**凡物是，則是**這一公則來證明沒有虛空，即無物體的空間。因爲他知道他自己的觀念，他就知道它是它所是的而不是另一個觀念；這樣廣延、物體和空間在他就是三個詞意指著同一個東西，在他，說空間是物體和說物體是物體是一樣眞的。§13但另一個人，在他物體是指一種堅實性的有廣延的東西，將會以同樣的方式得出結論，認爲說**空間不是物體**，是和我們能用**一物不能同時既是又不是**這一公則來證明的任何命題一樣可靠的。

德　公則用得不好，不應該就使人來責備它們一般的用處；所有的眞理都會有這種不利，把它們和假的結合起來時，就可能得出假的或甚至矛盾的結論。而在這個例子中，並不需要被歸咎爲錯誤和矛盾的原因的那些同一性公理。如果那些從他們的定義得出空間是物體，或空間不是物體的結論的人的論證，被還原爲形式，這一點就會看得清楚。在物體是廣延的和堅實性的，因此廣延，即有廣延的東西不是物體，並且有廣延的不是物體性的東西這樣一個推論

㉘ 參閱笛卡兒《哲學原理》II，§1 §4 §11；見中譯本第34.35.39等頁。

中，甚至有點過多的東西；因爲我已指出過，有一些對於觀念的多餘的表述，或並不增加什麼東西的表述，好比有人說，我把 triquetrum 理解爲一個三邊的三角形，並由此得出結論說一切三邊形不是三角形。這樣，一個笛卡兒派的人也可以說那種堅實性的廣延的觀念也是屬於這同樣的性質，也就是說，是有多餘的東西的；因爲事實上若把有廣延的看作某種實體性的東西，則一切有廣延的都將是堅實性的，或者說一切有廣延的都將是物體性的。至於說到虛空，一個笛卡兒派的人從他的觀念或觀念的方式得出沒有虛空的結論將是對的，假定他的觀念正確的話；但另一個從他的方式立即得出可能有虛空的結論則將是不對的，正如事實上我雖然不贊成笛卡兒派的意見，卻認爲是沒有虛空的[29]，而我發現在這例子中是對觀念比對公則作了更壞的用法。

§15 斐 至少，照人們在口頭的命題中對公則想做的這種用法，它們對於存在於我們之外的那些實體，似乎是連最少的知識也不能給我們的。

德 我完全是另一種看法。例如：只要自然按最短的途徑進行這一條公則，對於給幾乎全部光學、反射光學和折射光學說明理由就都夠了，這也就是說明在我們之外的光的活動中所發

㉙ 參閱本書上冊第二卷第四章§4，又笛卡兒《哲學原理》II. §16以下，中譯本第42頁以下。

生的情況，如我以前所已指出的那樣㉚，而莫利紐茲（William Molyneux）先生在他的《新折射光學》中是大力贊成這一點的，那是一本很好的書㉛。

斐　可是人們主張，當我們用那些同一性原則來證明一些包含有意指如**人**或**德性**等複雜觀念的語詞的命題時，這種用法是極其危險的，並且會招致人們把假的看作或接受爲明顯的眞理。而這是因爲人們以爲，當我們保持同一些名詞時，儘管這些名詞所指的觀念是不同的，命題也還是在同一些事物上運行；所以當人們如他們通常所做的那樣把語詞當作事物時，那些公則平常總是被用來證明一些矛盾的命題。

德　把本來應該歸咎於名詞的濫用和歧義的，拿來責備可憐的公則，這該多麼不公平啊！根據同樣的理由也可以責備三段論，因爲當名詞有歧義時也會得出很壞的結論。但三段論對此是無辜的，因爲其實那樣一來就有了四個名詞，這是違反三段論的規則。根據同樣的理由也可以來責備算術或代數學家們的演算，因爲由於不注意把x當作v或把a當作b，也就得出

㉚ 英譯者認爲萊布尼茲也許是指他的論文：*Unicum opticae catoptricae et dioptricae principium*（《一種統一的反射光學和折射原理》），發表於一六八二年六月號的《萊比錫學報》。

㉛ 莫利紐茲見本書上冊第二卷第九章§8註（第142頁註⑤）。他的*Dioptrica Nova*（《新折射光學》）長期以來是光學上的主要著作。

了假的和矛盾的結論。

§19　斐　我認爲至少，當我們具有明白清楚的觀念時這些公則是很少有什麼用處的；而別人甚至要認爲那時它們是絕對毫無用處的，並且主張有誰若是在這些場合沒有這一類公則就不能辨別眞假，那麼即使這些公則插手進來也將不能辨別眞假；而我們的作者（§16、§17）甚至表明它們連對於要來決定這樣一個是不是人也毫無用處。

德　如果眞理是非常簡單和明顯並且非常接近於同一性命題和定義的，則我們就沒有什麼必要明示地用公則來從之得出這些眞理，因爲心靈潛在地運用了公則，並且無需中介一下子就得到了它的結論。但如果沒有公理和已知的定理，則數學家們就會很難前進；因爲在漫長的推理過程中，不時地停下來並且如像在路當中立下一些里程標注那樣，是好的，這些也還可以用來給別人作標記。要是沒有這，這漫長的途程將會太不舒服了，並且甚至會顯得混亂模糊，使人什麼也辨不清，也定不了我們是在哪裡了，這就像黑夜裡在海上航行，沒有羅盤，看不見底，看不到岸，也看不到星星；這也像在一片廣闊荒原裡行進，既無樹木，也無丘陵，又無溪流；這也好像一串決定用來量長度的鏈條，其中有幾百個環都完全一模一樣，各環之間沒有區別，分不出哪一顆粗些，或哪一環大些，或其他的什麼區分，可以標明尺、尋、丈等等。喜歡多中求一的心靈，因此，就把這些推理中的某一些結合在一起以形成一些中間的結論，而這就是公則和定理的用處。用這辦法就有較多的愉快、較多的光明、較多的記憶、較多的應用和較少的重複。如果某一位分析家在演算時不想設定這兩條幾何學上的公則，即斜邊的平方等於直角的兩邊平方的和，以及相似三角形的對應邊成正比，而想像著因爲我們有這兩個定理的用它們所包含的觀念之間的聯繫來作的證明，他可以很容易不用這兩個定理而就用那些觀念本身來代替它們，那樣一來他就會發現自己遠遠離開了他的計算。但是您不要以爲，先生，這些公則的很好用處只限於數學科學的界限之內，您將會發現在法學範圍內用處也一樣大，使法學比較容易和使之能面對有如地圖上的汪洋大海的主要辦法之一，就是把大量的特殊判決歸結爲一些較一般的原則。例如：我們將發現，在羅馬法典中，大量關於訴訟或抗告、關於所謂 in factum[32]的法律，都取決於這一條公則：ne quis alterius dammo fiat locupletior[33]，即一個人不得藉對另一個人可能發生的損害以獲利，不過這還必須表述得更精確一點。的確，在法律的那些條規之間還必須作很大的區別。我說的是那些好的，而不是某些由博士們引進的簡短法規（brocardica[34]），那是空泛而模糊的；雖然這些法規也還往往可以變得是好的和有用的，要是加以改造的話，反之，以它們那些無限的區別（cum suis

---

㉜ 拉丁文，意即：「事實上」。

㉝ 拉丁文，大意已見正文解釋，亦即「不得損人利己」。

㉞ 源出沃姆斯（Worms）主教布爾查德（Burchard），指以一種簡短有力的方式表述的法規。

fallentiis㉟），則它們只能引起困惑混亂。而好的條規或者是一些箴言或者是一些公則（maximes），所謂公則我作爲是既包括公理（Axiomes）也包括定理（Théorèmes）的。如果這是些箴言，是由歸納和觀察而不是由先天的理由形成的，並且是高明人士在檢查了既定法律之後制定出來的，則法學家保羅（Julius Paulus）㊱在羅馬法典中說到法律條規的一篇中的這一段話就發生作用：non ex regula jus sumi, sed ex jure quod est regulam fieri㊲，這就是說，我們從已知的法律中引出條規，爲的是更好記得它們，而並不是把法律建立在這些條規上。但有一些基本公則，是構成法律本身，並且規定訴訟、抗告、答辯等等的，當它們是由純粹理性所訓教而非來自國家的武斷權力時，就構成自然法；而我剛才所說禁止藉損害旁人以得利的條規就是這樣的自然法。也有一些條規，其例外極罕見，並因此被當作普遍的。如查士丁尼（Justinian I）皇帝的法典中訴訟篇的第二節有一條規就是這樣的，它規定當涉及一些有形

㉟ 拉丁文，意即：「由於它的虛假」。

㊱ 保羅（Julius Paulus），羅馬法學家，在嚴厲的亞歷山大（Alexandre-Sévère, 208-235）皇帝治下任裁判長，是以後法律上作爲特殊的權威來引用的五位羅馬法學家之一。G本和E本均無此名，G本在註腳中註明此處在原稿有一空白，E本用一刪節號，英譯本據所引原文補定爲Paulus。

㊲ 拉丁文，大意已如正文解釋，即「不是法律出於條規，而是從法律得出條規」。

體事物時，訴訟者不得占有，只除了唯一的一種情況是例外，這情況這位皇帝說是在羅馬法典中指出了的；但他還是留給我們去找。的確，有些人是讀作 sane non uno 而不是讀作 sane uno casu[38]；並且人們有時從一種情況就可以變成多種情況。在醫生中，已故的巴爾納（Jacob Barner）[39]先生，給了我們他的《引論》（*Prodromus*），使我們期望著會有一個新的森奈特（Sennertus/Daniel Sennert）[40]【式的體系】，即適應於新的發現或觀點的醫學體系，他提出一種意見認爲，醫生們在其實踐的體系中通常遵循的方法，是通過照著人的身體各部分的次序或其他方式，一個接一個地來處理各種疾病的辦法來解釋醫療技術，而沒有給人爲許多疾病和症狀所共同的、普遍的實踐準則，這就使他們陷入無數的重複；所以，照他看來，我們可以把

㊳ Sane non uno 即「顯然沒有一個【例外】」，Sane uno casu 即「顯然有一個【例外】情況」。參閱桑德斯（Sandars）：*Inst. of Justinians*（《查士丁尼法典》）Lib IV, Tit.VI, De actionibus，（〈訴訟篇〉）§2之末。近代編纂者都採取 Sane uno casu。

㊴ 巴爾納（Jacob Barner, 1641-1686），德國醫生、醫學教授，曾編撰大量著作，他的 *Prodromus Sennertl novi*（《新森奈特引論》）是作爲一種計畫綱要發表的，預告要寫一部著作，像森奈特的一樣，要包括從古代直到他當時的全部醫學，但這工作始終並未完成。

㊵ 森奈特（Sennertus 即 Daniel Sennert, 1572-1637），著名的德國醫生和醫學教授。他反對經院哲學家關於靈魂的學說，主張動物靈魂的非物質性，引起了許多人的反對，認爲是大不敬。他是一個博學而有很大調和傾向的人。

森奈特的去掉四分之三，而可以用一些一般命題，特別是那些亞里斯多德的 καθόλου πρῶτον㊶ 與之相符合的一般命題，即可以相互換位或近乎此的命題，來使這門科學無限地壓縮簡化。我認爲提倡這種方法是有道理的，特別是對於在醫學是推理的那種場合的那些準則是這樣。但按照醫學是經驗的那種程度，要形成普遍的命題不是那麼容易也不是那麼可靠的。還有，在各種特殊的疾病中通常有許多複雜性，就成爲好像模擬各種實體似的；這樣，一種疾病也就像一種植物或一種動物一樣，也要求各自有它的歷史，換句話說，這是這樣一些樣式或存在方式，我們關於物體或實體性事物所說過的對它們都適用，一種四日熱㊷，要深入了解起來是和金子或水銀一樣困難的。因此，不管那些普遍的準則，而去尋求各種疾病中那些能滿足多種症狀和共同起作用的複雜病因的各種治療方法和藥方，尤其是那些已爲經驗所證實了的藥方，這是好的；這一點是森奈特沒有十分做的，因爲高明人士注意到，他所提出的那些良方的構成，往往更多地是機智地（ex ngenio）憑估計作成的，而不是如爲對治病更可靠起見所必須那樣爲經驗

㊶ 亞里斯多德的 καθόλου πρῶτον 就是原始的、眞正意義的普遍性或共相，是個體事物的本質屬性，它只在個體事物中才得到實現，而個體事物的本質正在於實現在它們之中的這種普遍性。這種普遍性或共相被看作是事物的原因，並因此在三段論中變成了中詞，在邏輯證明中構成了絕對必要的成分，沒有它，推理就沒有可靠性。

㊷ 原文爲 fièvre quarte，英譯作 quartan，即一種以四日爲週期的熱病。

所證實了的。因此，我認爲最好是把這兩種辦法結合起來，而在像醫學這樣精細又這樣重要的一件事情上，不要抱怨重複，我發現在醫學上我們正缺少我認爲在法學上我們已過多的東西，這就是那些關於特殊案例的書籍以及關於已經考察過的事例的大量紀錄；因爲我認爲法學家們的那些書，有千分之一對我們就夠了，而在醫學方面，要是那種很好的對各種詳細情況的觀察紀錄我們再有一千倍也絲毫不會過多，這是由於法學在關於不是爲法律或習慣所明確表明的事情上是完全基於理性推理的。因爲我們永遠可以把它或者從法律，或者在無法律規定時就從自然法用理性推論出來。而每個國家的法律是有限的和確定的，或可以變成這樣的；反之在醫學方面，那些經驗的原則，也就是那些觀察，爲了給理性更多機會來解明那自然只讓我們一半認識的東西，是怎麼增加也不會過多的。此外，我不知道有什麼人會像您說到的高明作者所作的那樣（§16、§17）來運用公理，好像有人爲了向小孩證明黑人是人，就用「凡物是、則是」這條原則；說：一個黑人是有理性靈魂的；而理性靈魂和人是一回事，因此，如果他有理性靈魂，又不是人，則「凡物是、則是」或者「同一事物不能同時既是又不是」就會是假的了。因爲，這些公則在這裡是不合時宜的，並且也並不直接進入推理過程中，正如它們也絲毫無所推進一樣，任何人都不會用這些公則，而將滿足於像這樣來推理：黑人是有理性靈魂的，凡有理性靈魂的都是人，因此黑人是人。而如果有人先入爲主地認爲理性靈魂沒有向我們顯示出來就是沒有理性靈魂，從而得出結論說初生嬰兒和白痴不是屬於人這個種（正如事實上作者說他曾和作這種否定的極有理性的人士爭論過的那樣），我並不認爲是「一物不能同時既是又不是」這條公則的濫用使他們弄錯的，他們在作這種推理時甚至也並沒有想到這公則。他們的錯誤的根源是在於把我們的作者的這條原則加以擴大了，這條原則否認在靈魂中有某種它並不察覺的東西，而這些先生們則更進一步，當別人沒有察覺到它時就甚至連靈魂本身也否定了。

第八章　論瑣屑不足道的命題

斐　我確實認爲明理的人們也不禁要以我們剛才所講的方式來運用那些同一性公理。§2這些純粹同一性的公則也似乎只是一些瑣屑不足道的（frivoles）命題，或如經院哲學家們所說的**nugatoriae**①的命題。並且，若不是您那關於利用同一性命題來作換位的證明②的驚人例子，使我以後當涉及看輕某種事物時得手執馬勒前進③的話，我將還不滿足於說這似乎是這樣。可是我還要告訴您，您所引述的加以維護的東西也宣告了它們是完全瑣屑不足道的。這就是：§3人們一眼就看出它們並不包含任何能教人什麼的東西，除非是有時使一個人看出他陷入了荒謬的境地。

德　您就認爲這算不得什麼，先生，並且不承認把一個命題歸結於荒謬，就是證明了與它相矛盾的命題嗎？我確實認爲，對一個人說不應該同時既否定又肯定同一件事物，這並沒有教他什麼，但向他指出他並未想到的這樣做的後果的力量，這就教導了他。在我看來，

① 拉丁文，意思就是「瑣屑不足道的」、「無價值的」。

② 見本書下冊第四卷第二章§1「德」。

③ 原文爲 aller bride en main，意思就是「有所節制」，不能縱情行事。

要永遠不用**反證法**（démonstrations apagogiques）④即歸謬法而一切都用人們所說的**直證法**（ostensives）⑤來證明，是困難的；幾何學家們對這一點是非常好奇的，曾做過充分的試驗。普羅克洛，當他看到歐幾里得以後的某些古代幾何學家找到一種比他的更直接的證明法（如他們認爲那樣）時，曾不時地指出這一點。但這位古代注釋家的沉默充分使人看出他們並不是總能做到這一點。

§3 斐 您至少會承認，先生，我們可以不費什麼事就做出成百萬的命題，但這些命題也是沒有什麼用處的；因爲，例如指出說，牡蠣是牡蠣，而要否定它或者說牡蠣不是牡蠣則是假的，這難道不是瑣屑不足道的嗎？對這一點，我們的作者很風趣地說，一個人把這牡蠣一時作爲主詞，一時作爲述語或謂語，這就正像一個猴子把一條牡蠣從一手丟給另一手擺弄著玩，要說這能滿足猴子的飢腸，也就和這些命題之能滿足人的理智完全一樣。

德 我覺得要是對於這樣用法的人，這位既十分機智也賦有判斷能力的作者是有天下的一切理由來表示反對的。但您看得很清楚，應該怎樣運用這些同一性命題來使它們成爲有用的；

④「反證法」原文爲 démonstrations apagogiques，即以證明否定一事物則陷於荒謬來證明該事物爲眞的一種間接證明法；「直證法」原文爲 ostensives，即直接證明法，與「反證法」相反。

⑤同前註。

這就是把想要確立的其他眞理歸結到它們，從而指出這些推論和定義的力量。

§4 斐 我承認這一點並且清楚地看到，我們可以有更有力的理由把它應用於一些顯得瑣屑並且在很多場合也確是如此的命題，其中複雜觀念的一部分是對這觀念的對象作了肯定的；如說鉛是一種金屬，並且是對一個知道這些名詞的意義和知道鉛意指一種很重、可熔和可展的物體的人這樣說的那樣；這只有這一種用處，就是在說金屬時，就一下子向他指明了好多個簡單觀念，而不必向他一一列舉。§5當定義的一部分是對被定義的名詞作了肯定時也是這樣；如說：所有的金子都是可熔的，假定已把金子定義爲一種黃色、沉重、可熔和可展的物體。還有是說三角形有三條邊，人是一種動物，palefroy⑥（一個古法語語詞）是一種嘶鳴的動物，這是用來爲語詞下定義而並不是用來教人定義之外的某種東西。但是說人有一個上帝的概念，鴉片使人入睡，這就教給我們一點東西了。

德 除了我對那些完全是同一性的命題所說的之外，我們可發現這些半同一性的命題還有一種特殊的用處。譬如說：一個賢明的人始終是個人；這就讓人知道，他不是絕不犯錯誤的，他也是有死的，如此等等。一個人在危急狀態中需要一顆手槍子彈，他沒有鉛來把它熔成他要有的形狀，一個朋友對他說：你記得你錢包裡有銀子，那是可熔的；這位朋友並沒有教給他銀

⑥ 中世紀君主王公所乘的盛飾的馬。

子的性質，但使他想起了對它可以利用的一種用處，就是在這急需的情況下可以用它得到手槍子彈。一大部分道德上的眞理以及有些作家的最美好的佳句，都是屬於這種性質。它們往往並不教人什麼，但使人在適當時機想起他所知道的。拉丁悲劇中這一六節抑揚格的句子：

Cuivis potest accidere, quod cuiquam potest,⑦

（這可以這樣來表達，雖然沒有那麼漂亮了：對一個人能發生的事，對每個人都能發生）只是使我們記起了人的狀況，quod nihil humani a nobis alienum putare debemus⑧。法學家們的這一條規則：qui jure suo utitur, nemini facit injuriam⑨（凡運用自己的法權者，不損害任何人）顯得

---

⑦ 拉丁文，大意已見正文解釋。是西元前一世紀拉丁詩人普布里烏斯·西魯斯（Publius Syrus）的詩句，見塞內卡：《論寧靜》（*De Tranquilitate*）第十一章。

⑧ 拉丁文，意即：「我們應該想著自己沒有什麼和人不一樣」，可參照西元前二世紀拉丁喜劇詩人德倫斯（Terence）的名言：Homo sum, et humani nihil a me alienum puto。（「我是人，凡是人性的一切我無不具有。」）這話後來成爲「文藝復興」時期人文主義者的口號。

⑨ 拉丁文，大意已見正文解釋。據夏爾許米特說這話出於"*Regulae et praecepta juris*"（《法規與法令》）這通常在老版本的《查士丁尼法典》中作爲附錄。

是瑣屑不足道的。可是它在某些場合有很大的用處，並使人正確地想到應該做什麼。比如有人建造了他的房子，是在規章和習慣所許可的範圍內的，而這樣一來卻擋了鄰居的一些視線，如果這鄰居要提出控訴的話，則照這規則他就立刻得給予賠償。此外，那些關於事實或經驗的命題，如說鴉片是催眠的，比那些純粹理性的眞理把我們導致更遠的地步，那些純粹理性的眞理是永不能使我們超出我們的清楚觀念中的東西之外的⑩。至於說到所有的人都有一個上帝的概念這個命題，當概念（notion）就是意指觀念（idée）時，它是有道理的。因爲照我看來上帝的觀念是天賦予一切人之中的：但如果這概念是指一種人們實際想到的觀念，那它就是一個事實的命題，是有賴於人類的歷史的。§7最後，說一個三角形有三條邊，這並不如它顯得那樣是同一性的命題，因爲要看到一個多角形應有同樣多的角和邊是得花點注意力的；它也可能還多一條邊，要是多角形不是被假定爲封閉的話。

§9⑪　斐　人們關於實體所形成的那些一般命題，如果說是確定的，似乎絕大部分也是瑣屑不足道的。知道實體、人、動物、形式、植物靈魂、感性靈魂、理性靈魂這些詞的意義的

---

⑩　這裡是說「事實的眞理」或經驗能夠憑歸納得出結論而擴大我們的知識，而「理性的眞理」則只能是解釋性的，只能使已有的知識內容更清楚明白而並不能擴大知識。

⑪　E本誤作§5。

人，會用它們做成許多無可懷疑但毫無用處的命題，特別是對於靈魂，人們常常讀到它而並不知道它實在是什麼。每個人都可以看到無數這種性質的命題、推理和結論充斥於形上學、經院神學以及某種物理學的書中，讀了這些書之後，比起讀這些書以前來，對於上帝、心靈和物體也並沒有多知道些什麼。

德　的確，形上學的節略，以及通常所看到的屬於這類性質的其他書籍，只是教人一些詞句。例如：說形上學是關於一般的有的科學，它說明了有的原則及從之發出的情性（affections）；又說有的原則，是存在的本質；以及這些情性或者是原始的，即一、眞、善；或者是派生的，即同和異、簡單和複雜，等等，而在說到這每一個名詞時，只給人一些空泛的概念和語詞的區別；這確是濫用了科學之名。可是對於一些比較深刻的經院哲學家，像蘇亞雷斯（Francisco Suarez）[12]（胡果・格老秀斯（Hugo Grotius）[13]對他曾如此器重）那樣的，應該說句公道話，承認在他們那裡有時有些值得重視的討論，如關於連續性、關於無限、關於偶然性；關於抽象的東西的實在性、關於個體性原則、關於形式的起源及其空無、關於靈魂及其功

⑫ 蘇亞雷斯（Francisco Suarez, 1548-1617），一位西班牙的耶穌會士，被稱爲「最後一位大經院哲學家」，也是神學家和法哲學家，在一定程度上是胡果・格老秀斯（Hugo Grotius）和普芬道夫的先驅。

⑬ 胡果・格老秀斯（Hugo Grotius, 1583-1645），荷蘭著名法學家，近代法哲學的奠基人之一，在其著作中有時把蘇亞雷斯作爲一個權威來引證。

能、關於上帝與其創造物的協同等等，以及甚至在道德學上，關於意志的本性和關於正義的原則；總之一句話，得承認在這些渣滓裡還是有點金子的，但只有開明的人才能從中得益；而只是因爲這大堆東西裡面這裡那裡也有點好東西，就把整堆無用之物壓在青年人肩上，那就是對萬物中最寶貴的東西即時間作很壞的處理。此外，我們也並不是完全沒有關於實體的確定而值得知道的一般命題。關於上帝和關於靈魂，有一些偉大而美好的眞理，是我們高明的作者或者出於自身，或者部分地依照別人所說，曾經教人的。我們也許也在這方面增加了點東西。至於有關物體的一般知識，人們在亞里斯多德所留下的之外已增加了相當大量值得重視的東西，我們應該說，物理學，即使是一般的物理學，現在已變得比從前的實在得多了。至於實在的形上學，我們幾乎正開始在建立，而我們發現了屬於一般實體的基於理性並得到經驗證實的一些重要眞理。我也希望已把關於靈魂和心靈的一般知識推進了一點。這樣一種形上學是亞里斯多德所要求的，這是他所稱爲 Ζητουμένη，即所想望的，或他所尋求的科學，它對於其他理論科學的關係，應該是關於幸福的科學對於那些需要這種科學的技藝，以及建築師對於工匠的關係⑭。這就是爲什麼亞里斯多德說，其他科學依賴於形上學作爲最一般的科學，並從形上學借取

⑭ 參閱亞里斯多德《形上學》，卷A，第二章，982^a-983^a，中譯本第3-6頁。關於建築師與工匠的比喻，見第一章981^a, 30，中譯本第2頁。

它們的原則，這些原則是在形上學中得到證明的。也要知道，眞正的道德學對於形上學的關係，就是實踐對於理論的關係，因爲關於共同的實體的理論，是關於精神特別是關於上帝和靈魂的知識所依賴的，這種知識給予正義和德性以恰當的意義。因爲如我在別處[15]所已指出的，如果既沒有天道也沒有來生，則哲人在其德性實踐中將更受限制，因爲他將會把一切都只關聯於當前的滿足，並且甚至這種滿足，那在蘇格拉底（Socrates）、馬可・奧理略（Marcus Aurelius Antoninus）[16]皇帝、愛比克泰德（Epictetus）[17]以及其他古人中已經表現出來的，也不會這樣永遠有堅實基礎，要是沒有宇宙的秩序與和諧爲我們打開直達無限未來的這些美好而偉大的觀點的話；否則，靈魂的安寧將只是人們所說的強迫的忍耐，所以我們可以說，**自然神學**

⑮ 或指本書上冊第一卷第二章§2「德」(2)所說。

⑯ 馬可・奧理略（Marcus Aurelius Antoninus, 121-180），羅馬皇帝，也是後期斯多噶派的哲學家。

⑰ 愛比克泰德（Epictetus），生卒年不詳，生活在羅馬尼祿等皇帝統治時期，約一世紀，出身奴隸，也是後期斯多噶派的哲學家。

既包括了兩部分，即理論的和實踐的，也就同時包含著實在的形上學和最完全的道德學。⑱

§12　斐　無疑這樣的有些知識遠不是瑣屑不足道或純粹口頭上的。但最後這種知識似乎無非是兩個抽象名詞一個肯定另一個的那種知識；例如：節儉是樸素，感恩是正義；而不論這些和其他一些命題驟然一看顯得怎樣似乎很有道理，可是如果我們逼進一步，就會發現所有這一切都沒有包含什麼別的，無非是名詞的意義。

德　但名詞的意義，也就是定義，和同一性的公理結合起來，就表明了一切推證的原則；而由於這些定義能夠使人同時認識觀念及其可能性，顯然那依賴於定義的東西並不始終純粹是口頭上的。至於說到那例子，感恩是正義，或毋寧說正義的一部分，這是不應輕視的，因

⑱ 老的經院哲學家把自然神學作爲形上學的一部分，形上學除自然神學之外還包括本體說、宇宙論和心理學。參閱聖多瑪斯·阿奎那《神學大全》第一部分第一個問題第一條之末。萊布尼茲在一篇作品中說：「其實形上學就是自然神學，同一個上帝，既是一切善的源泉，又是一切知識的原則。」（見G本第四卷第292頁。該作品既無日期，也無地點，據G本編者認爲是寫給蘇菲女公爵的。）萊布尼茲在自然神學中去找道德眞理的源泉。在他看來，上帝的觀念既是自然神學的主題，上帝也是人的最高道德企望和努力的對象。他就從這個觀點出發，企圖發揮出一套倫理道德概念，見其 *Definitiones ethica*（《倫理的定義》），G本第七卷第73頁以下，E本第670頁。參閱其《神正論》、序，G本第六卷第26-28頁，E本第469頁，以及《形上學論》，§2-§4、§35-§37，見G本第四卷第427-430頁、第460-463頁。

爲它使人認識到那所謂 actio ingrati⑲，或對忘恩負義者所能提出的控訴，是在法庭中不應那麼被忽視的。羅馬人接受對被解放或釋放了的奴隸所提起的這種訴訟，而今天它在撤回贈予方面也還有作用。此外，我在別處⑳已說過，抽象觀念也可以一個歸之於另一個，把屬歸之於種；好比說綿延是一種連續性，德性是一種習慣；但普遍的正義不僅僅是一種德性，它甚至就是全部道德上的德性。

---

⑲ 拉丁文，意即「對忘恩負義的訴訟」。

⑳ 參閱本書下冊第三卷第三章§10「德」（第41頁）。

第九章　論我們對於我們的存在所具有的知識①

①洛克原書本章標題爲〈我們對於存在的知識〉。

§1 斐　我們迄今只考慮了事物的本質，而由於我們的心靈只是通過抽象作用認識它們，把它們和在我們理智中者之外的一切特殊存在脫離開的，它們就絕對沒有給我們有關任何實在存在的知識。而我們能有一種確定知識的那些普遍命題，並不關聯於存在。此外，每當我們用一個命題把某種東西歸屬於一個屬或種中的一個個體，如果同樣的東西也被歸之於一般的屬或種，這個命題就會不是確定的，這時這命題就只是屬於存在的，並且只使人知道這些特殊存在著的事物中的一種偶然的聯繫，如當我們說，這樣一個人是博學的時那樣。

德　很好，並且正是在這個意義上，哲學家們也常常在那屬於本質的和屬於存在的之間作了區別，而把一切偶然的或可有可無的歸於存在。我們往往甚至也不知道，我們憑經驗所知道的這些普遍命題，是否也許也是偶然的，因爲我們的經驗是受侷限的；就如在那些水不結冰的國度，人們將會作出的水永遠處於流動狀態這一命題，就不是本質的，而我們來到較冷的國度就知道這一點。可是我們可以用一種更有限制的方式來對待偶然的，以使之在它和本質的之間有一種中介；這中介就是自然的，也就是說，它不是必然地屬於事物的，但只要不受什麼阻礙就是自身與之相適合的。這樣，有人就可以主張，眞的說來流動性對於水不是本質的，但對它至少是自然的。我說人們可以這樣主張，但這卻不是一件得到推證了的事，並且也許月亮上的居民，要是有的話，會有理由不相信說結冰對水來說是自然的就比較沒有根據。可是有另外一些情況，自然的是比較更無可疑的。例如：一條光線在同一介質中永遠直線前進，除非偶然碰到某種表面把它反射回來。此外，亞里斯多德習慣於把偶然事物的源泉歸之於物質②；但那時應把它理解為次級的物質，也就是物體的堆集或團塊。

§2　斐　我已經指出過③，按照寫了理智論的這位卓越的英國作者的看法，我們是通過直覺知道我們自己的存在，通過推證知道上帝的存在，通過感覺知道其他事物的存在。§3而這種使我們認識我們自己的存在的直覺，使我們的認識有一種完全的自明性，它是不能證明也不需要證明的；以致即使當我企圖懷疑一切事物時，這懷疑本身也不容許懷疑我的存在。最終我們對此具有我們所能想像的最高程度的確定性。

德　我完全同意這裡所說的一切。並且我要加一點說，對於我們的存在和我們的思想的直接察覺，為我們提供了最初的後天（a posteriori）眞理或事實眞理，也就是最初的經驗；正如同一性命題包含著最初的先天（a priori）眞理或理性眞理，也就是最初的光明（premières lumières）④一樣。這兩者都是不能被證明的，並且可以稱為直接的；前者因為在理智及其對象之間有一種直接性，後者則因為在主語和謂語之間有一種直接性。

---

② 參閱《形上學》卷E，第二章，1027^a, 14，中譯本第122頁。

③ 參閱本書下冊第四卷第三章§21（第227-228頁）。

④ premières lumières，與「最初的經驗」相對，是指內心固有的，天賦的「理性之光」，這當然是唯心主義唯理論即先驗論的觀點。

第十章　論我們對於上帝的存在所具有的知識

§1　上帝既給了我們的靈魂以它所用以裝飾起來的那些功能，也沒有讓他自己無可對證；因爲感覺、知覺和理性爲我們提供了他的存在的明顯證據。

德　上帝不僅給了靈魂一些適合於來認識他的功能，而且也給它印上了標誌著他的一些字跡，雖然它也需要一些功能來察覺這些字跡。但我不想來重複在我們之間關於天賦觀念和天賦眞理所已討論過的東西，我是把上帝的觀念和關於他的存在的眞理算在這些天賦的觀念和眞理之內的。讓我們毋寧來談事實吧。

斐　而上帝的存在雖然是最容易用理性來證明的眞理，並且它的顯明性，如果我沒有弄錯的話，是和數學的證明相等的，但它還是需要注意。這首先只需要對我們自身以及對我們自己的無可懷疑的存在作一反省。§2這樣我就假定每個人都知道他是*實際存在的某種東西*，並因此有一個實在的存在物。如果有誰竟能懷疑他自己的存在，那我就宣布我不是對他說話。§3我們憑一種直觀知識也就知道：*純粹的虛無不能產生一個實在的存在物*。由此就可以一種數學的顯明性得出結論：*某種東西從無始以來就已存在*，因爲凡有開始的東西都應該是由某種別的東西所產生。§4而凡是從其他東西得到其存在的東西，也從它得到它所有的一切和它的一切功能。因此，一切存在物的永恆源泉，也是它們一切能力的原則，所以*這永恆的存在也應當是全能的*。§5還有，人發現自己是有知識的。因此，就有*一個有心智的存在物*。然而，一個絕對不具備知識和知覺的東西要產生一個有心智的存在物是不可能的，並且缺乏感覺思想的物質，要自己產生這東西，這是和這樣的物質觀念相違背的。因此，事物的源泉是有心智的，並且從無始以來就有一個有心智的存在。§6一個永恆的、非常有能力、非常有心智的存在，就是人們所說的上帝。要是有誰竟如此不合情理，以致假定人是唯一的具有知識和智慧的存在物，但卻是由純粹的偶然性造成的，並且這同一盲目無知的原則，支配著宇宙的所有其餘部分，那麼我勸他有空閒時去考察一下西塞羅的完全堅實可靠和十分強調的批評（*De Legibus* 第二卷①）。他說：當然，沒有人會如此愚蠢地傲慢到以爲在他之中有一種理智和理性，而諸天和這廣闊無垠的宇宙卻沒有任何心智統治著②。從我剛才所說的明顯地可以得出結論，我們對於上帝，有比對於在我們之外的任何其他東西都更確定的知識。

德　我完全眞誠地老實告訴您，先生，我非常遺憾，不得不對這種證明說點反對的話；不過我這樣做，僅僅是爲了給您一個機會來補好其中的漏洞。這主要是在那個地方，您得出結論說（§3）某種東西從無始以來就已存在。我發現這裡有模糊不清的地方，如果這意思是說，從來沒有過任何時間是其中什麼也不存在的。我還是同意這一點，並且這確實是從前面的命題以

---

① 西塞羅的著作《論法律》，見該書第二卷第七章。

② 此句G本作"et que cependent il n'y a aucune intelligence qui gouverne les Cieux et tout ce vaste Univers."，E本後半句作"...qui gouverne sont ce vaste univers"，顯然有脫誤。

一種完全數學式的推論得出的結論。因爲如果從來未有過什麼，則就永遠不會有什麼，因爲無不能生有；那麼我們自身也就不會有了，這是和經驗的第一眞理相違背的。但那推論的結論立即使人看出，說某種東西從無始以來就已存在，您的意思是指一種永恆的東西。可是從您迄今所已提出的，是作不出這樣的推論的，即如果從來有過某種東西，則就從來有過一種一定的東西，即有一種永恆的東西。因爲有些反對者會說，我是由別的東西產生的，這別的東西又是由其他東西產生的。還有，如果有些人承認有些永恆的東西（如伊比鳩魯派承認他們的原子就是這樣的），他們並不認爲因此就不得不承認一個永恆的東西是所有其他東西的唯一源泉。因爲即使他們承認那給予存在的也給予事物的其他性質和能力，他們也會否認是唯一的一個東西給其他東西以存在，並且他們甚至會說對每個東西都得有其他許多個東西協同起作用。因此，僅僅由這一點是達不到一切能力的唯一源泉的。可是，斷定有這樣一個源泉，並且甚至斷定宇宙是有智慧地被統治著，是非常有道理的。但當我們相信物質可以有感覺思想時，我們就可能傾向於相信，它能夠產生感覺思想，也並不是不可能的。至少將會很難提出一個證據，同時表明它完全不能這樣；而假定我們的思想是來自一個有思想的東西，我們就可以把它作爲已得到承認的，而不會有損於那表明這應是上帝的證明嗎？

§7　斐　我毫不懷疑，我從之借用這一證明的卓越人士，會能夠使它完善起來；我也將盡力敦促他這樣做，因爲他將沒有什麼比這更有貢獻於公眾的了。您自己也希望這樣。這使我相信，您並不以爲，爲了使無神論者閉嘴，我們就得使一切都圍著我們心中上帝觀念的存在打轉，就像有些人所做的那樣，他們太過於執著這一喜愛的發現，就甚至拋棄了關於上帝存在的所有其他證明③，或者至少是盡力來削弱它們和禁止運用它們，彷彿它們是軟弱無力或錯誤的；雖然歸根到底正是這些證明，通過考慮到我們自身的存在和宇宙的可感覺部分的存在，如此明顯並以一種很有說服力的方式，使我們看到這至高無上者的存在，這些我認爲一個明智的人是不能拒不承認的。

德　雖然我是主張天賦觀念的，特別是主張上帝的天賦觀念，但我並不認爲笛卡兒派從上

③ 以往哲學史上對於「上帝的存在」提出過各種各樣的「證明」，有所謂「本體論的證明」、「宇宙論的證明」或「目的論的證明」等等。這裡所講的「這一喜愛的發現」就是指所謂「本體論的證明」或「先天的」證明。笛卡兒主要就是用的這種證明，見其《沉思》第三、第五；《哲學原理》第一部分§13以下等處；斯賓諾莎也完全用的是「本體論的證明」，見其《倫理學》第一部分，「命題七」以下（商務版第6頁以下）等處；不過斯賓諾莎所謂「上帝」或「神」，即唯一的「實體」，實即整個自然界，他是在「泛神論」的外衣下宣傳唯物主義的思想的。萊布尼茲則一方面尋求對「本體論的證明」加以改進和完善化，另一方面則以「目的論的證明」或「後天的」證明作爲他的「單子論」和「前定和諧」系統的構成原則之一。見《單子論》§38以下等處。如他在本節以下所說，他認爲關於上帝存在的所有各種證明都是有價值的，並要求人們使之完善化。

帝的觀念得出的那種證明是完善的。我在別處（在《萊比錫學報》和《特萊夫紀念集》上）④已充分指出過，笛卡兒先生從坎特伯雷大主教安瑟倫⑤那裡借來的那個證明，是很美並且眞的很機智的，但還是有一個漏洞須加修補。這位著名的大主教，無疑是他那時代最能幹的人物之一，不無理由地慶幸自己發現了一種辦法來先天地證明上帝的存在，單用其本身的概念而不必求助於其結果。他的論證的要點大致如下：上帝是一切東西（Etres）中最偉大或（如笛卡兒所說）最圓滿的，或者毋寧說這是一個具有一種包括一切程度的最高偉大性和圓滿性的東西。這就是對於上帝的概念。現在來看看怎樣從這概念中推論出存在。存在是比不存在較多的某種東西，或者說存在在偉大性或圓滿性上增加了一個程度，並且如笛卡兒所宣稱的，存在本身就是一種圓滿性。因此，這個程度的偉大性和圓滿性，或者說就在於存在之中的這種圓

④ 這是指發表於《萊比錫學報》（*Acta Erud.Lips.*）一六八四年十一月號上的 *Med. de Cog., Ver. et Id.*（《關於認識、眞理和觀念的沉思》），見G本第四卷第422頁以下，E本第79頁以下；以及發表在《特萊夫紀念集》（*Mémoires de Trevoux*, 1701）上的《論笛卡兒派的證明》等等，見G本第四卷第405頁以下、E本第177頁以下。

⑤ 安瑟倫（Anselm, Archevêque de Cantorbéry, 1033-1109），從一〇九三年起任坎特伯雷大主教，是中世紀基督教經院哲學的奠基人，被稱爲「最後一個教父和第一個經院哲學家」，以最初提出關於上帝存在的「本體論證明」著名。

滿性，是在這個具有全部偉大性、全部圓滿性的至高無上的東西之中的；因爲否則它就會缺少了某種程度，這是和它的定義相違背的。因此，這至高無上的東西是存在的。經院哲學家們，甚至連他們的天使博士⑥也不例外，都輕視這個論證，並把它看作是一種謬誤推理；在這點上他們是大錯特錯了，而笛卡兒，曾在拉弗萊什（La Flèche）的耶穌會學校中相當長時間地研究過經院哲學，把這論證恢復起來是很有道理的。這不是一個謬誤推理，但這是一個不完善⑦的推證，它假定了某種要使它具有數學式的顯明性就還須加以證明的東西，這就是暗地裡假定了這個關於具有全部偉大性或全部圓滿性的東西的觀念，是可能的和不蘊涵矛盾的。但這已經是通過指出這一點就證明了的東西，即假定上帝是可能的，它就存在，這是單單神性所具有的特權。我們有權假定一切東西的可能性，尤其是上帝的可能性，除非有人證明其相反。所以這個形上學的論證，已經給人一個道德上的推證的結論，它表明照我們知識的當前狀態，必須斷定上帝是存在的並以符合於此的方式行事。但卻應該期望高明人士能達到嚴格的具有數學

⑥ 即指中世紀最大的經院哲學家聖多瑪斯·阿奎那（Thomas Aquinas, 1225或1227-1274）。他對「本體論證明」的批判，見其《神學大全》第一部分，第二個問題，第一條等處。

⑦ G本作"parfaite"（「完善的」），E本和J本均作"imparfaite"（「不完善的」）。G本原文顯係原稿或排印上的錯誤，因照文意當作「不完善的」。

的顯明性的推證，而我認爲我已在別處⑧說了一些對這有幫助的東西。笛卡兒的另一個論證，是企圖證明，因爲上帝的觀念是在我們靈魂之中，而它必須來自它的本原，因此上帝存在，這論證是更得不出這樣的結論的。因爲首先，這論證也有和前一論證共同的這一缺點，就是假定了有這樣一個觀念，即上帝是可能的。因爲笛卡兒所引以爲據的，即當我們說到上帝時，我們知道我們說的是什麼，因此，我們對他具有觀念，這是一種欺人之談，因爲例如當我們說到永動機的運動時，我們也知道我們說的是什麼，可是這種運動是不可能的事，因此，我們對它只能是表面上具有觀念。其次，這同一個論證，也不足以證明，上帝的觀念，如果我們有的話，就應該來自本原。但我現在不想停下來討論這一點。您會對我說，先生，我既然承認在我們心中有上帝的天賦觀念，就不應該說我們對於是否有這樣一個觀念可以引起懷疑吧？但我只是對於一種單單基於觀念的嚴格推證來說，才允許有這種懷疑。因爲我們在別方面是充分靠得住有上帝存在的觀念的。您會記得，我曾怎樣表明，觀念之在我們心中，並不是我們永遠察覺到它們的，而是我們永遠可以把它們從自己心底引出並使之能被察覺的。我相信上帝的觀念也是這樣，我主張他的可能性和存在是以不止一種方式證明了的。而**前定和諧**本身也提供了一種新的無可爭辯的證明方法。我也相信幾乎所有用來證明上帝存在的辦法都是好的和可以有幫助的，

⑧ 這裡可能是指《論笛卡兒派的證明》等等，見G本第四卷第405頁、E本第177頁。

如果我們把它們弄完善的話，我也完全不同意人們應該忽視從事物的秩序得出的那種證明⑨。

§9　斐　稍稍停下來討論一下這個問題也許是適宜的，就是一種有思想的東西是否能來自一種不思想並且全無感覺知識的東西，如物質可能就是那樣的東西。§10這甚至是十分明顯的，即一部分物質是不能憑自身產生任何東西和給自己以運動的。因此，就必須是：或者它的運動是永恆的，或者這運動是由一個更有能力的東西印入它之中的。即使這運動是永恆的，它也永遠不能產生知識。把物質分成您愛多麼小就多麼小的部分，爲了使它精神化，您愛給它什麼樣的形狀和運動就給它什麼形狀和運動，使它成爲一個圓球、一個立方、一個棱柱、一個圓柱等等，它的直徑只有一格厘（gry）的百萬分之一，一格厘爲一線（ligne）的$\frac{1}{10}$，一線爲一吋（pouce）的$\frac{1}{10}$，一吋爲一個哲學的呎（pied philosophique）的$\frac{1}{10}$，一個哲學的呎爲一擺（pendule）的$\frac{1}{3}$，擺在45度的角度內每擺動一次等於時間上的一秒。這種物質的分子，不論它怎麼小，它對其他大小比例和它相稱的物體的作用，也無非和直徑爲一吋或一呎的物體之間彼此的作用一樣。而我們想把具有一定形狀和運動的一些粗大的物質部分結合在一起，來產生

⑨ 萊布尼茲認爲不應該像笛卡兒或斯賓諾莎等人那樣主要或完全依賴「本體論的證明」，而應該把它和「宇宙論的證明」、「目的論的證明」等結合起來，吸收各種證明的要義，改進其形式，使之結合成一個有機整體，以證明「上帝的存在」。當然，任何企圖論證上帝存在的「證明」都只是唯心主義的謬論，是不可能有科學根據的。

感覺、思想和知識，比之於用世界上最細小的物質部分來這樣做，其合理程度也是一樣的。這些最細小的部分互相撞擊、互相推擠、互相抵抗，也正如粗大的部分一樣，而這些就是它們所能做的一切。但如果物質能從自己內部抽引出感覺、知覺和知識，直接地這樣做，並沒有什麼機械作用，或無需求助於形狀和運動，則在這種情況下，它就當是物質及其一切部分所具有的一種不可分離的特性。對此我們還可以加上一點說，雖然我們對物質所具有的一般和特種的觀念，使我們說到它時好像它就是在數目上獨一無二的一個東西，可是全部物質並不眞正是一個個體的東西，作爲一個物質性的存在物，或我們所知道或所能設想的一個單一的物體而存在著的。所以如果物質是第一個永恆的有思想的存在物，那就不會是有一個獨一無二的、永恆的、無限的和有思想的存在物，而是有無數永恆的、無限的⑩、有思想的存在物，是彼此獨立的，它們的力量將是有限制的，而思想是各自有別的，因此，它們就絕不能產生在自然中所看到的這種秩序、和諧和美。因此，就必然得出結論，那第一個永恆的存在物不能是物質。我希望您，先生，對於從前一證明的著名作者那裡拿來的這個推理，將會比您對他的證明所表現的更爲滿意。

德　我發現現在這個推理是世界上最堅實可靠的，並且不僅精確，而且還很深刻，很配得

⑩ 洛克原書此處作「有限」（參閱中譯本，商務印書館，一九五九年版，第620頁），但G本、E本及J本等均作「無限」。

上它的作者。我完全同意他的看法，沒有任何物質部分的組合和樣態，不論這些部分怎樣小，能夠產生知覺；也正如物質的粗大部分不能產生知覺（正如人們明顯地承認的）一樣；而在細小部分和在粗大部分所發生的一切都是成比例的。作者在這裡對物質所指出的這一點也很重要，即我們不應該把它看作在數目上獨一無二的東西，或者（如我所慣於說的）看作一種眞正的完全的單子或單元（unité），因爲它只是無數存在物的一種堆集。這裡這位卓越的作者只要再走一步就達到我的系統了。因爲事實上我把知覺給予了所有這些無限的存在物，其中每一個都像一個動物一樣，賦有靈魂（或某種類似的能動原則，使之成爲一個眞正的單元）以及這個存在物要成爲被動的所必需的東西，並且賦有一個有機的身體。然而這些存在物從一個一般的至高無上的原因接受了它們既是能動又是被動的本性（也就是說它們所具有的非物質性和物質性的東西），因爲否則的話，如作者所很好地指出的，它們既是彼此獨立的，就絕不能產生出我們在自然中看到的這種秩序，這種和諧和這種美。但只顯得有道德上的確定性的這個論證，由於我所引進的一種新的和諧，即前定和諧，而被推進到一種完全形上學的必然性了。因爲這些靈魂中的每一個既以它自己的方式表現著在它外面所發生的事，而又不能對其他的特殊存在物有任何影響，或者毋寧說，既當從它自己的本性的內部深處引出這種表現，那就必然得是每一個都曾從所有這些存在物所依賴的一個普遍原因接受了這種本性（或對外部事物的表現的這種內部的理由），這普遍原因使一個和另一個完全一致和符合；這就非有一種無限的知識和能力不可，並且得用一種偉大的技巧，尤其對於機械作用和理性靈魂的活動之間的自動一致來說更是這樣，對於這一點，一位著名的作者⑪，在他那卓異的辭典中的一處提出過反駁，他幾乎懷疑，這種情況是否超過了一切可能的智慧，說上帝的智慧通過這樣一種結果使他覺得不論說它多麼偉大都絕不會過分，並且至少承認，我們對於神聖圓滿性所能具有的軟弱概念，從來沒有被賦予這樣突出的表現。

§12 斐　您的思想和我的作者的思想的這種一致，多麼使我高興！我希望，先生，我把他在這個問題上的推理的其餘部分也向您說一說，您不會不喜歡。首先他考察了所有其他有心智的存在物所依賴的（並且有更強而有力得多的理由說所有其他的存在物）有思想的存在物，是否物質性的。§13他自己提出反駁，反對一個有思想的存在物可以是物質性的。但他又答覆說，如果是這樣，那麼只要這是一個具有無限知識和能力的永恆存在物也就夠了。還有，如果思想和物質能夠分離，則物質的永恆存在就不會是隨一個有思想的存在物的永恆存在而來的必然後果。§14還可以問那些主張上帝是物質性的人，他們是否想著物質的每一部分都在思想。在這種情況下就得說有多少物質的分子就會有多少上帝了。但如果並不是物質的每一部分都在思想，那就是有一個思想著的存在物是由不思想的部分構成的，這一點是已經被駁斥了的。§15如果說

⑪ 指比埃爾・培爾，見〈序言〉第九段註（第97頁註㉒）。

只有物質的單獨某一個原子有思想，而其餘的部分，雖然是同等地永恆的，卻並不思想，那就是**無緣無故**地說物質的一部分無限地超出其他之上，並產生著其他非永恆的有思想的存在物。§16 如果說永恆的和物質性的有思想存在物，是物質的某種特殊堆集，它的各部分是不思想的，那就重新陷入了已被駁斥過的觀點；因爲物質的各部分只是白白地結合在一起，它只能得到一種新的位置上的關係，這並不能給予它們知識。§17 這堆集是靜止的還是在運動中的，這無關緊要。如果它是靜止的，這就只是一種不活動的團塊，它就毫無淩駕於一個原子之上的特權；如果它是在運動中的，則使之有別於其他部分的這種運動，既應該要產生思想，所有這些思想就將都是偶然的和受限制的，因爲每一部分各自都是無思想的，並且沒有什麼東西支配著它的運動。這樣就會既沒有自由，也沒有選擇，也沒有智慧，和單純的無生命物質中的情況也完全一樣。§18 有些人認爲物質至少是和上帝同樣永恆的。但他們並沒有說爲什麼：他們所承認的一個有思想的存在物的產生，要比那種較不圓滿的物質的產生困難得多。並且也許（作者說）我們如果想稍稍離開普通的觀念，使我們的心靈插翅飛翔，來對事物的本性進行我們所能作的最深邃的考察，**我們也許能終於達到一個地步，來設想**——**雖然是以一種不完善的方式**——**物質最初可能是怎麼造成的，以及它是怎樣由於這原初的永恆存在物的能力而開始存在的**。但我們同時將看到，給一個心靈以存在，這是這種永恆和無限的能力的遠更不易了解的一種結果。但因爲這也許使我太過於遠離（他又說）**哲學現在在世界上所根據的那些概念**了，我要是離開這種概念這樣遠，或者就語法所能允許的範圍內來探究歸根到底已確立的普通意見是否和這種特殊的觀點相反，將是不可原諒的；我說我要是來進行這種討論就將犯錯誤，尤其是在地球上的這樣一個地方，這裡一般所接受的理論對我的計畫來說是足夠好的，因爲它已把這作爲一件無可懷疑的事加以確立，即如果我們一旦承認了任何一個實體從虛無中被創造出來或有了開始，我們就可以同樣容易地假定一切其他實體的創造，只除了那創造者本身。

德　您使我眞高興，先生，把您那位高明作者的一種深刻思想給我說了一些，由於他的過分小心謹愼，使他沒有把這思想完全發揮出來。如果他把這思想壓下去了，並且在使我們垂涎欲滴之後就把我們丟下在那裡不管了，那就是很大的損失。我敢向您保證，先生，我相信在這種謎樣的說法背後是隱藏著某種很美、很重要的東西的⑫。那大寫的實體可以使人猜想，他設

⑫　E本原註：柯斯特先生（Coste，洛克原書法文本譯者——中譯者）在本章§18註(2)中已據牛頓爵士對此謎作了解釋。洛克原書阿姆斯特丹一七五五年版，第523頁。

又據英譯本補註所引柯斯特原註如下：「洛克先生在這裡引起了我們的好奇心而並不想予以滿足。很多人想像著他已把這種解釋物質的創造的方式告訴了我，在我的譯本發表後不久，就都請求我告訴他們；但我不得不向他們承認，洛克先生在這一點上對我本人也保守了祕密。最後，在他逝世後很久，我偶然和牛頓爵士談到洛克先生的書中的這個地方，他才向我揭露了整個祕密。他微笑著首先對我說，是他本人想像出了這種解釋物質的創造的方式，這思想是有一天他和洛克先生以及一位英國貴族〔已故的潘勃羅克（Pembroke）伯爵，死於

（續下頁）

今年即一七三八年二月）談到這個問題時來到他心中的。且看他是怎樣向他們說明他的思想的。他說：『我們可以用某種方式對物質的創造形成一個觀念，就是假定上帝曾憑他的能力阻止任何東西進入純粹空間的某一部分，這純粹空間就它本性說是可入的、永恆的、必然的、無限的；因爲這樣一來空間的這一部分就會有了不可入性，這是物質的本質性質之一；而由於純粹空間是絕對齊一的，我們只要假定上帝曾把這種不可入性傳遞給空間的另一相似的部分，這樣就會以某種方式給我們一個物質的可運動性的觀念，這對物質來說是另一種也是非常本質性的性質。』這樣，現在就可以解除我們在尋求洛克先生覺得最好向他的讀者隱瞞的東西方面的困惑了；因爲正是這一切使他向我們說：『我們如果想使我們的心靈插翅飛翔，我們可以設想——雖然是以一種不完善的方式——物質最初可能是怎麼造成的』等等。就我來說，如果容許我自由地說我的思想的話，我看不出這兩個假定怎麼能有助於使我們設想物質的創造。照我的看法，它們之有助於這樣一點，也並不比一道橋更有助於使橋下直接流過的水對一顆在二、三十托瓦斯（toises，古法國度名，約合1.949米）高的橋上垂直落下的炮彈成爲不可入的，這橋把炮彈擋住了使它不能穿過橋而落進在橋下直接流過的水中。因爲在這種情況下，那水仍舊是流動的和對這炮彈是可入的，雖然那橋的堅實性阻止了炮彈的落入水中。同樣地，上帝的能力可以阻止任何東西進入空間的其一部分，但這並不因此改變了空間的這一部分的本性，它和空間的所有其他部分一樣始終仍舊是可入的，因此並沒有得到這種阻礙，即最小程度的這種對物質來說是本質的不可入性」，等等。

又弗萊塞（Fraser）在所編洛克《理智論》第二冊第321-322頁註(2)中說：「洛克在這令人好奇的一段中所表現的心目中對於物質的創造的觀念，曾引起了各種各樣的猜測」，他提到了萊布尼茲在本節中的猜測，也提到了萊德（Reid）在 Intell.Powers, Essay II., 10〔Hamilton 第八版，1880, 1, 287a〕和斯圖亞特（Dugald

（續下頁）

想物質的產生是和偶性的產生同樣方式的，這種偶性是我們可以毫無困難地從虛無中得出的：而把他自己特有的思想和那現在在這世界上，或在地球上的這樣一個地方的哲學區別開，我不知道他心目中是否想著那些柏拉圖主義者，他們是把物質看作某種瞬息即逝變動不居的東西，和偶性的方式一樣的，並且對心靈和靈魂有完全另外的一種觀念。

§19　斐　最後，如果有些人因爲無法設想而否認那種從無中造出事物的創造，則我們的作者，在他知道您關於靈魂和身體結合的理由的發現之前，寫這書時就反駁了他們，說他們也並不了解那些隨意運動是怎樣由靈魂的意志在身體中產生的，卻還是憑經驗就深信這一點；而對於有些人回答說靈魂並不能產生一種新的運動，只是產生了一種精氣（esprits animaux）的新的規定性，他又很有道理地答覆說，這一點和另一點是一樣不可設想的。並且沒有什麼比他在

Stewart）Essay II，第一章第63頁的猜測。萊德認爲洛克的看法和貝克萊一致；斯圖亞特則幾乎想認爲洛克關於物質的觀念「和鮑斯柯維奇（Boscovich）的有某種類似」。弗萊塞說：「這個『不清楚的概念』如果意思是說，物質世界可以被分解爲上帝的能力對人的感官的、受著空間條件限制的、恆常的表現，在這範圍內是和貝克萊對此的說明一致的；他強調神聖能力在被選擇的空間中的感覺表現，也強調空間的最終依賴於感覺。牛頓似乎暗示『物質的創造』就是指上帝使有感覺的存在物在一種否則本來是純粹的空間中引起抵抗力的感性知覺，——這個理論，在其承認至高無上的能力方面接近於貝克萊主義，而在其結果的概念方面則接近鮑斯柯維奇。」

這場合所補充的話說得更好的了，他說，想要把上帝所能做的限制在我們所能了解的事情上，這就是給了我們的理解能力以無限的廣闊範圍，或者是使上帝本身成爲有限的。

德　雖然在我看來關於靈魂和身體的結合方面的困難現在已經消除了，但還有別的困難。我以後天的用前定的和諧表明，一切單子都是從上帝接受了它們的起源，並且依賴於上帝的。可是，這方面的細節究竟怎樣，我們是無法了解的；而歸根到底，它們的保存無非是一種連續不斷的創造⑬，正如經院哲學家們所很好認識的那樣。

⑬ 參閱發表在《萊比錫學報》一七〇五年十二月號上的一篇拉丁文論文，載G本第六卷第556-558頁，E本第433-434頁；又參閱《神正論》第三部分§382、§385、§391-§393；《單子論》§47。

第十一章 論我們對於其他事物的存在所具有的知識

§1　斐　那麼，由於只有上帝的存在和我們的存在具有一種必然的聯繫，所以我們對於某種事物所可能具有的觀念，並不證明這事物的存在，也正如一個人的圖像並不證明這個人在世界上存在一樣。§2可是，我通過感覺的途徑對這張紙的白和黑所具有的確定性，是和對我的手的運動的確定性一樣大的，它僅次於對我們的存在和對上帝的存在的知識。§3這種確定性值得稱爲知識。因爲我不信有任何人能當眞地抱這樣的懷疑論觀點，竟對他所看到和感覺到的事物的存在也不確定。至少，能把懷疑推進到這步田地的人，也就永遠不會和我有什麼分歧，因爲他也永遠不能肯定我所說的和他的意見相反。對感性事物的知覺§4是由影響我們感官的外界原因產生的，因爲我們沒有感覺器官就不會得到這些知覺，而如果只要有這些器官就夠了，則它們就該永遠會產生這些知覺。§5還有，我有時經受到這樣的情況，即我不能阻止這些知覺在我心中產生，就例如當我在一個光線可以進入的地方睜開眼睛時，那光的知覺就不能不在我心中產生那樣；反之那些在我記憶中的觀念，則我可以加以避免。因此，這種我無法克服其效應的生動印象，一定得有某種外界的原因。§6這些知覺中的有一些，在我們心中產生時是伴隨著痛苦的，雖然我們以後在回憶起它們時並不感到什麼不舒服。並且數學的推證雖然不依賴於感覺，可是對它們進行考察時利用圖解，這就很有助於證明我們視覺的顯明性，並且似乎給了它一種接近於推證本身的確定性。§7我們的各種感覺在許多情況下也可以彼此作證。一個人看見了火，要是對它有懷疑的話也可以用手觸摸一下看。而我在這裡寫著字，我看到我可以改變這紙的表現並且事先說在心中將會呈現出什麼新的觀念；但當這些字已寫下了時，我就再不能避免看到它們是那樣的字，此外，也無法避免另一個人看到這些字時將會讀出同樣的聲音。§8如果有人以爲這一切都只是一場漫長的夢境，那麼他要是高興的話也可以夢想著我對他作這樣的回答，即我們基於我們的感覺的確定性，是和我們的本性所容許和我們的條件所要求的一樣完全的。一個人看到一支蠟燭在燃燒並且感受到那火焰的熱，要是不把手指縮回來就會被燒傷，這樣一個人將不會要求更大的確定性來規範他的行動，而要是*這個*做夢者不這樣做【即縮回手指】，他將會發現自己被弄醒了。因此，這樣一種可靠性對我們已足夠了，它是和快樂或痛苦一樣確定的，除了快樂和痛苦這兩件事之外，我們在對事物的知識或存在方面實無任何興趣。§9但在我們現實的感覺之外，並沒有知識，而只有*概然性*①，如當我相信世界上有人時那樣；在這一點上是有極高度的概然性的，雖然現在我獨自在小房間裡，並沒有看到任何一個人。§10期望對每件事物都有推證，並且當一些明白和顯明的眞理不是可加推證的時就不照著這樣一些眞理行事，這也將是發瘋。而一個人要想這樣來用眞理，則除了很短時間內就毀滅之外別的什麼也靠不住了。

---

① 原文爲 vraisemblance（「似然性」），英譯作 probability（「概然性」）。在本書其他地方 vraisemblance 與 probabilité 也常被當作同義詞交替使用。

德　我在我們以前的談話中已經指出過，感性事物的眞理性是由它們的聯繫來證明的②，這種聯繫依賴於以理由爲基礎的理智眞理，以及甚至當理由不表現出來時，依賴於對感性事物本身的恆常觀察。而由於這些理由和觀察使我們有辦法來判斷與我們利害相關的未來，並由於事情的成功符合我們合理的判斷，我們在這些對象方面就不能要求也不會有比這更大的確定性。我們對夢境本身以及對它們的和其他現象很少聯繫這種情況，也可以說明其理由。可是我認爲我們可以把知識和確定性的稱呼擴大到現實的感覺之外，因爲明白性和顯明性是超出現實的感覺之外的，這種明白性和顯明性我把它看作也是確定性的一種；而當我們沒有看見人時就當眞懷疑世界上是否有人，這無疑確是發瘋。當眞懷疑就是相關於實踐方面來懷疑，而我們可以把確定性當作一種對眞理的認識，有了它，我們在實踐方面要不是發瘋就不可能懷疑；而有時我們還把它更一般地來看待，並把它應用於這樣一些場合，在這些場合中，我們要是懷疑就不能不受到強烈的責備。但顯明性（évidence）是一種光明的確定性，也就是說，在這種場合，由於看到了觀念之間的聯繫，我們是毫不懷疑的。按照確定性的這種定義，我們確定君士坦丁堡是在世界上，確定君士坦丁（Constantine the Great）和亞歷山大大帝（Alexander the Great）以及凱撒（Gaius Julius Caesar）曾經生存過。誠然，亞耳丁內斯（Ardennes）的某個鄉

② 參閱本書下冊第四卷第二章§14「德」(2)（第204頁以下）。

下人由於不了解情況也可以正當地對這些表示懷疑；但一個有文化和洞明世事的人，要不是神經錯亂是不可能懷疑這些的。

§11 斐 我們憑記憶眞的能確定很多過去的事物，但我們不能很好地斷定它們是否還繼續存在。我昨天看見了水和水面形成的水泡上有一些美麗的顏色。現在我可以肯定這些水泡和水一樣曾經存在過，但我不能再確定地知道水和這些水泡現在是否存在，雖然水的存在有無限更大的概然性，因爲我們曾觀察到水是持久的而水泡是要消失的。§12最後，除了我們自己和上帝之外，我們對其他精神的認識只是由於啓示，而我們對他們的確定性只能由於信仰。

德 我已經指出過，我們的記憶有時是會欺騙我們的。而隨著記憶的較鮮明或較暗淡，以及和我們所知道的事物的聯繫較好或較差，我們就在記憶上加上信念或不加。而即使我們可以肯定主要的情節，對那些周圍的情況也常常可能懷疑。我記得曾認識某一個人，因爲我感到他的形象對我不是新見的，他的聲音也不是新聽到的；而這雙重的徵象比起兩者中之一來對我是一種更好的保證，但我總想不起在哪裡見過他。可是也有這種情況，雖然是罕見的，就是有人在看到某一有血有肉的眞人之前，就在夢中看到了他。有人曾告訴我說確實有一位著名宮廷中的小姐，曾在夢中看見並向她的朋友們描述了她以後和他結婚的那個人，以及這對新人舉行婚禮的廳堂；而這是在她既未見過也不認識這個人和這個地方之前發生的。人們把這歸之於一種莫名其妙的祕密的預感；但偶然性也可能產生這種結果，因爲這樣的事情是罕見發生的，此外，夢中的影像總有點模糊不清，人們以後就有更多自由把它們和某些其他的影像聯繫起來。

§13　斐　讓我們作一結論：有兩類的命題，一類是特殊的和關於存在的，例如說一頭象存在著；另一類是一般的和關於觀念的依賴性的，例如說人們應該服從上帝。§14 這些一般的和確定的命題大部分帶有永恆眞理的名稱，並且事實上它們全都是這樣的。這並不是說這些是自無始以來在某處實際形成的命題，或它們是按照某種永遠存在的模型銘刻在心靈中的，而是因爲我們可以肯定當一個富有這方面的功能和手段的被創造物，把它的思想應用於考慮它的觀念時，就會發現這些命題的眞理性。

德　您的分類似乎回到我的關於事實的命題和理性的命題的分類去了。事實的命題也可能以某種方式變成一般的，但這是通過歸納或觀察；所以這只是許多相似事實的一種集合，如當我們觀察到一切水銀都因火的力量而蒸發時那樣，這不是一種完全的一般性，因爲我們在其中看不到必然性。理性的一般命題是必然的，雖然理性也提供了一些命題並不是絕對地一般的，而只是概然的，例如：我們假定了一個觀念是可能的，直到通過更精確的研究而發現其相反的情況爲止，這時的情形就是這樣。最後還有一些混合的命題，這是從這樣一些前提得出來的，這些前提中有一些是從事實和觀察得來的，而另一些是必然的命題：如關於地球以及關於星體運行軌道的大量地理學上和天文學上的結論就是這樣的命題，這些是許多旅行家和天文學的觀察與幾何學及算術的定理相結合而產生的。但由於按照邏輯學家們的習慣，結論須隨最弱的前提③，並且不能有比最弱的前提更多的確定性，因此，這些混合命題也只能有那種屬於觀察的確定性和一般性。至於說到永恆眞理，必須看到它們骨子裡都是有條件的，事實上是說：這樣的事一經設定，則另一件事就會是這樣。例如，說：凡是有三條邊的圖形也將有三個角，我所說的無非是：假定有一個三條邊的圖形，則這同一個圖形將有三個角。我說這同一個，而這就在於這樣一點：那些直言命題，雖然骨子裡是有條件的，可以無條件地來陳述，有別於那種所謂假言的命題，如這樣的命題：如果一個圖形有三條邊，它的諸內角等於兩直角，這裡我們看到，那前件的命題（即三條邊的圖形）和那後件的命題（即三條邊的圖形的諸內角等於兩直角）並沒有同一個主詞，不是像前一種情況它們是有同一個主詞的，在那裡，前件是：這一圖形是有三條邊的，而後件是：那所說的圖形是有三個角的；雖然假言命題往往也可以變爲直言的，但要把名詞稍稍變化一下，如假使我不用前述的假言命題，而說：一切有三條邊的圖形

③ 按照經院哲學家們的邏輯學，這是直言三段論的一條基本原則，照這原則，結論所包含的，不能多於前提中所包含的，或如有人所說：「結論必須在量上符合於小前提，在質上符合於大前提。」傳統邏輯學家們把否定和特稱命題看作是比肯定和全稱命題爲弱的；否定命題是在質上較弱，特稱命題是在量上較弱。所以如果前提中有一個是特稱的，結論也得是特稱的，前提中若有一個是否定的，結論也得是否定的。

的**諸內角**，等於**兩直角**。經院哲學家們曾對他們所稱的 constantia subiecti④進行激烈的爭論，這就是說，對於一個主體所作的命題，如果這主體是根本不存在的，這命題如何能有實在的眞理性。這就是那眞理性只是有條件的，並且是說，只要在這主體存在的情況下，人們就會發現它是這樣的。但人們又會問，既然在其中是有那種並不騙人的實在性，這種聯繫是基於什麼？回答將是：它是在於觀念之間的聯繫。但人們又會反問：如果沒有任何心靈存在，則這些觀念又在哪裡，並且那時這種永恆眞理的確定性的實在基礎又會變成什麼了呢？這就終於把我們導致眞理的最後基礎，即導致那至高無上的普遍的心靈，它是不能不存在的，它的理智，眞的說來，是永恆眞理的領域，如奧古斯丁（St. Aurelius Augustinus）所曾認識到，並以一種十分生動的方式表明了的⑤。而爲了不要想著求助於這一點是不必要的，就必須考慮到，這些必然的眞理包含著存在本身的起決定作用的理由和規範性的原則，以及，總之一句話，就是宇宙的法

④ 拉丁文，意即：「主體的守恆」。

⑤ 奧古斯丁（St. Aurelius Augustinus, 354-430），是基督教的著名「教父」之一，他的哲學，是以意識或內心經驗的絕對和直接的確定性的原則作爲基礎的。在這種個人意識的確定性中，也就是在思想本身中，就直接包含著上帝的觀念，在上帝之中，存在著作爲全部實在的觀念或規範的普遍眞理。參閱他的 *De Beata Vita*（《論幸福的生活》）第七章；*Solil.*（《獨白》）II，1；*De Vera Relig.*（《論眞宗教》）39、72以下；*De Trin.*（《論三位一體》）X，14；XIV，7；以及 *De Ideis*（《論觀念》）2，等處。

則。這樣，這些必然眞理，既是先於偶然的存在物的存在的，它們就必須是基於一種必然實體的存在。我正是在這裡找到了觀念和眞理的本原，這些觀念和眞理是銘刻在我們靈魂中的，不是以命題的形式，而是作爲源泉，它的應用和機緣就會使實際的判斷得以產生。

第十二章　論增進我們知識的方法

§1　斐　我們已經談了我們所具有的知識的種類。現在讓我們來談談增進知識或尋求眞理的方法。在學者們之中爲大家所接受的一個意見就是：那些公則是一切知識的基礎，而每一門特殊的科學都是基於某些已知的東西（praecognita①）。§2我承認各門數學以它們巨大的成功似乎都有利於證實這種方法，而您是曾經相當支持這一點的。但人們還是懷疑，是否毋寧是一些觀念，通過它們的聯繫在其中起作用，而不是在開頭設定的兩、三條一般公則在起作用。一個兒童知道他的身體大於他的小手指頭，但並不是由於全體大於其部分這條公理而知道的。知識是由特殊的命題開始；但以後人們就想利用一般概念使記憶從很麻煩的一大堆特殊觀念中解脫出來。要是語言竟如此不完善，以致沒有全體和部分這些相關名詞，難道我們就不能知道身體大於手指了嗎？至少我把我的作者那些理由告訴您，雖然我相信可以窺見您照著您已經說過的對於這一點可能說些什麼。

德　我不知道您爲什麼對這些公則這樣沒有好感，竟又要重新來加以攻擊，如果它們像您所承認那樣有助於使記憶從大量特殊觀念中解脫出來，那麼即使它們沒有其他用處，就這一點也應該是很有用的了。但我要加一點說，它們並不是從這些特殊觀念產生的，因爲人們並不是通過許多例子的歸納而發現它們的。一個人知道十大於九，身體大於手指，以及知道一座房

① 拉丁文，意即：「先已知道的東西」。

子太大了不能通過房門搬走，他之知道這每一特殊命題，都是通過同一個一般理由，這理由就好比在其中體現著和照亮著，正如我們看到一幅畫的那輪廓線條一樣，這輪廓是著了顏色的，其中那比例和形狀就恰當地在那輪廓之中，而不管它是什麼顏色。而這共同的理由就是公理本身，它可以說是默默地被認識到的，雖然它最初不是以一種抽象的和分離的方式被認識的。例子是從所體現的公理得到它們的眞理性，而公理並不是以例子爲其基礎。而由於這些特殊眞理的這種共同理由是在一切人心中的，您可以清楚地看到並無必要在一個浸淫其中的人的語言中發現有全體和部分這些語詞。

§4　斐　但是，在公理的藉口下，授權來作各種假定，豈不是很危險嗎？一個人將會和某些古代人一樣假定一切都是物質；另一個人會和波萊蒙（Polémon）②一樣假定世界是上帝；第三個人又會事實上假定太陽是主要的神。請判斷一下，如果允許這樣，我們將會有怎樣的宗教。不加疑問就接受原則，的的確確是危險的，尤其要是這些原則涉及道德的話。因爲有些人將會期待著一種來世生活毋寧像阿里斯底波（Aristippos）③所說的那樣，他把幸福就放在肉體

---

② 波萊蒙（Polémon），繼斯彪西波（Speusippos）和色諾克拉底（Xenocrates）之後，爲柏拉圖所創立的「阿加德米」的首領（自西元前314至前270年），主要談道德問題。

③ 阿里斯底波（Aristippos，約西元前435至前366年），爲希臘居勒尼（Cyrene）學派的創始人。

的享樂上，而不是像安提斯泰尼（Antisthenes）④所說的那樣，他主張要成爲幸福的只要有德性就夠了。而阿爾克勞（Archelaos）⑤，把正義與不正義、誠實與不誠實是單由法律而不是由自然所決定作爲原則，他無疑將會有衡量道德上的善惡的其他標準，和那些承認義務先於人的規章制度的人的標準不一樣。§5因此，原則必須是確定的。§6但這種確定性只來自觀念的比較；這樣我們就無需其他的原則，而遵照這唯一的規則，我們就將比把我們的心靈委之於旁人的任意支配進到更遠。

德　我很驚訝，先生，您竟把可以而且應該用來反對那些被假定爲徒然的（gratis）原則的話，轉而用來反對公則，也就是反對顯明的原則。當一個人要求科學中已預先知道的東西，或用來爲科學奠基的在先的知識時，他所要求的是已知的原則，而不是未知眞假的武斷的設定；甚至亞里斯多德也這樣理解這一點，即較低級和從屬的科學是從其他較高級的科學借得它們的原則，這些原則在那較高級的科學中已得到了證明，只除了那第一門科學，即我們稱之

---

④ 安提斯泰尼（Antisthenes，約西元前440至前369年），爲希臘犬儒學派的創始人。

⑤ 阿爾克勞（Archelaos），生卒年不詳，是古希臘哲學家阿那克薩哥拉（Anaxagoras，約西元前500至前428年）的學生，他似乎曾照米利都學派的阿那克西美尼（Anaximenes，約西元前588至前524年）的學說方向修改了其老師的學說。

為形上學的⑥，照他看來形上學是絲毫無所求於其他科學，而為其他科學提供了它們所需要的原則的；而當他說：δεῖ πιστεύειν τὸν μανθάνοντα⑦，即學徒應該相信他的老師，他的意思是，只是當學徒在等待，在他還沒有受到較高級的科學方面的教育時，才應該這樣做，所以這只是暫時的。這樣我們就遠不是接受徒然的原則（**principes gratuits**）。對此還得加一句，即使那些確定性不完全的原則也可以有它們的用處，要是我們只是通過推證才在它們上面從事建築的活。因為雖然在這種情況下所有的結論都只是有條件的，並且只有在假定這原則是眞的時才是有效的，但這種聯繫本身以及這些條件式的陳述至少是得到證明了；所以我們很可以希望能有很多以這種方式寫的書，因為已把那條件告訴了讀者或學生，書中就不會有什麼犯錯誤的危險。而人們將只隨著那假定在別處被發現已得到證實的程度，來根據這些結論規範其實

---

⑥ 此句E本作“que les sciences inferieures et subalternens empruntent leurs principes d'autres sciences, que nous appellons la Metaphysique...”（即「較低級和從屬的科學是從我們稱之為形上學的其他各門科學借得它們的原則……」），有脫漏，G本在“d'autres sciences”之後有“superieures, où ils ont esté demonstrés, excepté la premiere des sciences.”。

⑦ 希臘文，大意已見正文下文。參閱亞里斯多德的 *Sophist. Elench*（《駁詭辯論證》即《正位篇》最末的第九卷）第二章，161.b, 1-3，大意說：「目的在於教學的討論，是從每門科學的特有原則出發，而不是從參與學習的學生的意見得出結論。」

踐。這種方法本身也常常用來證實假定或假說，當從這種假說產生很多結論，其眞實性在別處已知道時就是這樣，而有時這就給人一種完全的反證（retour），足以證明假說的眞實性。孔林（Hermann Conring）先生⑧，職業是醫生，但很博學，在各門學問上都很高明，也許只除了在數學方面，他曾寫了一封信給一位朋友，這位朋友在黑爾姆斯特（Helmstedt）從事於重印維奧多（Bartolommeo Viotto）⑨的書，維奧多是一位受推崇的逍遙學派哲學家，致力於解釋亞里斯多德的《後分析篇》中的證明。這封信被附在該書中，在這信裡孔林批判了帕普斯（Pappus）⑩，當帕普斯說，分析提出要通過假定未知的來發現未知的，並由此通過推論而達到已知的眞理；這是違反邏輯的（他說），邏輯教我們從假的不能得出眞的結論。但我後來

---

⑧ 孔林（Hermann Conring, 1606-1681），德國醫生，被認爲是當時最博學的人之一，在醫學、法律、神學、歷史、物理學、語言文字學等等方面都寫了大量的著作。他和萊布尼茲的通信，見G本第一卷第153-206頁。

⑨ 維奧多（Bartolommeo Viotto 或 Viotti，拉丁名 Viottus），義大利都靈的一位醫生和哲學家，他父親 Tommaso Viotto 也是一位著名的外科醫生。在一五五二年以前的五年曾在都靈公開講授邏輯。死於一五六八年。參閱萊布尼茲與孔林的通信，見G本第一卷，第184頁、第187頁。

⑩ 帕普斯（Pappus），亞歷山大里亞人，是希臘有很高地位的幾何學家，約生活於西元三世紀末至四世紀初。他的 Συναγωγή（《文集》）在數學史上是很有價值的，我們關於希臘幾何學的知識一大部分都出自該書第七卷。孔林所錯誤地加以批判的帕普斯關於分析和綜合的本性的解釋，見該書第七卷的〈序言〉。

使他認識到，分析是運用一些定義和其他可以互相換位的命題，這些命題給人作反證和找到綜合的證明的方法。⑪而且甚至當這種反證並非推證性質的時，如在物理學中那樣，它有時也還是有很大的概然性，當假說能很容易地解釋很多如果沒有這假說就很難解釋並且彼此很不相關的現象時就是這樣。我支持這一眞理，先生，即原則中的原則在某種方式下是觀念和經驗的良好運用；但深入考察起來我們就會發現，對於觀念來說，這不是什麼別的，無非是利用一些同一性的公理把一些定義聯繫起來。可是要達到這種最後的分析並不是始終很容易的事，而不論幾何學家們，至少是古代的，曾表現出多麼渴望能達到這目的，他們卻還未能做到這一點。《人類理智論》的著名作者要是完成了這一研究，將會使他們非常高興，這研究比人所想到的是要更困難一點。例如：歐幾里得曾把這樣一條作爲公理之一，這一條就等於說：兩條直線只能有一次相交。從感覺經驗得來的想像，是不允許我們設想兩條直線有不止一次相交的；但科學並不應該建立在這種想像的基礎上。而如果有人以爲這種想像給了人清楚觀念的聯繫，他就是在眞理的源泉方面沒有受到足夠的教育，而大量可以用其他在先的命題來證明的命題，在他就會都當成是直接的命題了。這一點正是許多曾經批評歐幾里得的人所未曾充分考慮的。

---

⑪ 參閱萊布尼茲與孔林的通信，一六七八年一月三日，見G本第一卷第187-188頁；又同上第185頁、第190頁，第193頁以下等處。

這類影像只是些混亂觀念，而那種僅僅以此來認識直線的人，對它將絲毫也不能證明什麼。就因爲這樣，歐幾里得，由於對直線沒有一個清楚地表明的觀念，即定義（因爲它在其時所給的定義是模糊的，並且在證明中對他毫無用處），就不得不回到兩條公理，這在他那裡就取代了定義的地位並且是他在推證中所運用的；一條就是：兩條直線沒有共同的部分，另一條是：它們不包含空間。阿基米德曾給了直線一種定義，是說它是兩點之間最短的線。但他默默地假定了（在證明中用了和歐幾里得的一樣的一些要素，也是基於我剛才所提到的兩條公理的）這些公理所說到的那些特性（affections）是符合於他所定義的線的。因此，如果您和您的朋友們一起以爲，在觀念的符合和不符合的藉口之下，那種影像所告訴我們的東西是被允許的並且在幾何學中仍被接受的，而並不追求古代人在這門科學中所要求的那種通過定義和公理所作證明的嚴格性（如我認爲很多人由於不了解情況是會這樣想的），那麼先生，我將向您承認，對於那些只關心像那樣的實踐的幾何學的人，是可以滿意的，但對於那些想要一門使這種實踐的科學得到完善的科學本身的人來說則並不滿意。而如果古代人也曾持這種意見並在這一點上放鬆了努力，則我相信他們就不會有多少進展而只會留給我們一部經驗的幾何學，就像埃及人的幾何學顯得曾經是那樣以及中國人的幾何學似乎現在仍然是那樣；這樣就會使我們沒有那些最美好的物理學和力學的知識，這些知識是幾何學使我們發現的，而凡是不知道我們的幾何學的地方就都不知道的。事情也顯然表明，我們遵循著感官及其影像時就會陷入錯誤；這就差不多像我們所看到的，凡是沒有受過精確幾何學方面的教育的人，根據對他們的想像的信念，都會把這一點當作無可懷疑的眞理，即兩條繼續不斷地互相接近的線最後應該相交，反之幾何學家們則給出了某些線方面的相反的例子，這些線他們就叫做漸近線。但除了這一點之外我們還將沒有了在幾何學中關於思考方面我認爲有最高價值的東西，這就是讓我們窺見了永恆眞理的眞正源泉以及使我們了解其必然性的辦法，這是感官的混亂觀念不能使我們清楚地看到的。您會對我說，歐幾里得卻曾不得不自限於某些公理，這些公理是我們只是通過利用影像而混亂地看到其顯明性的。我承認他是自限於這些公理，但他自限於少數幾條這種性質的眞理，這些眞理對他顯得是最簡單的並且從它們演繹出另一個較不精確的人也會不加證明地當作確定的其他一些眞理，這樣比讓很多眞理不加證明要好得多，而更壞的是讓人們有自由隨自己的高興擴大這種鬆散不精確的情況。因此您看到，先生，您和您的朋友們關於觀念的聯繫作爲眞理的眞正源泉所說的話是需要解釋的。如果您想滿足於混亂地看到這種聯繫，您就削弱了證明的精確性，而歐幾里得把一切歸結爲定義和少數幾條公理的做法要好得無比。如果您想要這種觀念的聯繫被清楚地看到和表明，您就將不得不如我所要求的那樣求助於定義和同一性的公理；而有時當您難以達到一種完全的分析時就將不得不滿足於某些比較不是原初的公理，如歐幾里得和阿基米德所曾做的那樣，而您這樣做也將勝過忽視或遷延某些美好的發現，這些發現是您利用這樣一些公理本來就已經可以得到的：正如事實上我有一次已經對您說過的那樣，先生，我認爲，如果古代人不等到他們不得不運用的公理都已得到證明就不想前進，我們就不會有幾何學（我理解爲一種推證的科學）。

§7 斐 我開始懂得了什麼是一種清楚地認識到的觀念間的聯繫，並且看清楚了在這種方式下公理是必要的了。我也看清了我們在涉及考察觀念的研究中所遵循的方法，必須以數學家們爲榜樣來安排，他們從某些非常明白和非常容易的開頭的東西（這無非就是一些公理和定義）出發，通過很小的層級，和通過一種推理的連續鏈條上升，以達到那些最初顯得超乎人類能力之上的眞理的發現和證明。找到證明以及找到這些他們所發明用來析出和整理中介觀念的令人讚嘆的方法的技術，就是產生了如此驚人和如此出人意料的發現的東西。但是，要知道是否隨著時間進展我們將不能發明某種類似的方法，可用於其他的觀念，也像用於屬於大小方面的觀念一樣，這一點我不想來作出決定。至少，要是其他觀念也照數學家們通常用的方法來加以考察，它們將會把我們的思想導致比我們所也許已被導致設想的更遠。§8而這一點在道德方面是特別可能做到的，正如我已不止一次地說過那樣。

德 我認爲您是對的，先生，而我很久以來就已傾向於擔負起責任來完成您所預期的事。

§9 斐 在關於對物體的知識方面，必須採取與此直接相反的途徑；因爲我們對它們的實在本質既無任何觀念，就不得不求助於經驗。§10可是我不否認，一個習慣於做合理而合乎正規的實驗的人，對於物體還不知道的特性，能作出比別人較正確的猜測。但這是判斷和意見，而不是知識和確定性。這就使我相信，物理學是不能在我們手裡變成科學的。可是實驗和歷史的觀察，在關於我們身體的健康和生活的舒適方面，是可以對我們有用的。

德　我同意，物理學整個來說是永不會成爲我們之中一門完全的科學的，但我們還是能有某種物理科學的，甚至我們也已經有了一些這種科學的標本。例如：磁學就可以被當作這樣的一門科學，因爲作了很少幾個基於經驗的假定，我們就能通過確定的推理從之證明大量的現象，它們實際和理性使我們看到的一樣發生。我們不應該希望對一切經驗都能說明理由，正如甚至幾何學家們也還並沒有證明他們的一切公理一樣；而正如他們滿足於從少數理性原則演繹出大量的定理一樣，物理學家們利用若干經驗的原則來爲大量現象說明理由，並且甚至能在實踐上預見到⑫這些現象，這也就夠了。

§11　斐　那麼，既然我們的功能並沒有被造成來使我們能辨別物體的內部結構，我們就應該斷定，它們爲我們發現了上帝的存在，以及對我們自身的相當大量的知識就夠了，就足以在有關我們的義務以及有關我們的最大利益——尤其是有關永恆的——方面教導我們了。而我認爲我可以由此正當地推論出：「道德學是一般人類固有的科學和大事，正如另一方面，有關自然的各個部分的各種不同技藝，是各個個人的本分。」例如：我們可以說，對鐵的用途的無

---

⑫ G本和E本原文均爲“prevoir”（「預見」），英譯作“prove”（「證明」）。

知，是美洲各國雖然各種物產都很豐富卻缺乏最大部分的生活舒適品的原因。因此，我遠不是輕視自然科學，§12我主張，要是這種研究得到它所當有的正確引導，它可以對人類有比迄今所做的更大的用處；而那發明了印刷術，發現了指南針的用途，以及使人認識了金雞納霜【即奎寧】的特性的人，是比那些建立專門學校、醫院以及用巨大花費建造起來表現最顯赫的慈善事業的紀念碑的人們，更有貢獻於知識的傳播和對生活有用的舒適用品的增進，以及救了更多人的性命。

德　您不能說得比這更使我滿意的了，先生。眞正的道德或虔敬，是應該推動人們去研究技藝，而遠不是爲某些懈怠的清靜派人的懶惰張目的。而正如我不久前已說過的，一種較好的公安制度，將會能夠導致我們有一天有一種比現在的好得多的醫藥事業。這事是怎麼宣揚都不算足夠的，【其重要性】僅次於對德性的關心。

§13　斐　雖然我推崇經驗，但我並不輕視概然的假說。它們能導致新的發現，並且至少對記憶是一種很大的幫助。但我們的心靈非常傾向於進得太快，並滿足於某些輕微的表面現象，因爲沒有費必要的精力和時間來把這些假說應用於大量的現象。

德　發現現象的原因或眞的假說的技術，就像辨認潦草字跡的技術一樣，這裡一種機智的猜測往往可以大大縮短途程。培根勛爵曾開始把實驗的技術弄成一些條規，而波以耳爵士曾有很大的才能來把它們加以實行。但如果不把運用實驗和從之引出結論[13]的技術和這些條規結合起來，則用了最大的花費也達不到一個有很大洞察力的人一眼就能看出的結果。笛卡兒先生，肯定是這樣的一個人，在他的一封信中[14]談到這位英國大法官[15]的方法時就曾類似這樣指出過；而斯賓諾莎（當他說得很好時我是毫不作難地引用他的話的），在收印於這位精明猶太人的遺著中的給已故英國皇家學會祕書奧爾登堡先生的一封信中[16]，對波以耳的一個作品也提出了近似的思想，說眞的，波以耳有點過於停留在這一點上，就是從無數美好的實驗中沒有引出其他的結論，而只得出他可能當作原則的這樣一個結論，就是自然中的一切都是機械地行事的，這一原則，是人們可以單用理性來使之成爲確定的，但卻不能用實驗來使之確定，不論你做了多少實驗。

§14　斐　在用固定名稱確立了明白清楚的觀念以後，擴大我們知識的重大手段就是找出那些中介觀念的技術，這些中介觀念能使我們看出那兩極端觀念的聯繫或不相容性。那些公則至

⑬　E本無「和從之引出結論」等字，G本有“et d’en tirer des consequences”。

⑭　據英譯者註，在笛卡兒現存的書信中找不到這裡所指出的內容。英譯者認爲可能是萊布尼茲把它和斯賓諾莎的信搞混了。

⑮　指弗蘭西斯・培根。

⑯　參閱 Van Vloten 等編的《斯賓諾莎全集》第二卷，19。

少是無助於給人這種中介觀念的。假定一個人對直角毫無確切觀念，他要來對直角三角形證明點什麼就只會是徒然地自找苦吃；而不論他用了什麼公理，他也將很難藉助它們而達到證明構成直角的兩邊的平方的和等於斜邊的平方。一個人可以對這些公理久久冥思苦想，也永不會在數學方面看得更明白些。

德　對公理做冥思苦想而沒有什麼來應用這些公理，這是毫無用處的。公理常常可用來把幾個觀念聯繫起來，例如：相似圖形的第二維和第三維的相似比，按理是相應的第一維的相似比的平方和立方，這條公則就有極大的用處；而例如：希波克拉底（Hippcrates）的月形⑰的

⑰ 這裡是指希俄斯（Chios）的希波克拉底（Hippcrates），而不是指那「醫學之父」科斯（Cos）的希波克拉底（西元前460-前375年），他和這位「醫學之父」是同時代人，是一位著名的希臘幾何學家。他的最顯著成就就是發現了這樣一種月形即新月形平面圖形的求積法，這種月形是這樣做成的：在一個圓內作互相垂直的兩條半徑，並在這兩條半徑端點連線上張一半圓（如附圖陰影部分所示）。這個月形之所以著名，是因為它是面積可以精確決定的第一個曲線圖形，它的面積恰恰等於這兩條半徑和半徑端點線所構成的三角形（△AOB）的面積，這月形的面積為 $\frac{r^2}{2}$，等於△AOB的面積。

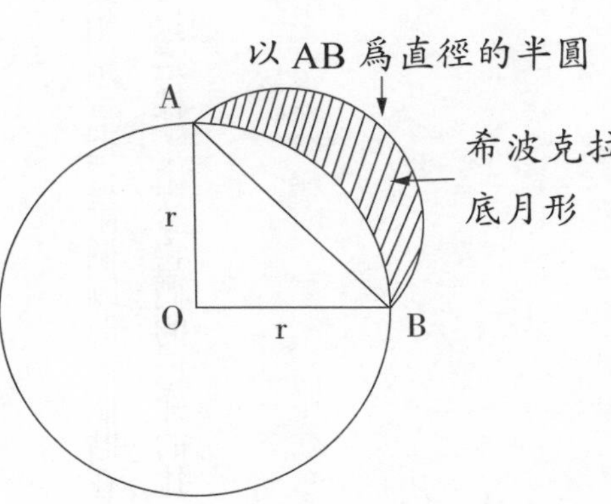

求積，在圓的情況下立即就可以從這條公則得出來，辦法是與此相結合把這兩個圖形一個貼在另一個上，當它們已給予的設定提供了這樣做的合適機會時就可以這樣，由於它們的已知的比較給了這樣的啓發。

第十三章　關於我們的知識的其他一些考慮

§1　斐　也許還宜於加上一點說，我們的知識，在這一點上，也和在其他一些事情上一樣，和視覺很有關係，這就是：它既不是完全必然的，也不是完全隨意的。一個人在光亮處張開了眼睛，他就不能不看見，但他可以把眼光轉向某些一定的對象，§2並且以較多或較少的專注來考量它們。因此，當功能一旦得到了應用，就不由意志來決定知識了；正如一個人不能阻止自己看見他所看的東西一樣。但人應該運用他的功能，因爲這是要使自己受教益所必須做的。

德　我們先前已經談到過這一點，並且已經確立了這樣一點：要在當前狀態下具有這樣或那樣的意見，是並不取決於人的，但使自己準備好以便此後具有或不具有這樣的意見，則取決於他，因此，意見只是在一種間接的方式下是隨意的。

第十四章　論判斷

§1 斐　人要是由於缺乏一種確定的知識而沒有什麼可以來指引自己，就會在生活的大部分行動中處於猶疑不決的狀態。§2人常常必須滿足於一種單純的概然性的**朦朧狀態**。§3而在這方面所用的功能就是**判斷**。人常常出於必要得滿足於這一點，但這也常常是由於缺乏勤勉、耐心和技巧。§4人們把它叫做**同意或不同意**，而當人**推定**（présume）某種事物，也就是說，當人在一件事物得到證明前就當它是眞的時，就用了這種功能。當這樣做符合事物的實在情況時，這就是一個**正確判斷**。

德　別人是把人們每當對原因有某種知識以後作出陳述的活動叫做**判斷**；甚至還有人將把判斷和意見加以區別，因爲【判斷】未必得是這樣不確定的。但我不想在用詞方面責難任何人，而可以允許您，先生，把判斷當作一種概然的意見。至於說到**推定**，那是法學家們用的一個名詞，在他們那裡正確的用法是把它和猜測（conjecture）區別開來的。這不止是一種猜測而是直到有證據證明其相反情況以前應被暫時當作眞的事情，反之一種**徵兆**（indice）和一種**猜測**則常常須以另一種猜測來與之抗衡。就因爲這樣，一個人承認了向另一個人借過銀錢，就被**推定**爲應當償還，除非他能表明他已經償還過了，或這債務根據某種別的原則已停止了。因此，**推定**在這意義下，不是在證明以前**採取**的，這是不允許的，而是**先行採取**但有根據的，同時等待著一種相反的證據。

第十五章　論概然性

§1　斐　如果說推證表明了觀念間的聯繫，則概然性不是什麼別的，無非是這樣一種聯繫表現出來的現象，這種聯繫是基於一些看不出不可移易的連結的證據之上的。§2有各種程度的同意，從確信直到猜測、懷疑，以至不信。§3當我們有確定性時，對標誌著聯繫的推理的所有各部分都有一種直觀；但那使我相信的，是某種外來的東西。§4而概然性是基於和我們所知道的東西的符合，或基於知道它的人們的見證。

德　我寧願主張它始終是基於似然性或基於與眞實性的相符合；而旁人的見證也是這樣一回事，就所涉及範圍內的事實來說，這事對他慣常是眞的。因此，我們可以說，概然的和眞的之間的相似性，或者得自那事物本身，或者得自某種外來的事物。修辭學家們提出有兩類的論據（argumens）：一類是人爲的（artificiels），它們是通過推理得自事物的；一類是非人爲的（inartificiels），它們只是基於明示的見證，或者是人的見證，或者也許是事物本身的見證。但也還有混合的論據，因爲見證本身也可以提供一個事實，這事實就可以用來形成一個人爲的論據。

§5　斐　是由於缺乏和眞的東西的相似性，我們不容易相信那和我們所知道的毫不近似的事物。這樣，當一位大使對暹羅國王說，在我們這裡冬天水凍結得這樣堅固，以致一頭象也可以在上面走而不會掉下去時，國王就對他說：在這之前我一直相信您是個誠實可靠的人，現在我看出您是在撒謊了。§6但如果說旁人的*見證*可以使一件事實成爲概然的，旁人的*意見*卻不應該憑它本身就被當作概然性的一種眞正的根據。因爲在人們之中是錯誤多於知識，而如果我們所認識和尊重的人們的信念就是同意的一種合法根據，那麼一個人就會很有理由在日本就信神道教，在土耳其就信伊斯蘭教，在西班牙就信天主教，在荷蘭就信喀爾文教，在瑞典就信路德教了。

德　人們的見證無疑是比他們的意見更有分量，並且在道理上人們在見證方面也是作了更多思考的。可是我們知道法官有時使人發所謂*輕信*（crédulité）之誓；而在*審訊*時，法官常常要求證人不僅說明他們所看見的，而且要說明他們所判斷的，同時問他們作這樣判斷的理由，以及是否對此作了應有的思考。法官們也很重視每一行業的專家們的想法和意見；有些私人，由於他們不適應於來作適當的考察，也同樣不得不這樣做。因此，一個兒童，以及其他在這方面的條件不比兒童好多少的人，甚至當他發現自己處於一定境況時，就不得不遵從他本國的宗教，只要是他看不出這宗教有什麼壞處，並且處於找不出是否有一種更好的宗教這種狀態。而一個青年侍衛們的領導人，不論他自己屬於什麼教派，也將迫使他們各自去進那青年人自稱相信的那種教派的信徒們所進的教堂。可以參考一下尼科爾（Pierre Nicole）①和旁人在關於信仰問題上的**大多數**的論據這個問題的討論，有人有時在這點上對他過於信從，而另外有人又對它考慮不夠。還有其他一些類似的**預斷**（préjuges），人們憑著它們就會很容易自免於討論的。這就是特土良（Tertullien）②在一篇專門論文中所稱的préscriptions，他所用的這個名詞，古代的法學家們——他們的用語他不是不知道的——是指很多種例外或外來的和預先的規定，但今天人們幾乎只把它理解為時效的規定，即一個人可以因為別人在法律規定的時間內沒有提出要求而主張拒絕他的要求。這樣，羅馬天主教會和新教雙方就都有理由來發表他們的**合法的**預

---

① 尼科爾（Pierre Nicole, 1625-1695），是最著名的王港（Port Royal）邏輯學家之一，僅次於阿爾諾（Arnauld）和帕斯卡爾（Pascal），和阿爾諾合著著名的《思維術》或《王港邏輯》。他的最重要著作是《道德論》（*Essais de Morale*, Paris, 1671-1674）。萊布尼茲這裡所指的神學上的爭論，見於他的《論教會的統一或對茹利安的新系統的駁斥》（*De l'unité de l'église ou refutation du nouveau système de Jurien*, Paris, 1687），其中討論了羅馬天主教會是否可允許自己採取「宣稱信教者占大多數」的論據的問題。這論據無疑是成問題的。培爾在其《歷史批判辭典》中有關於他的《論教會的統一》的論述。

② 特土良（Tertullien, 150至160-220至240年），生於迦太基，天主教早期的著名「教父」之一，在他的 *De Praescriptione Haereticorum*（《關於異端的規定》）中企圖提出一個一般的論據，反對一切的異端。他的反駁的論據企圖依照某些一定的規定（praescriptiones），禁止異端求助於《聖經》來支持他們的觀點。

斷。例如：我們曾發現雙方在某些方面都同樣有辦法來反對新事物，舉例來說，如新教徒大部分背棄了古老的授任聖職的形式，而羅馬天主教徒則改變了《舊約》的聖書目錄，如我在和莫的主教進行的一場書面反覆爭論中已相當清楚地表明的那樣，據我幾天前得到的消息，這位主教剛剛去世。③因此，這些譴責既是相互的，所以那事物，雖然有點令人懷疑它在這些問題上有錯誤，卻不是證明其錯誤的一種確定的證據。

---

③ 萊布尼茲這裡所指的是他和博須埃（Jacques Benigne Bossuet, 1627-1704）的通訊爭論，博須埃從一六八一年起至其去世一直任莫（Meaux）的主教。萊布尼茲和他的通信曾斷斷續續地進行了二十五年之久，但爭論並無結果，因爲博須埃是死硬的天主教正統派，竭力想使萊布尼茲改信天主教，而萊布尼茲則想把天主教和新教調和起來，同時不願放棄進行科學探討的自由。全部通訊曾發表於 Foucher de Careil 編的《萊布尼茲著作集》第一、二卷（巴黎，一八五九至一八六〇年版），部分載於 Dutens 編的《萊布尼茲全集》第一卷第507頁以下。這一段文字對於確定萊布尼茲寫作本書的年代也有重要意義，因博須埃死於一七〇四年四月十二日，此段當寫於該年四月後半月，可見本書主要部分當完成於一七〇四年，以後可能陸續作過一些修改補充。

第十六章　論同意的各種等級

§1 斐 至於說到同意的各種等級，我們必須注意，使我們所具有的概然性的那些根據起作用的範圍，不超出在其中所發現，或當它們被考察時已發現的似然性的程度之外。因爲我們必須承認，同意不能永遠基於當下實際看到那些使心靈信服的理由，並且即使那些具有了不起的記憶力的人，也很難永遠記得①曾迫使他們給予某種同意的所有那些證明，這些證明有時可能單單對於一個問題就要寫滿一大本書。只要他們一度曾對問題忠實而留心地仔細考察過，並且可以說已對它結了帳，這就夠了。§2要不然人們就得非常猶疑不決，或者得時時改變觀點，以屈從於新近考察過問題、向他們提出了論據的任何人，這些論據，他們由於不記得或無暇鑽研，是不能立即完全答覆的。§3必須承認，這往往使人固執錯誤；但過錯並不在於他們信賴他們的記憶，而在於他們以前的判斷不對。因爲在人們常常是覺得他們從未有過別樣想法這樣一點就取代了考察和理由的地位。但通常是那些最少考察過自己的意見的人卻最頑強地固執己見。可是，堅持自己看清了的東西是值得稱許的，但堅持自己所相信的卻並不永遠如此，因爲可能有某種可以把整個問題顚倒過來的考慮被丟到背後了。並且也許世界上沒有一個人有這樣的閒暇、耐心和辦法，來把他有意見的問題上雙方的證據全都收集起來，以便把它們加以比

---

① G本原文作：“*Sur une veue actuelle des raisons, qui ont prevalu sur l'esprit, et il seroit très difficile, même à ceux, qui ont une memoire admirable*”, etc.其中斜體字的詞句爲E本所無，E本顯有脫漏。譯文從G本。

較，和作出可靠的結論，以致再也不剩什麼他還需要知道以求獲得更豐富的教益的了。可是對我們的生活和我們更重大的利益的關懷，不能忍受拖延，而對於我們不能達到確定知識的一些事作出決斷是絕對必要的。

德　您剛才所說的，先生，全都很好，很切實。不過，也許可以希望人們，在某些場合，對那些促使他們採取某種重要意見的理由，作些摘錄（以備忘錄的形式），這種意見是他們在以後常常不得不對自己或對他人加以辯護的。此外，雖然在法律問題上，通常對已過去的判決是不許翻案，對已了結的舊帳是不許重算的（否則的話就會永遠處於不穩定的狀態，這比起對過去的事沒有始終都記下的情況來也許是更不能忍受的），可是有時在有新發現的情況下也允許向法庭重新提出申訴，並且甚至可以得到和原判相反的所謂 **restitio in integrum**②；同樣在我們自身的事務上，尤其是在一些極重大的事情上，在還允許我們或進或退的場合，以及在暫緩執行和徐徐地勒馬前進不致造成損失的場合，我們心靈基於概然性的決定，就絕不應該以像法學家們所說的 **in rem judicatam**③的方式進行，這就是說，確立不移，以致當新的相反的重大理由出現時我們也無法修正推理。但當沒有更多時間來反覆考慮時，則就當遵循我們所作的

② 拉丁文，意即：「恢復原狀」。

③ 拉丁文，意即：「作為已審定的事」。

判斷，堅決得好像它是絕不會錯的，但並不是永遠以這樣的嚴格性。④

§4 斐 那麼，既然人們不能避免在判斷上犯錯誤和具有分歧的意見，則當他們不能從同一方面來看待事物時，就應該彼此保持和平，和在這種意見分歧之中保持人性的義務，而不要以爲別人在我們提出反對時就該迅速改變他根深蒂固的意見，尤其是一個人如果有理由設想他的對手是從利害關係、野心或其他某種個人的動機出發來行事時更是這樣。最常見的情況是那些強加於人，要人必須屈從他們的意見的人，往往是很少對事情作過透徹考察的。因爲那種對討論的問題作過足夠深入的考察以使自己擺脫懷疑的人，數量是很少的，並且他們發現很少有什麼理由來責備他人，因此，不用期望在他們方面會有什麼粗暴激烈的情況。

德 實際上，在人們之中最當受譴責的，並不是他們的意見，而是他們譴責別人的那種冒失的判斷，彷彿別人的判斷和他們的不同就必然是愚蠢的或壞的；這種情況，在那些製造激情和憎恨，把它們散布於公眾之中的人們那裡，是一種高傲而不公平的心靈的結果，這種心靈

---

④ 據英譯本註：Janet 把這一條和笛卡兒《方法談》第三部中下列這段話來作對比：「我的第二項規條是：在行動上要盡可能做到最堅決、最果斷，當我一旦決定採取某些意見之後，即便這些意見極爲可疑，我也始終加以遵守，就像它們是非常可靠的意見一樣。」（參閱《十六—十八世紀西歐各國哲學》，商務印書館，一九七五年版，第145頁）。

總愛統治一切而不能忍受任何反對。也並不是確實沒有理由常常反駁別人的意見，但必須以一種公平的精神和對人類弱點的同情來這樣做。的確，我們對於一些影響風俗和虔誠信仰的實踐的壞學說要小心提防，這是對的；但我們不應該並無很好的證據就把它們歸咎於人、歸咎於人們的偏見。如果說公平是要人們免受損害，那麼虔信就要求在適當場合表現出他們的教條的壞結果，要是這些教條是有害的，就像反對一位全智、全善和完全正義的上帝的天道，以及反對那使人的靈魂能罹受上帝的正義的效果的靈魂不滅的那些教條那樣的話，就不說其他有關道德和公共治安的那些危險的意見了。我知道有些卓越和善意的人士主張這些理論上的意見對實踐並沒有如人們所想的那樣大的影響，我也知道有一些具有極好天性的人，這些意見絕不會使他們做出任何和他們的尊嚴不相稱的事情：正如也有一些人，他們憑思辨陷入了這些錯誤，卻慣常是憑天性遠離那些人們一般易犯的過惡的，此外他們也很關懷他們在其中充當首領的那宗派的尊嚴；例如：伊比鳩魯和斯賓諾莎，就可以說都曾過著一種完全可為人楷模的生活。但這些理由在他們的門徒和仿效者那裡往往就不再存在了，他們相信自己已擺脫了對一種監臨的天道和威脅性的來世的惱人恐懼，就放縱他們粗鄙的情慾，並把心靈轉向誘惑和敗壞別人；要是他們是野心勃勃和天性有點粗暴的，他們就能為了自己的快意或進取而在大地的四面八方點起火來，正如我知道有些已被死亡掃除的人性格就是這樣。我甚至發現近似的意見也一點一點潛入那些統治別人並為大事所繫的大人物們心中，和侵入那些時髦的書籍之中，促使一切事物都經受那威脅著歐洲的普遍革命，而終於摧毀了世界上還殘留著的那點古希臘羅馬人的高尚情操，古代希臘羅馬人是把對祖國的愛、公眾的善，和對後代的關懷看得比榮華富貴甚至比生命都更重的。這種英國人所說的 public spirits（公德心），是極度地減弱並且不再時興了；而當它們不再得到善良道德和自然理性本身教給我們的眞宗教的支持時，還將進一步減弱。開始占統治地位的這種相反的性格，其最好者除了他們所說的榮譽之外也再沒有其他的原則。但正直的人和有榮譽的人的標誌，在他們那裡也只不過是不做他們所認爲的任何卑劣的事。而如果爲了追求權位或由於任性，有人就搞得血流成河，如果他把一切都搞得七顚八倒，人們也把它不當一回事，而一個古代人中的赫洛斯特拉特（Herostratus）⑤，或一個《比埃爾的盛筵》中的唐·璜⑥，將會被當作一位英雄。人們高傲地嘲笑愛國心，把那些關心公眾的人弄成可笑的人物，而當某個懷著善意的人談到後代將會變成怎樣時，人們就回答說：到那時再說那時的話吧。但

⑤ 赫洛斯特拉特（Herostratus），古希臘的一個以弗所人，他爲了要使自己聲名不朽，就不惜幹件大破壞的事，在西元前三五六年，正當亞歷山大大帝誕生之夜，把在以弗所城的被看作當時世界七大奇景之一的狄安娜（Diane）神廟放火燒了。

⑥ Don Juan，本是西班牙傳說中的一個人物，法國著名喜劇作家莫里哀（Molière, 1622-1673）的喜劇《比埃爾的盛筵》（*Festin de Pierre*）中的主角，也曾成爲西方許多文學作品中的人物。是一個最無恥的花花公子的形象。

這些人自己也可能碰上他們以爲留給別人的那些壞事。這種已開始可看出壞結果的流行心理的毛病如果得到了糾正，這些壞事也許會得到防止；但如果這毛病進一步擴大，則天道將會用從之產生的革命本身來糾正人們：因爲不論可能發生什麼，到末了一切總永遠將轉向一般的最好的結局，雖然這不應該也不可能沒有對那些做壞事的人的懲罰而發生，即使他們以所做的壞事卻對善曾有所貢獻也罷。但關於有害的意見以及譴責它們的權利的考慮已使我離題了，我現在回到本題上來。由於在神學上，譴責比在別處還走得更遠，並由於那些很重視自己的正統教義的人，常常譴責其對手，他們是爲在同一派中那些被對手稱爲折衷主義者的人所反對的，這種意見就在同一派中的嚴格派和寬容派之間引起了內戰。可是，由於否認持不同意見者能得永恆的拯救是侵犯了上帝的權利，最聰明的譴責者就只限於指出他們所認爲看到的迷途靈魂的毀滅危險，並讓那樣一些人去領受上帝的一種特殊的慈悲矜憐，這些人的邪惡還並沒有使他們不能受上帝的慈悲的恩惠，而在他們自己方面，他們自認爲不得不竭盡一切可想像的努力來把他們從這樣危險的一種境地中拉出來。如果這些人這樣斷定別人的毀滅，是經過適當的考察之後達到這種意見的，並且如果沒有辦法解除他們的這種意見，那麼只要他們僅用溫和的手段，就不會譴責他們的行爲。但一旦他們走得更遠，這就違犯了公平法則。因爲他們應該想到，別人和他們一樣深信，就也有一樣的權利來堅持自己的意見，並且如果他們認爲這些意見很重要的話，甚至也來傳播這些意見。那些教唆人們去搞不能容許的犯罪行爲的意見應該除外，而當的確甚至那支持這些意見的人也不能消除它們⑦時，就有權採取嚴厲措施來加以撲滅；正如我們有權來毀滅一個有毒的動物一樣，儘管這動物是完全無罪的。但我說的是撲滅那宗派而不是消滅那些人，因爲那些人我們是可以防止他們爲害和提出獨斷教條的。

§5 斐　回頭來談同意的根據和等級，當注意到命題有兩類：一類是關於事實的，它們依賴於觀察，是可以根據人的見證的；另一類是思辨的，它們既相關於我們的感官所不能發現的事物，是不能有這樣的見證的。§6當一件特殊事實符合於我們恆常的觀察，並符合於旁人的一致報告時，我們就堅決地依據它，就像這是一項確定的知識一樣，而當它符合於所能知道範圍內一切時代中一切人的見證時，這就是第一等的和最高級的概然性；例如：火能暖人，鐵沉水底。我們的信念（créance）建立在這樣的基礎上，就上升到了確信（assurance）。§7其次，所有的歷史家都報導說一個某某人對個人利益看得比公眾利益更重，並且因爲我們始終看到這是大部分人的習慣，我給予這些歷史的同意，就是一種信賴（confiance）。§8第三，當事物的本性既沒有什麼來維護也沒有什麼來反對一件事實，而這事實是受到無可置疑的人的證據的保證，例如：凱撒曾生活過，這事就以一種堅決的信念（ferme créance）被接受。§9但當各

⑦ 從G本，作"ne peut point s'en defaire"。E本和J本及Janet本均作"ne peut point s'en faire"。Janet在其註中說「當補'd'autre'。」據此則當譯作「不能採取其他意見」。

種證據違反自然的通常進程，或彼此相反時，則概然性的等級就可以有無限多的分歧，由此就有這樣一些等級，我們稱之爲相信（croyance）、猜測（conjecture）、懷疑（doute）、不定（incertitude）、不信（defiance）；正是在這裡，需要有精確性來形成一種正確的判斷以及使我們的同意和概然性的等級成比例。

德　法學家們在處理證據、推定、猜測和徵候（indices）時，對這問題曾說了許多很好的東西，並且達到了相當詳細的地步。他們從彰明昭著（notoriété）開始，這是不需要什麼證據的。然後是充足的證據，或被當作這樣的，據此就可以宣判，至少在民事方面是這樣，但在刑事方面在有些場合就更有所保留；而在這方面要求有超充足的證據是不錯的，尤其是關於按照事實的本性被稱爲corpus delicti⑧的場合。因此，就有超充足的證據，也有通常的充足的證據。然後有推定（présomptions），這是暫時地被當作充足的證據的，這就是說，在沒有證明相反情況時就是這樣。有超過半充足的（確切地說）證據，在這種場合，就允許依據這種證據的人發誓來作補充，這就是juramentum suppletorium⑨；還有其他一些次於半充足的證據，這就正好相反，是讓否認這事實的人發誓來洗清自己的罪過，這就是juramentum purgationis⑩。

---

⑧ 拉丁文，意即：「有罪之身」。

⑨ 拉丁文，意即：「補充的宣誓」。

⑩ 拉丁文，意即「洗雪罪名的宣誓」。

除此之外還有很多等級的猜測和徵候。特別在刑事案件上，有一些徵候（ad torturam[11]）是表明正著手作案的（這罪案本身又有由拘票所標明的各種等級）；有一些徵候（ad terrendum[12]）是足夠表明作案的物證以及表明把事情準備得似乎作案者是有意來幹的。有一些徵候（ad capturam[13]）是用來落實嫌疑犯的；還有一些（ad inquirendum[14]）是表明暗地不聲不響的探索的。這些區別還可以用於其他類似的場合；而司法上的這整個訴訟程序的方式其實無非是一種被應用於法律問題上的邏輯。醫生們關於徵候和症狀也有許多等級和區別，這是我們在他們那裡可以看到的。我們當代的數學家們已開始來估計賭博中輸贏的機會。梅萊爵士（Antoine Gombault, Chevalier de Méré）[15]，他的《合意》（*Agrémens*）和其他著作已經印出來，他是一個心靈深入透闢的人，同時既是一個賭徒又是一位哲學家，給這種計算提供了機會，提出了一

---

⑪ 這些拉丁文都是舊時法律上的用語，大意已見正文。
⑫ 同註⑪。
⑬ 同註⑪。
⑭ 同註⑪。
⑮ 梅萊爵士（Antoine Gombault, Chevalier de Méré，約1610-1684），法國的道德學家，對帕斯卡爾曾有相當影響。他的 *Agréments, discours de M. le Chevalier de Méré à Mme*（《合意，梅萊爵士與某夫人的談話》初版出於一六七七年）。

個賭家要贏或輸總共得把骰子擲多少次或多少點的問題（questions sur les partis），以便知道如果在某某情況下中止時值得下多少賭注。他以此曾引使他的朋友帕斯卡爾先生對這些事作了點考察。這問題曾轟動一時，並引起惠更斯先生作了他的論文 *de Aleâ*⑯，其他一些學者也參加了進來。人們確立了一些原則，德·維特行政長官在他用荷蘭文發表的一篇關於年金的短論文中也用了這些原則。⑰這些原則所賴以建立的基礎追溯到 prostapherèse⑱，即在同等可接受的幾個假定中取其**算術中項**。我們的鄉下人很久以來照他們的**自然數學**也已用了這種原則。例如：當一筆遺產或一塊土地要出賣時，他們就組成三幫（bandes）估價人；這些「幫」在下薩克森語中稱為 Schurzen，每一幫對這筆財產估一個價錢。假定一幫估價為1000盾⑲，另一幫

---

⑯ 拉丁文，意即《論賭博》，指惠更斯（見本書上冊第二卷十三章§4「德」註，第170頁註④）的 *De ratiocinis in aleae ludo*（《論賭博遊戲的推理》），作於一六五七年，用荷蘭文寫，後由 Schooten 譯成拉丁文。

⑰ 德·維特見本書下冊第四卷第三章註（第212頁註③），德·維特是在一六七一年七月三十日向當時荷蘭國會提出了有關這個問題的一個報告。他似乎是第一個把科學原則應用於有關年金的計算方面的。這種演算法和關於人壽保險的保險費的演算法類似。

⑱ 來自希臘文 *προσθαφαίρεσις*（prosthaphaeresis），原意為「預先減除」，這裡是指一種確定概率的基本原則，要求我們在各按其相對值估計的幾個假定中取其算術中項。

⑲ 盾，原文為 Ecu，法國古銀幣名。

估爲1400盾，第三幫估爲1500盾，算出這三筆數的總和，即3900盾，而因爲有三幫，於是就取此數的三分之一即1300盾作爲所要求的中項數值；或者是取所估的每一筆數的三分之一然後求其總和，這是一碼事。這就是 aequalibus aequalia[20]這一公理，即對同等的假定當作同等的考慮。但當所作假定不相等時，則就在它們之間作比較。例如：假定用兩顆骰子，一方要擲7點算贏，另一方要擲9點算贏；問他們雙方贏的概然性[21]之間的比率如何？我回答說後者贏的概然性[22]只有前者的三分之二，因爲前者用兩顆骰子可以有三種方式造成7，即1與6，或2與5，或3與4；而另一方只能有兩種方式造成9，即擲出3與6或4與5。而所有這些方式都是同等可能的。因此，那作爲同等可能性的數目的概然性，將是3比2，或1比2/3。我曾不止一次地說過，需要有一種新的邏輯，來處理概率問題，因爲亞里斯多德在他的《正位篇》（*Topiques*）中所做的也不亞於此，而他只滿足於將按照普通位置分配的若干通俗規則安排成某種秩序，這在某種這樣的場合也可能是有用的，在這裡，涉及的問題是要擴充論題和給予它概然性而並不費心於給我們一種必然的權衡來稱量那概然性和作出切實的判斷。想要研究這個

---

⑳ 拉丁文，意義已見正文。

㉑ 這裡的「概然性」，原文均爲“apparence”，英譯均爲“probability”。

㉒ 同前註。

問題的人去追究一下對博弈的考察是很好的；一般來說，我希望有一位高明的數學家能寫一本大部頭著作來對各種各樣的賭博遊戲作詳細的、很好的推理論證，這對於使發明的技術完善化是有很大用處的，人類心靈在賭博方面比在那些最嚴肅的事情上似乎顯得更精明。

§10　斐　英國的法律遵守這樣一條規則：一個被證人承認爲眞本的文件的抄本，是一個好的證據；但一個抄本的抄本，不論怎樣被最可信的證人所證明，在審判中也絕不被承認爲證據。我從未聽說有任何人責難這一明智的提防辦法的。從這裡至少可以得出這樣一條：一個證據，隨著它離那在事物本身中的原始眞實性越遠，其力量也就成比例地越小；可是在有些人那裡，卻是以一種直接相反的方式來用這一條，意見越古老就越得到力量，一件事，一千年前在一個和第一個肯定它的人同時代的有理性的人看來是沒有什麼概然性的，到了現在，因爲許多人都根據他的見證這樣說，就被當作確實的了。

德　歷史問題上的批評很重視事件同時代人的見證；可是一個同時代人也只主要在公開事件方面才值得相信，而當他說到動機、祕事、暗藏的動力，以及可爭議的事情，例如：放毒、謀殺之類時，我們至少知道許多人所相信的是怎麼回事。普羅柯比[23]，當他說到貝利撒留

㉓ 普羅柯比（Procope，拉丁名 Procopius，生於五世紀末，死於約五六二年），東羅馬帝國時代的希臘歷史學家，曾任貝利撒留的祕書，著有關於查士丁尼皇帝時代歷次戰爭的《戰史》。

（Bélisaire）㉔打汪達爾人和哥特人的戰爭時是非常可信的；但當他在他的《秘史》中散布那些誹謗狄奧多拉皇后（Theodora）的可怕流言蜚語時，誰願相信的就相信去吧。㉕一般來說，人們對於相信諷刺作品是應該抱極大保留態度的；我們看到我們這個時代發表了一些諷刺作品，完全不像會眞有其事的，卻被一些無知的人貪婪地當眞囫圇吞下了。而有朝一日人們也許會說：要是沒有什麼看來像回事的根據，那時的人們竟敢發表這樣一些東西，這是可能的嗎？但要是有一天有人這樣說，他的判斷將是大錯特錯了。可是世人是傾向於耽迷諷刺的；只舉一個例子：已故的小毛利埃（Louis Aubery du Maurier, le fils）㉖先生，不知由於出了什麼岔子，在他若干年前出版的回憶錄中，發表了一些完全無根據的東西，反對那位瑞典駐法

㉔ 貝利撒留（Bélisaire，拉丁名 Belisarius，約494-565），東羅馬帝國查士丁尼皇帝時代的將軍，曾打敗波斯人，日耳曼族的汪達爾人和哥特人等。

㉕ 關於普羅柯比《秘史》（τὰ Ἀνέκδοτα-*Anecdota*）的作者及其內容的可信性問題，有互相對立的意見。有人否定爲普羅柯比所作，有人則肯定爲普羅柯比所作。這裡所說的狄奧多拉皇后（Theodora, 527-548）是指查士丁尼皇帝的皇后，是一個野心勃勃而貪婪的女人，對查士丁尼的統治實際起著支配作用，被認爲是查士丁尼的統治的「靈魂」。

㉖ 小毛利埃（Louis Aubery du Maurier, le fils，死於一六八七年），是一位歷史學家，是法國駐荷蘭大使 Benjamin Aubery 的兒子，曾發表了《供荷蘭史用的回憶錄》（*Mémoires pour servir à l'Histoire de Hollande*, 1680）等。

國大使，無與倫比的胡果·格老秀斯[27]，顯然由於和對他父親的這位著名朋友的紀念相抵觸的某種莫名其妙的原因所激起，我看到有很多作者從妒忌出發重複著他的這些東西，雖然這位偉大人物的談判和信件都充分使人看出情況是相反的。人們甚至放肆地在歷史中寫起小說來，而那位寫克倫威爾（Oliver Cromwell）的最後生活的人，竟認爲爲了使寫的材料生動有趣，就可以允許他在談到這位精明的篡位者還過著私人生活時，說他曾到法國旅行，他曾跟他出入於巴黎的客寓，好像他曾經是他的上司似的。[28]可是，卡林頓（S. Carrington），一位所知甚多的人，所寫的克倫威爾的歷史，是當他還在做護國主時獻給他的兒子理查·克倫威爾（Richard Cromwell）的，書中表明克倫威爾從未出過不列顛諸島。細節就尤其不確實。對於各次戰役，就幾乎沒有什麼好的記述，李維（Tite-Live）[29]的那些記述大部分是憑想像的，昆

㉗ Hugo Grotius，見本書下冊第四卷第八章§9「德」註（第312頁註⑬）。

㉘ 據夏爾許米特，萊布尼茲這裡是指希斯（Jas. Heath）的 Flagellum，或 *The Life and Death, Birth and Burial of Oliver, the late Usurper*（《已故篡位者奧利佛的生活和死亡，誕生和喪葬》，倫敦，一六六三年），書中對克倫威爾大肆詆毀。而卡林頓（S. Carrington）的 *The History of the Life and Death of Oliver Cromwell*（《奧利佛·克倫威爾的生活和死亡的歷史》，倫敦，一六五九年）則是對克倫威爾大加讚頌的，並且把他比之於亞歷山大大帝。

㉙ 李維（Tite-Live，拉丁名 Titus Livius，西元前59至西元19年），著名羅馬歷史家。

都斯・寇爾修斯（Quinte-Curce）[30]的也是一樣。必須得有雙方的精確而能幹的人的敘述，他們自身就是制訂作戰計畫的，就像達爾貝格伯爵（le Comte de Dahlberg）[31]曾使人銘記的關於瑞典國王查理・古斯塔夫（Charles Gustave）[32]的那些活動和戰役那樣，他曾傑出地在這位國王手下服務，並且作爲利沃尼亞（Livonia）的總督，最近曾保衛了里加（Riga）。不過，對於一位好的歷史家，也不能因爲一位君主或大臣在某種場合罵了他一句話我們就貶低他，也不能因某個不隨他的意的題目，或者也許眞正有某種錯誤而貶低他。有人說，查理五世（Charles Quint）[33]想讀一點斯萊丹（John Sleidan）[34]的書，就說：替我把我那說謊者帶來，又說卡羅維茨（Carlowiz），一位薩克森的紳士，那時是很有名的，說斯萊丹的歷史把他心中原有的對古代歷史的一切好的意見都摧毀了。這種說法，我說，並無任何力量在了解情況的人心中來推翻斯萊丹的歷史的權威，這歷史的最好部分乃是國會和各種會議的許多公開文件以及各個君主所

㉚ 昆都斯・寇爾修斯（Quinte-Curce，拉丁名 Quintus Curtius），西元一世紀羅馬歷史家，著有《亞歷山大的歷史》。

㉛ 達爾貝格伯爵（le Comte de Dahlberg, 1625-1703），瑞典的元帥和工程師。

㉜ 查理・古斯塔夫（Charles Gustave，也稱查理十世，1622-1660），瑞典國王。

㉝ 查理五世（Charles Quint, 1500-1558），一五一六年爲西班牙國王，一五一九年以後爲德國皇帝，曾領有歐洲的西班牙，義大利一部分，奧國以及其他許多屬地。一五五六年退位。

㉞ 見本書上冊第二卷第一章§12「德」(2)註（第86頁註⑥）。

批准的文獻的一種結集。而如果說這方面還有極少一點點可懷疑的地方，則也剛剛被我傑出的朋友、已故的賽肯道夫（Veit Ludwig von Seckendorf）[35]先生的卓越的歷史所去除了（在這部歷史中，我卻不禁要對標題中的 Lutheranisme【路德教】這個名稱表示不贊成，這名稱是在薩克森的一種壞習慣所定下來的），這歷史書中的大部分東西，都得到從歸他所支配的薩克森的檔案中抽出來的大量文獻摘錄所證實，雖然莫的主教[36]對此加以攻擊，我把這書寄給了他，他給我的答覆也只是說這書冗長得可怕；可是我卻但願它在同樣的規模上篇幅能再增加一倍。篇幅越大就當越有把握，因爲我們就只用在其中挑選一些段落；此外，有些很受推崇的歷史著作篇幅也還要大得多。還有，我們也並不總是輕視那些在所論述的歷史時期以後的作者，只要他們所論述的顯然是那麼回事。有時也碰到這種情況，就是他們保存了一些最古老的文獻資料。例如：人們曾懷疑曾任班伯格（Bamberg）主教，以後成爲教皇克萊孟二世（Clement II）的蘇伊貝爾（Suibert）屬於什麼家族。一位寫布勞恩斯魏克的歷史的無名作者，生活在十四世紀，

㉟ 賽肯道夫（Veit Ludwig von Seckendorf, 1626-1692），德國的學者和政治家，他的最重要著作 *Commentarius historicus et apologeticus de Lutheranismo sive de Reformatione*，（《路德教或宗教改革的歷史性和辯護性的評述》，萊比錫，一六九二年）包含有關於一五一七至一五四七年的德國宗教改革的大量文獻資料。

㊱ 指博須埃，見本書下冊第四卷第十五章末的註（第378頁註③）。

曾指出他所屬的家族，而在我們的歷史方面有研究的學者都不願給予重視；可是我有一本更古老得多的尚未印行的編年史，其中更詳細地談到了這同一回事，從那裡可看出他是屬於霍倫堡（Hornbourg，離 Wolfenbuttel 沃爾芬比特爾不遠）的古老世襲貴族的家族，其采邑是哈爾伯施塔特（Halberstadt）的主教所駐大教堂的最後一位所有主給的。

§11　斐　我也不想人家以爲我用所指出之點削弱了歷史的權威和用處。我們確是從這一源泉以令人信服的顯明性接受了我們大部分有用的眞理。我看不出還有什麼比古代留給我們的那些記述更有價值的東西了，並且但願我們還能有更多、更完整無損的這樣的記述。但沒有任何抄本在確定性上超過它最初的原本，這一點總永遠是眞的。

德　當我們只有單單一個古代作者保證一件事實時，則所有那些抄他的人，都絲毫沒有增加什麼分量，或者毋寧應該看做一錢不值，這一點是肯定的。而這應該就完全好像他們所說的是屬於 τῶν ἅπαξ λεγομένων ㊲，即只有一次被說到的事情之列，這是麥那其先生㊳曾想蒐集起來編成一本書的。還有，今天如果千千萬萬渺小的作者重複著包爾塞克（Jérôme Hermès

---

㊲ 希臘文，意即「只有一次被說到的事務」，「孤證」。

㊳ 見本書下冊第三卷第六章§23「斐」註（第88頁註㉓）。

Bolsec）[39]（舉例來說）的那些誹謗，一個有判斷能力的人也不會把這看得比一群小鵝嘰嘰嘎嘎的噪聲更有意義。法學家們曾寫了 de fide historica[40]；但這題材值得更切實地加以研究，而這些先生們有的太過於寬縱了。至於說到遠古時代，有些最引人注目的事實是可疑的。有些高明人士曾很有道理地懷疑羅慕洛（Romulus）是否爲羅馬城的第一個建立者。人們關於居魯士（Cyrus）[41]的死是有爭論的，此外，由於希羅多德和克特西亞斯（Ctesias）[42]之間的對立，曾對亞述人、巴比倫人、波斯人的歷史散布了懷疑。尼布甲尼撒二世（Nabuchodonosor）[43]、友

㊴ 包爾塞克（Jérôme Hermès Bolsec），生於巴黎，一六八五年死於里昂，初爲天主教僧侶，後改信新教，因鼓吹伯拉糾（Pelagius）的異端學說受到喀爾文的譴責，在日內瓦曾被監禁並放逐，後又重新改信天主教，因對喀爾文等懷恨在心，寫了兩本小冊子對喀爾文及法國另一新教領袖德貝茲（Theodore de Bèze）進行誹謗攻擊，雖名爲「傳記」，但毫無歷史價值。

㊵ 拉丁文，意即「關於歷史的信實」。

㊶ 居魯士（Cyrus），約西元前四世紀波斯皇帝，波斯帝國的創立者。

㊷ 克特西亞斯（Ctesias），西元五世紀，希臘歷史家，著有波斯史和印度史。

㊸ 尼布甲尼撒二世（Nabuchodonosor）見本書上冊第二卷第二十九章 §5「德」註（第384頁註④）。

弟德（Judith）㊹，乃至〈以斯帖記〉的亞哈隨魯（Assuérus）㊺的歷史，都遭到很大的困難。羅馬人，當說到圖盧茲（Toulouse）㊻的金子時，和他們所說卡米盧斯（Camillus）㊼打敗高盧人的故事是相矛盾的。尤其那種各民族私人修的本民族歷史是不可信的，要是它並非根據極古老的原本，也和公家修的歷史不充分符合的話。就正因爲這樣，人家告訴我們的關於日耳曼的、高盧的、不列顛的、蘇格蘭的、波蘭的以及其他的那些古代國王的歷史，都被當作是荒唐不經和憑自己喜歡揑造出來的。這位特萊貝塔（Trébéta）㊽，尼努斯（Ninus）㊾的兒子，

㊹ 友弟德（Judith），《聖經》傳說中一個猶太女英雄。

㊺ 亞哈隨魯（Assuérus，或 Ahasuerus），《舊約・以斯帖記》中所說的波斯國王，廢了王后瓦實提（Vasthi），立以斯帖（Esther）爲後。或說亞哈隨魯即澤爾士（Xerxes），或說即大流士一世（Darius I），眾說紛紜，莫衷一是。

㊻ 圖盧茲（Toulouse），法國西南部城市。

㊼ 卡米盧斯（Camillus，或 Camille）。羅馬獨裁者，據說曾拯救羅馬免於受高盧人的入侵，並被認爲羅馬的第二個建立者。

㊽ 特萊貝塔（Trébéta），傳說中的人物，被認爲是特萊夫斯城的建立者。

㊾ 尼努斯（Ninus），傳說中的古代亞述國王，傳統認爲他是西元前兩千年前後尼尼微城的建立者。

特里爾（Trèves）[50]的建立者，這位布魯特斯（Lucius Junius Brutus）[51]，不列顛人（Britons ou Brittains）的始祖，他們也就只是和那些阿瑪迪斯（Amadis）[52]一樣眞實。從某些講荒唐傳說的人那裡取來的那些故事，爲特里特米烏斯（Johann Trithemius）[53]、阿凡丁（Johann Thurmayr Aventinus）[54]，乃至阿爾琴（Albinus Flaccus）[55]和齊法利德·彼特利（Sifrid Petri）[56]

㊿ 特里爾（Trèves），德國城市，在莫塞爾河（Moselle）濱，有古羅馬時代遺址。

(51) 布魯特斯（Lucius Junius Brutus），是古羅馬推翻了塔爾昆王朝，建立羅馬共和國的革命的主要首事者。後來刺殺凱撒的 Marcus-Junius Brutus 是他的後裔。

(52) 阿瑪迪斯（Amadis），著名的歐洲中世紀騎士小說 *Amadis de Gaule* 中的主人公，是那種遊俠騎士的典型。著名西班牙小說家塞萬提斯（Cervantes）的《唐吉訶德》就是以諷刺性的方式模擬這種騎士小說的。參閱本書下冊第四卷第一章§1「德」註（第173頁註⑥）。

(53) 特里特米烏斯（Johann Trithemius, 1462-1516），德國的歷史家和神學家，著有關於法蘭克人的歷史著作，其中有很多無根據的和錯誤的記述。

(54) 阿凡丁（Johann Thurmayr Aventinus（Aventin）, 1466-1534），著有 *Annales Boiorum*（《波依編年史》）。

(55) 阿爾琴（Albinus Flaccus，或作 Alcuinus，約735-804），英國學者和神學家，曾爲查理曼大帝宮廷中的教師，其全集中也有一些歷史論著。

(56) 齊法利德·彼特利（Sifrid Petri, 1527-1597），荷蘭的文字學家和學者，著有關於弗里西亞人的古代歷史著作《古代原始弗里西亞人》（*De Frisiorum antiquitate et origine lib* III. Cologne, 1590）等。

冒昧地採取來講述法蘭克人（Francs）(57)、波依人（Boiens）(58)、薩克森人（Saxons）(59)、弗里西亞人（Frisons）(60)的古代國王的事的，以及薩克索・格拉瑪提庫斯（Saxon le Grammairien）(61)和《愛達》（*l'Edda*）(62)告訴我們的北方各民族的遠古時代的事，也不比卡特魯勃柯（Vincent Kadlubek）(63)所說的更有權威，卡特魯勃柯是波蘭的第一位歷史家，他說到他們有一個國王，說他是凱撒的女婿。但當不同民族的歷史在一些地方相吻合，而又並不顯示出一個是抄了另

---

(57) 法蘭克人（Francs），古代居住在萊茵河沿岸的日耳曼民族。

(58) 波依人（Boiens），古代居住在法國阿利埃河（Allier）和盧瓦爾河（Loire）之間的高盧民族。

(59) 薩克森人（Saxons），原居住在今德國北部薩克森的民族，爲英國民族祖先中的一支。

(60) 弗里西亞人（Frisons），原居住在北海中靠近荷蘭、丹麥等地的弗里西亞群島的民族。

(61) 薩克索・格拉瑪提庫斯（Saxon le Grammairien，或 Saxo Gramaticus，約1140-1206），丹麥的歷史家，他的《丹麥史》（*Historica Danica*），對研究斯堪地那維亞諸民族的原始傳說是很有興趣的。

(62) 《愛達》（*l'Edda*），是古代斯堪地那維亞各民族的神話傳說的集子，有兩種，一種是詩體的，一種是散文體的。

(63) 卡特魯勃柯（Vincent Kadlubek 或 Kadlubko, 1161-1223），波蘭歷史家，格拉柯（Cracow）的主教，著有《波蘭史》（*Historia Polonica*, 1612），其中把古代一些傳說也當作史實，但對其當時事件的記述是很有參考價值的。

一個時，這就是其眞實性的很大徵驗。希羅多德和《舊約》的歷史在許多事情上相吻合，就是這樣的情況；例如：他說到[64]埃及國王與巴勒斯坦的敘利亞人，也就是猶太人之間的米吉多（Mégiddo）戰役，根據我們所有的希伯來文的聖史，在這次戰役中，約西亞（Josiah）王是受了致命傷的。還有阿拉伯的、波斯的，以及土耳其的歷史家，與希臘、羅馬的以及其他西方的歷史家之間的相合，給了尋求史實的人們很大的愉快，也正如從古代留下來的錢幣紋章碑銘之類的證據使從古人傳給我們的書籍得到印證一樣，這些書籍實際上都是抄本的抄本。對於中國的歷史我們能了解些什麼，這還要等待，直到我們能對它更好作判斷的地步，以及到它本身具有了可信性的時候。歷史的用處主要在於認識起源所具有的愉快，在於公正對待那些有功於旁人的人，在於建立歷史的批判，而尤其是關於聖史的批判，這是支持天啓的基礎，以及（把那些君主和政權的世系及法律撇在一邊）在於那些榜樣提供給我們的有益教訓。我並不看輕對古代那些甚至最瑣屑的細事的詳細考察；因爲批判者們從中得到的知識有時可能對一些較重要的事情會有用處。例如：我贊成有人甚至可以寫部書來記述服飾和裁縫的技術的全部歷史，從希伯來大祭司的服裝起，或者要是願意就從第一對夫婦離開天堂樂園時上帝給他們的披在身上的獸皮開始，直到我們今天婦女頭上戴的蝴蝶結和身上穿的裙褶止，並且把從古代的雕

---

[64] 參閱希羅多德的《歷史》II，159，以及 Bähr 和 Rawlinson 對該段的註。

刻和若干世紀以來的繪畫中所看出來的服飾都結合進去。如果有人想要的話，我還可以提供一部上一世紀一位奧格斯堡的英國人寫的回憶錄，他曾描述了他自己從嬰兒時起直到六十三歲止所穿戴的全部服飾。我不知道誰還告訴過我，已故的多蒙公爵（le Duc d'Aumont, Louis-Marie-Victor）[65]，一位大古董鑒賞家，也有一種類似的愛好。這也許可以有助於辨別眞的古代紀念文物和那些贗品，且不說某些別的用處。而既然可以允許人們去玩賭博遊戲之類，就也該更可以允許他們分心去從事這一類的工作以自娛，要是不因此有損於主要的義務的話。但我將希望有一些人寧願致力於從歷史中得出一些更有用的東西，如德性的傑出榜樣，注意到便利民生的意見，政治的和戰爭的戰略策略之類。我也但願有人寫一部這一類的通史，其中只包括這樣一些事以及少數其他最重要的事；因爲有時我們會讀到一部巨大的歷史著作，很博學，寫得很好，對作者的目標也很適合，在它自己這一類書裡是很傑出的，可是並沒有包含多少有用的教訓，我這裡所指的倒不是單純的道德教訓，如 *Theatrum Vitae humanae*[66] 以及其他這一類的精

[65] 多蒙公爵（le Duc d'Aumont, Louis-Marie-Victor, 1632-1704），法國的學者和古錢研究家。

[66] 拉丁文，意即《人生的舞臺》，這是一位瑞士的著名醫生茨溫格（Theodor Zwinger, 1533-1588）所編的一部書，是將他岳父李柯斯泰尼（Lycosthenes, 1518-1561）所蒐集而託付給他的材料編纂成的，是「一部包含很多歷史事實、軼事，以及好奇和激動人的觀察的巨編」。

華錄（florilèges）中所充滿的，而是指所有的人都不認爲必要的一些技藝知識。我還但願有人能從種種遊記中抽出無數這一類性質的可以使人得益的東西，並把這些材料加以分類編排。但奇怪的是有這許多有用的事留待人去做，而人們卻總是以已經做過的，或純粹無用的，或至少是一些最不重要的事來自作消遣；而我看不出這方面有什麼救治之方，除非等到較太平時期公眾更多地來關心這些事的時候。

§12 斐 您的這些離題的插話是既有趣又有益的。但讓我們從事實的概然性轉到有關出乎我們感覺範圍之外的事物的意見的概然性這個問題上來吧。這些事物是不能有任何證據的，如關於精靈、天使、鬼神之類的存在和(67)本性，關於在行星上以及在廣大宇宙的其他處所的有形體的實體，最後是關於自然的大部分作品的活動方式，以及一切我們只能猜測的事物，在這方面，類比（l'Analogie）是概然性的重大規則。因爲這些事物既不能得到證明，就只能在它們或多或少與已確立的眞理相符合的範圍內而顯出是概然的。既然兩個物體劇烈摩擦產生熱甚至產生火，透明物體的折射使得顯出顏色，我們就斷定火是在於知覺不到的微小部分的一種劇烈騷動，而那些我們看不到起源的顏色是來自類似的折射；又既然發現在創造物的所有各部分之間有一種漸次的聯繫（connexion graduelle），這些部分可以讓人類觀察到在兩個之間沒有

(67) E本和J本均作"et"（「和」），G本作"de"，當係誤植或手稿筆誤。

任何值得考慮的空隙，我們就有一切理由想著事物也一點一點地以感覺不到的等級向圓滿性上升。很不容易說有感覺的和有理性的生物是從哪裡開始，以及最低級的生物是什麼；這就正像在一個正圓錐體中的量的增加或減少似的。在某些人和某些禽獸之間是有極大區別的；但如果我們想把某些人和某些禽獸的理智和才能加以比較，我們就會發現差別是如此之小，以致很不容易肯定這些人的理智比這些禽獸的更清楚或更發達。因此，既然我們觀察到在創造物的各部分之間，從人直到在人以下的最低級的部分，有這樣一種感覺不到的漸次的等級，類比的規則就使我們把這樣的情況看作概然的，即在我們之上並且出乎我們觀察範圍之外的東西中，也有這樣一種相似的漸次的等級，而這樣一種概然性是合理的假說的重大基礎。

德　就是在這種類比的基礎上，惠更斯在他的"*Cosmotheoros*"[68]中，斷定其他主要行星上情況和我們這個行星上的是十分近似的；只除了由於離太陽的不同距離所當造成的差別；而豐

---

[68] 惠更斯見本書上冊第二卷第十三章§4「德」註（第170頁註④）。"Cosmotheoros"意即「宇宙觀覽者」，是惠更斯的最後一部著作，全名 *Cosmotheoros, sive de terris coelestibus earumque ornatu conjecturae*（《宇宙觀覽者或猜測中的天上世界》），在其死後於一六九八年在海牙出版，是一部關於其他行星上的居民的猜測性或科學幻想性的著作，也正在萊布尼茲寫作本書第四卷前不久，即一七〇三年，出了該書的德譯本。又一六九九年出了該書英譯本，書名作《被發現的天上世界；或關於行星上的世界的居民、植物和生產的猜測》。

特奈爾（Bernard le Bovier de Fontenelle）[69]先生先前就已發表了他那關於多個世界的充滿機智和知識的談話，他曾對這方面說了一些很美妙的東西，並且找到了把一種困難的題材說得很生動有趣的技術。他差不多好像說，在月亮的帝國裡的丑角（Harlequin）也和在我們這裡的完全一樣。的確，人們斷定月亮（那只是一些衛星）和那些主要行星是完全不同的。克卜勒[70]曾留下一本小書，其中包含著關於月亮上的情況的一個很精妙的幻想故事，一位很機智的英國人[71]也曾很有趣地描述了一個他捏造出來的西班牙人被經過的候鳥帶到月亮上去的故事，更不說那

---

[69] 豐特奈爾（Bernard le Bovier de Fontenelle, 1657-1757），法國文學家和哲學家。一六九一年起爲「法蘭西科學院」院士，一六九八年起又爲復活了的「巴黎皇家科學院」院士並任該院常任祕書達五十八年之久。在他的 *Entiens sur la pluralité des mondes*（《關於多個世界的談話》，巴黎，一六八六年）中，很成功地使哥白尼和笛卡兒的天文學說通俗化，這也是使科學理論在不失其科學性的條件下成爲通俗易懂並生動有趣的一個良好範例。他也寫了反對馬勒伯朗士的《對偶因論物理學體系的懷疑》（巴黎，一六八六年）等著作。

[70] 克卜勒見本書上冊第二卷第四章§1「德」註（第106頁註②），這裡是指他的 *Somnium seu de astronomia lunari*（《夢或論月亮上的天文學》，法蘭克福，一六三四年）一書。其中有一段說到月亮上的居民眼中所看出來的天文現象，他們也把自己看作是居於宇宙的中心，很難提高到對於宇宙的眞正系統的觀念。

[71] 指高德文（Fran Godwin），參閱本書下冊第三卷第六章§22「德」註（第86頁註㉒）。

西拉諾[72]了，他以後去找到了那個西班牙人。有些機靈的人，想給人一幅關於另一世界的生活的美妙圖景，就引著一些幸福的靈魂從一個世界到另一個世界到處遊蕩；而我們的想像力在其中發現一部分可歸之於精靈的美妙事業。但不論作怎樣的努力，我還是懷疑它能夠達到目的，因爲在我們和這些精靈之間有很大的差距，而在這些精靈彼此之間又有很大差異而變化萬端。除非到我們發現了一種望遠鏡，如笛卡兒使我們期望那樣的，能夠辨別月球上不過和我們的房子一樣大的各部分，我們就不能決定在一個和我們地球不同的星球上是什麼情況。我們關於我們的物體內部各部分的猜測將會是更有用和更眞實的。我希望在許多場合我們將超過猜測的程度，而我現在就已經相信，至少您剛才所說的火的各部分的劇烈騷動，是不應該被算在那種僅僅是概然的[73]東西之列的。可惜的是笛卡兒關於宇宙各部分的結構的假說，和以後所作出的研究及發現很少相合，或毋寧說可惜笛卡兒沒有晚生五十年，以便能根據現在的知識給我們一個和他根據他當時的知識所提出的假說一樣精妙的假說。[74]至於說到物種的漸次的聯繫，我們

---

[72] 見本書上冊第二卷第二十三章§13「德」註（第310頁註⑪）。

[73] E本原文作parables，誤，G本爲probables（「概然的」）。

[74] 萊布尼茲這裡是指笛卡兒關於宇宙生成的旋渦理論，是笛卡兒在其《哲學原理》的第三、第四部分中所論述的。

在前面的一次談話中已談到過一些，在那裡我已指出，哲學家們已對形式或物種之間的空隙進行了理論探討[75]。在自然界中一切都是逐步地漸進而絲毫不作飛躍的，而關於變化的這一規則是我的連續律的一部分[76]。但自然的美，願意有分明的知覺，要求現象中顯得有飛躍和可以說是有音樂般的抑揚頓挫的韻律，並且喜歡把各物種混合起來。因此，雖然在某個其他世界中可能有一些人與禽獸之間的中介物種（照人們所理解的這些詞的意義），並且顯得在某個地方有超過我們的理性動物，自然卻覺得還是讓它們離我們遠遠的爲好，以便讓我們在我們這個地球上占有毫無異議的優越地位。我說到中介的物種，而我在這裡不想限定自己來談那些接近於禽獸的人類個體，因爲顯然這不是一種功能上的缺陷，而是一種行使上的障礙；所以我認爲，最愚蠢的人（他不是由於某種疾病或其他某種取代疾病的永久性缺陷而處於違反自然本性的狀態的），也比一切禽獸中最靈巧的都更有理性和更溫雅得無比，雖然有時有人因說俏皮話而把它說得相反。此外，我非常贊成類比的研究：植物、昆蟲和動物的比較解剖學將越來越多地提供這方面的材料，尤其要是我們繼續運用顯微鏡來進一步推進我們所做的工作的話。而在更一般的問題上，您將發現我關於擴散到一切方面的單子的看法，如關於它們的無窮綿延，關於動物

[75] 參閱本書下冊第三卷第六章§12「德」（第75頁以下）。
[76] 參閱本書下冊第三卷第六章§12「德」註（第76頁註⑩）。

的保持著靈魂，關於在一定狀態下，如在單純的動物死亡的狀態下不分明的知覺，關於有理由歸之於精靈的身體，關於靈魂與身體的和諧，它使每一方都完全遵循自己的法則而不受另一方的干擾，並且在其中不應區別隨意的或不隨意的；您將發現，我說，所有這些看法都完全符合於我們所注意到的這些事物的類比，而我只是把它擴大到我們所觀察的範圍之外，不把它們限制在物質的某些部分或活動的某些種類，而其中只有大與小的差別，感覺得到和感覺不到的差別。

§13　斐　可以有這樣一種情況，這裡我們與其聽從經驗使我們認識的事物的類比，不如更聽從遠離經驗的一種奇異事實的相反證據。因爲當超自然事件符合有權改變自然進程者的目的時，則只要它們得到很好證明我們就沒有理由拒絕相信它們，這就是**奇蹟**的情況，它們不僅自身具有可信性，而且還把可信性傳遞給其他需要這樣一種確證的眞理。§14 最後還有一種證據，勝過所有其他一切同意的，這就是**啓示**，也就是上帝的證據，上帝是既不能騙人也不能受騙的；而我們給上帝的同意就叫做**信仰**，它是和最確定的知識一樣完全地排除一切懷疑的。但主要之點是在於要靠得住這啓示確是神聖的，並且知道我們確是了解了它的眞正的意義；否則就會陷於狂信和犯作虛假解釋的錯誤；而當啓示的存在及其意義只是概然的時，同意也就不能有比在證據中者更大的概然性。但我們以下還將更進一步來談這個問題。

德　神學家們在**可信性的動機**（如他們所稱的那樣）以及當從之產生並且不能具有比這些

動機更大的概然性的自然的同意，和作爲神聖恩惠的一種結果的*超自然的同意*之間作了區別。*關於信仰*的分析方面人們曾正式寫了許多書，它們之間也不完全彼此一致。但既然我們以後還要談到它，我也不想在這裡預先來談以後在它適當地方要談的問題了。[77]

---

[77] 萊布尼茲在這裡沒有來詳細討論洛克關於奇蹟的觀點，只是在本書〈序言〉第十六段，以及本書下冊第四卷第十七章之末與第十九章之末等處簡短地談了自己的觀點，而在其他一些著作中則有更詳細的關於奇蹟問題的論述，如《神正論》的「導言」§6，第一部分§54，第二部分§207、§208，第三部分§249；《形上學論》§7、§16，以及其他一些著作。萊布尼茲當然也是承認奇蹟的。他的「前定和諧」本身就是一個最大的「奇蹟」。這正是他的哲學的唯心主義和僧侶主義的表現。但他也不贊成把本當以自然規律來解釋的現象任意說成是「奇蹟」，並表現出要把自然規律和「奇蹟」加以調和的傾向，把「奇蹟」說成是服從超出通常自然規律的更高規律。這當然只能是徒勞的企圖。

第十七章　論理性

§1　斐　在各別談到信仰之前，我們將先來討論理性①。這個詞有時意指明白和眞正的原則，有時指從這些原則演繹出來的結論，而有時則指原因，特別是指目的因。這裡我們是把它看作一種功能，由於它我們把人看作有別於禽獸，並且在這方面人顯然是大大超過禽獸的。§2我們之需要理性，既爲了擴大我們的知識，也爲了規範我們的意見，而正確理解起來，它構成兩種功能，這就是用來找出中介觀念的機敏（sagacité），和得出結論或推論（inférer）的功能。§3而我們可以考慮在理性中有這四個等級：(1)發現證據；(2)把它們安排成秩序，使人看出其聯繫；(3)察覺演繹的每一部分中的聯繫；(4)從之得出結論。而我們在數學的推證中就可以看到這四個等級。

德　理性②是被認識了的眞理，它和另一較少被認識的眞理的聯繫，使我們給後者以同意。但它如果不僅是我們的判斷的原因，而且還是眞理本身的原因時，我們更特別和突出地稱之爲理性，這就是我們也稱之爲先天理性（raison a priori）的，而事物方面的原因，就相應於眞理方面的理性。這就是爲什麼原因本身，特別是目的因，之所以常常被稱爲理性的緣故。

① 法語 raison 或英語 reason 一詞，有多種含義，中譯通常在不同場合因其不同含義分別譯作「理性」或「理由」等等。這裡用的這個詞也涉及多種含義，但爲表明它在原文中是同一個詞，故一律譯作「理性」。

② 這裡的「理性」即 raison，都本可譯作「理由」，下同。

最後是那察覺這種眞理的聯繫的功能，或推理的功能，也被稱爲理性，而這就是您在這裡所用的意義。而這種功能在我們這塵世間是只有人才眞正具有的，塵世間的其他動物並沒有表現出有這種功能；因爲我在上面已經指出過，在禽獸中所看到的那種理性的影子，只是在一種顯得和過去相似的情況下期待出現相似的事，而並不知道是否有同樣的理性在起作用。人們本身在他們僅僅是憑經驗的（empiriques）情況下，行事的方式也並不兩樣。但他們只要看到了眞理之間的那些聯繫，就超出了禽獸之上；這些聯繫，我說，本身也構成了必然和普遍的眞理。這些聯繫，即使只產生一種意見，當經過切實研究之後，就我們所能判斷範圍內的概然性的優勢地位可以得到證明時，其實也是必然的，以致那時就也有一種推證，這不是關於事物的眞實性的推證，而是關於審慎的思慮要求我們採取哪一邊的立場的推證。在劃分這種理性的功能時，我認爲我們依照一種相當爲人們所接受的意見，即把發明和判斷加以區別，而承認它有兩部分，這樣做是不錯的。至於您所指出的在數學的推證中的四個等級，我發現那第一個，即發現證據，通常是並不如所希望那樣在其中出現的。有一些綜合，有時被發現是沒有分析的，有時分析是被免除了的。幾何學家們在作他們的推證時，首先提出要證明的命題，而爲了來作證明他們就作出某種被給定的圖形。這就是所謂的列題（Ecthèse）。這以後，他們就來作準備，並畫一些爲他們作推理所需要的新的線；而往往最大的技巧就在於找出這種準備。這樣做了之後，他們就來進行推理本身，從那在列題中已給定的和在準備中所加的作出推論；而爲此目的運用著已知或已證明的眞理，他們就達到了結論。但有些場合他們也不用列題和準備。

§4　斐　人們一般認爲三段論是理性的重大工具和運用這種功能的最好手段。就我來說，我懷疑這一點，因爲它只有助於在單獨一個例子中看出證據間的聯繫而再沒有別的；但心靈沒有它也一樣容易地能看得出甚至也許能更好地看出這種聯繫。那些知道怎樣運用三段論的格和式的人，往往只是憑對他們老師的一種盲目信仰把這種用法視爲當然而並不知其所以然的理由。要是三段論是必要的，那麼在它被發明以前就沒有什麼人憑理性知道任何東西了，並且得說上帝把人造成爲兩條腿的生物之後，就留給亞里斯多德來使他成爲一個理性的動物；我所指的就是只有爲他所能引使來考察三段論的基礎的這少數人，這方面，在形成那三個命題【的三段論】的六十種方式中，只有約十四種是可靠的。但上帝對人們卻有更多得多的善意；他給了他們一個能作推理的心靈。我這裡所說的並不是要來貶低亞里斯多德，我把他看作是古代最偉大的人物之一，在廣博、精細、心靈的深入透闢以及判斷的有力等方面都很少有人能和他相比，並且就是他發明了論證形式的這短小體系這件事本身，也大大有助於學者們來反對那些毫不羞恥地否定一切的人。可是這些形式卻並不是推理的唯一和最好的手段；並且亞里斯多德也並不是利用這些形式本身來找到它們的，而是通過觀念的明顯符合這一原始途徑找到的；而我們憑藉數學證明中的自然秩序所得到的關於它們的知識，不求助於任何三段論還表現得更好。推論就是假定著一些中介觀念的一種一定的聯繫，而從一個已提出作爲眞的命題，引出另一個作爲眞的命題；例如：從人們在來世將受懲罰，推論出他們在這裡是能自作決定的。其聯繫如下：人們將受懲罰而上帝是施行懲罰者；因此這懲罰是公正的；因此那受懲罰者是有罪的；因此他本來是能夠以別的方式行事的；因此他是有自由的；最後因此他是有自行決定的能力的。這聯繫在這裡比之用五、六個錯綜複雜的三段論看得還更清楚，在用那麼些三段論的情況下，這些觀念將被移位、重複和嵌進一些人爲的形式中去。問題是要知道在三段論中一個中介觀念和兩端觀念有什麼樣的聯繫，而這正是沒有任何三段論能加以顯示的。是心靈才能察覺這些觀念，這樣用一種並列的方式安排起來，而這是用它自己的眼光來察覺的。那麼三段論有什麼用呢？它在經院中有用，在那裡人們毫無羞恥地否認顯然可見地相符合的觀念之間的符合。因此，人們在尋求眞理或教導那些眞誠求知的人們時是絕不搞三段論的。也很顯然，這樣一種秩序：

人——動物——生物

也就是：人是一種動物，而動物是生物，因此，人是生物，比之於三段論的這種秩序：

動物——生物。人——動物。人——生物。

也就是：動物是生物，人是一種動物，因此人是生物，是更爲自然的。誠然，三段論可以有助於來發現藉助於修辭學的華麗辭藻掩蓋下的虛妄性，而我從前也曾認爲三段論是必要的，至少對於防範那種花言巧語掩蓋下的詭辯是必要的；但在更嚴格的考察之後，我發現只要把那些結論所依據的觀念，和那些多餘的觀念分開，並把它們安排成一種自然的秩序，以顯示出其前後不一貫就可以了。我曾認識一個人，完全不知道三段論的那些規則，卻能立即覺察出一篇很長的巧僞而貌似有理的言辭中的弱點和虛妄處，而另外一些受過邏輯的全部精巧技術訓練的人卻讓它騙過了；我相信在我的讀者之中很少有人會不認識這樣的人的。如果不是這樣，那麼那些君主們在有關他們的王位和他們的尊嚴的事情上，就不會不在最重要問題的討論中運用三段論，可是人人都認爲這樣用是一件可笑的事情。在亞洲、在非洲、在美洲，在那些獨立不依於歐洲人的民族中，任何人都幾乎從來沒有聽說過三段論。最後，歸根到底算起來，這些經院的形式也並不會少犯些錯誤；人們也罕見被這種經院的辦法弄得啞口無言，更罕見爲它所說服和戰勝的。他們頂多承認他們的對手比自己更精巧，但他們還是仍然深信自己的道理是正當的。而如果人們能夠在三段論中包含謬誤推理，那麼這種謬誤就能用三段論之外的其他方法來加以發現。可是我並不是主張人們拋棄三段論，也不是要人們被剝奪了能有助於理智的任何手段。有些眼睛是需要戴眼鏡的；但那些戴眼鏡的人不應該說沒有眼鏡就什麼人也看不清楚。這樣就會過於貶低自然來抬高一種技術了，他們也許是受惠於這種技術的。除非是他們碰到和這樣一些人所經驗的完全相反的情況，這些人眼鏡用得過多或過早了，視覺就因此被弄得如此模糊，以致不求助於眼鏡就再也不能看東西了。

德　您關於三段論無用這一點的推理是充滿著大量堅實而美好的意見。也應該承認三段論的經院的形式世上是很少用的，並且如果認眞地要那樣用起來也太冗長，太麻煩了。可是，您相信嗎？我主張，三段論形式的發明是人類心靈最美好，甚至也是最值得重視的東西之一。這是一種普遍的數學，它的重要性還沒有被充分認識；並且我們可以說，其中包含著一種不謬性的技術（un art d'infaillibilité），只要是我們知道並且能夠很好地加以運用的話，這不是永遠能辦得到的。然而要知道，所謂形式的論證（les argumens en forme），我理解爲不僅是指在學院中所用的那種經院式的論證方式，而是指憑形式的力量得出結論，並且不需要補充任何項目的一切推理；所以一種堆垛（sorites），即另一種避免了重複的三段論的鏈，甚至一篇開列得很好的帳目，一種代數的演算，一種無窮小的分析，在我看來都差不多是形式的論證，因爲它們的推理的形式都是已預先經過推證了的，以致我們靠得住不會受騙弄錯。而歐幾里得的那些證明也往往就差不多是形式的論證；因爲當他看起來在作省略三段論推理時，那被省略和似乎缺了的命題，是用註在邊上的引證作了補充的，那裡就讓人有辦法找到那命題是已經證明了的；這就大大地縮短了而又絲毫不減弱力量。他所用的這些戾換（inversions）、組合和理由的劃分，只是一些適合於數學家和他們所處理的題材的特殊種類的論證形式，而他們藉助於邏輯的普遍形式證明了這些特殊形式。還有，要知道有一些正確的**非三段論**的結論，也不能嚴格地用任何三段論來證明而不稍稍改變其名詞的；而這些名詞的改變本身就使結論成爲非三段論的。這樣的推論有好多種，如在別的之外就有 a recto ad obliquum③；例如：耶穌基督是上帝；因此耶穌基督的母親是上帝的母親。還有那高明的邏輯學家們稱爲**關係的戾換**，例如：這個推論：如果大衛（David）是所羅門（Solomon）的父親，則無疑所羅門是大衛的兒子。而這些結論也仍然可以用通常的三段論本身所依據的那些眞理來加以證明的。三段論也並不僅僅是直言的，而是還有假言的，其中也包括選言的。我們可以說直言三段論有簡單的和複雜的。簡單的直言三段論就是人們通常算的那些，也就是按照各個格中的各個式的那些；而我發現四個格每個各有六個式，所以一共有二十四個式。第一格中通常的四個式，無非是所有、沒有、有些這三個記號所指意義的結果。而我爲了毫不省略起見加上的兩個，無非是從屬於全稱命題之下的特稱命題。因爲從這通常的兩個式，即：所有B是C，所有A是B，因此，所有A是C；還有：沒有B是C，所有A是B，因此，沒有A是C，我們可以作出這兩個**外加**的式，即：所有B是C，所有A是B，因此，有些A是C；還有：沒有B是C，所有A是B，因此，有些A不

③拉丁文，意即：「由正到歪」，或「由直到曲」。

是C。因爲沒有必要來推證那特稱命題和證明它的結論：所有A是C，因此，有些A是C；以及沒有A是C，因此，有些A不是C，雖然我們也可以用同一性命題結合第一格中已被接受的式來加以證明如下：所有A是C，有些A是A，因此，有些A是C；還有：沒有A是C，有些A是A，因此有些A不是C。這樣一來，第一格外加的兩個式，用這一格通常的頭兩個式，插進特稱命題就得到證明了，這特稱命題本身又可以用同一個格的其餘兩個式來加以證明。用同樣的方式，第二格也可以加上兩個新的式。這樣，第一格和第二格各有六個式；第三格是歷來就都有六個式的；人們給了第四格五個式，但我們發現它據同樣的增加的原則也有六個式。但必須知道邏輯的形式並不強迫我們採取通常所用的這種命題的次序，而我同意您的意見，先生，下列這另一種安排是更好的，即：所有A是B，所有B是C，因此，所有A是C，這在用那種堆垛時就特別會是這樣，這種堆垛就是這樣的三段論的一條鏈。因爲要是還有這樣一個三段論：所有A是C，所有C是D，因此，所有A是D，我們可以把這兩個三段論作成一條鏈，而避免了重複，說：所有A是B，所有B是C，所有C是D，因此，所有A是D，這裡我們看到，所有A是C這個無用的命題被省略了，而兩個三段論所要求的這同一個命題的無用的重複被避免了；因爲這個命題以後就無用了，而這條鏈，當其力量靠用這兩個三段論一勞永逸地加以證明了之後，則沒有這同一個命題也就是一個完全的論證並且在形式上也是正確的。還有無數其他更複雜的鏈，不僅因爲有更多的簡單三段論進入其中，而且還因爲作爲其構成要素的那些三段論彼此之間更加不同，因爲我們可以加入其中的不僅有簡單直言的，而且還有連接的（copulatifs），也不僅是直言的，而是還有假言的；又不僅是完全的三段論，也還有省略三段論，其中被認爲顯然自明的命題是被省略了的。所有這一切，再加上非三段論的推論和命題的移位，以及大量的轉折和想法由於心靈要求簡短的自然傾向以及由於語言在質詞的運用中部分地表現出來的那些特性而掩蓋了這些命題——所有這些結合起來就將造成一條推理的鏈，它表現著一位演說者的全部論證本身，只是剔除和剝掉了它的裝飾而還原爲邏輯的形式，不是以經院的方式，但對於依照邏輯的規律來認識其力量永遠是足夠的，這種邏輯的規律，無非就是健全理智（le bon sens）的規律被安排成秩序並書寫成文了而已，它和健全理智的規律的區別，也不過就像一種鄉土風俗習慣，本來未書寫成文的，現在書寫成文了，這時和它原來未書寫成文時的區別一樣，只除了它既經書寫成文並能更好地一下看出，就提供了更多的光明，使它能被推進和應用；因爲自然的健全理智，要是沒有技術的幫助，在作某些推理的分析時，有時對認識那些推論的力量會有點困難，例如：就難於發現其中所包含的就眞理來說是正確的但通常很少用的某個式。但一個邏輯學家，如果要人不用這樣一些推理的鏈，或者他自己想不用這些，認爲永遠應該把一切複雜的論證都還原爲它們實際所依據的那些簡單的三段論，那就會像我已對您說過的那樣，好比一個人向商人買了點東西，硬逼著商人要一個一個給他計數，就像扳著手指頭來數數，或數城市大鐘的鐘點那樣；這樣，要是他不會別樣演算法，或要是他不是扳著手指頭就不知道五加三等於八，那就表明他的愚蠢；或者如果他知道這些簡便演算法而不想用它或不許別人用它，那就表明是一種任意胡鬧。他也就像一個人，不要人運用已經證明了的定理和公理，認爲永遠應該把一切推理都還原爲這些中介的定理所實際依據的、能看出觀念的直接聯繫的那些最初原則。

在解釋了邏輯形式照我認爲人們應採取的方式的用途之後，我來談談您的一些考慮。我看不出，先生，怎麼您會以爲三段論只能用來看出在單獨一個例子中證據之間的聯繫。說心靈永遠很容易看出結論，這是不會這樣的，因爲人們有時看到（至少在別人的推理中），那結論中首先是有可懷疑之處的，要是沒有看到那推證的話。通常人們用一些例子來證實這些結論的正確，但這辦法不是永遠十足可靠的，雖然有一種技術來挑選例子，這些例子要是那結論不正確就不會被發現是眞的。我不相信在管理得很好的經院中會允許毫無羞恥地否認觀念間顯然的符合，我也沒有看到人們用三段論來表明這種符合。至少這不是它唯一和主要的用途。人們會比所想的更經常地發現（在考察那些作者的謬誤理論時），他們是違犯了邏輯規則，而我自己就有這樣的經驗，有時在和一些有善意的人進行爭論甚至筆頭的爭論時，只有用形式的論證把推理中的混亂消除了才開始讓人了解了自己的意思。在一些深思熟慮的問題上想照經院哲學那樣的方式來論證無疑會是可笑的，因爲這種推理方式冗長得令人討厭和非常麻煩，也因爲這好像是扳著手指頭來數數。可是，在那些有關人生、國家、拯救的最重要的深思熟慮問題上，人們常常讓自己被權威的分量、被雄辯的微光、被舉得不恰當的例子、被一些錯誤地假定被省略的命題是自明的那種省略推理，以及甚至被一些錯誤的結論弄得暈頭轉向，這一點只能說太確實了，以致一種嚴格的邏輯，但和經院中的邏輯是不一樣的另一碼事，對他們只能說是太必要了，除了別的之外，就有必要用它來決定哪一邊是最顯得正確的。此外，平常人並不知道人爲的邏輯，卻也還是能很好進行推理，甚至有時比受過邏輯訓練的人還進行得更好，從這一點並不能證明邏輯無用，也正如我們不能因爲看到有些人並沒有學過讀書寫字，也不知道怎樣用筆和籌碼，在通常場合卻能很好計算，甚至還能糾正另一個學過計算，但可能疏忽或弄混了數字或符號的人犯的錯誤，就證明人爲的算術無用一樣。的確三段論也可能變成詭辯，但三段論本身的規律正可用來認清這些詭辯；三段論也並不能使人轉變信仰，甚至也並不永遠能說服人，但這是因爲那些區別的濫用以及那些沒有被很好理解的名詞把它們的應用弄得太冗長，甚至要是把它推到極端的話就變得令人難以忍受。

這裡我只剩下要來考慮和補充您提出的那個論證了，那就是您用來作爲一個不用邏輯學家的形式也很明白的推理的例子。*上帝懲罰人*（這是一件被假定的事實）；*上帝公正地懲罰他所懲罰的*（這是人們可以當作已經得到推證了的一條理性眞理）；因此，*上帝公正地懲罰了人*

（這是一條三段論的結論，被非三段論地擴充爲 a recto ad obliquum④），因此，人是公正地受懲罰的（這是一種關係的戾換，但由於其自明而被省略了的）；因此，人是有罪的（這是一個省略三段論，這裡省略了這樣一個命題，它其實只是一個定義：凡是公正地受懲罰的是有罪的）；因此，人本來是能夠以別的方式行事的（這裡省略了這個命題：凡是有罪的，是能夠以別的方式行事的）；因此，人曾是自由的（這裡又省略了：凡是本來能夠以別的方式行事的曾是自由的）；因此，（據自由的定義）他是曾有自行決定的能力的；這是需要證明的。我還注意到這因此本身其實既包含著那省掉未說的命題（即凡是自由的是有自行決定的能力），又可用來避免名詞的重複。而在這意義下，就什麼也沒有省略掉，並且那論證在這方面可以被當作是完全的。我們看到這論證是一條三段論的鏈，是完全符合邏輯的；因爲現在我不想來考慮這推理的實質內容，在這方面也許是有些意見可提或可以要求作些闡明的。例如：當一個人不能夠以別的方式行事時，在有些情況下他也可以在上帝面前是有罪的，好比他如果爲了有某種藉口不能援助他的鄰人卻就因此很高興的話。總體來說，我承認經院式的論證形式通常是不適當的、不充分的、處理得不好的，但我同時要說，沒有什麼比依照眞正的邏輯的形式論證的技術更重要的了，這就是說，就內容實質說是充分的，就推論的次序和結論的力量說是明白的，或

④ 見前註。

者是本身自明的，或者是先已證明了的。

§5 斐　我曾認爲在概然性方面，三段論是更少用處或者毋寧說絕對沒有任何用處的，因爲它只推進單單一個推論論證⑤。但我現在看到永遠必須切實地來證明那在推論論證本身之中的可靠的東西，即在其中所發現的概然性，並看到結論的力量是在於形式之中。§6可是，如果說三段論對於作判斷是有用的，我還是懷疑它們能用於作發明，即找到證據和作新的發現。例如：我不相信歐幾里得書上第一卷第四十七個命題的發現，當歸功於通常的邏輯的規則，因爲人們是首先認識了它然後才能以三段論的形式來加以證明。

德　把三段論的鏈以及一切我稱爲形式論證的也都包括在三段論之列，我們可以說，那不是本身自明的知識，是通過推論的結論而得來的，這些推論的結論只有當它們具有適當的形式時才是正確的。剛才說的那個命題，就是說直角三角形斜邊的平方等於另兩邊的平方之和，

---

⑤ 原文爲 argument topique，亞里斯多德的《正位篇》（*les Topiques*）I., 1, 100ª27以下，說明"argument topique"是指 ὁ διαλεκτικὸς συλλογισμός 或 ὁ ἐξ ἐνδόξων συλλογιζόμενος，即「辯證的三段論」或「從概然的出發進行推理的三段論」，以區別於ἀπόδειξις，即基於和引回最初的必然眞理的證明。

又參閱本書上冊第二卷第二十一章§66「德」(2)註（第281頁註㊽），及本書下冊第四卷第一章§1「德」註（第172頁註②）。

在證明這個命題時，是把那大的正方形分成幾塊，並把兩個小的正方形也分成幾塊，而發現兩個小正方形的各塊都可以在那大正方形裡面找到，並且既不多也不少。這是相等的形式上的證明，而各塊的相等也是用有正確形式的論證來證明的。古代人的分析，照帕普斯⑥說是取其所要求解決的，然後從之引出結論，直至達到某種給定的或已知的東西。我曾指出，爲了達到這個結果，那些命題必須是可相互換位的，以便那綜合的證明能通過分析的途徑又倒回到相反方向去，但這永遠是引出結論。可是這裡指出這一點是好的，即在天文學或物理學的假說中，這種逆轉是不行的；但成功也並不證明假說的眞實性。的確它使之成爲概然的，但由於這種概然性似乎顯得違反了邏輯上教人的眞的也可以從假的引出這一條規則，人們會說邏輯規則在概然問題上將完全沒有什麼作用。我回答說，眞的會是從假的所引出的結論，這是可能的，但並不是永遠概然的，尤其當一個簡單的假說爲許多眞理提供理由時是這樣；這是很罕見並且很難碰到的。我們可以和卡爾達諾（Cardan/Girolamo Cardano）⑦一起說，概然的邏輯有和必然眞理的邏輯不一樣的結論。但這些結論的概然性本身應該是用必然眞理的邏輯的結論來加以證明的。

---

⑥ 見本書下冊第四卷第十二章§4「德」註（第355頁註⑩）。

⑦ 見本書上冊第一卷第一章開始處的註（第9頁註⑫）。

§7 斐 您似乎是在爲普通邏輯作辯護，但我看得清楚您所提出的是屬於一種更高級的邏輯，普通邏輯對於它來說，就好比初級的 ABC 對於學者的廣博學識一樣；這使我記起賢明的虎克（Richard Hooker）[⑧]的一段話，他在他的名叫《教會政治》一書的第一卷§6中認爲，如果人們能夠提供一些對知識和推理技術的眞正幫助，這在我們這個算是開明的時代是不大爲人所知並且人們也不大爲它費心的，那麼在判斷的成熟可靠方面，用了這些幫助的人們和現在的人們之間就會有很大的區別，正如現在的人們和那些無知的傻瓜之間的區別一樣大。我希望我們的談話能給一些人以機會，來發現這位具有如此透闢精神的偉大人物所說的這些對技術的眞正幫助。這將不是一些模仿者，像牲畜跟著腳印走老路那樣的（imitatorum servum pecus[⑨]）。但我敢說，在這個時代是有一些人有這樣的判斷力和這樣廣闊的心靈，以致能夠找出一些新的途徑來促進知識的，如果他們願意費心把思想轉向這一方面的話。

---

⑧ 虎克（Richard Hooker, 1553-1600），在他所作的《教會政治的法律》（*Laws of Ecclesiastical Polity*）一書中，企圖維護新教君主和國會所建立的那種對英國教會的主教制形式的統治，而反對長老會派對此的攻擊。爲此目的，他在該書的頭兩卷中提出了一些基本原則作爲解決所爭論的問題，特別是關於一般法律本性問題的哲學基礎。洛克和萊布尼茲所引的這一段，見該書第一卷第六章§3。見牛津大學一八四一年版《虎克著作集》兩卷本的第一卷第164頁。

⑨ 拉丁文，意即：「模仿者，供人役使的牲畜」，見賀拉西 *Epist.*（《書信》）1，19，19。

德　您已經和已故的虎克先生一起很好指出，先生，世人不大在這方面用功夫；否則我相信是有並且已經有過一些人能在這方面獲得成功的。不過必須承認，我們現在是有一些重大的幫助的，不論在數學或在哲學方面都一樣，在這方面您那位卓越的朋友的《人類理智論》就不是最小的。我們將來看看是否有辦法從之得益。

§8　斐　我還得對您說，先生，我本來曾認爲在三段論的規則中是有一種顯然可見的錯誤；但從我們在一起談話以來您已使我遲疑起來了。可是我還是要向您提出我的困難。人家說：「任何三段論的推理，如果不包含至少一個全稱命題，就不能有結論。」但似乎只有特殊事物才是我們的推理和我們的知識的直接對象；它們只涉及觀念的符合不符合，這些觀念每一個都只有一種特殊的存在並且只代表一件單個的事物。⑩

德　只要您想到事物的相似性，您就想到了某種不止於此的東西，而普遍性無非就在於此。您也永遠不會提出任何論證，其中沒有用到普遍眞理的。可是指出這一點是好的，即人們

⑩　這裡是洛克的經驗論中唯名論觀點的鮮明表現。這種觀點只承認單個或特殊事物的存在，而否認普遍性的實在性，從而也只承認對單個事物的認識而否認對普遍性的理性認識的可靠性。這也正是洛克這種經驗論觀點的片面性和侷限性所在。萊布尼茲對這種觀點的反駁是抓住了經驗論固有的弱點，但他自己的觀點則是唯心主義的，同時他的唯理論觀點總的來說也陷於另一方面的片面性。

是把（就形式方面說）特稱命題包括在全稱命題之下的。因爲雖然的確只有過單單一位使徒聖彼得（Saint Peter），我們卻可以說，凡曾是使徒聖彼得的都曾不認他的主。這樣，這個三段論：聖彼得曾不認他的主，聖彼得曾是一個門徒，因此，有些門徒曾不認他的主（雖然只有特稱命題），是被看作具有全稱肯定命題的，而它的式將是第三格中的Darapti。⑪

斐　我還想告訴您，我本來覺得把三段論的兩個前提的位置換一下，說所有A是B，所有B是C，因此，所有A是C，比之於說所有B是C，所有A是B，因此，所有A是C，似乎更好些。但照您所說的看來，這樣似乎也差不多，而兩者是被算作同一個式的。如您所指出那樣，和通常不同的那種安排法更適合於做成多個三段論構成的一條鏈，這總始終是眞的。

德　我完全同意您的意見。可是人們似乎曾認爲像第一格和第二格的大前提那樣從全稱命題開始，是更適合於教授法的；而且現在還有些講課者有這種習慣。但像您提出的那樣那聯

---

⑪ Darapti 即第三格第一式，參閱本書下冊第四卷第二章§1「德」註（第186頁註④）。

照通常的辦法，這裡「彼得」作爲中詞，而「門徒」是結論中的主詞，小前提必須換位，這樣全稱肯定命題「聖彼得曾是一個門徒」就變成了特稱肯定命題「有些門徒曾是聖彼得」，從之就直接可得出特稱肯定的結論「有些門徒曾不認他的主」。這樣第三格的 Darapti 式就變成了第一格的 Darii 式。這裡前提之所以爲全稱是因爲「彼得」構成他所屬的整個的類，其實也就是把「彼得」看成只包含單個分子的「類」。關於「彼得不認主」，見《馬太福音》第二十六章第六十九節以下。

繫是顯得更清楚。我以前曾注意到亞里斯多德可能是有一種特殊的理由要照通常那種排法。因爲他不說A是B而習慣於說B在A中。而照這種說法，則您所需求的那種聯繫本身在他就出現在通常所接受的那種排法中了。因爲他將不說B是C，A是B，因此，A是C，而是這樣說：C在B中，B在A中，因此，C在A中。例如：不說：矩形是等角形（即各角相等的），正方形是矩形，因此，正方形是等角形，亞里斯多德不改變命題的位置，而把中間位置保留給中詞，用把名詞的位置倒過來的辦法來說這些命題，他會說：等角形是在矩形之中，矩形是在正方形之中，因此，等角形是在正方形之中。而這種說法是不應加以輕視的，因爲實際上謂詞是在主詞之中，或者說謂詞的觀念是包含在主詞的觀念之中的。例如：等角形是在矩形之中的，因爲矩形是所有的角都是直角的圖形，而所有的直角都是彼此相等的，因此，在矩形的觀念中就有一個所有的角都相等的圖形的觀念，而這就是等角形的觀念。通常的說法毋寧是對個體來說的，但亞里斯多德的說法則更多的是就觀念或共相來說的。因爲說所有的人是動物，我是想說所有的人是包含在所有的動物之中的；但我同時也理解爲動物的觀念是包含在人的觀念之中的。動物比人包含著更多的個體，但人則包含更多的觀念或更多的形式性⑫；一個有更多的例子，另一個有更大程度的實在性；一個有更大的外延，另一個有更多的內含。我們也可以眞正

---

⑫ formalités，經院哲學名詞，即指本質。

地說，全部三段論都可以用 de continente et contento ⑬ 即包含者和被包含者的理論來加以證明，這和全體與部分的理論是不一樣的；因爲全體永遠是大於部分的，但包含者與被包含者有時是相等的，如在可相互換位的命題的情況就是這樣。

§9　斐　我開始對邏輯形成了和以往我對它的觀念完全不同的另一種觀念。我本來把它當作是一種學者的遊戲，而我現在看到它照您所理解的那樣好像是一種普遍的數學。但願上帝保佑人們能把它加以推進，使它成爲某種勝過它現在所處狀況的東西，以便我們能找到虎克所說的那種**對理性的眞正幫助**，這將使人們提高到遠遠超出當前狀況之上。而理性是非常需要這種說明的一種功能，它的範圍是十分有限的，並且它在很多方面對我們是有缺陷的。這就是(1)因爲往往那些觀念本身就是我們所缺乏的。§6然後(2)這些觀念往往又是模糊和不完全的；反之在它們是明白清楚的場合，如在**數**的情況，我們就不會發現不可克服的困難，也不會陷入任何矛盾。§7 (3)困難也往往來自我們缺乏中介觀念。我們知道，在**代數**這種重大的工具和人類機智的顯著證據被發現以前，人們看到古代數學家們的許多推證都很驚訝。§12也有這種情況，(4)人們在一些假的原則的基礎上來建立【理論】，這就可能陷入困難，在這裡理性只有進一步把事情弄亂而遠不是把事情搞清楚。§13最後，(5)那些意義不確定的名詞，使理性爲難。

---

⑬ 拉丁文，意即：「包含者和被包含者」。

德　我不知道我們是否如您所想那樣缺乏那麼多觀念，這是說，清楚的觀念。至於混亂的觀念，或毋寧說影像，或者要是您喜歡，可以說印象，如顏色、滋味等等，這是許多小觀念的一種結果，這些小觀念本身是清楚的，但我們不能清楚地察覺到，這樣的觀念有無數是我們所缺乏的，這些觀念對別的生物比對我們更適合。但這些印象也毋寧只是有助於產生一些本能和建立起一些經驗的觀察，而不是為理性提供材料，除非是它們伴隨著清楚的知覺。因此，主要是我們缺乏對這些被混亂觀念掩蓋著的清楚觀念的知識，阻礙了我們，而甚至當一切都清楚地陳列在我們感官或我們心靈面前時，那必須考慮的事物的繁多，有時也把我們攪渾。例如：當有一千發的一堆炮彈放在我們眼前時，顯然，為了能夠很好地想著這很多的一堆東西的數目和特性，把它們像在倉庫裡所幹的那樣安排或各種形狀是很有用的，為的是對它們可以有清楚的觀念，並且甚至將它們加以固定，這樣就可以省去麻煩，不必屢次地來數它們。也正是考慮的東西的繁多，使得在關於數本身的科學中也有一些極大的困難，因為人們在其中找一些簡便的辦法，而有時不知道自然對所涉及的情況是否在它夾縫中有這樣的辦法。例如：表面看起來還有什麼比素數的概念更簡單的嗎？所謂素數就是指除了1和本數之外不能被任何其他數所整除的整數。可是人們還在尋找一種確實而容易的標誌，以便用不著把小於所給定素數的平方根的所有【各個本身也是】素數的除數都來試一試，就能確定地認識這些素數。有大量的標誌，可以使人不必做很多計算就知道某個數不是素數，但人們要求要有一種標誌，既是容易的，又當一個數是素數時就能使人確定地知道它是素數。也正是這使得代數學至今還是如此不完善，雖然沒有什麼比它所用的那些觀念更爲人所知的了，因爲這些觀念無非是指一般的數；因爲公眾至今還沒有辦法來求出超過四次的任何方程的無理根（只除了一種極受限制的情況），[14]而丟番圖（Diophantus）[15]、希皮奧內・德爾・費羅（Scipion du Fer）[16]以及洛多維科・費拉里（Louis de Ferrare）[17]各自用來求解二次、三次和

---

⑭ 在萊布尼茲的時代，如正文所說，二次、三次、四次方程都被化爲純方程，而超過四次的更高次方程的化法，還是個未解決的問題，數學家們爲此費了很多工夫，直到挪威的著名數學家阿貝爾（N. H. Abel, 1802-1829）才證明了（一八二四年）五次及任何更高次的方程一般都不可能以根式來求解。

⑮ 丟番圖（Diophantus，約325-409），亞歷山大里亞學派的著名希臘數學家，在其《算術》一書中曾給出了解一次和二次方程的方法。

⑯ 希皮奧內・德爾・費羅（Scipion du Fer，或 Scipione del Ferro 或 Ferri，約1465-1525），義大利數學家，約在一五○五年曾發現了一個三次方程的特例的解法。

⑰ 洛多維科・費拉里（Louis de Ferrare 即 Ludovico 或 Luigi Ferrari，1522-1562或1565），義大利數學家，曾發現解三次方程的公式的證明，和解四次方程的方法。

四次方程的方法，目的是把它們化爲一次方程，或者是把帶從方程⑱化爲純方程，這些方法彼此都是完全不同的，就是說，用來解某一次方程的方法和用來解另一次方程的方法差一次。因爲二次方程化爲一次的，只要消去那第二項就行了。三次方程的得到解決是因爲把未知數分成幾部分，由此就幸好得到了一個二次方程。而在四次或雙二次的方程中，是在方程的兩邊加上某種東西，以使得兩邊都能開方；而又幸好發現要得到這個結果，只需要一個三次方程就行了。但所有這一切都只是幸運或機遇和技術或方法的一種混合。而在探索後兩種即三次和四次方程的解法時，人們並不知道它是否能成功。在五次或六次即雙三次的方程方面要獲得成功，也還需要某種別的技巧；而雖然笛卡兒曾認爲，他在解四次方程中所用的方法，即把四次方程看作另外兩個二次方程所產生的結果（但這方法歸根到底也並沒有超出洛多維科・費拉里的方法），在解六次方程中也會得到成功，卻並沒有被發現是這樣。這種困難使人看到即使最明白、最清楚的觀念也並不始終總是給我們所要求的一切和從它們能得出的一切。這也使人斷定，代數要成爲發明的技術還差得很遠，因爲它本身也還需要一種更一般的

⑱「帶從方程」原文爲 équation affectée，疑是指具有低次項的方程。如費拉里解 $x^4+ax^3+bx^2+cx+d=0$時，就是設法先消去 ax^3，而如果 ax^3, bx^2, cx 都消去則得純方程。我國古代稱解純三次方程爲開立方，而稱解一般三次方程爲「開帶從立方」，故姑且將"équation affectée"譯爲「帶從方程」。

技術；而我們甚至可以說，那種普遍語文（la specieuse en général⑲）即關於符號的技術對此是一種了不起的幫助，因爲它有助於解放想像力。看了丟番圖的算術和阿波羅尼奧斯及帕普斯的幾何學書籍，我們毫不懷疑古代人在這方面已有了一些東西。韋達⑳曾對此加以擴大，不僅要求的未知數而且連已知數也用一般的字母符號來表示，在計算方面做了歐幾里得在推理方面所已做的事；而笛卡兒則把這種計算擴大應用於幾何學，用方程來表示線。可是即使在我們現代的代數學發現以後，布利奧（Bouillaud）㉑先生，無疑是一位卓越的幾何學家，我在巴黎也曾認識的，也看到阿基米德關於螺線的證明只感到很驚奇，而不能理解這位偉大人物怎麼會想到把這曲線的切線作爲圓的度量。而聖·文生的格里高利神父（Grégoire de Saint-Vincent）㉒似乎猜到了這一點，斷定這是由螺線和拋物線的類似而達到的。但這條途徑只是一種特例，而我所想到並且成功地與公眾分享的那種通過微分法來進行的新的無窮小演

---

⑲ 參閱本書下冊第三卷第二章§1「德」（第15頁註②）及第三卷第九章§19-§21「德」（第134頁註⑨）等處。

⑳ 參閱本書下冊第四卷第七章§6「德」註（第276頁註⑭）。

㉑ 布利奧先生（Bouillaud（Ismael Bullialdus）即 Ismael Boulliau, 1605-1694），法國的數學家和天文學家，曾對某些星的光的變化首先提出過一種解釋。

㉒ 聖·文生的格里高利神父（Grégoire de Saint-Vincent, 1584-1667），法蘭德斯的幾何學家，曾大力從事於探求化圓爲方的問題。

算[23]，則給了人一種一般的方法，在這裡，這種就螺線所作的發現就只是一種遊戲和最容易的事情的一種試樣，就像我們以前在有關曲線長度問題方面所曾發現的幾乎所有東西一樣。這種新的演算之所以有好處，其理由還在於它在笛卡兒排除在他的幾何學之外的那些問題上解放了想像力，笛卡兒排除這些問題的藉口是說它們最經常地會引向力學去，但骨子裡是因爲它們和他的演算不一致。至於那些由於名詞的含糊而產生的錯誤，那是要靠我們去加以避免的。

斐　也還有一種情況是不能用理性的，但這裡也是不需要理性並且觀察的眼光比理性還更有價值的。這就是在**直覺**知識方面的情況，這裡觀念之間和眞理之間的聯繫是直接被看到的。對那些無可懷疑的公則的知識就是這樣，而我總傾向於認爲，這是**天使**現在所具有，也是達到完美程度的正義的人的心靈在**未來狀態**下對於現在爲我們認識所不及的千百種事物所具有的顯明性的程度。§15但基於中介觀念的推證，則給人一種**推理**知識。這是因爲中介觀念和兩端觀念

㉓「微分法」，原文爲 différences，這詞在現代是指「差分法」，但在萊布尼茲的時代是指「微分法」。「無窮小演算」原文爲“calcul des infinitésimales”，也就是指萊布尼茲所發明的微分。關於他自己對他發明微積分一事的論述，可參考他的 *Historia et origo calculi differentialis*（《微分的歷史和起源》），載 Gerhardt 編《萊布尼茲數學著作集》II. 1〔第五卷〕，392-410；Dutens 編的《萊布尼茲全集》第三卷有大量有關萊布尼茲和牛頓關於微積分發明權問題的爭論材料。

的聯繫是必然的，並且通過明證的並列而被看到的，就好像一根尺子，我們用來量一下這件衣服，又量一下那件衣服，以使人看出它們是一樣長的。§16但如果那聯繫只是概然的，則判斷只給人一種意見。

德 單只上帝才有只具有直覺知識這種好處。但那些幸福的靈魂，不論如何脫離了這粗鄙的身體，以及那些精靈本身，不論他們何等崇高，儘管他們具有一種比起我們的來無比地更為直覺的知識，並且往往一眼就能看出我們靠推論的力量在花了許多時間精力以後才能找出的東西，他們在他們的道路上也當碰到困難的，否則他們就會沒有作出發現這種愉快了，這是最大的愉快之一。並且永遠應該承認也有無數真理對他們也是掩蓋著的，或者是完全掩蓋著，或者是一時掩蓋著，須要他們靠推論的力量才能達到，也要靠推證或者甚至往往還靠猜測。

斐 〔那麼這些精靈也就只是比我們更完善些的動物了，這就好像您和那位月亮上的皇帝一起說過的，一切也都和這裡地上一樣。〕

德 我要說不是完全這樣，而是就事物的根底來說是這樣，因為圓滿性的方式和程度是無限地變化多端的。可是那根底是到處同樣的，這在我是一條基本公則，並且支配著我的全部哲學。而我只是照我們所清楚認識的事物的方式來設想那些不認識或混亂地認識的事物；這使得哲學成為非常容易的，而我確認為是應該這樣。但如果說這種哲學就根底來說是最簡單的，而就表現樣式方面來說則也是最豐富的，因為自然可以使它們無限地變化多端，正如它也使之具有所能想像的一切富饒、秩序和裝飾一樣。就是因爲這樣，我認爲沒有什麼精靈，不論他如何崇高，會沒有無數更高的精靈在他之上。可是雖然我們比這許多精靈性的存在物低得多，我們卻有這種好處，就是在這地球上並不顯然受控制，在這裡我們是毫無爭議地占有頭等地位的；而且不論我們陷於怎樣的無知狀態，我們卻有這樣的愉快，沒有看到什麼超過我們之上的。而如果說我們這樣是虛榮，我們也可以像凱撒那樣認爲，寧願在一個小村鎮當頭頭，也不願在羅馬當第二把手。此外，我這裡說的只是這些心靈的自然知識，而不說那種**有福的面見上帝**㉔，也不說上帝願賜給他們的那種超自然之光。

§19　斐　由於每個人都或者對自己或者對別人來運用理性的推理，對於那四種論證來作些思考將不是無用的，人們習慣於用這論證來把別人拉到自己的意見這邊來，或者至少是使別人處於一種折服狀態，以阻止他們進行辯駁。第一種論證可以叫做 **argumentum ad**

㉔ vision béatifique，這是宗教神學上用的名詞，用以指聖者和天使在天上直接面見上帝，這被認爲是他們的主要幸福。這種觀點本起源於柏拉圖所宣揚的對理念的「超理性」的直覺知識，新柏拉圖主義者斐洛、普羅提諾等進一步發展爲對於上帝的神祕的出神狀態的直觀，中世紀基督教的一些神祕主義神學家特別宣揚這套觀點。一些哲學上的唯心主義者也藉此來宣揚一種「超理性」、實即反理性的而似乎是最確定、最完滿的絕對知識。

verecundiam，㉕當人們引用那些由於知識、地位、權力或其他而獲得權威的人的意見時就是這樣；因為當別人不立即順從它時，就會被譴責為虛榮浮誇，甚至被責為傲慢無恥。§20還有(2)argumentum ad ignoratiam㉖，這就是迫使對方承認那證據，否則就要他指出一個更好的來。§21還有(3)argumentum ad hominem，㉗當人們以一個人自己說過的話來逼迫他時就是這樣。§22最後還有(4)argementum ad judicium㉘，這就是應用從某種知識或概然性的源泉得出的證據【來進行論證】；而這是所有論證中唯一能使我們前進和對我們有所教益的；因為假使我出於恭敬而不敢反駁，或者我沒有什麼更好的可說，或者我自相矛盾了，也並不因為這些您就是對的。我可以是謙遜的、無知的、弄錯了的，而您可能也是弄錯了的。

德　在說起來是對的和真正要來相信的東西之間，無疑必須加以區別。可是，大部分的真理是可以大膽公開地堅持的，有些反對一種意見的偏見卻必須遮遮掩掩。利用無知（ad ignorantiam）的論證在一些要作出推定的情況下是對的，在這種場合，堅持一種意見直到那相

㉕ 拉丁文，意即：「藉口謙恭的論證」，洛克原書中譯作「剽竊名言」。

㉖ 拉丁文，意即：「利用無知的論證」，洛克原書中譯作「利用無知」。

㉗ 拉丁文，意即：「以子之矛攻子之盾的論證」，洛克原書中譯作「窮迫他說」。

㉘ 拉丁文，意即：「明辨事理的論證」，洛克原書中譯作「准事酌理」。

反的得到證明爲止，是有道理的。以子之矛攻子之盾（ad hominem）的論證有這樣的效果，即它表明這一個或另一個論斷是假的，而對手不論採取何種方式總是錯了的。我們還可以提出人們所用的其他一些論證，例如：那可叫做 ad vertiginem[29]的論證，當人們像下列這樣推理時就是這種論證：如果不接受這一證據，我們就無法在所論之點上達到確定性，這是被人看作荒謬的。這種論證在某些情況下是對的，好比有人若想否認那些原始的直接的眞理，例如：任何東西都不能同時既是又不是，或我們自身存在[30]，因爲如果他有理，那就會沒有任何辦法來認識任何東西。但當我們定下某些原則，並想加以堅持，因爲否則已被接受的某種學說的整個系統將會倒塌時，這論證卻不是決定性的；因爲在那必須用來支持我們的知識的東西，和可用來作爲我們已被接受的學說或我們的實踐基礎的東西之間，必須加以區別。在法學家們那裡有時就用一種類似的推理來爲他們根據其他被控犯有同樣弄妖術罪的人的供詞而對那些被認爲弄妖術的人定罪或刑罰的做法進行辯護，因爲他們說：如果這一論證倒臺了，那我們怎麼來使他們服罪呢？而有時在刑事問題上，某些作者以爲在較難使人服罪的事情上，比較薄弱的證據也可以被當作充足的。但這不成一個理由。這只是證明必須更加仔細小心，而不是說我們應該更加輕

㉙ 拉丁文，意即：「兜圈子」【的論證】。

㉚ E本無“ou que nous existons nous mêmes”（「或我們自身存在」）一句，譯文從G本。

忽地就相信，除非是在一些極端危險的犯罪案件中，例如：在大逆不道的事情上，這種考慮是有分量的，不是爲了給一個人定罪，而是爲了防止他爲害；這樣，在判決中，在法律和習慣許可的場合，就可以有一種中道，不是在有罪與無罪之間的中道而是在定罪與免罪之間的中道。在德國，若干時期以來人們也用一種類似的論證來爲鑄造壞錢幣文過飾非；因爲（他們說）如果要遵守規定的規則的話，我們要鑄錢就不能不有所損失。因此，就應該允許降低成色。但除了應該只減輕重量而不是降低成色或成分來更好地避免作假騙人之外，人們是把一種並非必要的做法當作必要的；因爲既沒有上天的命令也沒有人間的法律要強迫那些既無礦產也沒有機會有許多銀條子的人來鑄造錢幣；而將錢求錢，這是一種很壞的做法，它自然會帶來腐化墮落。那麼（他們說）怎麼來實施我們鑄錢的王家特權呢？答案是很容易的。你就滿足於用好銀子少鑄點錢幣吧，即使受點損失也罷，要是你認爲鑄錢造幣對你很重要的話，因爲你既無必要也無權利以壞貨幣來充斥世界。

§23　斐　在關於我們的理性和其他人的關係方面說了一點之後，讓我們再就它和上帝的關係再來說一點，這種關係使我們在那反理性的和超理性的之間作了區別。屬於第一類的是一切和我們明白而清楚的觀念不相容的東西；屬於第二類的是一切這樣的想法，它的眞實性或概然性是我們看不出能藉助於理性從感覺或反省演繹出來的。因此，如不止一位上帝存在是反理性的，而死人復活是超理性的。

德　關於您對超理性的所下的定義，我覺得有點意見要提，至少要是您把它和這話的公認用法聯繫起來的話；因爲我覺得照這定義所暗示的方式，它一方面走得太遠了而另一方面又走得不夠遠；而如果我們遵照著它，則凡是我們所不知道的以及我們在當前狀況下沒有能力認識的東西就會都是超理性的了，例如：某一恆星比太陽大些或小些，還有維蘇威火山在哪一年將會爆發噴火，這些事實的知識超出我們的範圍，並不是因爲它們是超乎我們的感官；因爲我們要是有更完善的器官並且對其環境情況有更多了解的話，是將能很好地對它作出判斷的。也有一些困難，是超乎我們現在的功能，但並不是超乎一切理性的；例如：世上沒有一位天文學家能夠不用握筆在手就計算出在一個 pater㉛的空間的一次日月食的細節，可是也許有些精靈，對他們來說這簡直不過是一種兒戲。因此，所有這些事情，假定有對事實更多的了解，更完善的器官和更高級的心靈的話，都可能被弄成藉助於理性得以認識或可行的。

斐　要是我把我的定義理解爲不僅是對我們的感覺或反省，而是也對所有其他可能的被創造心靈的感覺或反省而言，那您這反駁就失效了。

德　如果您這樣理解，您是對的。但將還有另一個困難，這就是：照您的定義就將沒有什

㉛ 拉丁文，這詞的通常意義是指「父親」，也指天上之「父」即「上帝」，或神話中的眾神之王朱庇特（Jupiter）。這裡所謂「一個 pater 的空間」也就是指「廣闊無垠的空間」的意思。

麼是超理性的了，因爲上帝將永遠能夠給辦法用感覺和反省來把握不論什麼眞理；正如事實上那些最大的神祕事情由於上帝的作證對我們也就變成被認識的了，這種作證是我們通過可信性的動機（les motifs de crédibilité）而認識到的，我們的宗教就以這種動機爲基礎。而這些動機無疑是依賴於感覺和反省的。因此，問題似乎不在一件事實的存在或一個命題的眞實性是否能從理性所用的原則，也就是從感覺和反省，或者說從外感官和內感官演繹出來，而在於一個被創造的心靈是否能夠認識這事實的如何或這種眞實性的先天理由；所以我們可以說那超理性的也是很能被把握的，但它是不能通過被創造的理性的途徑和力量而被理解的，不論這理性多麼偉大和崇高。這是單只保留給上帝來理解的，正如使它成爲事實也單只屬於他一樣。

斐　這種考慮我覺得是對的，我也正是希望人家這樣來理解我的定義。這同一種考慮也使我更堅信我現在所持的意見，即把理性和信仰對立起來的說法，儘管有很大權威，也是不恰當的，因爲我們是用理性來核實我們所當信仰的。㉜信仰是一種堅決的同意，而得到應有方式的規範的同意，只能是根據正當理由來給予。因此，那種並無任何相信的理由就相信的人，可能是愛他的幻想，但他並不是眞的在追求眞理，也不是合法地服從他神聖的主，主要是他運用那

㉜ 這裡照G本，原文爲"car c'est par la raison que nous vérifions ce que nous devons croire"。E本和J本此句均作："car c'est par la raison que nous devons croire"。（「因爲我們應該憑理性來信仰。」）

些功能的，主以那些功能豐富了他，爲的是保他不犯錯誤。否則，如果他走在正路上，那是碰巧；而如果他走了邪路，那是由於他的錯誤，對此他是要對上帝負責的。

德　我非常讚賞，先生，您要把信仰建立在理性的基礎上；要不然爲什麼我們會認爲基督教《聖經》比《可蘭經》或婆羅門教的古籍好呢？我們的神學家們以及其他一些有學問的人也都曾認識到這一點的，也正是這一點使得我們有如此美好的有關基督教眞理的作品，並且有這麼多美好的證據被提出來反對那些異教徒以及古代和近代的其他不信神的人們。明智的人們也始終懷疑那樣一些人的主張，他們以爲在涉及信仰的事情上是不必費心考慮理由和證據的；其實這是不可能的事情，除非信仰就只意謂著背誦或重複，以及無所用心地聽之任之，就像很多人所幹的那樣，以及甚至就像有些民族的性格那樣，他們比其他民族更其如此。這就是爲什麼十五和十六世紀的有些亞里斯多德派哲學家，他們的殘餘在那以後很久還繼續存在（如我們從已故的諾德（Gabriel Naudé）先生㉝的信及《諾德集》中可以看出的），曾想主張有兩種對立的眞理，一種是哲學的，另一種是神學的，在利奧十世（Leo PP. X）主持下的最後一次拉

㉝ 諾德（Gabriel Naudé, 1600-1653），著名法國學者，初曾爲法王路易十三的醫生，後主要從事於文化及圖書館事業。《諾德集》（*Naudenna*）是從他的談話中抽出的一些軼聞的集子。

特蘭會議㉞曾有理由加以反對，正如我認爲已曾指出過的那樣。㉟前此時在黑爾姆斯特，在神學家但以理·霍夫曼（Daniel Hoffmann）和哲學家高乃伊·馬丁（Corneille Martin）之間也曾引起過一場完全類似的爭論，不過有這點區別，這位哲學家是要把哲學和啓示相調和，而這位神學家則想拋棄哲學不用。而儒勒公爵（le Duc Jules），這位大學的創立者，則宣布支持哲學

㉞ 拉特蘭（Latéran）是羅馬天主教的大本營，這是指一五一二年十二月十九日在教皇利奧十世主持下的第五次拉特蘭宗教會議。

㉟ 參閱《神正論》前言，§7、§8、§11。這裡所說的「亞里斯多德派哲學家」，分爲兩派，是按照其創始人對亞里斯多德的不同解釋而形成的。一派稱「亞歷山大派」，是照西元兩百年前後，阿芙蘿迪西亞（Aphrodisias）的亞歷山大（Alexandre）的解釋，另一派稱「阿威羅伊派」，是照伊斯蘭哲學家阿威羅伊（Averroes, 1124-1198，即伊本·魯世德）的解釋。兩派都否認個人靈魂不死，也都主張「雙重眞理」說，因而在一五一二年的「拉特蘭會議」上被定爲「異端」。十五、十六世紀主張這種「雙重眞理」說的人中，最主要的是義大利哲學家彭波那齊（Pietro Pomponazzi, 1462-1525）。他屬於「亞歷山大派」，也被控爲「異端」，他曾企圖爲這種「雙重眞理」說找一種更深的基礎，認爲理性有雙重的本性，即思辨的和實踐的，思辨的理性提供了哲學的基礎，實踐的理性則提供了神學和倫理學的基礎。這種「雙重眞理」說在當時是企圖爲哲學擺脫傳統宗教神學的束縛尋找理論根據，因而具有反封建的進步意義。

家㊱。的確，在我們的時代一位有最崇高地位的人士也說過，在信仰問題上必須挖掉眼睛才能看得清楚，而特土良㊲在有個地方也說過：這是眞的，因爲它是不可能的；這是必須信仰的，因爲它是荒謬的。但如果說這樣說法的人心意是好的，這種說法總是過頭的，並且可能造成危害的。聖保羅就說得更正確些，他說上帝的智慧在人面前是瘋狂；這是因爲人們只是照他們極其有限的經驗來判斷事物，而凡是和這經驗不合的在他們就顯得是荒謬的。但這種判斷是非常冒失的，因爲有無數自然事物，要是別人對我們說起的話，我們也會當它們是荒謬的，就像有人說我們的河面上蓋著冰，那位暹羅國王就覺得是荒謬的一樣。但自然本身的秩序，既不是什麼形上學的必然性，就只是基於上帝的樂意，所以是可以由於神意的高超理由而遠離這種秩序

㊱ 參閱《神正論》，前言§13關於這場爭論，從一五九八延至一六〇一年，可參閱 Pünjer, Gesch. d. *Christ. Religionsphilosophie*（彭耶：《基督教宗教哲學史》）第一卷，第132-141頁，以及托馬修（G. Thomasius）《論霍夫曼的爭論》（*De controversia Hofmanniana*, Erlangen, 1844）等專著。本書德譯者夏爾許米特註認爲儒勒公爵是 Henry Julius，是那位大學創立者儒勒公爵的兒子和繼承人，他曾審閱了這場爭論的文件，並作出決定，要保護哲學家而反對他的對手，這些對手就在國外大肆散布惡毒誹謗他的流言蜚語，對他進行攻訐。

㊲ 特土良（Tertullien, 160-240），基督教早期的著名「教父」，生於迦太基。這裡所引的他的話，見於他的 *De carne christi*（《論基督的肉體》），第五章。萊布尼茲在其《神正論》前言§50，也引了這段話。

的[38]，雖然他也完全只應根據正確的證據行事，這種證據只能來自上帝本身的作證，對此，當其得到恰當證實時，我們是應該絕對恭順服從的。

㊳ 參閱本書下冊第四卷第六章末的註（第265頁註⑬）。

第十八章　論信仰和理性以及它們各別的界限

§1 斐　可是讓我們適應大家已接受的說法，並忍受人們在某種意義下把信仰和理性區別開來吧。但把這意義解釋清楚，並確立這兩者之間的界限，這是恰當的；因爲這些界限的不確定，確實已在世上產生了很大的爭論，並且也許甚至引起了巨大的混亂。至少很顯然，除非到了把這些界限加以決定，人們的爭論是徒然的，因爲在就信仰進行爭論時，就必須運用理性。§2我發現每一教派，當他們認爲能從理性得到幫助時，是都喜歡用理性的；可是一旦理性用不上了，他們就喊叫起來，說這是信仰的事，是超乎理性之上的。可是對方有人插手來和他講理時將也可以用同樣的口實，除非能指出爲什麼在一種顯得類似的情況下這對他是不允許的。我設想，理性在這裡就是發現從知識得來的命題的確定性或概然性，這些知識是我們用我們的自然功能，也就是通過感覺和反省已獲得的；而信仰則是給予一種基於啓示的命題的同意，基於啓示也就是基於一種上帝的異乎尋常的傳遞，使這種啓示爲人所認識。§3但一個受到上帝的靈感的人並不能把任何新的簡單觀念傳給別人，因爲他只使用語詞或其他一些記號，這些記號在我們心中喚起的是習慣與之相聯繫的一些簡單觀念，或它們的組合；而不論聖保羅被帶到第三重天感到眼花繚亂時接受了怎樣的新觀念，他就此所能說的一切也不過「是眼睛未曾看見，耳朵未曾聽見，人心也未曾想到的。」①假定木星上有生物，具有六種感官，並假定上帝以超

①《哥林多前書》，第二章第九節。

自然的方式給了我們中間的一個人對這第六種感官的觀念，他也不能用語言使得在別人心中產生這些觀念。因此，必須把原始的啓示和傳說的啓示加以區別。前者是上帝直接在心靈中造成的一種印象，對它我們是不能固定任何界限的；後者只是通過通常途徑傳遞來的，並且不會給人新的簡單觀念。§4的確，我們能用理性發現的那些眞理，也可以通過一種傳說的啓示傳給我們，就好像上帝曾願把那些幾何定理傳給人們一樣，但這不是像我們具有其從觀念的聯繫得出的推證的眞理一樣確定的。這就好比挪亞對於那洪水②有比我們從摩西的書中得到的更確定的知識一樣；也好比有人看到摩西實際寫了這書，並看到他行奇蹟，證實他得到了靈感，這人的可靠性就比我們的大一樣。§5正是這一點使得啓示也不能違反理性的明證，因爲即使當啓示是直接的和原始的時，也必須明明知道我們把它歸之於上帝並沒有弄錯，並且我們確是理解了它的意義；而這種明證絕沒有比我們的直覺知識更大的了；因此，任何命題，當它和這種直接知識矛盾地對立時，都不應作爲神聖的啓示來接受。否則世界上就再沒有什麼眞和假的區別，也沒有什麼衡量可信和不可信的標準了。來自上帝、這位我們自身的存在的仁慈造物主的一件事物，既被作爲眞的加以接受，這事物卻當推翻我們知識的基礎，並把我們的全部功能弄成無用，這是不能設想的。§6而那些只是間接地或通過口頭或通過書面的傳說而具有啓示的人，就

② 參閱《創世紀》第六至八章。

更加需要理性來加以保證了。§7可是這一點始終是眞的，即那些超乎我們的自然功能所能發現

的之外的事物，是本當屬於信仰的事，如反叛天使的墮落，死人的復活之類。§9正是在這裡，

我們必須單只聽從啓示。而甚至對於一些概然的命題，一種顯明的啓示將決定我們不承認其概

然性。

德　如果您把信仰只看做那基於可信性的動機（如人們所稱那樣）的，並把它和那直接決定心靈的內心的恩情（la grâce interne）分開，那麼先生，您所說的一切都是無可爭議的。必須承認有很多判斷是比那些依賴於這些動機的判斷更加明顯的。有些比別的更進一步，而甚至有很多人從來就不知道這些判斷，更沒有對它們進行過考量，而因此他們甚至連可以被當作一種概然性的動機的也沒有。但聖靈的內心的恩情直接以一種超自然的方式補充了它，而正是這造成了神學家們恰當地稱爲神聖信仰的。誠然，上帝除了他使人相信的是基於理性，是絕不會給人信仰的；否則他就會毀滅了認識眞理的手段，並爲狂信打開了大門；但並不必要所有具有這種神聖信仰的人都認識這些理由，更不必他們都永遠有這些理由在眼前。否則那些頭腦簡單的人和白痴，至少在今天，將絕不會有眞的信仰了，而最開明的人在他們最需要信仰的時候也將會沒有信仰，因爲他們也並不能永遠記得那些信仰的理由。在神學中運用理性這個問題，曾

經最是爭論不休的，既在蘇西尼派（les Sociniens）[③]和那些在一般意義下可稱爲天主教徒的人之間爭論，也在改革派和福音派[④]——如在德國，對那些很多人不適當地叫做路德派的，人們寧願這樣稱呼——之間爭論。我記得有一天曾讀過一個蘇西尼派的斯特格曼（Stegmannus）[⑤]（不同於約書亞・斯特格曼（Joshua Stegmann）[⑥]，他自己也曾寫書反對過蘇西尼派）的一部形上學，這書就我所知還未印出來；另一方面一位薩克森的神學家凱斯勒（Keslerus）[⑦]曾寫

---

③ 蘇西尼派（les Sociniens），追隨十六世紀義大利神學家蘇西尼（Faustus Socinus）的教義者，他們否定三位一體、基督的神性、魔鬼的人格、人類的原罪等。

④ 這裡所說的「改革派」（les Reformés）是指天主教本身一些主張作適當改良的派別，而不是指將天主教改爲新教的各派；「福音派」（les Evangeliques）則指「路德派」等新教派別。

⑤ 斯特格曼（Stegmannus），萊布尼茲在《神正論》前言§16中也提到他，是叫 Christopher Stegmann，是 Joachim Stegmann 的最小弟弟，Joachim 寫過許多數學和神學著作，死於一六三二年。Christopher 寫過一部作品叫 *Dyas philosophica*，也許就是這裡萊布尼茲所說的「形上學」。

⑥ 約書亞・斯特格曼（Joshua Stegmann, 1588-1632），一位德國路德派教士，在萊比錫等地當過教授，寫過很多神學著作。萊布尼茲在《神正論》前言§62也提到過他。

⑦ 凱斯勒（Keslerus 即 Andreas Kessler, 1595-1643），一位德國路德派教士，曾在耶拿等地讀書，後來在艾森納赫、科堡等地當牧師，寫過許多著作反對蘇西尼派。萊布尼茲在《神正論》前言§16中也提到他。

過一部邏輯和其他一些哲學作品明確反對蘇西尼派。我們可以一般地說，蘇西尼派在排斥一切不符合自然秩序的東西方面走得太遠了，甚至當他們並不能絕對證明其不可能性時也是這樣。但他們的敵手有時也走得太遠，而把那奧祕甚至推到了矛盾的邊緣；在這方面他們其實危害了他們所要盡力維護的眞理，而我很驚訝有一天看到法布里（Honoré Fabri）⑧神父，他此外曾是他那修道會中最高明的人之一，在他的《神學大全》中竟在神聖事物方面否認（如其他有些神學家還在做的那樣）這條大原則，即：「兩件事物與一第三件事物相同的，它們彼此也相同。」這是沒有想一想就讓對手去得分，並且剝奪了一切推理的確定性。毋寧應該說這條原則沒有用好。這同一位作者在他的哲學中排斥了司各脫（Duns Scot）⑨派放在被創造事物中的實質上的區別，因爲這些區別據他說會顛覆矛盾原則；而當人們反駁他說必須承認這些區別在上帝中時，他回答說是信仰命令這樣的。但信仰怎麼可能命令任何顛覆了這樣一條原

---

⑧ 法布里（Honoré Fabri, 1607-1688），法國數學家、哲學家，是一位耶穌會士，曾在耶穌會在里昂辦的學校中教授哲學和數學，後來當了羅馬教廷的祕書處長。萊布尼茲把他看做是他當時最傑出的人之一，在其著作中曾屢次以稱讚的口吻提到他，並曾與他多次通信。他所作的《神學大全》（*Summula Theologiae*），一六六九年出版於里昂。

⑨ 司各脫（Duns Scot，約1274-1308），英國著名經院哲學家，和聖多瑪斯・阿奎那相敵對的。

則的事呢？要是沒有這條原則，則一切信任、肯定或否定都將是徒然的了。因此，兩個同時眞的命題，必然地應該不會是完全相矛盾的；而如果A和C不是同一個東西，則相同於A的B，就必須和相同於C的B不是一樣看待。尼古拉・維德爾（Nicolas Vedel）⑩，日內瓦的然後是德芬特（Deventer）的教授，先前曾發表過一本書叫做 *Rationale Theologicum*⑪，約翰・穆賽烏斯（Johannes Musaeus）⑫，耶拿（這是在圖林吉的一所福音派的大學）的教授，則就同一題材即關於理性在神學中的運用寫了另一本書反對維德爾。我記得先前曾對它們進行過考慮，並曾指出，那主要的爭論曾被一些偶然插入的問題攪亂了，例如：要問什麼是一個神學的結論，以及是否對它當用構成它的名詞來判斷，還是當用證明它的方法來判斷，並因此是否奧康（William of Occam）⑬說的這話是有道理的，即對於同一結論的知識，不論用什麼方法

⑩ 尼古拉・維德爾（Nicolas Vedel，或 Nicolaus Vedelius，死於一六四二年），是一位德國的喀爾文派教士，曾在日內瓦教授哲學，又在德芬特教授神學和希伯來文，最後在法蘭克爾教神學直到去世。參閱《神正論》前言§20、§67。

⑪ 拉丁文，意即《神學的理性化》，一六二八年發表於日內瓦。

⑫ 約翰・穆賽烏斯（Johannes Musaeus, 1613-1681），德國路德派教士，曾在耶拿教授歷史和神學，是他那時代最重要的路德派神學家之一，並被公認爲十分博學。參閱《神正論》前言§20、§67。

⑬ 奧康（William of Occam 或 Okam，生年不詳，死於一三四七年），著名的英國唯名論哲學家，對唯名論學說作了發展，接近於「概念論」。

來證明它，都是相同的。⑭而他老是抓住其他很多更不重要的、只是有關於名詞的瑣屑問題不放。可是穆賽烏斯自己也同意，那些理性的原則，凡具有一種邏輯的必然性那樣必然的，也就是說，它的對立面是蘊涵著矛盾的，應該而且能夠在神學中被可靠地應用；但他有理由否認那僅只具有物理的必然性（也就是說，基於對在自然中所實行者的歸納，或基於自然法則的，這種法則可以說是屬於神的制定的），就足以用來拒絕相信一種奧祕或一種奇蹟；因爲改變事物的通常過程是取決於上帝的。因此，照自然的秩序，我們可以肯定同一個人不能同時既是母親又是童貞女，或者一個人的身體是不能不落於感官的範圍內的，雖然兩者的相反情況在上帝是可能的。維德爾似乎也同意這種區別。但人們有時對於某些原則是否邏輯地必然的，還是僅只物理地必然的，是有爭論的。和蘇西尼派關於單個的本質不增多時實體是否能增多的爭論就是這樣的；和慈運理（Ulrich Zwingli）⑮派關於一個物體是否只能在一個地方的爭論也是這樣。

---

⑭ 照G本原文，作"quel moyen qu'on employe"etc.；E本和J本均作"que le moyen qu'on emploie"etc.；若照後者，則此句當譯作：「對於同一個結論的知識，和用來證明它的方法是相同的」。夏爾許米特的德譯本此處從E本和J本，並加註說：「換句話說，我們在推理中是必然在兜圈子的」。究竟以何者爲正確，須核查奧康的原文，但迄今尚未能找到，故存疑。

⑮ 慈運理（Ulrich Zwingli，1484-1531），瑞士的宗教改革家，與路德在德國從事宗教改革約略同時，他在瑞士也進行了宗教改革，主張廢除教士的獨身制及廢除彌撒等。他死後，他的信徒就分別與喀爾文派及路德派合併了。

然而必須承認，每當邏輯的必然性未得證明時，我們只能在一命題中假定一種物理的必然性。

可是我覺得還剩下一個問題，是我剛才所說到的幾位作者都未加充分考察的，這問題如下：假定一方面我們發現了一段《聖經》上的經文的字面意義，另一方面又發現看起來很像有一種邏輯的不可能性，或者至少有一種公認的物理的不可能性，試問是否認字面的意義還是否認哲學的原則較為合理呢？肯定有些地方背棄字面意義是並不造成困難的，如當《聖經》上把雙手給予上帝和把憤怒、懊悔以及其他各種人類的感情歸之於上帝時就是這樣；否則就得自列於神人同形同性論者一邊，或者和英國的某些熱狂者一樣了，他們相信，那希律（Hérode）[16]，當耶穌基督叫他狐狸時，就真的變成狐狸了。正是在這裡，那些解釋的規則就有作用了，如果它們沒有提供什麼駁倒字面意義以有利於哲學原則的東西，並且此外如果字面意義也沒有什麼把某種不圓滿性歸之於上帝，或在虔信的實踐方面帶來危險的東西，則依照字面意義是更可靠甚至也更合理的。我剛才提到的這兩位作者還就凱克爾曼（Bartholemew Keckermann）[17]企圖

⑯ 希律（Hérode），當係指 Hérode Antipas，他在西元前四年至西元三十九年為猶太人的王。據《聖經》所說，耶穌在死前受審時曾被彼拉多送給希律去審，希律又送回給彼拉多。參閱《路加福音》第二十三章。

⑰ 凱克爾曼（Bartholemew Keckermann, 1573-1609），德國學者，曾在海德堡教授希伯來文，後在但澤的大學預科教授哲學，曾為教學編了許多書，把各門科學都表現得很有系統。《神正論》前言 §59 也提到他。

做的事進行了爭論，凱克爾曼曾想用理性來證明三位一體，正如雷蒙・呂爾（Raymond Lulle）[18]先前也曾想做過的一樣。但穆賽烏斯也十分公平地承認，如果改革派作者的證明是有效、正確的，那就沒有什麼話說，並且主張在關於這一點上聖靈的光可以被哲學所照亮，這也當是有道理的。他們也還曾爭論過這個著名的問題：那些對《新約》或《舊約》的啓示並不知道，而懷著一種自然的虔敬的思想感情死去的人，是否能以此得救和得到對他們的罪孽的赦免？我們知道，亞歷山大里亞的克萊曼特（Clément d'Alexandrie），殉道者游斯丁（Justin Martyr）以及金口約翰（Jean Chrysostome）在某種方式下是傾向於這一點的[19]，而我從前甚

---

⑱ 雷蒙・呂爾（Raymond Lulle 或 Lully, 1234或1235-1315），西班牙作家和煉金術士，以其 *Ars Magna*（《大技術》）聞名。曾致力於以理性來證明三位一體，這種思想和奧古斯丁有密切聯繫。他也企圖證明基督教的理論具有內在固有的合理性，以反對阿威羅伊主義者的論斷。

⑲ 亞歷山大里亞的克萊曼特（Clément d'Alexandrie，生於約150-160年，死於約220年），基督教會早期的博士，三世紀時最重要的護教者之一；殉教者游斯丁（Justin Martyr，生於約114年，約165年殉教）爲《爲基督教辯護》一書的作者，也是一個著名的護教者；金口約翰（Jean Chrysostome，因其以雄辯聞名，稱爲「金口」，約347-407），也是基督教的著名教父之一。克萊曼特和游斯丁都是作爲受過希臘哲學訓練的思想家進入基督教會的，他們把希臘哲學看做是上帝所賜予以準備更好地信基督教的禮物。金口約翰也受過希臘修辭學、演說術的訓練，他也認爲希臘文化是來自上帝的。這些情況自然使他們有以理性來論證基督教義的傾向。

至曾向貝利松（Paul Fontanier-Péllison）[20]先生指出，羅馬教會的許許多多傑出的博士，遠遠不是譴責那些並非頑固不化的新教徒，甚至願意拯救那些異教徒，並且主張，我剛才所講的那種人，可以通過一種*悔悟*的行動而得到拯救，所謂悔悟，就是基於*仁慈之愛*（l'amour de bienveillance）的懺悔，由於這種愛，人們愛上帝超乎一切事物之上，因爲這種圓滿性使上帝成爲至高無上地可愛的。這就使得人們以後要來全心全意地使自己符合他的意志和仿效他的圓滿性，以使得我們能更好地和他相結合，因爲上帝不拒絕賜恩於抱著這樣思想感情的人顯得是正確的。不說伊拉斯謨（Didier Erasme）[21]和威夫斯（Juan Luis Vives）[22]，我提出了雅各・貝

⑳ 貝利松（Paul Fontanier-Péllison, 1629-1693），法國學者，最初學法律，後來棄而從事於文學，曾被任命爲路易十四的史官。他本來是新教徒，爲擔任這史官職務就不得不改信天主教。他曾和萊布尼茲有大量通信，討論宗教和神學問題。Dutens 編的和 Foucher de Careil 編的萊布尼茲著作集中都收集了這些通信，後者尤爲完備。這裡所提到的這信，見 Dutens 本的第一卷，第634-681頁，Foucher de Careil 本的第一卷，第55-66頁。

㉑ 伊拉斯謨（Didier Erasme 或 Erasmus, 1467-1536），荷蘭的作家和哲學家，文藝復興時期最大的人文主義者之一，著有《愚神禮讚》等。

㉒ 威夫斯（Juan Luis Vives, 1492-1540），西班牙的學者和哲學家、人文主義者，反對經院哲學，主張依靠經驗和理性直接研究自然，爲近代資產階級哲學的先驅之一。

瓦・安德拉達（Jaques Payva Andradius）[23]的意見，他是葡萄牙的博士，在他那當時是非常著名的，他曾是出席特利騰大公會議（Concile de Trente）[24]的神學家之一，他甚至曾說過，那些不同意這一點的人，就使上帝成爲最高度殘酷無情的了（neque enim, inquit, immanitas deterior ulla esse potest[25]）。貝利松要想在巴黎找到這本書竟很困難，這正是一種標誌，表明在自己的時代很受重視的作者往往在後世被忽視。也正是這一點使培爾先生認爲很多人都只是根據安德拉達的敵手欽尼茲（Martin Chemnitz）[26]的證據來引用他的話。這是很可能的；但就我來說，我在引用他的話之前是讀過他的書的。他和欽尼茲的爭論使他在德國很出名，因爲他曾寫書支持耶穌會士們反對這位作者，而人們在他的書中發現了涉及這個著名修道會的起源的一些

㉓ 雅各・貝瓦・安德拉達（Jaques Payva Andradius 或 Diego Payva d'Andrada, 1528-1575），葡萄牙神學家，出身於葡萄牙一個最大的貴族家庭。在其著作中也曾支持慈運理和伊拉斯謨關於異教徒也能得救的意見，因而常被新教徒所引用。

㉔ 特利騰大公會議（Concile de Trente, 1545-1563）年在義大利特倫特城舉行的一次著名的宗教會議，這次會上因面臨新教徒的挑戰決定了對天主教作一些改革。

㉕ 拉丁文，大意是：「他說，不要使他越來越殘酷」。

㉖ 欽尼茲（Martin Chemnitz，或 Chemnitius, 1522-1586），德國路德派的神學家，曾被看做是緊接路德之後的時期最能幹的神學家，對路德教的教義和組織曾做出比其他任何人都大的貢獻。

特別的東西。我曾注意到有些新教徒，把在我剛在所說的問題上依照他的意見的人就叫做安・德・拉・達・派。有一些作者，曾根據這同樣的一些原則寫書講亞里斯多德的得救而得到書籍檢查官們的許可。柯留斯（Francesco Collio）[27]用拉丁文寫的和拉莫特・勒瓦耶（François de la Mothe le Vayer）[28]用法文寫的論異教徒的得救的書是大家都很熟悉的。但有一位法蘭切斯柯・蒲齊（Francesco Pucci）[29]，則走得太遠了。奧古斯丁，雖然很高明和敏銳深入，卻陷入了另一極端，甚至對未受洗死去的嬰兒也要罰罪[30]，而經院哲學家們放棄了這種觀點顯得是有道理的；雖然一些在別的方面也很高明的人，有些還是有巨大功績的，但在這方面脾氣有點憤世嫉俗，

㉗ 柯留斯（Francesco Collio- 拉丁名 Collius，原書各版本均作 Collins 係誤植，?-1640），義大利神學家，在其 *De animabus paganorum*（《論異教徒的靈魂》）中討論了異教徒得救的問題。

㉘ 拉莫特・勒瓦耶（François de la Mothe le Vayer, 1588-1672），法國作家和哲學家，曾做路易十四的教師，這裡所提到的書是指他的 *Dela vertu des paiens*（《論異教徒的德行》），一六四二年初版於巴黎。

㉙ 法蘭切斯柯・蒲齊（Francesco Pucci，拉丁名 Puccius，死於一六六〇年），義大利神學家。他最初接受很多新教觀點，並曾採取蘇西尼派「異端」觀點，後來又變成天主教徒。他主張任何人憑理想的自然力量或對造物主的自然信仰，即使不知道耶穌基督，也都能得救。並企圖引用《聖經》和教父們的言論來論證他的觀點。

㉚ 奧古斯丁的著作中許多處都表明了這種觀點。他認為由於人生而具有「原罪」，若未經受洗以「贖罪」，則雖是嬰兒死去也當因「原罪」而受罰，只是受罰最輕就是了。

他們曾想復活這位教父的這種學說，並且也許更有過之。這種精神對於許多過於激烈的博士和被差到中國去傳教的耶穌會士們之間的爭論可能也有影響，這些耶穌會士曾婉轉地暗示說古代的中國人也有過他們時代的眞正宗教和眞正的聖者，而孔子的學說並沒有絲毫屬於偶像崇拜或無神論的東西，在羅馬的人們不要對一個最偉大的民族未經了解就想加以譴責是更有道理的。對我們來說好在上帝比人更慈善。我認識有些人，認爲用嚴厲的想法就表明他們的熱心，他們想像著別人要是不採取他們的意見就不會相信原罪，但正是在這一點上他們弄錯了。而並不因此那些認爲異教徒或其他缺乏通常幫助者也能得救的人，就應該把這僅僅歸之於自然的力量（雖然也許有些教父曾持這種意見），因爲我們可以主張，上帝在賜恩給他們激起一種悔悟行爲的同時，在他們死之前，哪怕只是最後的時刻，也以明示的或非明示的但永遠是超自然的方式，也給予他們爲得救所必需的一切信仰之光和一切感恩的熱情。那些改革派在維德爾那裡就是這樣來解釋慈運理的意見的[31]，他在關於異教的有德之人的得救這一點上，曾和羅馬教會的

[31] 慈運理見前註。在他的《論天道》（*De Providential*）一文中，慈運理提出一條原則，認爲承認眞正的神並且過有道德的生活的異教徒，像蘇格拉底、塞內卡那樣的人，雖不信基督教也是能得救的。他把這原則也擴充到一切並不知道福音的人。

博士們一樣明確地說過。這種學說也絲毫不因此而與伯拉糾（Pelagius）[32]派或半伯拉糾派有什麼共同之點，我們知道慈運理和伯拉糾派是差得很遠的。而既然人們和伯拉糾派相反地教人說在一切具有信仰的人方面都有一種超自然的神恩（在這一點上三種公認的宗教都是一致的，也許只除了那些巴戎（Claude Pajon）[33]的門徒），並且甚至承認接受了洗禮的嬰兒也或者具有信仰，或者至少具有近似信仰的運動，那麼同樣承認，至少在死亡問題上，那些具有善良意志，而沒有幸運像通常情況那樣在基督教中受教育的人們也是這樣，就不是什麼很異乎尋常的事。但最明智的態度是在知道得如此之少的問題上什麼也不要決定，而只滿足於一般的判斷：上帝所做的沒有不是充滿了善和正義的：melius est dubitare de occultis quam litigare de incertis[34]。（奧古斯丁，Lib. 8. Genes. ad lit. C. 5.）

㉜ 伯拉糾（Pelagius），五世紀英國教士，他所創立的「異端」教派否認「原罪」，主張人的意志自由和人依靠自己的力量得救。

㉝ 巴戎（Claude Pajon, 1626-1685），法國的新教神學家。他主張：在改信宗教的活動中，聖靈並不直接地或不可抗拒地作用於人心，而是靈魂自身主動地讓自己爲在《聖經》上所發現的眞理的有效詞句所說服，聖靈的影響是和這種詞句密切聯繫著的。他的觀點是路德派和天主教改革派都反對的。

㉞ 拉丁文，意即：「對隱祕的事物猶疑比對不確定的事物進行爭論要好些」。

第十九章　論狂信

§1　斐　〔但願所有神學家和奧古斯丁本人都能永遠實行這一段中所表明的公則。〕但人們以爲獨斷的精神是他們熱心於眞理的一種標誌，而這卻完全相反。人們的愛眞理，其實只是和愛考察使人認識其爲眞理的那些證據成正比的。而當人匆忙作判斷時，他總是受一些不那麼眞誠的動機所推動。§2愛支配人的精神，並非產生狂信的最少常見的一種動機，而對自己的夢想的某種滿意心情，是它的另一動機。§3狂信這個名稱，是用來指那些想像著一種並非根據於理性的直接啓示的人們的缺點。§4我們可以說理性是一種自然的啓示，上帝是它的作者，正如它是自然的作者一樣，同樣地我們也可以說啓示是一種超自然的理性，也就是說，是由直接發自上帝的一些發現的一種新基礎所擴大了的理性。但這些發現假定著我們有辦法來辨別它們，這就是理性本身；而想要廢除理性以讓位於啓示，這就好比要挖掉眼睛以便通過望遠鏡來更好地看木星的衛星。§5狂信的根源就在於一種直接的啓示是比一種漫長而辛苦的推理更舒適和更簡捷的，而這種推理又並不總是跟隨著幸運地得到成功。我們看到在一切時代都有一些人，他們的憂鬱和虔誠相混合，再加上把自己想得很好，這就使他們相信自己和別人全不一樣地和上帝有一種親密的關係。他們以爲上帝曾把這許給他們，並且相信他們是上帝比別的民族都更偏愛的民族。§6他們的幻想就變成了一種神光照耀和一種神聖的權威，而他們的計畫就是來自上天的一種斷然無誤的指引，那是他們不得不遵從的。§7這種看法曾產生巨大的結果並引起巨大的禍害，因爲一個人，當他依照自己的衝動，並且關於一種神聖權威的意見是由我們的傾向所支持時，就更激烈地行事。§8要把他從這方面拉開是很困難的，因爲這種並無證據的自詡的確定性討好了人的虛榮心和對異常事物的愛。那些狂信者把他們的意見比之於視覺和感覺。他們看到神聖的光就像我們在中午時看到太陽光一樣，用不著理性的微光來把它向他們顯示。§9他們確信是由於他們確信，而他們的深信是對的是由於它是很強烈的，因爲這就是他們那種比喻式的語言還原所得的結果。§10但由於有兩種知覺，即對命題的知覺和對啓示的知覺，我們就可以問他們：那顯明性是在哪裡呢？如果是在對命題所看到的方面，那啓示又有什麼好處呢？那麼就須在對啓示的感覺方面。但他們怎麼能看到這是上帝在作啓示，而不是一種鬼火，在使他們繞著「這是一個啓示，因爲我強烈地相信它，而我相信它是因爲它是一個啓示」這樣一個圈子打轉呢？§11還有什麼比把想像作嚮導更適於跌進錯誤的泥坑嗎？§12聖·保羅在他迫害基督徒的時候是有很大熱情的，而他還是弄錯了。我們知道魔鬼也曾有過殉道者，而如果只要確是深信就夠了，那我們就會分不清撒旦的誘惑和聖靈的感應。§14因此，是理性使人認識啓示的眞理性。§15而如果是我們的信念證明了它，那就是我剛才所說的那種兜圈子。那些接受了上帝的啓示的聖者，是有一些**外在的**標誌來使他們深信那內心之光的眞實性。摩西看到荊棘被火燒著卻沒有燒毀，並聽到一個聲音在荊棘裡呼叫，而當上帝差他去埃及解救他的兄弟們時，又用杖變蛇的奇蹟進一步使他堅信他的使命。①基甸（Gideon）由一位天使來差他去把以色列人（Israelites）從米甸人（Midian）的壓迫下解救出來。可是他要求給一個證據以深信這使命確是上帝給他的。②§16可是我不否認上帝有時也就用聖靈的直接影響和援助，而並不用任何伴隨著這種影響的異常標誌，來啓迪人的心靈，以使他們了解某些重要的眞理或使他們行善事。但就是在這些情況下我們也還是有理性和《聖經》，這兩種用來判斷這些啓迪的、不謬的規範，因爲如果它們和這些規範相符合，我們就至少可以不冒任何風險把它們看做是上帝的感應，儘管這也許並不是一種直接的啓示。

德　L'Enthousiasme（狂信）開始時本來是個好名詞。正如 le sophisme③本來是表示一種智慧的運用一樣，l'Enthousiasme 原意是指在我們之中有一種神性。Est Deus in nobis。④蘇格

---

① 見《舊約·出埃及記》第三章、第四章。

② 見《舊約·士師記》第六章。

③ 來自希臘文，原意可譯作「智術」，後來一般即指「詭辯」，正如古希臘的「智者」後來就被作爲詭辯家（sophistes）一樣。

④ 見奧維德（Ovid）的《行事錄》（*Fasti*）6.5:"Est Deus in nobis, agitante illo."意即：「上帝在我們之中活動著」。

拉底曾以爲有一種神或靈異（démon）給他內心的勸告⑤，所以狂信也是一種神聖的本能。但人們既把他們的情感、幻想、夢境乃至憤怒變成了某種神聖的東西，狂信就開始指一種被歸因於某種神性的力量影響心靈的擾亂，人們設想爲在那些受這種力量所侵襲的人身上，因爲那些占卜的巫師和巫婆，當他們的神附身的時候，都顯出一種精神錯亂，就像維吉爾詩中說的庫邁的女巫⑥那樣。以後人們就把它歸之於那些毫無根據地相信自己的運動來自上帝的人，同一位詩人所講的尼蘇斯（Nisus）⑦，感到自己受一種莫名其妙的內心衝動所推動要去從事一場危險的事業，在那裡他和他的朋友一起死去，他用這樣充滿一種合理的懷疑的詞句向他的朋友提出：

⑤ 蘇格拉底自稱心中有一種聲音，在他猶疑時就會告訴他當怎樣或不當做什麼，他稱之爲 δαιμῶν，即「靈異」、「神托」或「守護神」。見柏拉圖《申辯篇》，可參看《古希臘羅馬哲學》，一九五七年三聯版，第148-151頁。

⑥ la Sybille de Cumes，或 Cumaen Sibyl，參閱維吉爾：*Æneid*, 6, 49。“Et rabie fera corda tument.”（「她們由於精神失常而狂暴發怒。」）庫邁是古代希臘一個殖民地的名稱，那裡的女巫在古代是很著名的。這種女巫或「女先知」被認爲是能作預言，傳達阿波羅的神諭。

⑦ 尼蘇斯（Nisus），見維吉爾的 *Æneid* 第九卷，尼蘇斯是一個特洛伊青年，和歐里亞爾（Euryale）結成生死友誼，在一次夜襲中，這兩個朋友英雄地死去。他們的名字就成了生死不渝的朋友的同義語。

Di ne hunc ardorem mentibus addunt,

Euryale, an sua cuique Deus fit dira cupido?⑧

他還是隨著這種本能行事，雖然他並不知道它是來自上帝還是來自一種想自我突出的不幸的欲望。但如果他獲得成功了，他就不會不在另一種情況下授權自己這樣做，並相信自己是受某種神聖的力量所推動。今天的狂信者相信那些指導他們的教條也是從上帝接受來的。戰慄教友（les Trembleurs）⑨是深信這一點的，而他們的第一位有系統的作者巴克雷（Robert Barclay）⑩，以爲在他們自身之中就發現某種光，是憑它自身就使人認識的。但爲什麼把什麼也沒有使人看見的東西叫做光呢？我知道，有一些屬於這種精神狀態的人，看到一種火花和甚至某種更光

---

⑧ 見維吉爾：*Æneid*, 9, 184-185，大意是：「上帝啊！不要使他們思想上增添什麼崇敬，歐里亞爾，是嗎？是否讓他們各自有一個上帝？」

⑨ 戰慄教友（les Trembleurs，英語 Quakers），是英國的公誼會或教友會（the Society of Friends）會員的綽號。他們最典型的學說就是認爲每個人心中都有一種「內在的光」，即聖靈的直接啓示，「這光照亮了每一個人」。伏爾泰的《哲學通信》頭四封信（上海人民出版社一九六二年版第1-17頁）談的都是這一派信徒。

⑩ 巴克雷（Robert Barclay, 1648-1690），英國公誼會信徒，著有 *An Apology for the True Christian Divinity*（《爲眞正的基督的神性辯護》）。

亮的東西，但當他們的心靈發熱時被激起的這種有形體的光的影像，並不給心靈以光。有些白痴，有了被攪動的想像力，就也形成一些他們以前沒有的概念；他們處於一種能說些照他們的意思是很美好的或至少是很生動的東西的狀態；他們自己讚賞也使別人讚賞這種被當作靈感的豐饒狀態。他們的這種好處大部分來自情感所激起的一種強烈的想像力和一種可喜的記憶力，能很好地記得由於別人給他們讀或講而使他們熟悉的那些先知書中的說法。安東內特・布里尼翁（Antoinette Bourignon）⑪把她具有很流利地說話和寫文章的能力用作她的神聖使命的一種證據。而我認識一個幻想家是把他具有能一整天高聲說話和祈禱而既不疲倦也不口乾的才能作爲他的神聖使命的根據。有一些人，在實行了禁欲或經過了一種憂愁狀態之後，感到了一種靈魂的平靜和安慰，這使他們著了迷，而他們嘗到了這樣的甜頭，就相信這是聖靈的一種效果。的確，我們在對上帝的偉大和善的考慮、在他的意志的完成、在德行的實踐中所感到的滿足，是上帝的一種恩惠，並且屬於最大的恩惠之列；但這並不永遠是一種需要新的超自然幫助的恩惠，如很多這類好人所以爲的那樣。我們看到不久前有一位小姐，在所有別的事情上都很聰明，她從年輕時起就相信自己和耶穌基督說話並且以一種十分奇特的方式是他的妻子。她

⑪ 安東內特・布里尼翁（Antoinette Bourignon, 1616-1680），一個狂信者，她的宗教學說在她生前和死後一個短時期內在荷蘭和蘇格蘭曾引起相當大的轟動，但不久之後就已完全被人忘卻了。

母親聽說了這事也有點投入狂信，但那女兒既開始得早也走得更遠得多。她的滿足和喜悅是無可名狀的，她的智慧表現在她的行爲上，而她的精明表現在她的言談中。可是事情竟弄到這樣的地步，她居然接受人家寫給吾主【耶穌】的信，並且當她接到這些信時就加以答覆和封印寄回，這答覆有時顯得也很恰當，並且始終是很合情理的。但最後她停止收這些信了，怕的是引起太大的轟動。要是在西班牙她就會是另一位聖女德肋撒（Sainte Thérèse d'Avila）⑫。但並不是所有具有類似幻想的人都同樣行事。有些人就謀求成立宗派，甚至引起了騷亂；而英國就提供了這樣的一個奇怪的例證⑬。當這些人憑眞誠信仰行事時，要改變他們是很困難的；有時他們的全部計畫被推翻才把他們改正過來，但這往往已太遲了。有一個不久前才死的幻想家，他相信自己是不死的，因爲他年紀很大又很健康，而他並未讀過一個英國人不久前發表的書（他要使人相信耶穌基督又來到世上使眞正的信者免於肉體的死亡），卻多年來就已抱著和這書差

⑫ 聖女德肋撒（Sainte Thérèse d'Avila, 1515-1582），西班牙聖衣院修女會（Carmelite）的改革家，以其神祕的幻想著名。她的改革也爲全世界聖衣院修女中的大部分所採納。她寫有《自傳》等作品，也被看做西班牙最好的作家之一。

⑬ 據英譯本註認爲這裡是指十七世紀英國革命時期的「獨立派」。他們主張宗教信仰完全是個人的理性和良心的事，要擺脫國家或其他勢力對宗教的控制，因此也和公誼會信徒以及當時其他一些狂信者有某種類似。按「獨立派」是英國資產階級革命時期代表中小資產階級的較激進派別，著名詩人米爾頓被認爲是它的一個思想代表。

不多一樣的想法；但當他感覺到自己要死了時，就又甚至懷疑整個宗教了，因爲它和他的怪誕想法不合。西里西亞人基林・庫爾曼（Quirin Kuhlmann）⑭，是一個有知識明事理的人，但後來陷入了兩種同樣危險的幻想，一種是狂信，另一種是煉金術，他在英國、在荷蘭，甚至在君士坦丁堡都曾引起轟動，最後想到要去莫斯科，並在那裡參與了反對內閣的一些陰謀活動，那是蘇菲公主（la Princesse Sophie）在那裡統治的時期，結果被處火刑，而死得也不像一個深信他所曾說教的東西的人。這些人自己彼此之間的分歧也該進一步使他們相信他們自稱的內心證

---

⑭ 基林・庫爾曼（Quirin Kuhlmann（原文作 Kulman），1651-1689），在十八歲時由於一場大病，精神錯亂，就對原來的研究失去興趣，自稱有一種方法，不必用通常程式就能知道一切，認爲「聖靈」是他唯一的老師，並自視爲聖者。在萊頓，讀了神祕主義哲學家波墨（Boehme）的作品，就立即成爲一個狂信的信徒。據說他曾想和安東內特・布里尼翁結婚，但由於「不可觸犯的貞節」使她拒絕了。庫爾曼在一六七五年離開荷蘭後據說曾到英國、法國和土耳其旅行。在君士坦丁堡，他於一六七八年八月一日寫了一封信給土耳其蘇丹穆罕默德四世，預言土耳其人都要改信基督教，並想使蘇丹同意他的觀點。未能達到所希望的目的，他就去俄國要建立「眞正上帝的王國」，受到彼得大帝的反對，經短期審訊後被希臘正教的大主教判爲異端處以火刑。據說是一個路德派的教士建議把他活活燒死的。

據並不是神聖的；並且必須有其他的標誌來加以證明。例如：拉巴底（Jean de Labadie）派⑮就和安東內特小姐不一致，而威廉·潘（William Penn）⑯雖然在他旅行德國——對此他曾發表作品予以記述——時曾有過計畫，想在以這種證據爲根據的人們之間建立起一種了解，也並沒有顯出已獲得成功。眞的說來，但願這些好人是明智的並且和諧一致地行動；沒有什麼比這更能使人類更好和更幸福的了，但必須他們本身眞正是屬於好人之列，也就是說，是仁善的，並且是比較溫和和合情合理的；反之今天被稱爲虔信者的那些人總被人責爲嚴酷、倨傲、固執，這樣的簡直太多了。他們的分歧表明至少他們的內心證據還需要一種外部的證實才能叫人相信，並且他們也還須有一些奇蹟才有權被看做先知和受了靈感的人。可是也許有一種情況是這些靈

⑮ 由拉巴底（Jean de Labadie, 1610-1674）所建立的一個神祕主義宗派，拉巴底本來是羅馬天主教徒，後來成爲新教徒，加入改革派教會，最後又分裂出來自成宗派。他的學說在很多點上近似再浸禮派。拉巴底及其門徒曾想和布里尼翁取得和解，但布里尼翁不同意，認爲他們的意見完全相反，永遠無法一致。

⑯ 威廉·潘（William Penn, 1644-1718），英國公誼會信徒，一六七一至一六七二年到荷蘭和德國作傳教旅行，其間在 Embden 建立了一個公誼會團體，並成了伊莉莎白公主（笛卡兒的《哲學原理》就是獻給她的）的親密朋友，多次旅行中所寫的書信有關於他的「內心之光」的學說的充分論述。一六七七年又再次到大陸旅行，並在一六九四年發表了《我在荷蘭和德國旅行日記》。他也是美國獨立前賓夕法尼亞州的建立者和統治者，這州名就是由他的姓氏來的，這是一六八一年英國國王查理二世特許給他的。

感本身就帶有它們的證據的。這就是它們如果用對某種異常知識的重要發現真正照亮了心靈，這些發現要是沒有任何外來的幫助就將是超出具有它們的人的力量之外的。雅可布・波墨[17]，這位盧薩斯（Lusace）的著名鞋匠，他的著作在條頓哲學家的名義下被從德文譯成其他一些文字，並且實際上對於這樣條件的一個人來說也有些偉大和美好的東西，要是他知道造金子，如有些人所深信那樣，或者如福音作者聖約翰所曾做的那樣，如果我們相信一首讚美他的頌歌所說的話：

Inexhaustum fert thesaurum
Qui de virgis fecit aurum,
Gemmas de lapidibus,[18]

---

⑰ 參閱本書下冊第三卷第二章§1「德」註（第22頁註㉕）。

⑱ 拉丁文，大意是：

取之不盡的寶藏，
哪一位貞女從石頭中
煉出了金子，寶石。

參閱高底埃（L. Gautier）*Œuvres Poétiques d'Adam de St.-Victor*（《聖・維克多的亞當詩集》）一八五八年，巴黎版，第一卷，第229頁。

那我們就會有某種理由給這位非凡的鞋匠以更多的信任。而如果安東內特・布里尼翁小姐曾給那位在漢堡的法國工程師伯特朗・拉・柯斯特（Bertrand de Lacoste）⑲提供了那種科學方面的光，這他認爲是從她接受來的，正如他把他那關於化圓爲方的書獻給她時所表明的那樣（在這書中，暗指著安東內特和伯特朗，他把她叫做A，代表神學，把他自己叫做B，代表數學），那我們就會不知說什麼好了。但我們沒有看到過這種性質的重大成功的例子，也更沒有看到這樣一些人說得很詳細的那些預言曾得到應驗的。波尼亞多娃（Christine Poniatowa）⑳、德拉比

---

⑲ 伯特朗・拉・柯斯特（Bertrand de Lacoste），一位法國工程師，生於十七世紀初，曾在布蘭登堡公爵軍隊中任炮兵軍官，後來退居漢堡，從事於研究數學，特別是研究化圓爲方問題，在這方面發表過兩本書，一六七七年又出了該書的一個法蘭德斯文譯本，把它獻給安東內特・布里尼翁，對她和她的教義，他一度曾非常崇拜；但由於未能使她對他的數學研究同樣感興趣，最後他就轉而強烈地反對她和她的學說，甚至鼓動漢堡的居民起來把她趕出這城市，還專門寫書來反對她。

⑳ 波尼亞多娃（Christine Poniatowa 或 Poniatovia, 1610-1644），一位波蘭貴族的女兒，著名的狂信者，在一六二七至一六二八年自稱得了神示，預見對福音教會的迫害不久將結束。一六二九年一月間得了一場昏睡病，別人以爲她死了，終於又醒過來，宣稱她的預見結束了，使命完成了。因其預言未實現，最後憂悶而死。她寫出了自稱得之於天的啓示。

修斯（Nicolas Drabitius）㉑和其他人的那些預言，那位好人康門紐斯在他的 *Lux in tenebris*㉒中所發表，並曾促使擾亂皇帝祖傳國土的，都被發現是假的，而那些相信了這些預言的人都遭了不幸。特蘭西瓦尼亞的君主拉科奇（Rakoczy）被德拉比修斯慫恿著去打波蘭，結果全軍覆沒，這使他最後喪失了國土和生命；而那可憐的德拉比修斯，很久以後，在他八十歲的時候，終於因皇帝的命令被砍了頭。可是我不懷疑，今天還有一些人，在匈牙利紛亂的現狀下使這些預言不適當地復活起來，他們沒有考慮這些所謂的預言是說他們那時代的事；在這點上他們所幹的就有點像那樣一個人，他在布魯塞爾受炮轟之後散發了一份傳單，其中有從安東內特小姐的書中抄來的一段話，她曾不願來這城市，因爲（如果我記得不錯）她曾夢見這城市在著火，但這炮轟是在她死後很久發生的。我曾認識一個人，他在以寧維格（Nimwegue）和約結束的

㉑ 德拉比修斯（Nicolas Drabitius 或 Drabicius，約1587-1671），波希米亞—摩拉維亞的牧師，因皇帝反對新教的敕令被迫隱居匈牙利。一六三八年自稱得到上帝啓示，預言奧地利皇室將在一六五七年覆滅，又預言叫特蘭西瓦尼亞（Transylvania）的君主喬治二世拉科奇（George II, Rakoczy）去打波蘭會得勝利，結果兩個預言都未應驗，喬治的軍隊大敗，奧地利皇室則以國事罪將他逮捕處死，並砍了他的頭和右手，和他的書一起加以焚毀。

㉒ 康門紐斯（Comenius）參閱本書下冊第四卷第七章§5「德」註（第273頁註⑫）。*Lux in tenebris*（《黑暗中的光明》）發表於一六五〇年。

那次戰爭期間去到法國，在孟多西埃勛爵（Charles de Sainte-Maure）[23]和彭波納勛爵（Simon Arnauld）[24]面前絮聒康門紐斯所發表的那些預言的有根據；而他將會被人相信他自己就是受了靈感的（我想），要是碰上他在一個和我們一樣的時期提出了他那些命題的話。這不僅使人看出這種剛愎自用的毫無根據，而且也使人看出其危險。歷史充滿了這些假的或被誤解的預言的壞結果，正如我們在萊比錫的著名教授，已故的雅各·托馬修斯（Jacob Thomasen）[25]先生以前公開發表的一篇學識豐富、觀點明確的論文"*De officio viri boni circa futura contingentia*"[26]中可以看到的那樣。可是的確，這種深信有時也產生好的結果並且對一些大事很有用處；因爲上帝也可以利用錯誤來確立或支援眞理。但我不認爲可以很容易地允許我們利用一些虔誠的欺騙

㉓ 孟多西埃勛爵（Charles de Sainte-Maure, Montausier 侯爵，後升公爵，1610-1690），路易十四曾於一六六八年將當時七歲的王太子的教育託付給他。

㉔ 彭波納勛爵（Simon Arnauld, Pomponne 或 Pompone 侯爵，1618-1699），是路易十四時任法國駐瑞典大使，並訂立寧維格和約者。

㉕ 雅各·托馬修斯（Jacob Thomasen，拉丁名 Thomasius, 1622-1684），曾任萊比錫大學哲學教授多年，也是首先在德國建立關於哲學史的科學研究的人。他是萊布尼茲的第一位哲學教師，也是萊布尼茲學位論文答辯的主持人，與萊布尼茲始終彼此尊重，對萊布尼茲也很有影響，萊布尼茲在著作中也多次提到他，並常和他通信。

㉖ 拉丁文，意即：《論善良的人面對可能的將來的職責》。

來達到一種好的目的。至於說到宗教的教條，我們並不需要新的啓示；只要人家給我們提出一些有益的規則以使我們不得不遵守就夠了，即使提出這些規則的人並沒有行任何奇蹟也可；而耶穌基督雖然足備著奇蹟，他有時也還是拒絕行奇蹟來取悅這個要求證驗的邪惡的民族，同時他只宣揚德性和那已經用自然理性並由先知們所教導了的東西。㉗

㉗ 參閱本書下冊第四卷第十六章§13及註（第410頁註⑰）。萊布尼茲雖然承認奇蹟是可能有的，並且在有充足和適當的證據情況下是實際有的，但他從哲學的觀點還是把奇蹟看做是例外和相對地不重要的，而像這裡這樣著重的是認爲基督教的本質在於它的道德內容，這種內容是內在地合理性的並且符合自然的。這也表明他的哲學雖然是唯心主義，包含著僧侶主義的，但和那些宣揚盲目信仰的宗教觀點有所區別，還是表現出他的理性主義的精神。

第二十章　論錯誤

§1　斐　在充分說了使我們認識或猜測眞理的一切辦法之後，讓我們再來說一說我們的錯誤和壞的判斷。既然人們之間有這麼許多意見分歧，那麼他們一定是常常犯錯誤的。犯錯誤的原因可以歸結爲這四種：(1)缺乏證明；(2)缺少運用證明的技巧；(3)缺乏利用證明的意願；(4)衡量概然性的尺度不正確。§2當我說缺乏證明時，我所指的還包括那些我們要是有辦法和適當機會就能夠找到的證明；但正是這種證明最經常爲我們所缺乏。那些一生只在謀求糊口度日的人的狀況就是這樣；他們對世界上經過的事情所知之少，就也像永遠走同一條道的一匹馱貨的馬對全國地圖所能熟悉的程度一樣。他們也許需要語言文字、閱讀、談話、對自然的觀察和技術的實驗。§3然而所有這一切都和他們的狀況不適合，那麼我們就將說絕大多數人都只是由盲目的偶然機遇導致幸福和不幸的嗎？他們就得甚至在有關永恆禍福方面也委身於流行的意見和國內權威的引導嗎？或者他們是否由於生在這一國度而不是在另一國度就將永久不幸呢？可是必須承認，並沒有什麼人是如此忙於謀生，竟至再也沒有一點時間來想一想自己的靈魂，和使自己有點關於宗教方面的修養，要是他對宗教也像對那些比較不那麼重要的事情那樣盡心竭力的話。

德　假定人們不是永遠處於使自己有修養的狀態，和不能有見識地放棄爲一家人謀生的操心來追求困難的眞理，以致不得不遵循在他們之中具有權威的意見，我們也將永遠必須斷定，在那些具有眞正的宗教信仰而並無這方面的證明的人那裡，內心的恩情將會補充可信性動機的欠缺；而仁愛也還使我們斷定，對於那些具有善良意志而在最危險的錯誤的濃重黑暗中長大的人，上帝將會給他們做他的善和正義所要求的一切，雖然也許是以一種我們所不知道的方式。我們有關於這樣一些人的在羅馬教會中得到稱讚的歷史，他們得到正式的復活，以便不缺乏一切有益的幫助。但上帝能夠用聖靈的內心作用來說明靈魂而並不需要一個這樣大的奇蹟；而對人類來說很好和令人安慰的是，要使自己處於和上帝有恩情的狀態，只需要善良但眞誠而嚴肅的意志就夠了。我承認，要是沒有上帝的恩情，是連這樣的善良意志也不會有的，因爲一切自然的或超自然的善都從他來；但只要有意志就總是夠了的，而上帝竟能要求一種比這更容易的更合理的條件，那是不可能的。

§4　斐　有一些人是十分舒適，足以具有一切適於弄清他們的懷疑的方便條件，但他們卻受到充滿奇技淫巧的種種阻礙而沒有這樣幹，這些是很容易察覺的，不必在這地方來一一加以展示。§5我寧願來說一說這樣一些人，他們缺乏技巧來利用那些可以說就在他們手邊的證明，並且不能堅持作一長串的推論，也不能來衡量一切有關情況。有一些人只會用單單一個三段論，也有一些只能用兩個。不在這地方來決定這種缺點究竟來自靈魂本身的還是器官的自然差別，或者是否由於缺乏鍛鍊來磨練這些自然功能。這裡我們只要說它是顯然可見的就夠了，並且我們只需從王宮或交易所走到救濟院或貧民窟就能看清這種情況。

德　並不是只有窮人才有所需，有些富人比他們還更缺乏，因爲這些富人要求太多，並且自願地投身於一種貧乏狀態，這阻礙了他們去專心從事於重大的考慮。榜樣在這裡起了很大作用。人們總想照著和自己同等的人的樣子，這就迫使人們在行事上不要顯得有一種乖張彆扭的神氣，而這樣一來就很容易使自己變得和他們一樣了。要同時滿足理性和習俗是很困難的。至於說到缺乏才能的人，也許數目並不如您所想那樣多，我認為健全理智加上專心致志就能足夠對付一切並不要求敏捷的事了。我假定了健全理智，因為我不相信您會硬要那些貧民窟裡的居民去追求眞理。的確並沒有很多人不能達到這一點，要是我們知道達到這一點的辦法的話，而不論在我們的靈魂之間有怎樣的原始差別（正如我相信實際上是有的），始終可以確信一個靈魂總可以達到和另一個一樣遠的程度（不過也許不是一樣快），只要它們得到了應有的引導。

§6　斐　另有一類人，只是缺乏意願。強烈地迷戀於享樂，經常只專心於有關自己的榮華富貴的事，一種一般的怠惰或粗心大意，一種對研究和沉思的特殊厭惡，這些都阻礙了他們去認眞地想到眞理。甚至有些人還怕一種完全公正無私的研究會不利於更適合他們的偏見和打算的那些意見。我們知道有些人就不願看一封他們以為帶來壞消息的信，而很多人迴避結算自己的帳目或了解自己財產的狀況，怕知道他們但願永遠不知道的事情。有些人有很大收入，全部用來供養身體，卻絲毫不想辦法來改善理智。他們非常操心來使自己顯得永遠服飾稱身華麗，卻毫不在乎地忍受自己的靈魂披著偏見和錯誤的破衣爛衫，以致赤身露體，也就是顯得反常的無知。且不說他們應有的對來世的關心，就是對他們在此世所過的生活所當關心知道的事，他們也同樣忽視。而奇怪的是那些把權力和權威看做由自己的出身或命運而得的一種封贈的人，往往把它們粗心大意地交給那些在地位上低於他們，但在知識上超過他們的人；因爲瞎子非常需要明眼人的引導，不然就會掉進溝裡，而沒有什麼奴役比理智上的奴役更壞的了。

德　對於人們有關他們眞正利益的事的忽視，沒有比這更明顯的證據了，這就是不關心去認識和實踐那適合於健康的事，健康是我們最大的善之一；而儘管那些大人物也和別人同樣和更加感到這種忽視的壞結果，他們卻並不回頭。至於有關信仰方面的事，很多人把會導致討論信仰的那些思想都看做是魔鬼的誘惑，他們認爲能克服它的最好辦法，無過於使心靈轉向完全另一回事。那些只愛享樂或迷戀於專門幹某一件事的人，就慣於忽視其他的事務。一個賭徒、一個獵人、一個酒徒、一個浪子以及甚至一個愛好無聊玩物的人，都會喪失他的財產家業，因爲沒有費心謀求作一安排或給管事的人說一說。有些人就像那霍諾留（Honorius）[①]皇帝那樣，有人告訴他說羅馬丟失了，他以爲說的是他那也叫做羅馬的母雞，而這比那眞事還叫他更惱火[②]。最好希望那些有權力的人能有與之相稱的知識，但當科學、藝術、歷史、語

① 霍諾留（Honorius），西元三九五至四二三年的西羅馬帝國皇帝，最昏庸的末代皇帝之一。

② 這軼事見於喬凡尼・巴蒂斯塔・伊納爵（Giovanni Batista Egnazio, 1473-1553）的 *De Romanis principibus*（《論羅馬人的君主》）Lib III，威尼斯，一五一六年，近第一卷之末。

言的詳細知識不具備時，則一種健全而受過鍛鍊的判斷力，一種對同等地巨大和一般的事物的知識，總之一句話就是 Summa rerum③，也可能就夠了。而正如奧古斯都皇帝有一個關於國家的力量和需要的摘錄，他叫做 breviarum imperii④的那樣，人們也可以有一個關於人的利害相關的事的摘錄，當可叫做 enchiridion sapientiae⑤，如果人們想要對他們最關重要的事有所關心的話。

§7　斐　最後，我們的大部分錯誤來自我們所採取的衡量概然性的不正確尺度，或者是儘管有明顯理由而遲遲不下判斷，或者是儘管有相反的概然性卻下了判斷。這些不正確的尺度是(1)在於可疑的命題被當作了原則；(2)在於被接受了的假說；(3)在於權威。§8我們通常是以符合於我們看做無可爭議的原則來判斷眞理的，這就使我們輕視別人的見證，甚至我們感官的見證，要是它們是或顯得和這些原則相反的話；但在以如此的確信來加以傲視之前，應該以高度的精確性先來對它們加以考察。§9兒童接受了由他們的父母、保姆、老師以及其他周圍的人教給他們的那些命題，而那些命題既在他們心中生了根，就被當作是神聖的，就好像上帝親自放

③　拉丁文，意即：「諸事的總結」。

④　拉丁文，意即：「國事簡錄」。

⑤　拉丁文，意即：「記錄各種知識的袖珍筆記本」。

在靈魂中的烏陵和土明⑥那樣。§10凡是和這種內心的神諭抵觸的，人們就難以忍受，而只要是和它一致的，最大的荒謬也吞嚥下去了。這一點以我們在各種不同的人中所看到的極端固執表現出來，他們把一些直接對立的意見都當作信條強烈地加以相信，儘管它們常常是兩邊同等地荒謬的。拿一個有正常理智但深信這樣一條公則的人來看，這公則就是說：一個人應該相信他的同道中人們所相信的，如在維滕堡（Wittenberg）或在瑞典人們所教導的那樣，什麼稟性他不會有，來毫無困難地接受聖體共在（Consubstantiation）的理論，並相信同一樣東西同時既是肉又是麵包呢？

德　很顯然，先生，您對福音派（les Evangeliques）⑦承認我們的主的身體實在出現在聖體（l'Eucharistie）⑧中的那種觀點並不十分了解。他們千百次地解釋過，他們並不想說麵包和酒與耶穌基督的肉和血成爲同一實體（Consubstantiation），更不是說肉和麵包一起是同一樣東西。他們只是教導說，在接受那可見的象徵的同時，人們以一種不可見的和超自然的方式

⑥ Urim et thumin，見《舊約．利未記》第八章第八節。

⑦ 福音派（les Evangeliques），即指路德派。

⑧ 聖體（l'Eucharistie），也作「聖餐物」，即指基督教會中做彌撒舉行「領聖餐」儀式時，用來當作耶穌的肉和血的麵包和酒，特別是指麵包。關於「聖體」，天主教和新教各派有各種各樣的觀點，曾爭論不休。

接受了救主的身體，而它並不包含在麵包裡面。而那出現（présence），他們並不理解爲指地方或可以說空間性的，也就是說受出現的身體的長寬高所決定的；所以凡是感官所能與之反對的都和它毫不相關。而爲了使人看清人們理性所推出的那些不合適的東西和它並不相涉，他們宣布他們所理解的身體的實體是並不在廣延或空間的維中的；而他們並不難承認，耶穌基督的光榮的身體，仍保持某種通常的在一定地方的出現，不過是適合他的狀況在他所在的崇高的地方，和這裡所說這種聖禮上的出現是完全不同的，或者和他以之統治教會的那種奇蹟般的出現也是不同的，這使他不是到處都作爲上帝，而只是在他願意是這樣的地方就是這樣；這是一種比較有節制的觀點，所以要表明他們的學說的荒謬性，就必須證明身體的全部本質只在於廣延性，和單單以此來衡量的東西，這一點就我所知是沒有任何人證明過的。這整個困難也同樣涉及那樣一些改革派，如遵守高盧信條和比利時信條的，遵守森多米爾（Sendomir）大會宣言的，這大會由兩派的人組成，一派信奧格斯堡信條（la Confession Augustane），一派信瑞士信條（la Confession Helvétique），這宣言是和爲特利騰大公會議所決定的薩克森信條（la Confession Saxone）一致的；也涉及參加在波蘭國王弗拉迪斯拉夫（Vladislav）的權威下召開的托倫會議（le Colloque de Thorn）的那些改革派的信仰誓約，以及喀爾文（John Calvin）和德貝茲（Theodore de Bèze）⑨的固定學說，他們曾最清楚和最強烈地宣布，那些象徵是實際提供了它們所代表的東西，並且我們就變成了耶穌基督的身體和血的實體本身的分有者。而喀爾文，在駁斥了那些滿足於一種思想或印記的比喻式的分有和滿足於一種信仰上的結合的人之後，又加上說，爲了確立它的實在性，我們不論說什麼都不會是足夠強而有力，和爲他所不準備同意的，只要人們避免了一切有關地點的劃界和空間範圍的擴張方面的東西；所以似乎歸根到底他的學說也就是墨蘭頓（Melancthon）⑩甚至路德的學說（如喀爾文自己在他一封信中所推想的），只除了在路德所滿足的對象徵的知覺這條件之外，他還要求信仰的條件，以排除不配者的分有。我發現在喀爾文的作品中有成百處對這種實在的共有聖體都這樣肯定，甚至在並無如此必要的家信中也是這樣，因此，我看不出有什麼理由懷疑是作假。

§11 斐 〔如果我是照通俗的意見說到這些，先生，我請您原諒。而我現在記起曾經指出過英國國教會的非常高明的神學家們也是主張這種實在的分有的。但是讓我們從確立的原則過

---

⑨ 德貝茲（Theodore de Bèze 或 Beza, 1519-1605），喀爾文的門徒和繼承人，繼喀爾文之後爲法國和瑞士喀爾文派教會的首領。

⑩ 墨蘭頓（Melancthon, 1497-1560），德國的宗教改革家、路德的朋友、奧格斯堡信條（見本段上文）的編纂者之一，他後來一生效力於建立新教各派乃至與天主教的聯合。

渡到被接受的假說吧。那些承認這只是假說的人，卻也仍然以差不多對可靠原則一樣的熱情來加以支持，並且輕視那相反的概然性。一位有學問的教授，看到他的權威被一個駁斥了他的假說的新手頃刻之間就推翻，這在他是受不了的；他的權威，我說，那是實行了三十或四十年，是熬了許多夜才得來的，是用很多希臘文和拉丁文支撐著的，是受到一種一般的傳統和一把可敬的鬍子所確證的。人家可以用來說服他說他的假說錯了的所有論證，都很少能夠在他心中取得優勢，就像那北風努力要迫使旅人脫掉他的斗篷一樣，那風颳得越厲害，他就把斗篷裹得越緊。

德　事實上哥白尼派就已在他們的敵手方面感受到，被承認為假說的假說，也照樣還是以一種強烈的熱情得到支持的。而笛卡兒派對他們的帶槽形的微粒和第二元素的小球⑪，也就好像是歐幾里得的定理一樣地肯定；而對我們的假說的熱情，似乎只是我們要使自己受到尊敬那種情慾的一種結果。的確，那些譴責伽利略的人，曾相信大地的靜止不止是一個假說，因為他們斷定它是符合於《聖經》也符合於理性的。但以後人們已察覺到至少理性是不再支持它了；

⑪　參閱笛卡兒《哲學原理》第三部分§48以下。這些是笛卡兒關於宇宙形成的「旋渦」理論的一部分。又關於「第二元素的小球」或「正球體」參閱本書〈序言〉第十一段。

至於《聖經》，法布里神父[12]，這位聖彼得的祕書處長，卓越的神學家和哲學家，就在羅馬發表了一篇對歐斯塔奇奧・第維尼（Eustachio Divini）[13]的觀察的辯護辭，第維尼是著名的光學家，他毫不扭扭捏捏地宣稱，人們只是暫時地理解《聖經》經文中所說的一種太陽的眞正運動的，而哥白尼的觀點如果被發現是證實了的，則將毫無困難把它像維吉爾的這段話一樣來加以解釋：

terraeque urbesque recedunt.[14]

可是在義大利、在西班牙，甚至在皇帝的祖傳的國家，人們還是照樣繼續壓制哥白尼的學說，這對那些民族有很大的損害，要是他們能享受到一種合理的、哲學的自由，他們的精神是可以

---

⑫ 參閱本書下冊第四卷第十八章§1-§7「德」註（第455頁註⑧）。

⑬ 歐斯塔奇奧・第維尼（Eustachio Divini，約1620-約1660），義大利的力學家、光學家和天文學家，以善於製作光學儀器，特別是望遠鏡著名，被認爲是一本企圖駁斥惠更斯的關於土星的理論的拉丁文小書的作者，但這書很可能其實是法布里作的。

⑭ 拉丁文，意即：「大地城堡都隱退」。見維吉爾 *Æneid. 3. 72*。

提高到作出一些更美好的發現。

§12　斐　好勝心實在如您所說顯得是愛假說的源泉；但它還擴展得比這更遠得多。世界上最大的概然性對於要使一個貪心的人和使一個有野心的人看到他的不正確也將毫無用處；而一個情人將十分容易讓自己受他情婦的欺騙，的的確確是我們很容易地相信了我們所願信的，並且照維吉爾所指出的：

qui amant ipsi sibi somnia fingunt. ⑮

就是說，使人們用了兩種逃避的辦法，當那些最顯然的概然性打擊我們的情慾和偏見時就來逃避它們。§13 第一種是想著，在別人提出反駁我們的那些論證中，可能掩蓋著某種詭辯。§14 第二種是假定我們可以事先提出完全一樣好，或甚至更好的論證來打敗對手，要是我們曾有找到這些論證所必需的方便、技巧或幫助的話。§15 這些用來防衛自己免受制伏的辦法有時是好的，但當問題已充分得到闡明，並且已把一切都計算進去了時，這些辦法也是些詭辯；因為在那樣以後，就有辦法來知道，就全體來說，概然性是在哪一邊。像這樣，就沒有什麼餘地來懷疑，動

⑮ 拉丁文，意即：「他們自己都喜歡做夢」，見維吉爾 *Eclog. 8, 108*。

物究竟是由一位有心智的原動者所指揮的運動形成的，還是由於原子的一種偶然的協同動作而形成的；就正如沒有人會有世界上最少的一點猶疑，懷疑構成一篇可理解的言辭的那些印刷字母，究竟是由一個專心致志的人把它們排在一起的，還是由一種亂七八糟的混合放在一起的一樣。因此我認為，在這些場合，是不由我們遲延不予同意的；但當概然性較不明顯時我們是可以這樣做的，並且我們也可以甚至滿足於較適合於我們傾向的較弱的證據。§16 我覺得，一個人傾向於他看到較少概然性的一邊，這就真的來說是不行的；知覺、認識和同意並不是任意武斷的；正如當我的心靈轉向它時，看到或不看到兩個觀念的符合，是不由我做主的一樣。可是我們卻可以隨意地停止我們研究的進程；要不然無知和錯誤就在任何情況下都不可能是一種罪過了。我們就是在這一點上行使我們的自由。誠然在我們並無任何利害關係的一些場合，我們就持普通的意見，或最初來到的觀點，但在禍福攸關之點上，心靈就更嚴肅認真地致力於來衡量概然性，而我想在這種情況下，也就是說，當我們有所注意時，我們在決定自己願取哪一邊是無可選擇的，要是在雙方之間有完全顯然可見的差別的話，而這時將是最大的概然性決定我們的同意。

德　我歸根到底是同意您的意見的，並且在以前我們談到自由問題時已充分說明過這一點了。我那時曾指出，我們絕不是相信我們所願信的，而是相信我們所看到最顯然的；並指出，可是我們也能通過把注意力從一個不喜歡的對象轉向另一個使我們喜歡的對象，而間接地使我們相信我們所願信的；這就使得我們由於優先看到所偏愛一邊的理由而最終相信它是最爲概然的了。至於說到那些我們並無多大利害關係，以及我們根據一些輕微的理由就接受下來的意見，其所以如此是因爲我們既看不到有什麼與之相反的東西，就發覺使我們偏向於它的意見，和對立的意見比起來也是一樣或有過之而無不及，這對立的意見在我們的知覺中並沒有什麼爲著它的東西，只覺得雙方都有很多理由，因爲0與1之間或2與3之間的差，是和9與10之間的差一樣大的，而我們察覺到這種好處，並沒有想到要加以考察，這種考察對於下判斷還是必要的，但並沒有什麼迫使我們去這樣做。

§17　斐　我打算指出的最後一種衡量概然性的不正確尺度，就是**被不正確地理解的權威**，由它而陷入無知和錯誤的人，比其他那些尺度所造成的合在一起還多。我們看到有多少人，他們的看法除了自己的朋友或同行、同黨、同國的人們所接受的意見之外，就沒有其他的根據呢？這樣一種學說是可敬的古代所贊成的；它是執著過去若干世紀的通行護照來到我這裡的；別的人們都信奉它；這就是爲什麼我接受它得免於犯錯誤的理由。照這樣的規則來選擇意見，就會和拋錢打卦看正反面來決定採取什麼意見一樣無根據。而除了所有的人都會犯錯誤之外，我認爲要是我們能看到促使學者和黨派首領們行事的祕密動機的話，就會發現那往往不是什麼純粹的對眞理之愛，而是完全另一回事。至少可以肯定，沒有什麼意見是如此荒謬，竟不能以此爲根據來加以採取，因爲幾乎沒有什麼錯誤意見會無人贊同的。

德　可是必須承認在很多場合我們是無法避免服從權威的。奧古斯丁曾寫過一本 *De Utilitate Credenti*⑯的很好的書，在這個問題上值得一讀，至於說到大家所接受的意見，它們有它們自己的接近於法學家們稱為推定（presomption）的那種東西；而雖然我們並不是永遠沒有證據也非遵照它們不可，我們卻也同樣無權在沒有相反證據的情況下在別人心中來摧毀它們。這就是不允許毫無理由地改變任何東西。關於從一種意見的贊成者的大多數得出的證據，從已故的尼科爾先生發表了他的有關教會的書以來就曾進行了很大的爭論⑰，但能從這論據所得出的一切，當問題是涉及證明一種理由而不是確證一件事實時，只能歸結為我剛才所說的。而正如一百匹馬並不比一匹馬跑得更快，儘管它們能拉得更多，一百個人比之於單單一個人也是同樣；他們並不能進行得更正確，但他們能工作得更有成效；他們並不能判斷得更好，但他們將能提供更多的材料使判斷在其中得以施行鍛鍊。這就是諺語 **plus vident oculi quam oculus.**⑱所說的意思。我們在那些大會上就看到這種情形，在會上真正大量的考慮被提到了檯面上，其中也許會漏掉一件、兩件，但往往冒一種風險就

---

⑯ 拉丁文，意即：《論信仰的益處》。

⑰ 參閱本書下冊第四卷第十五章§5「德」註（第377頁註①）。

⑱ 拉丁文，意即：「幾隻眼睛比一隻眼睛看見的更多」。

是在對所有這些考慮作出結論時沒有採取最好的一邊，要是沒有高明的人負責來對它們加以安排和衡量的話。就是因爲這樣，有些羅馬教會方面的精明神學家，看到這教會的權威，也就是說那具有最崇高尊嚴並且最爲多數人所支持的教會的權威，在推理的問題上並不能確實可靠，就把它歸結爲僅僅是在傳統的名義下對事實的確證。這就是亨利・霍爾頓（Henry Holden）[19]的意見，他是英國人，是索邦的博士，一本叫做《信仰的分析》的書的作者。在這書中，依照勒林斯的文生（St. Vincent de Lerins）[20]的*Commonitorium*[21]的原則，他主張在教會中並不能作出新的決定，而參加宗教會議的主教們所能做的一切就只是確證學說

---

⑲ 亨利・霍爾頓（Henry Holden, 1596-1662），是英國的一位羅馬天主教的教士，在索邦畢業後就在那裡任神學教授。在一六四七年他曾向英國下議院提出請願，要求對天主教徒實行寬容，只要他們發誓忠順。他的《神聖信仰分析》（*Divinae Fidei Analysis*）是簡明敘述與意見問題有區別的天主教信條的，一六五二年出版於巴黎，附有一篇討論宗教分裂問題的論文。

⑳ 勒林斯的文生（St. Vincent de Lerins，死於約450年），出身是高盧人，早期天主教的一位「聖徒」。他的*Adversus profanas omnium novitates Haereticorum Commonitorium*（《反對一切叛教的新貴族的指令》），寫於四三四年，強烈主張傳統的權威，反對一切宗教和學說上的革新，在其中第二章提出了著名的檢驗正統天主教信仰的三重標準，即「到處相信，永遠相信，和所有的人都相信的」。

㉑ 即指前一註中文生的著作。

在他們的主教管區內被接受這一事實。這原則，只要我們停留在一般性上，是看起來像很不錯的；但當我們來看事實時，就發現不同的國家長期以來就接受了不同的意見；而即使在同一個國家，儘管有阿爾諾的反對感覺不到變化的論據，人們也還是從一個極端走向另一個極端；此外人們也往往不限於確證事實而是夾雜著判斷。這骨子裡也是格萊斯特（Jac. Grester）㉒的意見，他是巴伐利亞的一位有學問的耶穌會士，是另一本《信仰的分析》的作者，這書是得到他那修道會的神學家們的贊同，他認為教會可以通過制定新的信條來對爭論作出判決，因為聖靈的幫助對它是允許的，雖然人們最通常地竭力掩蓋這觀點，尤其是在法國，好像教會只是說明了已確立的學說似的。但說明或者是一種已被接受的陳述，或者是一種新的陳述，是人們認為從已被接受的學說中得出來的。實際做法最通常是和第一種意義相反，而就第二種意義說，所確立的那新的陳述，除了是一個新的信條之外又還能是什麼呢？可是我並不贊成人們在宗教問題上輕視古代；我甚至認為我們可以說，上帝曾保持使那些眞正的萬國宗教會議迄今未犯一切與健全學說相反的錯誤。此外，那種宗教偏見是一件很奇怪的事。我曾看到有些人熱情地抱著一種意見，唯一的理由就在於它是他們那團體中人所接受的，或甚至僅僅因

㉒ 格萊斯特（Jac. Grester, 1561-1625），一位博學的耶穌會士，曾多年在茵格斯達（Ingolstadt）任哲學和神學教授。他著作很多，雖很博學，但缺乏批判能力。

爲它是和他們所不喜歡的一種宗教或一個民族中的一個人的意見相反的，雖然這問題和宗教信仰或人民利益幾乎並沒有什麼聯繫。他們也許並不知道那才眞正是他們的熱情的源泉；但我知道他們第一回一聽到一個某某人已寫了這樣或那樣的東西的消息，就會找遍圖書館和搜索枯腸絞盡腦汁以求找到點什麼來反駁它。那些在大學裡爲學位論文進行答辯的人以及那些在敵手面前尋求自我突出的人，往往也是這樣搞法。但對於那些爲各宗派，甚至在新教之中的各宗教的信條書中所規定，人們往往不得不發誓來信奉的學說，我們又將怎麼說呢？有些人認爲這對我們來說只意謂著有義務發願信奉這些書或信條彙編中所包含《聖經》中所講的東西；在這一點上別的人們和他們的說法卻相反。而在羅馬教會方面的宗教團體中，人們不滿足於他們的教會中已確立的學說，還對那些宣教的人規定了更狹的限制；如耶穌會會長克勞迪奧．阿奎維瓦（Claudius Aquaviva）㉓（如果我沒有弄錯）禁止在他們的學校中教授的那些命題就可以爲證。（順便說一說，）把那些爲歷次宗教會議、歷任教皇、各主教、各修道院長、各神學院等所決定和譴責的命題作一系統的蒐集彙編是好的，這對教會史會很有用處。我們可以在教授一種意見和堅持一種意見之間加以區別。世界上沒有任何誓言也沒有任何禁令能強迫一個人繼續保持同樣意見的，因爲觀點本身是不隨人意的；但他可以而且應該不去教一種被看做危險的學

㉓ 克勞迪奧．阿奎維瓦（Claudius Aquaviva, 1543-1615），於一五八一至一六一五年間任耶穌會會長。

說，除非他覺得良心迫使他非這樣做不可。在這種情況下，他就當眞誠地公開宣布，並且當他負有教授責任時就離開他的崗位；不過要假定他能夠這樣做而不冒一種極端的危險，會迫使他不名譽地離職。我們幾乎看不出有什麼其他辦法來調和公眾和個人的權利；一方面是應該要禁止自己斷定爲壞的事情，而另一方面則不能推卸自己的良心所要求盡的責任。

§18 斐 這種公眾與個人之間以及不同派別的公眾意見之間的對立，是一種不可避免的壞事。但這些對立本身往往只是表面上的和只是在公式提法上的對立。爲了對人類公平起見，我也不得不說，並沒有如通常所設想那樣多的人陷入了錯誤；這不是說我認爲他們堅持了眞理而是因爲事實上對於那些喧囂不已的學說他們絕對沒有什麼積極的意見，而對所說的事情上那些最表面的觀念既未考察也沒有存在心中，他們就決心緊緊依附他們的黨派，就像那些當兵的毫不考察他們所保衛的事業一樣；而如果一個人的生活表明他對宗教毫無眞誠的考慮，那他只要有手和舌頭隨時準備著支持大家的意見，就足以使自己在那些能對他提供支持的人中成爲可稱許的了。

德 您對人類所說的這種公平話，並不成其爲對它的稱讚；而人們眞誠地遵循他們的意見，比之於爲利害關係計而加以僞裝，將是更可原諒的。可是在他們的行事中，也許有比您所讓人理解的更多的眞誠。因爲雖對其因由並無任何認識，他們也能通過一般的和有時是盲目的，但常常是具有良好信心地遵從他們曾一度承認其權威的其他人的判斷，而達到一種默示的信仰（foi implicite）。的確，他們在其中所看到的利害關係，也有助於這種遵從，但這並不妨礙他們最終形成了意見。在羅馬教會中人們就滿足於這種差不多是默示的信仰，也許是沒有任何歸因於啓示的信條被斷定是絕對基本的，和被看做必然的 necessitate medii㉔，也就是說，相信它是得救的絕對必要條件。它們全都是 necessitate praecepti㉕，憑這種必然性，人們在那裡教人要服從教會，如他們所說那樣，以及要對在那裡所提出的一切必須給予全部應有的注意，這一切全都是要受死罪的懲罰的。但這必然性，照這教會中那些最有學問的博士的意見，都只要求一種合情合理的順從，而並不強迫絕對同意。可是貝拉明紅衣主教（Le Cardinal Bellarmin）自己就認爲沒有什麼比那種服從一種已確立的權威的兒童的信仰更好的了，並且他以讚許的口吻講到了一個臨死的人所講的話，他用這樣一種兜圈子的說法逃避了魔鬼，這話是人們常常聽他重複背誦的，就是：

我相信教會所相信的一切，
教會相信我所相信的。

㉔ 拉丁文，意即：「中介的必然性」。

㉕ 拉丁文，意即：「命令規定的必然性」。

第二十一章　論科學的分類

§1 斐 現在我們的進程已到結束，並且理智的一切作用都已得到闡明了。我們的計畫不是要進入我們的知識的細節本身。可是，在結束之前，在這裡通過對科學的分類的考慮來對知識作個一般的回顧，也許是適宜的。凡能進入人類理智的領域，或者是事物自身的本性；或者某次是作爲原動者趨向於他的目的的特別是趨向於他的幸福的人；或者第三，是獲得和溝通知識的各種手段。而這樣科學就分爲三種。§2第一種是物理學或自然哲學，它不僅包括物體及其屬性如數和形，而且也包括精神，上帝本身以及天使。第二種是實踐哲學或倫理學，它教人獲得良好和有用的事物的辦法，並且不僅給自己提出對眞理的認識，而且還有正當的事的實踐。§4最後第三種是邏輯學或關於記號的知識，因爲λόγος①本意指言語。而我們需要我們觀念的記號（signes）以便能夠彼此溝通思想和把它們記錄下來以供自己所用。也許如果我們清楚地和盡可能細心地考慮到這最後一種科學是涉及觀念和語詞的，我們將會有和我們迄今所見到的那不同的一種邏輯和一種批評。而這三種，即物理學、倫理學和邏輯學，就好像理智世界的三大領域，彼此完全分開並且各自有別的。

德 這種分類在古代人那裡就已經是很有名的了；因爲在邏輯學名下，他們如您所做的

① 希臘文，通常即音譯爲「邏各斯」，或譯作「道」、「邏輯」（logique）一詞本從此詞變化而來。

那樣還包括了一切有關於言語和我們思想的解釋：artes dicendi②。可是這裡面是有困難的；因爲關於推理、判斷、發明的科學，和那關於語詞的語源學以及語言的用法的知識是顯得很有區別的，語言用法是一種不確定和武斷的東西。還有，在解釋語詞時我們就不得不侵入那些科學本身，就像在辭典中所表現的那樣；而另一方面，在處理科學時我們又不能不同時給那些名詞下定義。但在這種科學分類中所發現的主要困難是：每一部分都似乎吞沒了全體。首先，倫理學和邏輯學就都落入了物理學的範圍，要是把物理學的範圍作爲像您剛才所說那樣一般來看的話；因爲在談到精神，也就是具有理智和意志的那些實體，以及把這理智深入說明到底時，您就會把全部邏輯學都放進去了；又在說明關於精神的學說中屬於意志的東西時，就必須談到善與惡、福與禍，那只要您把這學說推進到足夠充分的地步，就可以把全部實踐哲學都包括進去了。反過來，一切也都可以作爲有助於我們的幸福的東西而包括進實踐哲學之中。您知道人們有道理地把神學看做一門實踐的科學，而法學以及醫學也都同樣是這樣的科學；這樣，關於人類幸福或關於我們的善惡的學說，當我們想把有助於理性所提出的目的的一切手段充分加以說明時，就將會把所有這些知識都吸收進去。就是這樣，茨溫格（Theodor Zwinger）在他

② 拉丁文，意即：「論斷的技術」。

那有關人生的系統彙編③中就把一切都包括了進去，這本書貝耶林克（Laurent Beyerlinck）④曾把它打亂了照字母順序重新加以排列。而在辭典中把一切材料都照字母順序加以處理時，那關於語言的學說（這您和古代人一樣是把它放在邏輯學中的），也就是說，在那論理的（discursive）【科學】中，又把別的兩門科學的領土侵吞了。因此，您那百科全書的三大領域就繼續不斷地在打仗，因爲每一個總是在侵犯另兩個的權利。唯名論者曾認爲，有多少眞理就有多少特殊的科學⑤，這些科學以後照著人們的安排而構成了一些整體；另外一些人則把我們知識的全體比之於一個海洋，它本是一整片，只是由武斷的界線而被分成加爾多尼亞海⑥、大西洋、埃塞俄比亞海⑦、印度洋。通常發現，同一條眞理，可以按照它所包含的名詞，同樣

---

③ 即指茨溫格的《人生的舞臺》（*Theatrum vitae humanae*），見本書下冊第四卷第十六章§11「德」註（第397頁註㊲）。

④ 貝耶林克（Laurent Beyerlinck 或 Beierlynck，原書作 Beyerling, 1578-1627），是一位佛蘭德斯的學者，曾任 Vaulx 的詩學和修辭學教授。曾把茨溫格的《人生的舞臺》加以修改補充，並改照字母順序排列重新出版。

⑤ 照一些極端唯名論者的觀點，一切共相都只是抽象名稱而不是實在的東西，因此，我們只有對個別或特殊的事物才有眞正的知識或眞理，並從而主張有多少特殊的眞理就有多少門科學。

⑥ Calédonien，本爲蘇格蘭古稱，疑即指北海。

⑦ Æthiopique，疑即指紅海。

也按照它所依賴的中詞或原因，和按照它可能有的推論和結果，而放在幾個不同的地方。一個簡單的直言命題只有兩個名詞；但一個假言命題就可以有四個，且不說那些複雜的陳述語句了。一件值得記載的重大歷史事實，可以放在世界通史的編年史中和放在它所發生的那個國家的國別史中，也可以放在一個有關人物的生平歷史中。而假定其中牽涉到某種很美好的道德條規，某種戰爭的戰略，對那些有助於生活的方便或人的健康的技術有用的某種發明，則這同一件歷史事實就將和它所涉及的科學或技術聯繫起來，並且我們甚至可以在這門科學的兩個地方提到它，即在這門學科的歷史中，爲的是來講它的實際成長過程，也在那些條規中，作爲舉的例子來確證或闡明這些條規。例如：在紅衣主教克西美尼（Ximénes）的生平中人們就很適當地講到，一個摩爾人的婦女單用按摩就治好了他的幾乎已經無望了的消耗熱，這事就也值得在醫學系統中占一席之地，既可在消耗熱的一章中講到，也可以在講包括這些鍛鍊方法在內的一種醫學上的養生法時講到；而且這種觀察還有助於更好地發現這種病症的原因。但我們還可以在醫學的邏輯中談到它，這裡涉及找出治療法的技術，又可以在醫學史中講到它，爲的是使人看出這些治療方法是怎樣來到人們的認識中的，這往往是藉助於一些簡單的經驗方法和甚至是一些江湖方術。貝維洛維克（Jan Van Beverwyck）⑧曾寫過一本很漂亮的書，講古代醫學，全部是取材於非醫學家的作者，他要是一直講到那些近代的作者，就會使他的作品更美好了。我們從那裡看到，同一條眞理，按照它可能具有的不同關係，可以放在很多不同的地方。而那些搞圖書分類編目的人，對有些書就往往不知該往哪裡放，因爲兩、三個地方都同樣適合，就煞費躊躇。但現在讓我們只來談談一般的學說，而把特殊的事實、歷史和語言撇在一邊。我發現對一切學說的眞理有兩種主要的處理法，其中每一種各有其價値，而把它們結合起來將是很好的。一種是綜合的和理論的，把那些眞理照證明的順序加以排列，像數學家們所做的那樣，這樣就每個命題都來在它所依賴的那些命題之後。另一種處理法是分析的和實踐的，從人的目的開始，也就是從那些善開始，善的最高點就是幸福，並順次尋求用以得到這些善或避免相反的惡的種種手段。這兩種方法在一般的百科全書中有其地位，同時有些人在各門特殊科學中也曾實行這些方法；因爲那幾何學本身，歐幾里得是作爲一門科學綜合地加以處理的，別的有些

⑧ 貝維洛維克（Jan Van Beverwyck，拉丁名 Beverovicius, 1594-1647），一位著名的荷蘭醫生、醫學教授，也曾任多德雷赫特（Dordrecht）市長等多種公職。他曾致力於簡化治病處方的方法，並曾發表過很多著作，配有銅版插圖，和荷蘭著名詩人卡茨（Jakob Cats）所配的詩，當時曾很轟動，其中之一就是萊布尼茲這裡所指的 *Idea medicinae veterum*（《古老的醫學觀念》）Lugd. Bat., 1657。

人也曾作爲一門技術來處理，卻又還可以在這種形式下以推證的方式來處理，這種形式甚至可表現出某種發明；好比有人提出要來度量一切種類的平面圖形，並從直線圖形開始，想著我們可以把它們分割成幾個三角形，而每個三角形是一個平行四邊形的一半，平行四邊形又可以化爲矩形，矩形的度量是很容易的。但在按照所有這兩種處理法一起來編寫百科全書時，我們可以採取參照的措施來避免重複。這兩種處理法應該結合上第三種按照名詞的處理法，這其實只是一種索引，或者是按有系統地分類性質的，把名詞按照一定的範疇來加以排列，這將是對一切概念⑨都共同的；或者是按照學者們大家接受的語言照字母順序排列。而這種索引，對於一起找到一個名詞以足可注意的方式出現於其中的所有命題，是必需的；因爲照前兩種途徑，各條眞理是照它們的起源或照它們的用途排列，那些相關於同一名詞的眞理，是不能全都在一起找到的。例如：對於歐幾里得，當他教人如何平分一角時，就不允許在這裡加上如何三等分一角的辦法，因爲這樣就必須講到那圓錐截線，在這地方是還不能有關於圓錐截線的知識。⑩但

⑨ G本作"notions"（「概念」），E本作"nations"（「民族」）。

⑩ 按歐幾里得繼承了柏拉圖的傳統，認爲只有直線與圓是完善的圖形，因此，作圖時規定只許用直尺和圓規，在這樣的規定下，三等分角就成了一個難題，爲所謂古希臘三大難題之一。到十九世紀才發現，用圓規直尺三等分任意一角是不可能的，但若准許用雙曲線，則此問題可以解決。「圓錐截線」（sections coniques）即包括橢圓、雙曲線、拋物線之總稱。

索引可以而且應該指出有關同一題材的各個重要命題所在的地方。而在幾何學上我們還缺少這樣一種**索引**，這種索引是有很大用處的，甚至可以使發明變得容易起來，並推進這門科學，因爲它將解除記憶之勞並常可使我們免於吃那種重新去找本已找到了的東西的苦頭。而這些索引，在其他一些推理技術比較無能爲力的科學中，還以更強而有力的理由有其用處，尤其在醫學中是極端必需的。但做出這樣一些索引的技術，也不是輕而易舉的。而在考慮這三種處理法時，我發覺很奇怪的是，它們正相當於您所重新提出的那種古代分類法，即把科學或哲學分爲理論的、實踐的和倫理的，或分爲物理學、倫理學和邏輯學。因爲綜合的處理法相當於理論的，分析的相當於實踐的，而那種按照名詞的索引的處理法，相當於邏輯學；所以這種古代的分類法也完全能行，只要把它照我剛才對這些處理法所解釋的來理解，也就是說，不是作爲各自不同的科學，而是作爲同一些眞理的不同安排，就我們斷定把它們加以重複是適當的這一範圍而言。還有一種把科學按照學科和專業來分的**民事的**分類法（division civile）。在大學裡和在圖書編目方面就用這種分類法；而德勞德（Georg Draud）⑪和他的後繼者李本紐斯（Martin

---

⑪ 德勞德（Georg Draud，拉丁名 Draudius, 1573-1630或1635），德國的目錄學家，曾在馬堡大學學習，做過校對等工作。他是最早企圖編纂一本範圍廣泛的系統的書目。他在一六一一年所編寫出版的圖書目錄是到他那時已印出的圖書最完備的一本目錄。

Lipenius）[12]，曾給我們留下了最龐大但並不是最好的圖書目錄，他們不是照格斯納（Conrad Gesner）[13]的《彙編》（*Pandectes*）的方法，那是完全照系統分類的，而是滿足於用題材的大分類法（差不多就像圖書館的一樣），按照（如人們所稱的）四大學科，即神學、法學、醫學和哲學，然後把每一學科的書名按照書名中所包含的主要名詞的字母順序加以排列；這就使這些作者大爲輕鬆了，因爲他就不需要去看這書也不必懂書中所講的問題，但這對別人就沒有足夠的用處，除非是註出這些書參考其他同類意義的那些書；因爲且不說他們造成的大量錯誤，我們看到往往同一件事被叫做不同的名稱，例如：observationes juris, miscellanea, conjectanea, electa, semestria, probabilia, benedicta[14]，以及許多其他類似名目；法學家們的這樣一些書只意謂著羅馬法的一些雜拌。這就是爲什麼對資料作系統分類的處理法無疑是最好的，而我們可以

---

⑫ 李本紐斯（Martin Lipenius, 1630-1692），德國博學的目錄學家，他在一六七九至一六八五年間先後出版了法學、醫學、哲學、神學四本圖書目錄，都是照書名而不是照作者姓名的字母順序編排的。

⑬ 格斯納（Conrad Gesner, 1516-1565），德國學者，因其博學，有「德國的普林尼」之稱。他所編纂的古今圖書總目錄，包含著所知的一切現存或已散失，已發表或僅宣告了的希伯來文、希臘文、拉丁文的書籍目錄，並有許多評論。第一部是照作者姓名字母的順序編排的，第二部共分二十一卷，是照題材安排的，其中醫學的一卷因作者認爲太不完備始終未發表。

⑭ 拉丁文，詞義順次爲：「法律上的觀察，雜錄的、猜測的、選擇的、摻半的、概然的、祝頌的。」

把它和很充分的、照字母順序排列的名詞和作者的索引結合起來。按照四大學科的那種已爲人們所接受的民事的分類法並不是可輕視的。**神學**處理永恆的幸福以及與之相關的一切，是就其依賴於靈魂和良心的範圍內而言的。這就好像是一種相關於人們所說是 de foro interno⑮以及用那些看不見的實體和心智的法學。**法學**是以政府和法律爲對象，它的目標也是人的幸福，而這是就我們可以用外部的、感覺得到的東西來促進它的範圍內來說的；但它主要地只是相關於依賴精神的本性的東西，而並不深深進入物質性事物的細節，物質性事物的本性是它所假定的，爲的是用它們作爲手段。這樣它就立即擺脫了很大的一點，就是有關人的身體的健康、強壯和完善的問題，而把這一點讓給**醫學學科**去處理。有些人曾不無理由地認爲，我們可以在其他學科之外再加上**經濟學學科**，它包括數學和力學的技術，以及一切有關人的生計以及生活的方便等方面的細節，其中將包括**農學**和**建築學**。但人們把不包括在那三個被稱爲較高級的學科中的一切都留給**哲學學科**。這種做法很壞，因爲這並沒有給那些屬於這第四門學科的人什麼辦法，來像教其他學科的人所能做的那樣，通過實踐使自己完善起來。這樣，也許除了數學之外，人

⑮ 拉丁文，意即：「屬於內心的」。

們就把哲學學科只看作其他學科的一種引論。⑯這就是爲什麼人們希望青年人學習歷史和說話的技術，以及初步學點神學和自然法學，這是和在形上學或精神學（Pneumatique）、倫理學和政治學名義下所講的神聖的法和人類的法彼此獨立的；還稍稍學一點物理學，以供年輕醫生之用。這就是依照教授科學的學者的團體和專業所作的科學的民事分類法，且不說那樣一些人的專業，他們是用他們的言辭之外的其他方式爲公眾工作的，並且是應該受眞正的學者的指導，要是知識的尺度得到很好理解的話。甚至在較高貴的手工技術中，知也曾經是和行很好地結合起來的，並且將能更進一步這樣做。正如事實上在醫學上人們就是把它們結合在一起的，不僅從前在古代人那裡是如此（那時醫學家也同時是外科醫生和藥劑師），而且今天，尤其在那些化學家們那裡也是這樣。這種實踐與理論的結合在戰爭方面，在那些教所謂體操的人那裡也可以看到，正如在畫家或雕刻家以及音樂家和其他若干種類的精通藝術的人（virtuosi）那裡也可看到一樣。而如果所有這些專業和技術乃至手藝的原則，是在哲學家們或某種其他能夠這樣的學科的學者那裡實踐地被教授，這些學者就將眞正成爲人類的導師。但文化和青年教育

---

⑯ 這裡所說的「哲學學科」是廣義的，相當於所謂「人文科學」或「文科」。歐洲從中世紀以來在很長時期內，在大學中都習慣於分爲神學、法學、醫學、哲學四科或四個「學院」，而以文科或「哲學」作爲其他各科的「引論」，即作爲其他較高級專業課程的預備課程。

的現狀，以及因此政治的現狀方面許多事情都得改變。而當我考慮到從一、兩個世紀以來人們在知識上已取得了多麼大的進步，並且在使自己更爲幸福方面多麼容易進展到無比地更遠時，我毫不失望【而預期】在一個更太平的時期，在上帝爲了人類的善可能降生的某一位偉大君主的統治下，人們將會達到很大的改進⑰。

⑰ 萊布尼茲經常謀求一些君主的同情和幫助，來促進科學事業的發展，例如：他就曾向波蘭的國王、俄國的沙皇彼得大帝以及奧國皇帝等等建議，在各該國首都建立科學院。據說也曾向我國清朝的康熙皇帝提過類似的建議。特別對於彼得大帝，他曾希望他能成爲「俄國的梭倫」。由於歐洲當時的統治者正忙於彼此爭權奪利的戰爭，他的企圖大都以失敗告終，只是經過許多周折最終在柏林建立了一所科學院，他本人被任命爲第一任院長。

哥特佛萊德・威廉・萊布尼茲年表

Gottfried Wilhelm Leibniz, 1646-1716

年代	生平紀事
一六四六	六月廿一日（新曆七月一日），生於德國萊比錫，取名哥特佛萊德．威廉．萊布尼茲，其父為萊比錫大學的倫理學教授。萊氏聰慧過人，自幼即被稱為「神童」（Wundenkind），尤酷愛歷史與書籍。
一六五四	學會拉丁文，能讀拉丁文著作，亦能作拉丁詩。
一六五八	學會希臘文，能自解疑難，也學邏輯學。
一六五九	讀蘇亞萊（Suarez）著作，猶如他人之看小說。
一六六一	入萊比錫大學攻讀法律，但先在文學院讀兩年哲學，以托馬修斯為其師，接觸近代哲學家如培根、霍布斯、伽森狄、笛卡兒、柏克萊、伽利略等之著作，對士林哲學亦常涉獵，其思想徘徊於亞里斯多德之實體形式、目的因與近代機械主義之間，最後，機械主義占上風，設法與亞氏思想配合。康德前期之哲學家，以萊氏受亞里斯多德與士林哲學之影響最深。
一六六三	以《論個體性原則》獲得學士學位。其後繼續唸法律，共三年。同年曾赴耶拿（Jena）研究數學，拜哀哈魏格（Erhard Weigel）為師。
一六六六	因年幼校方不授予博士學位，遂赴紐倫堡（Nuremberg）之阿爾特多夫大學（Altdorf University），獲法律博士學位。校方聘請為教授，萊氏婉拒之，結識當時名政治家若望包納步（Johann Von Boineburg）。

一六六七	包納步帶萊氏到法蘭克福（Frankfurt），介紹給美茵茲大主教。撰寫《法律教學新法》（*Nova Methodus docendae disecndaeque jurisprudentiae*）為美茵茲大主教參贊，協助處理各種要務，尤以科學及政治方面之文件為主。
一六七一	撰寫《新物理學之假設》（*Hypothesis physicae novae*）。
一六七二	出使巴黎，遊說法國國王不要侵犯荷蘭，法王不採納其建議。包納步逝世，遂留居巴黎，結識阿爾諾、馬勒伯朗士、惠更斯、博須埃樞機等。
一六七三	奉命訪英倫，結識奧爾登堡與波以耳。三月美茵茲大主教逝世，遂失業，但不久與布勞恩斯魏克公爵訂約，受聘為漢諾威伯爵圖書館長，但仍寄居巴黎。
一六七五	發明微分法。
一六七六	・發明微積分。萊氏未知牛頓於十年前已發明，而於一六八四年公布微分法，一六八六年公布微積分。 ・回德國，取道倫敦、阿姆斯特丹、海牙而抵達漢諾威。在海牙會晤斯賓諾莎，在此前曾與斯氏通訊，此次會面後開始常批評斯氏，稱他為自然主義、盲目之必然主義、否認自由與天主照管之無神論者。在布勞恩斯魏克家工作，編其家譜，但其興趣仍舊為多方面。
一六八二	出版《博學事錄》（*Acta Eruditorum*）。

年代	生平紀事
一六八六	首部重要著作《論形而上學》（*Discours de métaphysique*）出版。
一七〇〇	由莎菲亞之協助，到柏林，同年創柏林科學協會，被選為第一任主席，此協會為普魯士科學院之前身。撰寫《原神論》，並致力基督教合一運動（Systema Theologicum）、基督教國聯盟或歐洲聯盟。
一七〇四	寫成《人類理智新論》，為其對於洛克的名著《人類理智論》的逐章述評反駁，成為西方哲學史上少數論評體的思想經典。
一七〇五	莎菲亞逝世。
一七一〇	出版《神義論》（*Théodicée*）。
一七一一	基督教國聯盟對抗非基督教國運動失敗，從此，未再前往柏林與沙皇彼得大帝聯絡。關心中國及遠東文化。
一七一二—一七一四	漢諾威選舉侯成為英國喬治一世，但沒有邀萊氏到倫敦。
一七一六	十一月十四日溘然長逝。

索引（下）

一、人名索引

六畫

七畫

八畫

九畫

十畫

十一畫

十二畫

十三畫

十四畫

十五畫

十六畫

十七畫

十八畫

十九畫

二十畫

二十四畫

二、名詞索引

二畫

三畫

四畫

五畫

六畫

十一畫

十二畫

十三畫

十四畫

十五畫

十六畫

十七畫

十八畫

十九畫

二十畫

二十三畫

【筆記頁】

思想的 · 睿智的 · 獨見的

經典名著文庫

經典名著文庫 127

人類理智新論（下）

Nouveaux Essais sur L'entendement Humain

作　　者 —— 萊布尼茲（Gottfried Wilhelm Leibniz）
譯　　者 —— 陳修齋
發 行 人 —— 楊榮川
總 經 理 —— 楊士清
總 編 輯 —— 楊秀麗
文庫策劃 —— 楊榮川
副總編輯 —— 黃文瓊
責任編輯 —— 吳雨潔
特約編輯 —— 廖敏華
封面設計 —— 姚孝慈
著者繪像 —— 莊河源
出 版 者 —— 五南圖書出版股份有限公司
地　　址 —— 臺北市大安區 106 和平東路二段 339 號 4 樓
電　　話 —— 02-27055066（代表號）
傳　　眞 —— 02-27066100
劃撥帳號 —— 01068953
戶　　名 —— 五南圖書出版股份有限公司
網　　址 —— https://www.wunan.com.tw
電子郵件 —— wunan@wunan.com.tw
法律顧問 —— 林勝安律師事務所　林勝安律師
出版日期 —— 2020 年 11 月初版一刷
定　　價 —— 650 元

繁體字版經由商務印書館有限公司授權出版發行

國家圖書館出版品預行編目資料

人類理智新論 / 萊布尼茲(Gottfried Wilhelm Leibniz)
著；陳修齋譯．-- 初版．-- 臺北市：五南，2020.11
冊；公分．--（經典名著文庫；126-127）
譯自:Nouveaux Essais sur L'entendement Humain
ISBN 978-986-522-293-2(上冊：平裝). --
ISBN 978-986-522-294-9(下冊：平裝)

1. 萊布尼茲(Leibniz,Gottfried Wilhelm, Freiherr von,
1646-1716)　2. 學術思想　3. 知識論

147.31　　109014999